思考的痕迹

重读马克思的
记忆与思考（下册）

杨　耕 _著

杨
耕
文
集

· · · · · · · ·

第 8 卷

Traces of Thinking

Memory and Meditation
on Rereading Marx（2 volumes）

华东师范大学出版社
·上海·

下

册

第三编

2000—2015 年

建构·反思·反映：关于马克思主义认识论的再思考

　　20 世纪认识论变革的重要意义，就在于它对人的思维的建构性及其与反映论关系的揭示。"图式""范例""格式塔""概念结构""模式"等概念一下子涌进了认识论领域，给了直观的反映论以沉重的打击。但是，由此认为思维的建构性毁灭了反映论，却是一种错误。思维的建构性只是揭示出认识是反映、反思与建构的统一，它造成了一次反映论革命。但是，思维的建构性没有，也不可能否定反映论本身。在我看来，认识的确是人脑对外部信息加工、转换的产物，没有外部的信息，认识无以形成。这是问题的一方面。另一方面，认识何以是这样的而不是那样的，又必须到思维的建构、反思中去寻找，从而揭示出认识的社会性、历史性和建构性。本文拟就建构、反思与反映三者的关系做一新的考察和审视，以深化我们对马克思主义认识论的研究。

一、思维的建构性及其实质

　　思维的建构性问题是 20 世纪认识论争论的热点之一。在我看来，思维建构性作为一个理论问题产生，标志着人们对自己的认识结构认识的深化，即从认识的二维结构拓展到三维结构。

在康德哲学之前,思维的建构性这一理论问题还没有显现出来。人们只是把思维理解为简单的二维结构,而且在二维结构中只存在一个决定与被决定的关系。正如恩格斯所说的,在这以前的科学家和哲学家,"一个只知道自然界,另一个又只知道思想",他们或者用自然界来说明思想,或者用思想来说明自然界。近代唯物主义走的是"自然界→思想"的道路,反过来,唯心主义走的则是"思想→自然界"的道路,一个决定,一个被决定,简单明了。即使在20世纪初,美国行为主义创始人华生也只是把思维简单地归结为行为刺激→反应的两项式,这就是著名的S→R(刺激→反应)二项式图式。

与此相反,现代认识论围绕着对人的主体性的研究,使S→R的二项式变为S→O→R的三项式结构,其中,出现了一个中项(O)。由此,原来人们所理解的由自然界到思想,或者由思想到自然界的模式被打破了,形成了这样的三项式,即自在客体→主体→观念客体。这里,主体及其思维结构成了自在客体与观念客体之间的转换器,自在客体经过主体的转换形成了观念客体,其中,主体是主动的,是信息转换的加工、调节系统。

这个三项式的结构,实际上凸显了思维的建构性问题:一是观念客体的形成,一方面受到自在客体的决定,表现为输入系统,另一方面又受到主体的思维结构的决定,只有这两方面同时起作用,才有作为输出系统的观念客体;二是在这三项中,主体表现为唯一的主动者,它以自己已经具有的思维结构去选择、处理输入系统,形成输出系统,从形式上和功能过程来考察,这仿佛是主体在建构着客体,即主体以自己的思维结构分解、过滤、转化着自在客体的信息,建构成观念客体。

从哲学史上看,思维的建构性问题,最初是由康德以"先天形式""图式""统觉"等观点提出来的。康德认为,在知识何以可能的问题上存在着三种观点,即洛克的经验论是"自然发生论",莱布尼茨的天赋观念论是"预成发生论",而他自己主张"新生论",即构造论。按照康德的观点,构造一个概念,意即先天地提供出来与概念相应的直观,如构造等腰三角形,既不能"只追踪他在图形中已见到的东西",也不能"死盯着这个图形的单纯概念"。换言之,构造既不能只从经验出发,因为经验不能提供普遍有效性,也不能只从单纯概念出发,因为单纯概念不能提供扩充的知识,从根本上说,构造是"通过他自己按照概念先天地设想进去并予以展现的那种东西(通过作图),把图形的种种特性提取出来"①。

因此，"构造"是理性的创造物，它"按照概念先天地设想并予以展现"。这一过程包含四个环节：一是构造不能从经验、概念出发，而要从理性出发，但它又不能离开经验、概念；二是构造是按概念来设想直观；三是这个直观既是理智预定的，又是有程序的；四是这个预定的直观的展开过程也就把内含于经验中的特性"提取出来"。

康德的"构造"概念是对科学认识的历史概括，实际上就是思维的建构问题。在康德哲学中，思维的建构就是思维在头脑中预先把规律设定出来，然后让自然来回答。用康德的话来说，就是"理性必须一只手拿着唯一能使种种符合一致的现象结合成为规律的那些原则，另一只手拿着它按上述原则设计出来的那种实验，走向自然，向自然请教"②。不难发现，这一思维构造论实际上就是康德的"人为自然立法"和"图式"观点，它是"先天综合判断"基本思想的推广。

从根本上说，思维的建构性就是指，人对世界的反映过程是人以主体的方式对世界的历史的、概念的把握过程。除种族、文化、历史知识背景等因素外，建构性主要是指：经验、直观、日常意识与理论、知识体系、科学意识之间有着质的区别，它们之间存在着一系列抽象、幻想、蒸发和稀薄化、观念化的中介过程；人总是以自己的概念结构、思维模式来把握世界，并把世界纳入到自己的理解和解释系统之中；主体因此成为一特殊的转化机构，一切感性、知性、理性的东西都在其中"变形"，仿佛被建构起来。

思维的建构性表明，认识是主体借助于各种中介系统（工具操作系统、概念逻辑系统、社会关系系统）与客体相互作用的过程。这就是说，反映是双重决定的：没有自在客体当然不会有观念客体，这是认识的前提；没有主体的理解、创造过程，没有概念结构对自在客体的分解过程，也不会有观念客体，观念客体总是主体对自在客体特殊地理解和把握的产物，是思维构造的产物。这里，产生了认识运动对立的两个方面：一方面，自在客体决定着观念客体；另一方面，主体特有的生理的、经验的、知识的、实践的、历史的方式又决定着自在客体向观念客体转化的广度和深度，主体拥有对客体特定的选择、理解和解释

---

① 姜丕之、汝信：《康德黑格尔研究》第二辑，上海人民出版社 1986 年版，第 411 页。
② 姜丕之、汝信：《康德黑格尔研究》第二辑，第 412 页。

方式。

同时,由于自在客体并不会把自己的纯粹本质表现出来,相反,假象、层次性、交错的相互作用会把本质这样或那样地掩盖起来,因此,认识从直接到间接,从外在到内在,从现象到本质,从第一本质到第二本质的运动,并不能仅仅依靠归纳法直接从现象、经验中得到,而要通过概念的中介关系、观念化的过程来扬弃它们。这就形成了更高层次的思维建构的能动作用。从马克思主义哲学的观点来看,思维的建构性也就是人在实践基础上以主体的方式对客体的能动反映过程。

思维的建构性是主体能动性的高度体现,是马克思所说的把"对象、现实、感性""当作感性的人的活动,当作实践去理解","从主体方面去理解"这一思想的最直接的体现。按照马克思的观点,人对世界的反映通过思维对观念客体的建构表现出来,人是通过概念、范畴、逻辑观念来反映世界的。正如列宁所说,"认识是人对自然界的反映。但是,这并不是简单的、直接的、完整的反映,而是一系列的抽象过程,即概念、规律等等的构成、形成过程"。"在人面前是自然现象之网。本能的人,即野蛮人,没有把自己同自然界区分开来。自觉的人则区分开来了,范畴是区分过程中的梯级,即认识世界的过程中的梯级,是帮助我们认识和掌握自然现象之网的网上纽结。"①因此,范畴的产生和运用是人的认识的升华,它标志着主体与客体的分化。

同时,主体与客体的分化是通过自在客体与观念客体分化的形式表现的。所谓观念客体,就是指主体在观念中通过逻辑形式所把握的客体。人一旦把范畴关系置于主体与客体之间,反映也就具有了建构的特点,人是通过范畴的"纽结"作用来把握自然现象之网的。

由此看来,思维的建构性具有三重含义。

第一,思维的建构是指思维通过概念、范畴关系把自在客体转化为观念客体的过程。

自在客体的分化过程是在观念中进行的,也就是逻辑观念、概念结构对其分解和理解的过程,是概念结构对感性材料有序化的过程。它们表现为这样的关系:自在客体→逻辑结构→观念客体。正因为观念客体是经过逻辑结构的中介由自在客体转化而来,因而逻辑结构就成为二者的转化器。逻辑结构

---

① 《列宁全集》第 55 卷,第 152、78 页。

不同,对自在客体的反映也就不同,具体表现为对信息输入的选择不同,加工角度和程度不同,信息被规范、被建构的方式不同,从而观念客体也就不同。以石块下落为例,自古代到现代,同样是石头从高空落下的事实,亚里士多德把它看作石块在寻找自己的天然位置,伽利略看到的是石头与天体一样做圆运动,牛顿领悟出地心引力,爱因斯坦则把这一现象理解为石块在引力场中沿黎曼空间走最短的路程。这里,概念结构起到的是把自在客体转化为观念客体的建构作用。

从信息论的观点来看,思维的建构作用就是特定的概念结构对信息的加工、转换作用。信息是双向的,"信息这个名称的内容就是我们对外界进行调节并使我们的调节为外界所了解时而与外界交换来的东西"①。概念结构类似某种信息转换器,它把外界输入的信息转化为主体的思维要素,同时,又在一定程度上反映着外界的结构、属性、规律。这种转换过程固定下来就形成某种思维模式。一定的概念结构仅仅是对客体的一定程度的把握和转换,它不可能穷尽客体的一切信息、结构、属性。所以,主体及其思维的选择性既是能动性的体现,又是受动性的体现。选择,一方面表明一定的分化、自主性,另一方面又表明,主体只能在一定限度内,在它可理解、可选择的限度内活动,它已经被外在的客体与内在的概念结构双重制约了。

思维的建构性体现了主体与客体以概念结构为中介的双向运动,主体以概念结构去分解自在客体,而自在客体也就在一定程度上转化为观念客体,因此反映过程就表现为思维建构过程,表现为"从主体方面去理解""对象、现实、感性"的过程。

第二,思维的建构是指思维通过由抽象到具体,并形成"先验的结构"的方式去把握世界。

在哲学史上,马克思明确而深刻地揭示了思维建构的特殊道路。按照马克思的观点,人们所把握的具体是一种"思想具体",它通过思维的综合而实现,"具体之所以具体,因为它是许多规定的综合,因而是多样性的统一"②。在这一过程中,规定的抽象、多样化的形成以及规定的综合,都要靠思维的建构作用。这一过程通过两条道路来实现:"在第一条道路上,完整的表象蒸发

---

① [美] N. 维纳:《人有人的用处——控制论和社会》,陈步译,商务印书馆1978年版,第9页。
② 《马克思恩格斯选集》第2卷,第18页。

为抽象的规定","从表象中的具体达到越来越稀薄的抽象,直到我达到一些最简单的规定";第二条道路,思维的行程又反过来了,"抽象的规定在思维行程中导致具体的再现"①。这就是思维的建构性,把浑沌的具体"蒸发"为抽象的规定,然后,再把各种规定综合起来。"这点一旦做完,材料的生命一旦观念地反映出来,呈现在我们面前的就好象是一个先验的结构了。"②

因此,思维建构的目的在于形成一个仿佛是"先验的结构"。思维一开始就不同于经验,它要对自在客体形成某种"规定"。所谓规定,也就是把某一方面纯化,这种抽象过程只能在思维中进行,在实际生活中是不存在的。最简单的规定,如欧氏几何中没有面积的点,没有宽度的线,没有厚度的面,以及由点的运动构成线,由线的运动构成面,由面的运动构成立体,都是思维建构的产物,是一种极度纯化了的思维抽象物。而在这些极度抽象基础上形成的整体,也只是一种纯化了的整体,即"思想总体",一种仿佛是"先验的结构"。这里确实产生了爱因斯坦一再强调的"思维的自由创造"问题,因为"人的概念就其抽象性、分隔性来说是主观的"③。

对人的认识活动来说,这种主观性是必要的,因为"从抽象上升到具体的方法,只是思维用来掌握具体、把它当作一个精神上的具体再现出来的方式"④。实际上,这一过程就是思维的建构过程,而且思维只能通过这一抽象到具体的方式才能主观地再现客体。这是人所特有的"反映"方式。当然,实践会"扬弃"这一主观性,但在"扬弃"之前,则需要发展这一主观性。

第三,思维的建构是指定型化了的"客观的思维形式"。

思维的建构不仅仅是主体的,也不仅仅是在思维中进行,实际上,思维的建构总是以某种"客观的思维形式"表现出来的。当某一思维的建构形式,即特定的概念结构被社会承认之后,它也就仿佛具有了某种客观的效力,形成了某种固定的模式。马克思认为,相对于资本主义的生产关系来说,资产阶级经济学范畴"是有社会效力的,因而是客观的思维形式"⑤。

范畴及其关系转化为"客观的思维形式",就是思维的建构定型化、模式

① 《马克思恩格斯选集》第 2 卷,第 18 页。
② 《马克思恩格斯选集》第 23 卷,第 24—25 页。
③ 《列宁全集》第 55 卷,第 178 页。
④ 《马克思恩格斯选集》第 2 卷,第 19 页。
⑤ 《马克思恩格斯全集》第 23 卷,第 93 页。

化、客观化的过程。本来，范畴结构只是特定"生产方式""实践结构"的产物。然而，这种范畴结构一旦"客观化"，也就形成某种"惯性运动"，形成一种仿佛是"范畴结构"决定思维的现象，并产生了"神秘性"和"魔法妖术"。不过，只要我们用历史主义和发生学的观点来考察它，"一旦我们逃到其他的生产形式中去，商品世界的全部神秘性，在商品生产的基础上笼罩着劳动产品的一切魔法妖术，就立刻消失了"①。尽管思维的建构性在各个不同时代都有它的客观性，但它本身还具有历史性。

恩格斯指出："认识人的思维的历史发展过程，认识不同时代所出现的关于外部世界的普遍联系的各种见解，对理论自然科学来说也是必要的，因为这为理论自然科学本身所提出的理论提供了一种尺度。"②在我看来，这个尺度就是历史性的尺度，即任何思维的建构——理论都是历史的，它们必将为新的理论所替代。思维的建构性表明了人对世界认识的特点，要揭示世界的内在本质，就必须发挥思维的建构作用。但是，思维的建构本身也是被建构的，思维建构的某一特定形式、某一理论不是唯一的，它也要被新的形式、新的理论所代替。我们应该自觉把握这一点，不能陷入思维建构的某一特定形式、特定理论中。为此，我们需要把握思维的反思性。

二、思维的反思性及其作用

思维不仅是建构的，而且是反思的。从哲学史上看，笛卡尔的"普遍怀疑论"第一次认真地提出了反思思维的任务。笛卡尔把思维分为两个部分：一是思维从"清楚""明白"的前提出发，像欧几里得几何一样，演绎出整个知识体系，这一部分类似建构性思维；二是"普遍怀疑"，思维通过"普遍怀疑"来审视自身，扫除一切思维偏见和思想障碍，这一部分类似反思性思维。笛卡尔把二者统一起来，力图形成统一的思维过程，即思维通过怀疑，找到无可怀疑的思维出发点，然后，以演绎法建构知识体系。显然，"普遍怀疑"在这里起着与演绎思维不同的作用，即对思维进行反思。反思性思维与建构性思维在笛卡尔哲学中已经朦朦胧胧地区别开来了。

①《马克思恩格斯全集》第23卷，第93页。
②《马克思恩格斯选集》第4卷，第284—285页。

康德则以"独断的思维"和"批判的思维"这两个概念进一步表达了建构性思维与反思性思维的区别。在康德那里，反思突破了笛卡尔的"普遍怀疑"并与批判等同起来了，建构性思维则被看成独断的思维。"批判并不反对理性在它那种作为科学的纯粹知识里使用独断的做法（因为这种知识在任何时候都必定是独断的，就是说，都必定是可以依据先天的可靠原则进行严格证明的），但它反对独断主义。""独断主义就是纯粹理性不先批判自己的能力的那种独断的做法。"①

康德把批判（反思）作为防止独断主义而使思维能够正确进行独断的思维，换言之，独断这一"严格证明"的思维过程，必须由批判来保证自己避免独断主义的错误。康德正是以三个批判，即《纯粹理性批判》《实践理性批判》《判断力批判》构成其哲学特色的。而在黑格尔哲学中，反思具有更高的地位，获得了自身相对独立的意义。

实际上，思维的反思是思维本身发展的产物。在近代，人们并没有重视思维的反思。欧几里得几何把空间及其关系解释得如此完美，以至成为人们从来没有怀疑过的唯一空间。牛顿力学则认为，它已经把世界的基本框架、宇宙的宏观殿堂一劳永逸地构建好了，剩下的事情只是对一些次要的问题进行计算。然而，非欧几里得几何的创立，法拉第"场"概念的制定，电子、放射性元素的发现，使近代科学大厦动摇了。人们发现，原来以为绝对完整的思维只是在一定条件下进行的思维，只是思维自己犯了错误，盲目地把一定前提下的思维当作唯一的思维。

这时，人们也才发现，任何思维都有特定角度、坐标和层次，都是在一定的特殊化的层次上把握世界的，思维的前提和层次随着实践的发展而发展。这样一来，所谓思维的直接前提，判断、推理的出发点，都是相对的、有条件的、历史变动着的。于是，对思维的前提进行批判，对思维的过程进行审思，便成为人的思维的一个环节，怀疑、批判、否定、对思维本身进行反思便成为思维运动的现实方面。在我看来，作为独立的思维形式，反思不仅有存在的客观依据，而且有自己特定的对象、功能和方法。更重要的是，反思充分体现了现代思维的特点，即我们不仅要把思维当作认识过程来认识，而且要把思维本身当作独立化了的对象，作为"知识客体"来分解。

---

① 姜丕之、汝信：《康德黑格尔研究》第二辑，第 425 页。

从总体上看,反思思维之所以能够作为一种思维形式独立出来,首先是因为物质世界本身的层次性。这是反思思维的客观基础。

物质世界本身存在着相互联系的不同层次,人类对物质世界的认识由10^{-10}厘米到10^{23}厘米,从基本粒子、原子核、原子、分子到物体、恒星、星系,都具有自己相应的时空尺度、质量和能量等级,相应的运动方式,特有的信息交流方式。物质世界就是由这些不同的层次、不同的秩序构成的一个多层次的巨系统,而这些层次又互相交叉,形成了新的运动,如宏观向微观的运动,历史凝积于现实的运动。物质世界本身运动的层次性、差异性,以及它们之间的交叉性,必然要求思维具有反思性。

物质世界本身的层次性是反思思维的客观基础,因为人们不可能同时全面把握世界的各个层次,相反,总是一个层次一个层次地推进。人们在认识到新的层次之前,总是用旧的层次去说明新的层次,这就产生了所谓的思维"悖论"。近代形而上学思维方式的根本错误就在于,它把世界的机械层次绝对化,用机械层次去说明其他一切层次。消除这一错误的思维,就要进行反思,即批判地对待机械性,使机械性只说明物质世界本身的机械层次。这样,反思就起到了对思维的批判功能,而这一功能之所以能够实现,其根源在于物质世界本身就是有层次的。

其次,思维与存在转化的特殊性是反思思维存在的特殊原因。

反思思维之所以存在,还在于思维把握存在是一个特殊的矛盾运动过程。列宁指出:"如果不把不间断的东西割断,不使活生生的东西简单化、粗陋化,不加以划分,不使之僵化,那么我们就不能想象、表达、测量、描述运动。"[1]这是一个思维"本性"和思维过程中的矛盾。必须把复杂的东西简单化,运动的东西静止化,不间断的东西间断化,思维才能运动起来,才能使这些"不间断的东西""活生生的东西"具有可表述、可定量、可描述的现实性。

思维这一"本性"和过程就存在着把思维曲线直线化、僵硬化的可能性和现实性,它展现为有限与无限、静止与运动、现象与本质、形式与内容、间断和连续等的矛盾。由于思维不得不从有限进入无限,由静止进入运动,由间断进入连续,这就要求思维能够自己认识自己,从而实现自我否定、自我发展。这是反思思维存在的特殊原因。

---

[1] 《列宁全集》第55卷,第219页。

再次,思维内在的逻辑与非逻辑的矛盾是反思思维产生的直接原因。

反思思维产生的直接原因在于思维自身运动的逻辑与非逻辑的矛盾。思维是在一定概念基础之上,以一定概念结构和逻辑规则发散出去的判断、推理过程。这一过程是思维不可缺少的。但是,思维又必须通过把运动的东西静止化、连续的东西间断化才能具体运动起来,这就形成了自己不可避免的局限性。具体地说,思维按照一定的逻辑规则运行,形成了自己特有的"思维框架""思维圈""思维定势"。在这些"框架""圈"内,按逻辑规则运行的思维形成了思维的建构性,而"定势"本身又产生了排他性,拒斥不符合自己思维要求的信息。问题在于,思维一旦形成"思维圈",就不仅使思维自己陷入单一化,而且思维在自己的逻辑圈里无法打破自己,因而在面对新信息时,就产生了"思维盲区""无知境界""悖论",陷入不可解决的矛盾之中。

马克思注意到这一问题:"在人类历史上存在着和古生物学中一样的情形。由于某种判断的盲目,甚至最杰出的人物也会根本看不到眼前的事物。后来,到了一定的时候,人们就惊奇地发现,从前没有看到的东西现在到处都露出自己的痕迹。"①这种"判断的盲目"是由思维前提的局限性、推理的程式化造成的。这就是说,一旦陷入特定的"思维圈",就会产生"思维盲区",从而产生某种"判断的盲目","根本看不到眼前的事物",即无法正确理解新的信息。

思维框架、思维定势、思维圈是一个相互联系的过程。"思维框架"概念由恩格斯首次提出,是指思维运行的空间,它像脚手架一样,规定着思维的视野、思维的深度、思维的容量。按照恩格斯的观点,任何思维都是在一定的框架中进行的,思维框架规定着"思维的界限",这种思维的界限也就是我们现在所说的"思维圈";从"思维框架"到"思维圈"经过"思维定势"的中介,所谓思维定势,是指思维向着某种"完整性""稳定性"的运动,是在一定思维框架中产生的思维必然如此运动的过程。思维定势的形成标志着思维圈的形成以及思维方式的定型化。

正是由于思维运行的这些特点,思维本身的发展必然要求反思思维。反思的重要性就在于,它批判、否定着原有的思维框架、思维定势、思维圈,并形成新的思维框架、思维定势、思维圈。反思产生于"无知境界""问题"。在恩格

① 《马克思恩格斯选集》第 4 卷,第 579 页。

斯看来,由于思维有时代性,思维总有一天要打破超过自己原有的"框架",此时,原有的思维方式就会对超出自己"框架"的问题陷入"不可解决"之中,这就是由"无知境界""问题"形成的客观条件。"无知境界"本身并不是无知的,它只是相对于原有的思维圈来说是"无知"的。实际上,它是新"知"的开始。

从这种无知到知,就要发动思维的批判性,批判原有的思维框架、思维定势、思维圈,理解为什么原有的思维结构会出现"无知境界"。由"无知境界"到"问题"是反思性思维的运动过程,"无知"类似一种简单的否定,"问题"则已经把矛盾剥离出来,形成了反思性思维的中心,而沿着"问题"展开的思维的创造性过程,则是反思性思维的更高层次,即形成新的建构性思维。

这里,已经显示出反思在思维活动中的重要性。黑格尔把反思称为思维"自己运动和生命力的内部搏动的否定性",认为反思是思维的"绝对积极的环节",确实是极其深刻的。反思集批判性与创造性于一身,它是思维活动中的辩证否定的具体体现。没有反思,也就不存在思维的自我运动。因此,把反思作为独立的思维形式展示出来是人类主体性高度发展的必然要求。

三、思维反映存在的形式

从词源看,反映一词有反照、反射、反省、反思等多种不同含义。把反映与映入、射入、照镜子做同一意义理解,认为认识是纯客观性的、一次完成的照镜子式的反映,这只是近代机械唯物主义的特殊理解,而且这一机械反映论已经为马克思主义哲学以及现代哲学和现代科学所否定。马克思指出:"不仅五官感觉,而且所谓精神感觉、实践感觉(意志、爱等等),一句话,人的感觉、感觉的人性,都只是由于它的对象的存在,由于人化的自然界,才产生出来的。五官感觉的形成是以往全部世界历史的产物。"[①]显然,否定反映的机械形式,是新唯物主义认识论与旧唯物主义认识论的区别,也是马克思主义哲学的历史贡献。

思维反映存在揭示的是思维的内容,思维如何反映存在揭示的则是思维反映存在的方式、尺度、取向,是指思维与存在在什么层次、范围,通过什么形式、途径,达到二者的统一。按照马克思主义认识论的观点,思维对存在的反

①《马克思恩格斯全集》第 42 卷,第 126 页。

映不仅通过实践及其主体和客体的相互作用,而且通过思维自己构成自己的形式来进行。毛泽东曾指出:"人的概念的每一差异,都应把它看作是客观矛盾的反映。客观矛盾反映人主观的思想,组成了概念的矛盾运动,推动了思想的发展,不断地解决了人们的思想问题。"①

显然,这里存在着两个层次的问题:第一个层次,主观矛盾是客观矛盾的反映;第二个层次,主观矛盾又相对独立,"组成了概念的矛盾运动",正是它"推动了思想的发展"。因此,实践对认识的辩证关系又要通过"概念的矛盾运动"表现出来。这是思维相对独立地自己构成自己的过程。

的确,马克思、恩格斯"忽略"了思维自己构成自己的问题。正如恩格斯所说,"对问题的这一方面……我觉得我们大家都过分地忽略了。这是一个老问题:起初总是为了内容而忽略形式","这一点在马克思和我的著作中通常也强调得不够,在这方面我们大家都有同样的过错。这就是说,我们大家首先是把重点放在从基本经济事实中引出政治的、法的和其他意识形态的观念以及以这些观念为中介的行动,而且必须这样做。但是我们这样做的时候为了内容方面而忽略了形式方面,即这些观念等等是由什么样的方式和方法产生的"②。列宁在《哲学笔记》中充分认识到这一问题的重要性,并重新解释了黑格尔的"思维自己构成自己道路"的思想,重新改造了黑格尔的"思维在概念中的纯粹运动"的观点,从而为我们探索这一方面的问题指明了方向。

现代哲学非常关注思维自己构成自己的问题。胡克指出:"一切对于存在的事物所作的理智的研究,是一个发现过程,同时也是一个建设和重新建设的过程。"③列维·斯特劳斯认为语言结构决定人的认识活动。皮亚杰强调,认知图式决定人的认识活动。罗素、维特根斯坦、卡尔纳普则把思维与存在的关系看作逻辑构成和语言构成问题。哲学的兴趣由此从思维与存在的一般关系进入到具体关系,从语言结构、认知结构、逻辑结构、经验结构等某一方面、某种形式透视思维与存在的关系。

这里,存在着两方面的问题:一方面,把思维与存在的关系仅仅归结为某一方面当然是片面的;另一方面,仅仅停留于思维与存在的一般关系也是不行的。思维与存在的同一总是要通过特殊的形式表现出来,形式又有其相对的

① 《毛泽东选集》第一卷,人民出版社 1991 年版,第 306 页。
② 《马克思恩格斯选集》第 4 卷,第 727、726 页。
③ 洪谦:《西方现代资产阶级哲学论著选辑》,第 209 页。

独立性。因此，一方面，思维对存在的反映必定要通过思维自己构成自己的矛盾过程表现出来；另一方面，思维自己构成自己又只是思维对存在反映的历史的表现形式，二者是矛盾的统一。

不仅思维自己构成自己是思维对存在反映的矛盾性的表现形式，而且思维的超前性、建构性、选择性也是反映的形式和特点，是主体自组织过程的体现。现代人类学、发生认识论、儿童心理学以及人工智能的研究表明，思维确实是自己构成自己的，它有着自身的内在矛盾、内在的发展逻辑，是一个典型的自组织过程。从行为思维到神话思维再到概念思维，是一个有序的发展过程，概念结构的转换，也是一个有序的发展过程。我们一方面要从实践的发展来揭示思维的发展，另一方面也要从思维的内在矛盾的展开来研究思维。换言之，要从对实践—认识的第一层次的研究跨入到思维内在矛盾运动的第二层次的研究，并把这两个层次的研究结合起来。应该说，这是现代实践、科学和哲学本身的发展向认识论提出的更高的要求。这是其一。

其二，思维对存在的反映又是通过特定的主体坐标系来进行的。思维对存在的反映是有方向的，并不是无中心的。换言之，人们总是从特定角度、特定坐标出发去追求思维与存在的同一性。思维对存在的同一是有方向的、有特定角度的矛盾的同一。不同的主体对客体的理解和解释都受到自己独特的知识背景、认识图式、思维框架、概念结构的制约，因而都有自己特殊的认识坐标。

具体地说，人们认识自然界并不仅仅是为了认识自然界的机械的、物理的、化学的、生物的特点，他们的目的是支配、控制和占有自然界，使其从"自在自然"转化为"人化自然"，从"自在之物"转变为"为我之物"。马克思指出："只有当物按人的方式同人发生关系时，我才能在实践上按人的方式同物发生关系。"①所谓使物"按人的方式"，是指物成为人的对象性活动的对象；所谓"在实践上按人的方式同物发生关系"，是指人通过对象性活动占有对象。这一过程也就是人以自身的内在尺度出发改造物，使物具有属人的性质，成为对人而言的"有用物"。

这里，存在着两种尺度——"物的尺度"和"人的尺度"，其中，人的尺度，即主体的"内在尺度"是"自在自然"转化为"人化自然"、"自在之物"转化为"为

① 《马克思恩格斯全集》第42卷，第124页。

我之物"坐标系,而对"物的尺度"把握程度则是"人的尺度"发挥作用的客观基础。现代认识论表明,人对世界的认识是有坐标系的,是有方向的。实际上,马克思提出的把"对象、现实、感性""当作感性的人的活动,当作实践去理解","从主体方面去理解",指的就是认识的方向性,就是思维对存在反映的主体坐标系。

其三,思维对存在的反映通过实践反思的形式不断发展。按照马克思的观点,"对人类生活形式的思索,从而对它的科学分析,总是采取同实际发展相反的道路。这种思索是从事后开始的,就是说,是从发展过程的完成的结果开始的"①。这种"从后思索"法,即实践反思法是思维发展的根本规律。

实践从根本上决定着思维的发展。"人的思维是否具有客观的……真理性,这不是一个理论的问题,而是一个实践的问题。人应该在实践中证明自己思维的真理性,即自己思维的现实性和力量,自己思维的此岸性。关于思维——离开实践的思维——的现实性或非现实性的争论,是一个纯粹经院哲学的问题。"②同时,"人体解剖对于猴体解剖是一把钥匙。反过来说,低等动物身上表露的高等动物的征兆,只有在高等动物本身已被认识之后才能理解"。在人类历史上存在着和古生物学一样的情形。不懂地租,完全可以懂资本;不懂资本,则不能懂地租。所以,"资产阶级经济为古代经济等等提供了钥匙"③。

正因为如此,人的思维的运动不是从"猴体"到"人体",从"低等动物"到"高等动物",而是从"人体"到"猴体",从"高等动物"到"低等动物"。这就是说,思维的行程是"反过来"的,即思维的行程总是从"事后",从"发展过程的完成的结果"开始,由"后"往"前",由"果"溯"因"。换言之,思维总是立足于现代实践,对历史的概念结构进行变形、反思、重建的过程。所以,马克思指出:"把经济范畴按它们在历史上起决定作用的先后次序来排列是不行的,错误的。它们的次序倒是由它们在现代资产阶级社会中的相互关系决定的,这种关系同表现出来的它们的自然次序或者符合历史发展的次序恰好相反。"④

在我看来,强调实践对认识的决定作用,本身并不为错,但是,我们不能由

① 《马克思恩格斯全集》第 23 卷,第 92 页。
② 《马克思恩格斯选集》第 1 卷,第 55 页。
③ 《马克思恩格斯选集》第 2 卷,第 23 页。
④ 《马克思恩格斯选集》第 2 卷,第 25 页。

此忽视甚至否定实践对认识的决定作用要通过"反思"这一中介环节,而忽视、否定"反过来思"就会把实践对认识的决定作用简单化、直线化了。思维要发展,就要打破原有的概念、判断、推理系统,瓦解原有的概念结构和认知图式,这就需要对思维本身进行反思。

在这一问题上,康德只是要求对主体认识能力进行批判,黑格尔只是求救于思维的内在矛盾运动,二者都显得软弱无力。只有马克思的实践反思理论既说明了实践是思维发展的根本动力,又说明了思维的具体行程是"反过来"的,即走着一条"和实际发展相反的道路"。毫无疑问,思维采取"反过来"的方式,既要批判原有的概念结构,又要在批判反思的前提下建构新的概念结构。马克思的"实践反思"既扬弃了康德的"批判反思"和黑格尔的"概念反思",又以其巨大的超前性预示了现代思维对存在反映的创造性特点。

由此可见,要使认识论的问题得到一个合理的解决,就要把反映划分为两个层次。

第一个层次,思维反映存在。这里,反映表明了认识的本质,即认识无论是正确的,还是错误的,无论是形象的,还是逻辑的,都有其客观内容。反映的基础性在于,不管什么认识,什么认识形式,都是在反映这一基础上形成的。具体地说,反映是在主体和客体的相互作用过程中,客体的部分信息被主体接受,主体依据自己的反映形式对之进行加工的信息变形过程。

问题在于,反映的内容与被反映的客体的属性既有联系又有区别。反映的内容与反映的对象并不是完全同一的,反映的内容可以在一定程度上脱离被反映的客体的属性而相对独立。正是由于反映内容相对独立于事物本身,抽象、概念、逻辑,包括认知图式、概念结构等的产生才成为可能。所有这些都是立足于反映的内容既是对象又不是对象这一根本特点上的。

第二个层次,思维如何反映存在。这里,不仅包含着"从主体方面去理解",而且首先要从主体的实践需要去理解。换言之,思维如何反映存在首先是由实践需要来定向的,选择、建构、超前作用都是由实践需要来规范的。正是实践的需要,使反映沿着一条特殊而复杂的道路发展。因此,马克思主义哲学把实践看作反映的生命,马克思主义认识论由此成为能动的革命的反映论。

载《天津社会科学》2000 年第 3 期

《新华文摘》2000 年第 9 期转载

知性思维向辩证思维的"复归"：
关于辩证思维的再思考

　　恩格斯曾指出，当自然科学积累了庞大数量的经验知识后，为了确立知识材料之间的内在联系，必然产生一个"复归"辩证思维的运动。在恩格斯看来，这一"复归"辩证思维的运动可以有两条不同的道路：一条是随着自然科学的发展而自然地实现，另一条则是借助辩证哲学的帮助而实现。20世纪与21世纪之交的科学和哲学发展证实了恩格斯这一观点的真理性、预见性，证实了上述"自然地实现"和借助辩证哲学的帮助而实现这两条道路同时在起作用。随着经典科学向非经典科学转化，知性思维也同时由于自身力量的推动而越来越具有辩证特色，具体表现为：科学思维由否定"矛盾""悖论"转向承认"矛盾""悖论"，由要求自身的"完全性""形式化"转向承认"不完全性""非形式化"的因素存在，由片面的"拒斥形而上学"、贯彻证实主义和证伪主义的原则转向承认"历史主义"、确认"形而上学"的合理作用。知性思维与辩证思维之间的界限正在变得模糊：知性思维在向辩证思维运动，而辩证思维也在向知性思维运动，即辩证思维不断地把应该知性化的东西知性化，知性思维与辩证思维在现代产生了交合运动。随着经典科学的非经典化，随着科学思维中系统论、控制论、信息论等新观念的产生，随着"相对性原则""测不准原理""互补性原理"等为科学思维所承认和运用,知性思维已不是历史上的经典形式了,而是充满辩证色彩并正在向辩证思维"复归"的知性思维。本文拟就知性思维向辩证思维"复归"的现代运动做一考察和审视,以深化我们对辩证思维以至整个马克思主义认识论的研究。

一、"拒斥形而上学"与可证实性

20 世纪思维发展的巨大变化,就是知性思维通过自身内在矛盾向辩证思维"复归",科学思维跳出了近代知性思维的框架,具有了新的形式。这一条"复归"道路的实现是充满矛盾的:起初,人们"拒斥形而上学",要求贯彻完全的证实主义原则与证伪主义原则;后来,人们认识到,"形而上学"不可能完全拒斥,证实主义与证伪主义的原则也不可能达到"完全"。历史的事实是,从"前门"被拒斥出去的"形而上学"问题,又从"后门"变形地被接受回来了,实证论遇到了自己的反面,即否证论,更新为历史主义与科学实在论的新潮流。

我在这里所说的形而上学,不是指与辩证法相对立意义上的孤立、静止、片面地考察世界的思维方式,而是指探讨世界"终极存在",即"存在的存在"的哲学形态,是一种超经验的思考。现代西方哲学所拒斥的形而上学正是指这种哲学形态及其思考方式。石里克指出:"过去时代最严重的错误之一,是认为哲学命题的真正意义和最后内容可以再用陈述来表达,即可以用知识来阐明;这就是'形而上学'的错误。"[1]卡尔纳普认为:"我想指称为形而上学的那种性质的命题可以最容易地以下述几个例子来说清楚,如泰利士说'世界的本质和本原是水';赫拉克利特说'是火';阿拉克西曼德说'是无限者';毕达哥拉斯说'是数'。'一切事物都只不过是永恒理念的影子,而永恒理念自己则是存在于无时间性和空间性的领域中',这是柏拉图的理论。"[2]

实际上,石里克等人所说的"形而上学"是指认识中的一般性问题、整体性问题、抽象性问题。在卡尔纳普等人看来,古代对本体论的讨论是形而上学,没有意义,而近代对认识论的讨论,也属于形而上学,同样没有意义,认识应该局限于经验、知识,限于可证实的范围之内。

---

① 洪谦:《逻辑经验主义》上卷,商务印书馆 1982 年版,第 9 页。
② [美] M. 怀特:《分析的时代——二十世纪的哲学家》,杜任之主译,商务印书馆 1981 年版,第 215 页。

卡尔纳普等人"拒斥形而上学"有其合理因素。马克思早就指出,随着"实证科学脱离了形而上学,给自己划定了单独的活动范围",随着"实在的本质和尘世的事物开始把人们的全部注意力集中到自己身上的时候,形而上学的全部财富只剩下想像的本质和神灵的事物了。形而上学变得枯燥乏味了"。由此,"形而上学在实践上已经威信扫地",同时,"在理论上威信扫地"①。在科学非经典化的现代,离开现代实践和科学的发展去研究"物质一般""精神一般",仍然去追求某种一成不变的本体论,当然是不可取的。但是,问题在于,卡尔纳普等人把这些合理的因素溶解于不合理的理解之中,不理解个别中的一般、有限中的无限、不能脱离部分的整体,以及在这些不同层次上进行的更高层次的思考,这些并不是应该拒斥的形而上学问题,而是现实的人类实践和认识的问题。

实际上,要完全拒斥对世界做整体思考的形而上学是不可能的。说到底,科学离不开哲学,其原因在于:科学本身就是思维的结晶,真正的科学思考必然要涉及思维的对象、过程、形式、方法等,而所有这些因素都是在哲学的综合下定型的。因此,科学的思考自觉不自觉地必然涉及形而上学。科学家的思维并不能完全停留在事实上,总是要上升到更高的层次,形成某种"抽象",而科学与科学之间的交叉又要求形成科学的综合,这种抽象和综合离不开形而上学问题,人们无法拒斥哲学思维。

在经过了石里克、卡尔纳普、亨普尔、科恩的逻辑经验主义之后,科学哲学从证实走向证伪,产生了波普尔、拉卡托斯的批判理性主义,尔后由于证实、证伪本身的困难,走向科学历史主义。到这里,形而上学又成为一个现实的问题而被现代西方哲学接纳了。这似乎是一个否定之否定的过程。按照科学哲学家瓦托夫斯基的观点,科学思维必须运用概念框架。"我们的最根深蒂固的概念是具有高度概括性的概念,可以说,它们构成我们思想的基本框架。""这种概念框架是一种我们用以理性地整理我们的知识的方式。"②这是其一。

其二,早期的形而上学已经"暗示"出科学的一些问题,包括"后来成为典型的物理学和化学问题——这就是说,关于物质结构的问题"。而"哲学在(1)形而上学、(2)认识论、(3)逻辑的一般标题下,已经以各式各样的方式

①《马克思恩格斯全集》第 2 卷,第 161—162、161、162 页。
② [美] M. W. 瓦托夫斯基:《科学思想的概念基础——科学哲学导论》,范岱年译,求实出版社 1982 年版,第 10 页。

介入了上述这些问题"。因此,科学家并不能拒斥形而上学,只不过自发地"把早期的形而上学、认识论和逻辑形式化的影响带入到他的工作中"。① 笛卡尔、牛顿、莱布尼茨、普朗克、爱因斯坦等人"都不仅曾帮助科学概念框架的重新形成,也帮助哲学基本概念的重新形成"②。

不难发现,瓦托夫斯基的观点与恩格斯的观点是相同的。在我看来,这种相同并不是一种历史的巧合:恩格斯通晓人类思维发展的历史,早在 100 多年前就高瞻远瞩地预见到了,而瓦托夫斯基则是经过科学在 20 世纪的自我反思后才认识到的。这是从两条道路出发的认识过程,然而,二者在认识的结果上却有着天然的一致性。这表明,这一问题在认识上具有"不可回避""不可抗拒"的特点。

可证实性与"拒斥形而上学"问题是联系在一起的。逻辑经验主义认为,问题是否有意义,取决于问题的理论可否证实或证伪,如果一个问题既不能证实,也不能证伪,那就是一个无意义的问题,亦即形而上学的问题。石里克最早提出证实与意义的问题,并把可证实性区分为"经验的可能性"与"逻辑的可能性"。艾耶尔进一步把可证实性区分为"实践的可证实性"与"原则的可证实性"。

问题在于,可证实性本身遇到了逻辑上的困难。实际上,由于认识、科学、实践在不断发展,完全的证实与完全的证伪都是不可能的,因此卡尔纳普又提出"确证",并对"确证"与"证实""可检验性"与"可确实性","意义原则"与"证实原则"做出区分。按照卡尔纳普的观点,所谓证实是"决定性地、最后地确定为真"③,而"确证"只是现阶段得到确定,并不保证以后也确定。"理论上永远存在着把检验性观察的序列继续下去的可能性。所以在这里任何完全的证实也不是可能的,却只是一个逐渐增强确证的过程。"④

可证实原则遭到来自批判理性主义的证伪原则的毁灭性打击。波普尔首先批判了归纳法,认为归纳只能总结历史,不能预告未来,不能给未来以必然性甚至偶然性的知识,因此,归纳法不能算作一种科学的方法。在反归纳的基础上,波普尔提出了批判理性主义的证伪主义原则,即科学命题都是普遍命

① ［美］M. W. 瓦托夫斯基:《科学思想的概念基础——科学哲学导论》,第 15、14、25 页。
② ［美］M. W. 瓦托夫斯基:《科学思想的概念基础——科学哲学导论》,第 25 页。
③ 洪谦:《逻辑经验主义》上卷,第 69 页。
④ 洪谦:《逻辑经验主义》上卷,第 75 页。

题、全称命题，而任何证实都是个别的，个别又不能经归纳上升到一般，因此，科学理论不能证实，但可以通过证伪个别命题而证伪科学的普遍命题。所以，波普尔认为："科学进步成了并不在于观察的累积，而是在于推翻不那么好的理论并且用更好的理论，尤其是内容更丰富的理论代替它们。"①按照波普尔的观点，没有可以"证实"的理论，只有现在被"验证"的理论，即使现在被"验证"的理论，也总有一天会被证伪，任何理论都必然地最后被证伪。

历史的发展是奇特的。逻辑实证主义"拒斥形而上学"，要求可证实性，其片面性的要求被另一端证伪性所完全否定。实际上，离开形而上学的思考，完全局限于证实与证伪都是不可能的。这是因为，证实与证伪是一个极其复杂的问题，要弄清这一问题必须进行形而上学的思考。马克思主义哲学既不完全否定证伪性，也不完全否定证实性，相反，马克思主义哲学强调"经验的观察"的重要性，强调"应当根据经验来揭示社会结构和政治结构同生产的联系"，并把唯物主义历史观称为"真正实证的科学"②。

从根本上说，马克思主义哲学把实践检验看作一个历史过程，看作既有整体性又有方面性，既有绝对性又有相对性，既有直接性又有间接性的复杂过程；在这一过程中，既要看到证实、证伪过程的确定性、重复性，又要看到证实、证伪的条件性、相对性、不确定性；只有看到并承认这种证实、证伪的确定性，思维才有坚实的基础，才有现实性，同时，又要看到不确定性，这才有思维、实践过程的发展性。可以说，只有立足于实践活动及其历史过程，我们才能超越证实主义或证伪主义原则，超越什么都可以的"无政府主义"原则。

现代科学和哲学发展表明，科学思维本身也在反思自己，对形而上学证实、证伪这些问题的思考本身就是一个历史运动，它表明科学思维已经变成了一种新的辩证思维形式，它包含着"悖论""相对性""测不准性""人择性"。所有这些证明了一点，即我们再也不能在原来的知性思维的层次上来解释科学思维了。

二、"悖论"与无矛盾性：矛盾是思维的本质

知性思维与辩证思维的存在，本身是思维内在矛盾的产物。现代思维的

①［英］卡尔·波普尔：《无穷的探索——思想自传》，邱仁宗、段娟译，福建人民出版社 1984 年版，第 82 页。
②《马克思恩格斯全集》第 3 卷，第 31 页。

发展表明,任何思维都存在着矛盾。现代思维本身就是从思维的矛盾"本性"中生长出来的,它自觉地承认矛盾,并把这一矛盾作为自身活动的原则。例如,现代科学思维中的不完全定理、测不准原理、相对性原则、人择性原理等从各个方面体现出矛盾:不完全定理体现着整体与非整体的矛盾,测不准原理体现着绝对与相对的矛盾,人择性原理体现着主体与客体的矛盾。现代科学发展中的一系列"悖论"的出现,一方面说明人类思维发展中"受阻"及其行程的曲折性,另一方面表明,实证性思维与辩证性思维的存在正是思维内在矛盾发展的必然产物。

"辩证法本来是人类的全部认识所固有的"①,矛盾是人的认识中内在的、固有的。只要人在思维着,运用着语言、符号、逻辑,就必然产生矛盾。矛盾是思维的本质,这是由主观与客观、主体与客体、连续与间断、全面与方面的诸多关系决定的。

从主观与客观关系的角度看,思维是主体的活动过程,它必然有着主体的坐标、角度、方位,有着人的内在尺度,因而主观与客观、主体与客体永远不可能达到完全的同一,二者总是历史的、具体的、矛盾的统一。每一代人的思维所能达到的广度和深度总是有限的,然而,无限性总是要通过有限性表现出来,绝对存在于无穷的相对中,这本身就是矛盾;这些矛盾又会转化为思维与存在、主观与客观、主体与客体的既同一又不同一的矛盾。这表明,认识不可能是纯客观主义的。

从连续与间断关系的角度看,思维要表述事物,就要把连续的东西间断化,把运动的东西静止化,把思维对象从整体中抽象出来,暂时割断它与其他事物的联系。实际上,把连续的东西间断化,本身就蕴涵着全部形式化、符号化思维的内在矛盾。就最简单的 $1+1=2$ 而言,这在逻辑上是不言自明的,但实际上,$1+1$ 永远不等于 2。这不仅是因为世界上不可能存在两个完全相等的具体的 1,而且在于 1 本身只是思维的合理的抽象,实际生活中的具体的 1 永远处于运动变化之中。因此,即使在 $1+1=2$ 这一运算中,也已经把运动的东西静止化,连续的东西间断化了。这本身已经是矛盾的过程。

从全面与方面关系的角度来看,思维只能不断逼近事物的全面,达到的永远是事物的某些方面。例如,系统论把一切都看成系统,并认为通过系统的方

---

① 《列宁全集》第 55 卷,第 308 页。

法可以把握全面,但实际上,系统论只是把握了某些方面,如结构方面、功能方面、相关性方面、输入—输出方面等。全方位思维的"全方位"只是相对的。"方位"永远不可能绝对"全"。要使"方位"绝对"全",就必须使运动停止下来。然而,这是不可能的,只要世界在运动,就永远有新的方位、新的方面产生出来。因此,思维的全面性本身只存在于思维的全面与方面的矛盾中,是在全面与方面的矛盾运动中不断逼近全面本身的历史过程。"全方位"思维也只是"方位"不断增多的思维活动而已。

现代思维本身是一种辩证的思维,它摆脱了纯客观主义、绝对主义的思维方式,也扬弃了主观主义、相对主义的思维方式,从而在客体与主体、绝对与相对、可能与选择、整体与部分、完全与不完全、确定与不确定的诸多矛盾中运动。因此,不理解矛盾,就不理解现代思维的本质。现代思维的特点之一,就是矛盾观念进入知性思维领域中。思维从千方百计地排除"悖论"转向承认"悖论"的合理存在,从追求某种"完全性""确定性"转向确认"不完全性""不确定性",这一事实表明,知性思维自觉地趋向辩证思维,越来越具有辩证法的特点。换言之,现代"悖论"以及"相对性""测不准性""人择性"的提出,使知性思维与辩证思维第一次有了"共同语言"。这正是科学向辩证法"回归"的一种历史的表现。

"悖论"是一个古老的问题,它的直接含义是指:从一个本来被认为是正确的理论出发却得出两个相互矛盾的结论。从古代到现代,已经产生了无数"悖论",如"毕达哥拉斯悖论""芝诺悖论""贝克莱悖论""罗素悖论""语义学悖论"等。其中,"毕达哥拉斯悖论""贝克莱悖论""罗素悖论"引起了西方数学发展史的三次危机,其结果是数学理论的三次大发展。

从总体上看,悖论可分为两类:一类是由前提错误导致的悖论,另一类则是前提无错误的悖论。

"毕达哥拉斯悖论"属于前提错误的悖论。毕达哥拉斯学派坚持这样一个信念,即一切事物都可以归结为整数与整数之比。但是,他们发现正方形的边长与对角线的比是2,它们之间不能表现为整数之比。2的正确性否定了他们关于一切事物都可以归之于整数与整数之比的信念,因而引起数学史上第一次危机。实际上,这场危机只是一场虚惊,危机的实质是人对世界认识界限的超越,对假前提的否定。

"贝克莱悖论""罗素悖论"属于前提无错误的悖论。"贝克莱悖论"集中于微积分的无穷小分析这一问题。贝克莱证明了无穷小量在实际应用中既是0,又不是0。这本来是正确的思想,可是,由于它与形式逻辑发生矛盾,导致了数学史上第二次危机。"罗素悖论"是著名的"集合悖论",即任何一个集合都可以通过谓词"不属于自身"构成一个新的集合,这一集合本身由所有不属于自身的集合构成,但问题在于,任何集合又可看作属于自身的集合。因此,由某集合"属于自身"可以得到集合"不属于自身",由某集合"不属于自身"又可推出某集合"属于自身"。这样,对"某集合是否属于自身"的问题可以得到两个等价的互相对立的结论。

显然,"罗素悖论""贝克莱悖论"已经不同于"毕达哥拉斯悖论"。对于"毕达哥拉斯悖论",只需说明前提是假的就解决了问题。但是,我们不能从前提、逻辑推理等角度去揭露"罗素悖论",因为其前提、逻辑推理不存在错误,所以,这一"悖论"在逻辑上是合理的。换言之,"悖论"的前提、推论、逻辑过程全然没有问题,但结论却是互相对立的、矛盾的,并且等价为真。

实际上,"悖论"是对无矛盾思维的"背理",因为"无矛盾"本身是一个"背理",只要沿着"无矛盾"前进,无论从哪一条线、哪一个角度,都毫无例外地会出现"悖论"。"悖论"因此引起人们的震惊。在我看来,应该震惊的不是"悖论"和"悖论的合理性",应该震惊的是对"悖论合理性"的震惊。我们应该接受这样一个事实,即"悖论"是合理的,"矛盾"是无法排除的。在"悖论"面前,科学家们申诉着自己学科的"可靠性"和"真理性",实际上,对这种"可靠性"和"真理性"的理解也只是相应于他们所处的历史条件。每一历史时代总有其局限性,绝对的"可靠性"和"真理性",永恒不变的"确定性"本身是不存在的。

从根本上说,"悖论"的实质是世界的无限性与认识的有限性,事物的多样性与思维方法的直线性矛盾的体现。列宁指出:"如果不把不间断的东西割断,不使活生生的东西简单化、粗陋化,不加以划分,不使之僵化,那么我们就不能想象、表达、测量、描述运动。思想对运动的描述,总是粗陋化、僵化。不仅思想是这样,而且感觉也是这样;不仅对运动是这样,而且对任何概念也都是这样。"①"悖论"的产生正是导源于思维如何想象、表达、测量、描述"实在",思维总是包含着僵化、简单化、直线化的因素。在我看来,"悖论"产生的原因并不在于思维的非严格性,恰恰相反,正是由于知性思维本身要求太严格、太

---

① 《列宁全集》第 55 卷,第 219 页。

规范化了。

这就是说，"悖论"是人类思维中不可避免的。现代科学思维的发展扭转了人们对无矛盾性思维的偏好，扭转了把"悖论"等同于"错误"的观念，从而承认了"悖论"存在的合理性。如果说历史上的知性思维是以排除"悖论"、追求无矛盾性为自己的特点，那么，随着对"悖论"合理性的承认，现代知性思维也开始自觉地承认矛盾，并把矛盾作为思维的起点。这是知性思维向辩证思维"复归"的关键一步。

三、形式化与非形式化，系统与非系统

现代知性思维向辩证思维"复归"的又一表现是，它在逻辑上彻底解决了形式化问题。所谓形式，就是事物的内在结构、外在结构、有序性、量的比例性。形式化就是试图从结构、有序性、量的比例来全面地表征事物的本质。形式方法在古代就已经运用了。欧几里得几何、形式逻辑都是形式方法的具体化。随着非欧几里得几何对欧几里得几何的突破，形式方法的研究进入到一个新的层次。哥德尔的不完全定理、车赤尔的不可判性定理则埋葬了希尔伯特的形式主义思想，揭示出不完全性、非形式化在逻辑上的合理存在性。

希尔伯特在 20 世纪初提出了他的形式主义理论，认为以前的形式化只是从直观对象出发，然后归纳出公理，并在公理的基础上进行演绎；现代的形式系统应当排除明显的直观性，成为一种"假设——演绎系统"。因此，问题倒过来了，重要的并不在于研究什么样的对象，而在于设定什么样的前提和关系，即设定"论域"，不同的"论域"就会展现出不同方面。

希尔伯特正是以这种前提和关系的形式处理了欧几里得几何，从而消除了欧几里得几何的直观性。希尔伯特提出五种关系，即"在……之上"——联结关系，"介于……之间"——次序关系，"合同于"——合同关系，"平行于"——平行关系，"连续"——连续关系，并力图通过对这五种关系的推演，证明欧几里得几何学。显然，希尔伯特的形式方法比欧几里得几何公理方法更为普遍，并提出一个形式系统应该包含无矛盾性、完备性、公理的独立性。

希尔伯特的形式主义方法使数学的对象发生了变化，即在某种意义上，数学可以不以客观世界中的"量"和"形"为对象，对象可以是符号系列。人们经过定义，赋予符号系列以各种"规定""论域""模式"。这些符号系列、形式系

统虽然是抽象的,但都表征着事物结构。希尔伯特的形式主义思想显然是深刻的,它是古代毕达哥拉斯学派的"数的和谐"和中世纪"唯名论"思想在现代的深化。然而,他的彻底形式主义的方法并没有得以实现,并受到哥德尔不完全性定理、车赤尔不可判断性定理的破坏。

不完全性是相对于完全性而言的。完全性是指在一个完备的形式系统内,所有普遍有效的命题权且仅当是在这个系统中可以得到证明的。如果在这一形式系统内存在着得不到证明的普遍有效的命题,那么这一形式系统就是不完全、没有完成的。1931年,哥德尔证明了不完全定理:如果在一个包括初等数论的形式系统中一切命题都是真的,那么它就是有矛盾的;如果这个形式系统是无矛盾的,那么它就是不完备、不完全的。这就是说,只要是一个简单的包含形式算术的系统,就会产生不完全性。

因此,比这种含自然数系列、含算术关系更高级的完全系统当然就是更不完全的,它们都包含着自身系统无法自证的命题,即这种证明不能在本系统内完成,要证明这些命题,就必须把这一系统置入更大的系统;要证明更大系统对这一系统的证明是正确的,又必须把这个更大的系统置入更大更大的系统之中。实际上,这一过程不可能完成,我们必须无限地进行这项工作,无限地置入"更大更大的系统中"。这是一个无穷量,是永远也不能完成的工作。

1936年,车赤尔提出不可判定性定理。这一定理认为,包括形式算术系统在内的任何形式系统如果是一致的,那么就是不可判定的,也就是说不存在一个程序能判定任一公式是否可证。不仅如此,车赤尔还证明了一阶谓词演算是不可判定的,这就把问题推进一步,即原来认为一阶谓词演算的普遍有效是可证的,但现在既然没有程序能判定它们是否普遍有效,当然也就无法断定任一公式是否可证。所有这些,都要求人们在逻辑上必须承认,在任何一个包括初等数论的形式系统中,不可能同时既是矛盾的又是完全的,无矛盾必然不完备,完备必然有矛盾。

车赤尔的不可判定性定理给了希尔伯特形式系统的三大支柱,即"无矛盾性""完备性""公理的独立性"以毁灭性的打击。换言之,形式化思想立足于矛盾的基础上,既要符合无矛盾性,又要符合绝对的完全性是不可能的。实际上,哥德尔不完全定理对形式化理想的破坏,也是对知性思维追求自己独立性理想的破坏。在现代,知性产生了破缺,而这种破缺是在符合确定性的前提下产生的,它是符合确定性的对确定性的破坏过程。这样,知性思维向辩证思维的"复归",再也不是采取理性对知性局限性否定的单一形式,相反,这种"复归"是在知性的范围内产生的。在我看来,这是真正意义上的"复归"。

和形式化与非形式化、完全性与非完全性联系的是系统与非系统,现代思维的发展还表现为,当系统论扬弃机械论之后,它又自觉地意识到了非系统的存在,即无意识理论、振荡理论、无序理论、非组织理论、测不准原理、相对性原理、不完全定理、主体性原则,以及心理、灵感、直觉、幻想、激情、意志等,从各个领域、各个方面揭示出一个与系统联系和系统世界具有不同规范、不同类型的世界,即非系统联系和非系统世界。非系统的产生,本身就是对系统内在矛盾的一种必然反思,因为要真正认识系统,就必须认识非系统,非系统是系统的背面。

非系统的内涵较为复杂,"非"本身包含不同于系统、不能归结为系统、与系统对立三重含义。在一般意义上,非系统指没有系统,或者失去了系统联系,或者使系统的破缺口扩大,从而不能形成系统,或者本身就是系统的对立面,即混乱、混沌、模糊。系统和非系统是相互联系的,就其同一性而言,双方同属于辩证法"联系"范畴系统中的子范畴群,是"联系"范畴的引申、分化和发展,是"联系"范畴特殊化的表现。按照辩证法的普遍联系观点,一物可以失去某一"系统",但不可能失去与他物的"联系",它可能转化为"联系"的另一种形式——"非系统"。

从总体上看,系统与非系统表现为两种特点不同、方向不同的运动过程:

一是非系统是物质本身的一种具有方向性的(下向的)运动过程,它与整体化、有序化、自组织化和多样化所构成的系统化方向(上向的)相反,是一种混乱、无序化和无系统化的方向。

二是非系统是物质运动的一个方面,即与有序方面对立的无序方面,从思维发展来说,是与理性对立的非理性方面,与逻辑对立的非逻辑方面。

三是非系统是物质运动的一种状态(阶段),即相对于系统而言,它属于一种混乱、混沌、振荡状态,与系统状态分属于不同的类型。

四是非系统又表现为与系统原则不同的另一种思维原则,即非系统原则。这种思维原则的特点是不让系统成形、完成,或者对既成的系统进行否定,如相对性原则、不完全性原则、测不准原则、悖论原则、互补性原则、主体性原则等。如果现代思维不包含这些非系统原则,就会出现"思维缺坏"的现象。

作为物质运动中的一种状态,非系统首先表现为混沌、混乱状态。通常,人们从系统的角度考察问题,把混乱、混沌仅仅归结为系统度极低的状态。实际上,这是一种片面的观点。波尔兹曼自由能公式表明,混乱作为独立状态在理论上可以成立。自由能公式是:$F=E-TS$。其中,F 是自由能,E 是内能,T 是绝对温度,S 是系统的熵。这一公式的正确性已被实践所证明,并能够得出两点结论:其一,如果 T 是绝对零度,那么,TS(熵)就应等于 0,这时,信息量无限大,事物处于标准的理想的绝对有序状态,即 $F=E$(TS 为 0);其二,如果 T 是无限的高温,那么 TS 就会无限大,这时,信息量等于零,事物处于标准的理想的绝对混乱状态。因此,在理论上,我们可以得到系统与非系统两极对立的状态。

非系统的根本特点是系统破缺。系统之所以是系统,是因为要素的相关作用形成了整体性,因而系统成为系统质、关系质的体现者。但是,系统的产生也就形成了"系统悖论",即任何系统本身必须成为一个整体,这才有系统可言,同时,任何整体又是更大系统中的要素,是一个无穷量,它表明系统永远不能完成,换言之,系统不是系统。这样一来,所谓系统只是相对于本身的要素而言,一旦跨入更大的系统,其本身又转化为要素。

由此可见,系统本身就是一个悖论,系统本身不能成为系统,系统一旦系统化,它就把事物的相互联系、相互作用切断了。可以说,任何系统都存在着三种非系统的作用力:

第一,系统内部自发存在的"熵增加"破坏着系统的存在,系统要存在下去,就必须与外界进行物质、能量、信息的交换,吃进"负熵流",以克服"熵增加"。

第二,高级系统总是把低级系统纳入到自己的运行范围内,使低级系统服从高级系统,因而事物的发展表现为高级系统的系统化以低级系统的非系统化为前提,这就构成了系统化与非系统化的两极运动。

第三,系统与系统之间又存在着相互作用,一个系统必然存在于不同系统构成的横向网络中,这一横向网络往往使这一系统本身发生变形,所以,系统总是相对的,总是存在着某种破缺、不完全性。

现代思维的发展揭示了系统的破缺和不完全性,从而把非系统作为系统的对立物。知性思维的现代化产生了"是"与"非"之间的变化,"非"成为"是"的界限,"非"已经成为某种类似"熵"的东西,它是"是"的反面。申农信息量公式与热力学第二定律熵公式形式上完全一致,但符号完全相反,即一是负值,一是正值,二者之间构成了一种奇特的统一。所以,信息只是等于被消除的熵。在这一意义上,信息也就是负熵。从现代思维的发展来看,系统和非系统、形式和非形式已经成为衡量思维广度和深度的尺度。现代思维对"非"的观念的变革是知性思维向辩证思维"复归"的一个中介点。

四、主体性原则与现代思维运动的三个层次

思维发展的历史告诉我们,不仅要从思维与存在、实践与认识的角度来考察思维,而且要从思维自己构成自己,从主体发展的角度来考察思维。而现代思维更是散发着人类主体性的思维,是主体扩大自身对客体控制度的思维,因此,有必要从主体活动的角度来考察现代知性思维向辩证思维的"复归"。

所谓主体,就是"历史中行动的人"。从主体——"历史中行动的人"出发,是马克思主义哲学所实现的哲学革命的关键所在,是马克思主义哲学的核心。在马克思主义哲学体系中,主体范畴揭示的是人怎样通过"行动"使对象成为人化的对象,怎样按照人类的"本性"合理地调节或控制人与自然的关系、人与社会的关系,即人与世界的关系。

从自组织理论看,主体是有自我意识和反思能力、实施着自觉目的的社会化的"自组织系统"。但是,主体这种自组织系统与一般的自组织系统有着质的区别,是一种特殊的自组织系统。作为一种特殊的自组织系统,主体的形成需要具备四个条件:

第一,与对象的关系已经不是一般的控制与被控制的关系,这种关系是主体自我意识到的,因此,是"自由自觉的活动"。

第二,已经不是一般的"合目的性"的行动过程,这种"合目的性"是主体自觉意识到的,并且以此来控制主体的行为、意志、手段,已发展成为自觉的目的性。

第三,不仅能对客体实施控制关系,而且这种控制关系本身成为自己的认识和研究的对象,从而形成了一种新的关系,能控制这种控制关系,并自觉地合理地扩大这种控制关系。

第四,所有这些关系不仅以社会的形式积淀下来,通过社会来达到,而且通过后天教育的方式,使每个个体都能达到。换言之,这种种关系不再以生物遗传、个体经验积累的方式再现出来,而是被社会化了,被置于整个社会关系

之中,并通过社会发展的形式再现出来。因此,主体是社会化对客体改造和控制的系统,亦即"历史中行动的人"。

马克思一再强调,要把"对象、现实、感性""当作感性的人的活动,当作实践去理解","从主体方面去理解"。因此,主体性原则导源于实践的原则,它要求从实践活动出发来理解世界以及人与世界的关系。从总体上看,马克思主义哲学的主体性原则包含四个方面的内容:

其一,现实的人是主体,没有抽象的人。这就是说,要从对世界的改造、控制关系来考察人及其发展。人当然是自然界长期发展的产物,其活动也要遵循自然规律,从这一方面来看,人是被动的;另一方面,人又具有自我意识、反思能力,具有自觉的能动性,能够把世界上一切事物作为自己认识的对象和改造的对象,变成对自己来说的"有用物",从而成为一个以控制对象而存在的自觉的有目的的"自组织系统"——主体。

其二,对象是被人这一主体占有的对象,没有抽象的对象。从主体占有对象的角度考察对象,就是把"对象、现实、感性"当作实践加以理解,从实践活动、人的客观需要和主观需要来说明。人是在实践中,通过对物的占有的对象性活动来把握事物的,并以自己的内在尺度,包括需要、愿望、美的追求等来占有对象。如果对象"被抽象地孤立地理解",或"被固定为与人分离",那么这个"对象"对人来说就是"非存在的存在",是"无"①。

其三,包括感性认识在内的认识也必须从主体占有对象的对象性活动出发来加以考察,没有抽象地认识。"五官感觉的形成是以往全部世界历史的产物。"②"意识在任何时候都只能是被意识到了的存在,而人们的存在就是他们的实际生活过程。"③只有在主体的对象性活动中,才有被认识的自然界,才有人的意识,才能形成"我对我的环境的关系是我的意识"④。因此,不存在抽象的意识。正如"被固定为与人分离"的自然界对人来说是"无"一样,离开对自然界进行改造的主体的对象性活动,认识、意识、精神统统只是一个"无"。

其四,人是社会的主体,现实的个人是社会存在的前提,历史本质上是追求者自己目的的人的活动过程,没有抽象的社会。按照马克思的观点,应当避

① 《马克思恩格斯全集》第 42 卷,第 178 页。
② 《马克思恩格斯全集》第 42 卷,第 126 页。
③ 《马克思恩格斯全集》第 3 卷,第 29 页。
④ 《马克思恩格斯全集》第 3 卷,第 34 页。

免把社会当作"抽象的东西"同个人对立起来,不应离开个人的发展来抽象地谈论社会的发展。"以一定的方式进行生产活动的一定的个人,发生一定的社会关系和政治关系","社会结构和国家经常是从一定个人的生活过程中产生的"。"只要描绘出这个能动的生活过程,历史就不再像那些本身还是抽象的经验论者所认为的那样,是一些僵死事实的搜集,也不再像唯心主义者所认为的那样,是想像的主体的想像的活动。"①正因为如此,在《德意志意识形态》中,马克思强调"现实的个人""有个性的个人";在《共产党宣言》中,马克思强调每个人的自由发展是一切人的自由发展的条件;在《资本论》中,马克思强调"自由个性"。可见,社会的全面发展必须以每个人的发展为条件和前提。

这就是说,贯彻主体性原则就要从人的实践活动、主体的发展来考察主体与客体关系,不仅把自然界当作认识对象,而且当作改造对象,当作自己的"无机的身体",把自己的需要、爱好、利益注入自然界,使自然界成为"对人生成"的属人的自然界,成为人的"占有对象"。在未来的社会中,人将"以一种全面的方式,也就是说,作为一个完整的人,占有自己的全面的本质。人同世界的任何一种人的关系——视觉、听觉、嗅觉、味觉、触觉、思维、直观、感觉、愿望、活动、爱,——总之,他的个体的一切器官,正象在形式上直接是社会的器官的那些器官一样,通过自己的对象性关系,即通过自己同对象的关系而占有对象"②。贯彻主体性原则,就要将人成为"完整的人",占有自己的"全面的本质"、全面占有对象这一根本原则贯彻到一切领域中。

从主体性原则出发来理解思维,思维就是主体的实践活动,即对象性活动过程的一个环节,并以这种对象化活动为现实基础。正如恩格斯所说,"人的思维的最本质和最切近的基础,正是人所引起的自然界的变化,而不仅仅是自然界本身;人在怎样的程度上学会改变自然界,人的智力就在怎样的程度上发展起来"③。对现代思维本质的理解,正是立足于这一主体活动之上的。换言之,我们应从主体对象化活动的三个层次来理解现代思维的发展。

第一个层次,在主体与客体相互作用中构成的主体客体化与客体主体化的层次。

在主体的对象化活动中,客体主体化,客体转化为主体的思维,即通过实

① 《马克思恩格斯全集》第 3 卷,第 28—29、30 页。
② 《马克思恩格斯全集》第 42 卷,第 123—124 页。
③ 《马克思恩格斯选集》第 4 卷,第 329 页。

践活动,客体被主体所认识,物的属性、规律转化为主体思维中的概念、公式、规则,内化为主体的感觉层次、思维层次、概念层次,成为主体进一步认识世界、改造世界的理论武器;客体转化为主体的实际占有物,即通过人的活动,自然界被人化,客体被主体占有,成为主体的延伸和活动工具,成为人的"无机的身体",形成"自然界对人来说的生成过程"[1];人的活动方式内化为人的思维方式,即实践的"格"通过思维的"概括化""简缩化""言语化","内化"为主体思维中的"格"。这是一方面。

另一方面是主体客体化,即思维的客体化,主体的思维层次转化为客观的知识层次,也就是科学、文化的积累;活动的客体化,即主体的目的、要求转化为计划、方案、行为规则,并通过不断的信息—反馈的调节过程,保证合目的的行为过程顺序地进行,此时,主体的思维成为实际操作的调节因素,形成有控制的行为;主体的观念、计划最终外化为客体存在,即主体通过有意识的活动,实现对客体的改造,并把自己的目的、要求、愿望以及对真善美的追求注入物质形态中,从而使自然成为"人化自然",自然的物成为"社会的物"。科学的物化、逻辑的物化、人的内在尺度的物化,使对象世界成为属人的世界。

可见,思维成为客体主体化与主体客体化的中介环节,并随着人的实践活动、主体与客体相互关系的发展而发展。

第二个层次,自我意识和反思的层次。

在这个层次,主体通过自我意识和反思的形式,把主体客体化与客体主体化的过程对象化,也就是把实践过程、思维过程对象化,转化为认识对象。这样,第一个层次中的主体对客体的对象性活动过程,到了第二个层次又变成自我意识和反思的客体。第二个层次的产生是人认识自我、认识自己对象性活动的必要条件。

在马克思看来,第二个层次的活动具有根本意义,因为在这一活动过程中,"人则使自己的生命活动本身变成自己的意志和意识的对象","他自己的生活对他是对象。仅仅由于这一点,他的活动才是自由的活动"。[2] 同样,人的对象性活动也成为自我意识的对象,人的思维成为反思的对象,仅仅由于这一点,人的对象性活动和人的思维才成为"自由的活动"。一般来说,可以把自我

---

[1]《马克思恩格斯全集》第 42 卷,第 131 页。
[2]《马克思恩格斯全集》第 42 卷,第 96 页。

意识和反思看作主体自我批判的层次。只有经过这一层次，人对自身及其对象性活动、思维活动才有"客观的理解"，从而能够超越自己，实现"自由的活动"。正因为如此，人的意识分化为对象意识与自我意识，人的思维二重化为建构性思维与反思性思维。

第三个层次，完备的主体性和完备的客体性层次。

在前两个层次基础上，思维才能达到完备性。此时，"人不仅象在意识中那样理智地复现自己，而且能动地、现实地复现自己，从而在他所创造的世界中直观自身"①。人只有在自我批判的基础上，才能完备地实现其内在尺度与外在的物的尺度的合理统一。这一过程并不是放弃主体性原则的过程，相反，为了达到完备的客体，就要充分发挥主体的能动作用。这是一个"在最无愧于和最适合于人类本性的条件下"进行的"合理地调节"人与自然之间物质变换的过程，是以人的内在尺度规范外在的物的尺度运行的过程，也就是使物的尺度按最适合于人类本性"变形"的过程。这一过程必须充分发挥主体的能动性，同时，这种能动性是在自我批判的基础上进行的。

因此，现代思维是在上述三个层次中运动着的思维，它本身具有相对独立性，同时又是社会运动、人类发展的组成部分。我们必须把思维与社会运动、人类发展结合起来，并把它看作社会发展和人类发展过程的前导系统、反调系统、调节系统、控制系统。社会发展是与思维的自我意识、方式、自我反思分不开的。在自我意识、自我反思的基础上实现的思维的发展，是达到自由自觉的人的必要条件，也是人类从必然王国向自由王国飞跃的精神杠杆。只有在对象化活动以及思维的自我意识、自我反思的基础上，我们才能真正达到自知、自控、自主、自觉、自由，既在思维活动中映现自身，又在对象世界中直观自身，从而实现既控制对象又控制自我的高层次统一。

载《求是学刊》2000 年第 4 期

---

① 《马克思恩格斯全集》第 42 卷，第 97 页。

法国唯物主义的两个派别及其启示

—— 兼论历史唯物主义的世界观意义

　　18 世纪的法国处在一个动荡不安、风云变幻的时代。康德断言,这是一个批判的时代。卡西尔认为,这是一个理性的时代。在我看来,这是一个理性载负着批判的时代。在这个时代产生的法国唯物主义以其独特的反思精神、批判态度和启蒙思想充分展示了自己的理论风采,并在人类哲学史上留下了浓墨重彩的一章。然而,18 世纪法国唯物主义又受到来自不同方面的误解和曲解。在总体上,法国唯物主义一直被称为机械唯物主义或形而上学唯物主义。实际上,在法国唯物主义中存在着两个派别,即机械唯物主义与人本唯物主义,二者具有不同的理论特征、理论来源和理论归宿。由此启示我们重新审视唯物主义的历史形态,并重新思考历史唯物主义的理论空间。

一、法国唯物主义中的机械唯物主义派及其特征

　　18 世纪,随着反封建、反宗教斗争的发展,"实在的本质和尘世的事物开始把人们的全部注意力集中到自己身上"[①],

---

① 《马克思恩格斯全集》第 2 卷,第 161—162 页。

开始关注人本身。从总体上看,法国唯物主义关注的中心就是人的问题,并由对人本身的反思延伸到对现存社会的批判。黑格尔认为,法国唯物主义具有"反对正面的现存事物","反对一切正面的东西的否定方面"①。然而,问题的关键不在于是否研究人,而在于如何研究人。正是在研究人的过程中,法国唯物主义形成了两个派别——"机械唯物主义"与"现实的人道主义",即人本唯物主义,而且这两个派别具有不同的理论起源和归宿。正如马克思所说,"法国唯物主义有两个派别:一派起源于笛卡儿,一派起源于洛克。后一派主要是法国有教养的分子,它直接导向社会主义。前一派是机械唯物主义,它成为真正的法国自然科学的财产"②。

实际上,机械唯物主义派本身就有二重起源:从科学上看,起源于牛顿的经典力学;从哲学上看,起源于笛卡尔的自然哲学,代表人物是拉美特利。

17—18世纪,牛顿经典力学获得了巨大的成功,并确立了成熟的自然科学的两大原则:重复性原则和精确性原则。牛顿的科学思想和哲学观念在18世纪的法国已经享有隆名盛誉,它造就了强烈的科学主义和理性主义情绪,刺激着相当一部分思想家,包括法国唯物主义哲学家,把自然规律观念直接带入社会领域,或者把社会和人还原为自然。一般来说,自然科学本无意向哲学献媚,但它往往决定了哲学的面貌。对当时的哲学家来说,牛顿经典力学的成功既有诱力,又有压力,总之,具有科学的威力。正是科学的威力使一大批法国哲学家聚集在科学主义的大旗下,用机械论的观点去理解自然、社会和人本身,形成机械唯物主义派。

机械唯物主义派的哲学来源是本土的笛卡尔哲学。在笛卡尔哲学中,物质的本性是广延,运动的特征是位移。笛卡尔正是依靠这种抽象的物质和抽象的运动"构造出整个物理世界",并一直主张用机械论的观点去解释自然现象。实际上,笛卡尔是以力学运动规律为基础,把由地上获得的力学原则应用于天体现象,以至整个世界,从而构造了一个具有反宗教神学意义的机械唯物主义的世界图景。

笛卡尔"借助于机械论的概论"来从事自然研究,"使自然哲学焕然一新,他提出一种新的、从独立精神产生出来的、包罗整个自然界的世界观"③,从而

---

① 〔德〕黑格尔:《哲学史讲演录》第四卷,贺麟、王太庆译,商务印书馆1978年版,第222页。
② 《马克思恩格斯全集》第2卷,第160页。
③ 《费尔巴哈哲学史著作选》第一卷,涂纪亮译,商务印书馆1978年版,第202页。

开了近代反宗教神学的先河,为法国唯物主义的发展奠定了新的理论基础,并一直影响到拉美特利的时代。同时,笛卡尔的自然哲学又不可避免地制约着法国唯物主义,使其停留在机械论的水平上。实际上,正是笛卡尔把自然科学中的机械论观念移植到哲学中,并造就了机械论的时代精神。

拉美特利极为推崇笛卡尔和牛顿,认为:"如果哲学的领域里没有笛卡尔,那就和科学的领域里没有牛顿一样,也许还是一片荒原。"[①]马克思由此认为:"拉美特利利用了笛卡儿的物理学,甚至利用了它的每一个细节。他的'人是机器'一书是模仿笛卡儿的动物是机器写成的。"[②]的确如此。笛卡尔的"世界是机器""动物是机器"观念引导着拉美特利走进了一个唯物的同时又是机械论的世界图景之中。拉美特利沿着笛卡尔的"动物是机器"的思路提出了"人是机器"的思想,把笛卡尔的动物结构学运用到人体上,并完全用机械论的观点来考察人和人的本质。当然,拉美特利深化了笛卡尔的观点。

在我看来,"人是机器"的观点具有双重内涵:其背后是世界的物质统一性思想,并具有反宗教神学的意义。从根本上说,"人是机器"这一观点强调的是自然的人。这是对人的一种自然科学研究,同时又是一种意识形态,它要求承认人的尊严、价值和天赋权力。借助自然的人,拉美特利把人从宗教神学的纠缠中解放出来,使人获得了自然的独立性;同时,由于机械论束缚了拉美特利的视野,刚从神权的重压下解放出来的人,在此又变成一架机器,人和人的主体性都不见了。

由此启示我们,哲学不等于政治,但哲学中又的确隐蔽着政治。从形式上看,哲学命题似乎是抽象的,没有人间烟火气,但是,只要将哲学命题摆在与其相联系的政治背景中,它的鲜明的政治特性就会跃然而出。也就是说,哲学命题的理论意义和政治效应并不等值。不仅如此,同一个哲学命题在不同的历史条件下往往能够产生不同的政治效应,一个普通的甚至是错误的哲学命题在特定的历史条件下,和特定的民族、阶级、阶层相结合,可以产生巨大的出人意料的政治效应。拉美特利的"人是机器"的命题就是如此。在考察哲学命题时,我们应该正确把握它的科学内涵和意识形态性、理论意义和政治效应之间的关系。

---

① 北京大学哲学系外国哲学史教研室编译:《十八世纪法国哲学》,商务印书馆1963年版,第271页。
② 《马克思恩格斯全集》第2卷,第166页。

二、法国唯物主义中的人本唯物主义派及其特征

法国唯物主义中的另一派是"现实的人道主义"①，即人本唯物主义。从理论上看，人本唯物主义起源于洛克哲学，代表人物是爱尔维修。

如前所述，机械唯物主义派起源于本土的笛卡尔哲学。笛卡尔哲学有明显的局限性，这种局限性不仅体现在二元论的体系中，更重要的，表现为笛卡尔把反封建的斗争限制在思想范围内。笛卡尔明确指出，他"始终只求克服自己，不求克服命运，只求改变自己的欲望，不求改变世界的秩序"②。显然，这种观点和作为法国政治变革先导的 18 世纪唯物主义是不相容的。18 世纪法国唯物主义属于启蒙哲学范畴，而"启蒙哲学的基本倾向和主要努力，不是反映和描绘生活"，而是"塑造生活本身"，其"任务不仅在于分析和解剖它视为必然的那种事物的秩序，而且在于产生这种秩序，从而证明自己的现实性和真理"③。

因此，另一部分法国哲学家希望找到一个能够作为法国革命哲学依据的学说。于是，他们把视线转向海峡彼岸的英国。这是因为，当时的英国资本主义走在欧洲大陆的前面，新的时代精神总是首先在英国抛头露面。而此时，英国的哲学微风也飘过英吉利海峡吹到了法国上空，洛克哲学被引进了法国。法国资产阶级像迎接一位"久盼的客人"一样热烈欢迎洛克哲学这一舶来品。在这一部分法国哲学家看来，从洛克哲学出发可以得出改造环境、变革社会的结论，洛克的唯物主义经验论因此可以作为法国革命的哲学基础。

在西方哲学史上，洛克是一个转折点。从洛克开始，西方哲学自觉地从自然转向人及其内心生活。从根本上说，人首先是在活动着，而不是首先在思维着。但是，人不仅在活动着，而且知道自己在活动着，人的存在、活动及其不同方面都能为人的意识所显现。从直接性上看，人本身的问题就表现为人的意识和自我意识的问题。所以，西方近代哲学对人的研究首先表现为"认识论转向"。洛克哲学正是适应了这种必然性，在全面考察人的认识能力的前提下，

---

① 《马克思恩格斯全集》第 2 卷，第 167—168 页。
② 北京大学哲学系外国哲学史教研室编译：《十六—十八世纪西欧各国哲学》，商务印书馆 1975 年版，第 146 页。
③ ［德］E.卡西勒：《启蒙哲学》，顾伟铭等译，山东人民出版社 1988 年版，第 4 页。

探讨了认识的起源、界限和知识的确定性,并从认识论以及道德实践两个方面集中而系统地批判了"天赋观念论"。

按照洛克的观点,思辨理性没有天赋观念,实践理性同样没有天赋观念,道德观念是由教育和社会环境造成的;社会不是天然的,而是人们自己创造的;人的趋乐避苦的自然倾向指向人的利益,而人的利益的实现需要社会以及作为维系社会纽带的道德原则。所以,人是根据利益需要创造社会和道德原则的。可以看出,反宗教神学,肯定人的感性,提高个人的地位,是洛克对"天赋观念论"批判的意义所在。显然,洛克的观点既有重要的认识论意义,又有重要的政治内涵。

洛克唯物主义经验论的双重含义,即认识论性质和政治内涵,深深地触动了爱尔维修的心灵,直接成为爱尔维修唯物主义的出发点和先导。马克思指出:"爱尔维修也是以洛克的学说为出发点的,他的唯物主义具有真正法国的性质。"①这种"法国的性质"体现在,人是爱尔维修特别关注和精心研究的课题,其哲学问题的提出和解决都是围绕着人而展开的,中心就是要解决人如何享有幸福生活的问题。"哲学家研究人,对象是人的幸福。这种幸福既取决于支配人们生活的法律,也取决于人们所接受的教育。"②如果说拉美特利主要从人与自然的关系中研究人,那么爱尔维修则主要从人与社会的关系中研究人。所以,马克思认为,爱尔维修把"唯物主义运用到社会生活方面"③。

爱尔维修以洛克哲学为出发点,主要是从洛克的唯物主义经验论中提取出"感觉"这一概念,并把感觉看作人的存在方式,即"我感觉,所以,我存在"。依据洛克的观点,爱尔维修认为感觉是连接意识与客观外界的桥梁,通过感觉,人一方面不断地认识外在世界,形成、发展自己的感觉和认识;另一方面,把存在于内心的关于自由的欲望和要求变为外在的争取自由的活动。换言之,通过唯物主义感觉论,自由不再求之于内在精神,而是求之于外在环境,求之于改变外在环境的活动。

根据第一方面,爱尔维修得出了"人是环境的产物"的结论;根据第二方面,爱尔维修又提出了"意见支配环境"的命题。与孟德斯鸠强调自然环境不同,爱尔维修强调的是社会环境,他提出这两个命题的宗旨在于证明这样一个

①《马克思恩格斯全集》第 2 卷,第 165 页。
② 北京大学哲学系外国哲学史教研室编译:《十八世纪法国哲学》,第 478 页。
③《马克思恩格斯全集》第 2 卷,第 165 页。

道理,即人的智力天然平等,人的性格受制于外在环境,所以,要改造人,首先必须改造外在的社会环境。正如马克思所说,"既然人的性格是由环境造成的,那就必须使环境成为合乎人性的环境"①。经过爱尔维修的改造,洛克的唯物主义经验论这阵从英国吹来的哲学微风又夹杂着政治雨丝,甚至是风雨交织,在法国引起了巨大的社会风暴。

通常认为,爱尔维修同时提出这两个命题,即"人是环境的产物"和"意见支配环境"是一种逻辑矛盾、循环论证,陷入"二律背反"之中。实际上,这是一种误解。人和环境的确处在一种相互作用之中,马克思也认为"人创造环境,同样,环境也创造人"②。爱尔维修同时提出"人是环境的产物"和"意见支配环境"这两个命题,实际上揭示了人与环境之间的相互作用,是一种朴素的相互作用观点。相互作用存在于社会生活的一切方面。"只有从这种普遍的相互作用出发,我们才能达到现实的因果关系。"③历史唯物主义绝不排除相互作用,而是要求对相互作用做出合理的解释;绝不取消相互作用,而是要求发现引起相互作用的基础。"合理形态"的相互作用观点是历史唯物主义的一个内在原则,是历史唯物主义所要求的辩证逻辑。

在我看来,爱尔维修的失误并不在于同时提出了"人是环境的产物"和"意见支配环境"这两个命题,而是仅仅停留在人与环境的相互作用上,没有去进一步探寻那既决定社会环境发展又决定人的意见发展的"第三者",即引起人与环境相互作用的基础。马克思高出一筹的地方就在于,他不仅看到了人与环境的相互作用,而且发现了引起这种相互作用的基础,即人的实践活动,从而超越了朴素的相互作用观点,对人与环境的相互作用做出了合理的解释,即"环境的改变和人的活动或自我改变的一致,只能被看作是并合理地理解为革命的实践"④。

爱尔维修的人本唯物主义为法国革命找到了哲学依据,并为后来的空想社会主义奠定了"逻辑基础",因而在当时的法国产生了重大的影响,被誉为"道德界的培根"。法国著名作家司汤达高度评价了爱尔维修哲学,认为"爱尔维修给我打开了关于人的双扇大门"。在唯物主义发展史上,爱尔维修是一个

---

① 《马克思恩格斯全集》第 2 卷,第 167 页。
② 《马克思恩格斯全集》第 3 卷,第 43 页。
③ 《马克思恩格斯选集》第 4 卷,第 328 页。
④ 《马克思恩格斯选集》第 1 卷,第 55 页。

转折点,以其"现实的人道主义"为标志,自然唯物主义开始衰落,人本唯物主义开始兴起。

透过法国唯物主义中的两个派别,可以看到这样一条历史线索,即唯物主义哲学的理论主题并不是一成不变的。如果说法国唯物主义中的机械唯物主义派关注的是自然,人在这里仅仅成为自然物质的一种形态,那么,人本唯物主义派别关注的则是人本身,着眼于"使环境成为合乎人性的环境"。由此启示我们,应重新考察唯物主义的历史形态。

三、重新审视唯物主义的历史形态与历史唯物主义的理论空间

按照传统的观点,自发或朴素唯物主义、机械或形而上学唯物主义、辩证唯物主义是唯物主义发展的三种历史形态,这三种历史形态在研究主题或观察世界的理论视角上并没有什么根本性的变化,即三者都以"整个世界"为研究对象,只不过朴素唯物主义把世界看成一个混沌的整体,形而上学唯物主义把世界理解为一个个静止、孤立的事物,辩证唯物主义则把世界理解为普遍联系和永恒发展的物质体系,而历史唯物主义不过是辩证唯物主义在社会历史领域中的"推广和应用"。这种观点有其合理因素,但它又把这种合理因素溶解于不合理的理解之中。在这里,唯物主义发展过程中的主题转换不见了,历史唯物主义的划时代贡献在相当大的程度上被抛弃了。

从研究主题的历史转换这一根本点上看,唯物主义的发展经历了三个历史阶段,形成了三种历史形态,即自然唯物主义、人本唯物主义和历史唯物主义。

自然唯物主义始自古希腊哲学,后在霍布斯那里达到了系统化的程度,并一直延伸到法国唯物主义中的机械唯物主义派。自然唯物主义或者在直接断言世界本身的意义上去寻求"万物的统一性",把万物的本原归结为自然物质的某种形态,或者以实验科学对自然现象的实证研究为基础,在"认识论转向"过程中去探讨人与自然的统一性,并把物质世界以及人本身归结为自然物质的某一层次。

从总体上看,自然唯物主义根据"时间在先"的原则,把整个世界还原为自然物质,人则成了自然物质的一种表现形态。在自然唯物主义那里,"物质是一切变化的主体","人和自然都服从于同样的规律。强力和自由是同一的"。

自然唯物主义确认了世界的物质统一性,却一笔抹杀了人的能动性、创造性、主体性;它研究"整个世界",却唯独不给现实的主体——人一个切实的立脚点。换言之,在自然唯物主义体系中,存在着"人学空场"。正是在这个意义上,马克思认为,自然唯物主义是一种"'纯粹的'唯物主义",而到了霍布斯那里,"唯物主义变得敌视人了"。①

人本唯物主义起源于法国唯物主义中的另一派,即"现实的人道主义",并在费尔巴哈那里达到了典型的形态。费尔巴哈哲学"将人连同作为人的基础的自然"作为其"唯一的、最高的对象","借助人,把一切超自然的东西归结为自然,又借助自然,把一切超人的东西归结为人"②,并力图通过对思辨哲学以及神学的批判而建立"人的哲学批判"。这是一个以自然为基础,以人为核心和出发点的人本唯物主义体系。

按照费尔巴哈的观点,自然界是第一性的实体,但人在地位上是更重要的实体,"人是自然界最高级的生物",因而是理解自然的钥匙。因此,要"弄清楚自然的起源和进程",就"必然从人的本质出发"③。由于哲学的本质特点与人的本质特点是一致的,因此,费尔巴哈把人看作思维和自然相统一的基础,并力图以"现实的人"为基本原则构造哲学体系,从而建构了一种"新哲学",即人本唯物主义。"费尔巴哈比'纯粹的'唯物主义者有巨大的优越性:他也承认人是'感性的对象'。但是,毋庸讳言,他把人只看作是'感性的对象',而不是'感性的活动'。"④换言之,费尔巴哈不理解实践是人的存在方式,"从来没有把感性世界理解为构成这一世界的个人的共同的、活生生的、感性的活动"⑤。

正因为如此,尽管费尔巴哈力图发现现实的人,但最终得到的是抽象的人;力图把握感性世界,可最终看到的是抽象的自然,并最终陷入唯心主义历史观。"当费尔巴哈是一个唯物主义者的时候,历史在他的视野之外;当他去探讨历史的时候,他不是一个唯物主义者。在他那里,唯物主义和历史是彼此完全脱离的。"⑥因此,超越人本唯物主义,建立和"历史"相结合的唯物主义,即历史唯物主义是理论和历史的双重要求。

———————————

① 《马克思恩格斯全集》第 3 卷,第 50 页;《马克思恩格斯全集》第 2 卷,第 164 页。
② 《费尔巴哈哲学著作选集》上卷,第 249 页。
③ 《费尔巴哈哲学著作选集》上卷,第 248 页。
④ 《马克思恩格斯全集》第 3 卷,第 50 页。
⑤ 《马克思恩格斯全集》第 3 卷,第 50 页。
⑥ 《马克思恩格斯全集》第 3 卷,第 51 页。

我不能同意普列汉诺夫的观点,即费尔巴哈的唯物主义和马克思的唯物主义都属于"最新的唯物主义",马克思的"唯物主义观点是在费尔巴哈哲学的内在逻辑所指示的同一方向上发展起来的","马克思的认识论实际就是费尔巴哈的认识论"①。这是一种无原则的糊涂观念。它表明,普列汉诺夫从根本上混淆了费尔巴哈的唯物主义与马克思的唯物主义的区别,不理解费尔巴哈的唯物主义是人本唯物主义,而马克思的唯物主义是历史唯物主义,前者仅仅把人看作"感性对象",后者则把人看作"感性活动",并从这种"感性活动"出发去理解人与自然的关系、人与社会的关系,即人与世界的关系。同时,由于费尔巴哈不理解"感性的人的活动",因此,它仍然"只是从客体的或者直观的形式"去理解"对象、现实、感性"。正是在这个意义上,马克思把费尔巴哈的唯物主义"包括"在"从前的一切唯物主义",即"旧唯物主义"的范畴之中,而把自己所创立的历史唯物主义称为"新唯物主义"。②

按照马克思的观点,社会生活在本质上是实践的。从根本上说,人类历史,即社会历史不过是人的实践活动在时间中的展开。因此,考察人类历史就是分析人类实践活动及其发展。正在这个意义上,马克思认为,历史唯物主义"是从对人类历史发展的观察中抽象出来的最一般的结果的综合","是描述人们实践活动和实际发展过程的真正实证的科学"③。

物质实践是人类的第一个历史活动,也是人每日每时必须进行的基本活动。按照马克思的观点,人们为了能够生存和生活,必须进行物质实践,实现人和自然之间的物质变换;为了实现人和自然之间的物质变换,人和人之间必须互换其活动,并结成一定的社会关系。这就是说,人们的生存实践活动和"实际日常生活"自始至终包含着并展现为人与自然的关系和人与人的关系,或者说,包含着并展现为人和自然的矛盾与人和人的矛盾。而在马克思看来,共产主义就"是人和自然之间、人和人之间的矛盾的真正解决"④。

因此,作为"共产主义的唯物主义",历史唯物主义所关注和所要解决的基本问题,就是人们的生存实践活动和"实际日常生活"所包含和展现出来的人与自然的关系和人与人的关系问题。这就是说,"历史唯物主义"中的"历史",

① 《普列汉诺夫哲学著作选集》第三卷,第146—147、148、154—155页。
② 《马克思恩格斯选集》第1卷,第54、57页。
③ 《马克思恩格斯全集》第3卷,第30—31、31页。
④ 《马克思恩格斯全集》第42卷,第120页。

是人的活动及其内在矛盾得以开展的境域。以"社会的人类",即主体为思维坐标,以实践为出发点范畴和体系的建构原则,科学解答人与自然的关系和人与人的关系,即人与世界的关系,使历史唯物主义展现出一个新的哲学空间。

从形式上看,历史唯物主义研究的仅仅是人类社会或人类历史。但是,问题在于,社会是在人与自然之间的物质变换过程中形成和发展起来的,人与自然之间的物质变换构成了社会存在和发展的"永恒的自然必然性"。"社会是人同自然界的完成了的本质的统一",而历史不外是"自然界对人说来的生成过程"①。因此,"把人与自然的关系从历史中排除出去",必然造成"物质的自然"和"精神的历史"对立的神话,必然使社会历史虚无化,从而走向唯心主义历史观。历史唯物主义正是把人与自然之间的实践关系作为"历史的现实基础",力图通过对人与自然关系的改变来改变人与人的关系,通过人对物占有关系(私有制)的扬弃来改变人与人的关系,从而"把人的世界和人的关系还给人自己"②。

按照马克思的观点,动物是以自身对自然的消极适应获得与自然的统一,维持自己的生存的,所以,动物只能成为自然界的一部分。与此不同,人是以自己对自然的积极改造获得与自然的统一,维持自己的生存并不断发展自己的,所以人自成一类,构成了独特的人类存在。这就是说,实践构成了人类的存在方式。"只有物按人的方式同人发生关系时,我才能在实践上按人的方式同物发生关系。"③正是在实践中,人以物的方式去活动并同自然发生关系,得到的却是自然或物以人的方式而存在,从而使自然与人的关系成为"为我而存在"④的关系。

这种"为我而存在"的关系是一种否定性的矛盾关系。人类要维持自身的存在,即肯定自身,就要对自然界进行否定性的活动,即改变自然界的原生态并在其中注入人的目的,使之成为"人化自然""为我之物""社会的物"。与动物不同,人总是在不断制造与自然的对立关系中去获得与自然的统一关系,对自然客体的否定正是对主体自身的肯定。这种肯定、否定的辩证法使人和自然处于双向运动中。正是在这种双向运动过程中,不断地改造、创造着自然

① 《马克思恩格斯全集》第 42 卷,第 122、131 页。
② 《马克思恩格斯全集》第 1 卷,第 443 页。
③ 《马克思恩格斯全集》第 42 卷,第 124 页。
④ 《马克思恩格斯全集》第 3 卷,第 34 页。

界,同时,又不断地改造、创造着人本身,包括他的社会关系;人创造环境,环境也创造人,"正象社会本身生产作为人的人一样,人也生产社会"①;自然成为社会的自然、"历史的自然",同时,社会成为自然的社会,历史是"自然的历史";自然的社会和社会的自然构成了"感性世界""现存世界",即人类世界,世界由此二重化为自在世界和属人世界。

可以看出,人与自然之间这种"为我而存在"的否定性关系是最深刻、最复杂的矛盾关系。这种矛盾关系构成了马克思之前众多哲学大师的"滑铁卢",致使唯物主义自然观和唯物主义历史观"咫尺天涯",唯物论和辩证法遥遥相对。马克思高出一筹的地方就在于:通过对人的实践活动及其历史发展深入而全面的剖析,科学地解答了人与自然、人与社会的关系问题,创立了历史唯物主义,并在实现唯物主义自然观和唯物主义历史观统一的同时实现了唯物论和辩证法的统一,即形成了辩证唯物主义。

历史唯物主义创立之日,也就是辩证唯物主义形成之时。无论从历史上看,还是从逻辑上说,历史唯物主义都不是所谓的辩证唯物主义在社会历史领域里的"推广和应用"。在马克思主义哲学体系中,不存在一个独立的、仅仅作为理论基础的辩证唯物主义,也不存在一个独立的、仅仅具有应用性质的历史唯物主义。那种"排除历史过程",脱离了历史唯物主义的所谓辩证唯物主义绝不是马克思的辩证唯物主义,就其实质而言,只能是自然唯物主义在现代条件下的"复辟",并显现出一种唯心主义的倾向。"那种排除历史过程的、抽象的自然科学的唯物主义的缺点,每当它的代表越出自己的专业范围时,就在他们的抽象的和唯心主义的观念中立刻显露出来。"②

在我看来,"辩证唯物主义"和"历史唯物主义"不是两个主义,而是同一个主义,即马克思的新唯物主义。马克思的新唯物主义就是历史唯物主义,辩证唯物主义不过是历史唯物主义的代名词。"全部社会生活在本质上是实践的"③,而实践活动本身就是一种"否定性的辩证法"。因此,作为"全部社会生活"哲学反映的历史唯物主义本身就蕴含着"否定性的辩证法",本身就是唯物主义和辩证法的统一。辩证法在本质上是批判和革命的。把辩证唯物主义看作历史唯物主义的代名词,是为了凸显历史唯物主义所内含的辩证法维度及

---

① 《马克思恩格斯全集》第 42 卷,第 121 页。
② 《马克思恩格斯全集》第 23 卷,第 410 页。
③ 《马克思恩格斯选集》第 1 卷,第 56 页。

其批判性和革命性。

"我们仅仅知道一门唯一的科学,即历史科学。历史可以从两方面来考察,可以把它划分为自然史和人类史。但这两方面是密切相联的;只要有人存在,自然史和人类史就彼此相互制约。"①正是由于以"现实的人及其历史发展"为思维坐标,以实践为出发点和建构原则,通过对"自然史和人类史彼此相互制约"关系的研究,去探讨人与自然的关系和人与社会的关系,即人与世界的关系,历史唯物主义为我们展现了一个新的理论空间,即一个自足而又完整、唯物而又辩证的世界图景。这就是说,历史唯物主义不仅仅是"唯物主义历史观",更重要的,是一种"唯物主义世界观",一种内含着"否定性的辩证法"的"真正批判的世界观"②。

载《安徽大学学报》2000 年第 5 期

---

① 《马克思恩格斯全集》第 3 卷,第 20 页。
② 《马克思恩格斯全集》第 3 卷,第 261 页。

马克思：现代西方哲学的开创者

——关于马克思哲学与现代西方哲学关系的再思考

通常认为，马克思哲学与现代西方哲学处在根本的对立之中。具体地说，现代西方哲学的基本原则是拒斥形而上学，而马克思哲学不同于或高于现代西方哲学的地方就在于，马克思哲学仍然保持着形而上学这种哲学形态的"本色"，即以追溯整个世界的本原或基质为目标，力图从这种终极存在——物质——出发去理解和把握一切事物的本性，然后从自然存在推导出社会存在。实际上，这是一种误解。对马克思哲学和现代西方哲学的反思使我得知，反对或拒斥形而上学同样是马克思哲学的基本原则。与西方传统哲学不同，马克思哲学关注的是人的存在方式，其特点就在于，从人的存在出发去解读存在的意义。这样，马克思便终结了形而上学，并同孔德一起开启了现代西方哲学的进程。本文拟就马克思如何成为现代西方哲学的开创者，以及马克思哲学为什么是现代哲学做一考察和审视，以深化我们对马克思主义哲学及其与现代西方哲学关系的研究。

一、反对形而上学与建立"和人道主义相吻合的唯物主义"

就起源而言，马克思的哲学无疑属于西方哲学；从西方哲学的发展历程来看，马克思是近代西方哲学的终结者和现代西方哲学的开创者，马克思哲学无疑属于现代哲学范畴，其理论标志就是，马克思在 19 世纪中叶明确提出："反对一切形而上学。"在我看来，马克思哲学在哲学史上所造成的革命变革是从本体论层面上发动并展开的，其结果就是，从根本上终结了形而上学，并使西方哲学从传统形态转向现代形态。

我在这里所说的形而上学，不是指它的转义，即与辩证法相对立意义上的思维方法，而是指其本义，即关于超验存在之本性的哲学。这种哲学形态的根本特点就在于，力图从一种永恒不变的"终极存在"或"初始本原"出发去理解和把握事物的本性以及人的本性和行为。从起源上看，形而上学形成于柏拉图哲学，后在亚里士多德的《形而上学》一书中达到了系统化程度。

按照亚里士多德的观点，形而上学就是"第一哲学"，即关于存在之存在的学说，或者说是研究超感觉的、经验以外的对象的学说。概而言之，形而上学所追求的是一切实在对象背后的那种终极存在，并把这种存在看作事物的具体存在及其特性的基础，即本体，然后据此推论出其他一切。正是在这个意义上，亚里士多德认为，哲学以"寻求最高原因的基本原理"为宗旨，因而是一切智慧的"最高的智慧"。

形而上学在对存在的存在和世界终极根据的探究中，确立了一种严格遵循逻辑的推理规则，即从公理、定理出发，按照推理规则得出必然结论。这无疑具有积极意义，标志着理论形态的哲学的诞生。然而，从柏拉图、亚里士多德一直到黑格尔，形而上学中的存在日益脱离现实的事物和现实的人及其活动，成为一种抽象的存在、抽象的本体，甚至成为一种君临人与世界之上的神秘的主宰力量。"形而上学响应作为逻各斯的存在，并因此在其主要形态上看，形而上学就是逻辑学，但却是思考存在者之存在逻辑学，因而就是从差异之有差异者方面被规定的逻辑学：存在——神——逻辑学。"①这里，存在和存在者被混淆了，人的存在被遮蔽了，人的创造性和主体性，人的自由和价值都被消解在这种抽象的本体之中，而不管这种抽象的本体是"绝对理性"，还是"抽象物质"。

同时，形而上学逐步演变成一种凌驾于一切科学之上的"科学的科学"，逐步成为一种语言霸权，它自视发现了最普遍、绝对可靠、自明的理性概念和原

---

① 《海德格尔选集》下卷，孙周兴选编，上海三联书店 1996 年版，第 840 页。

则,从而能够推演出全部知识甚至存在的体系。换言之,哲学成了全部科学和知识的基础。这是一种虚妄。用海德格尔的话来说,就是对哲学的本质过于奢求的期望和要求。实际上,恩格斯早就指出:"一旦对每一门科学都提出要求,要它们弄清它们自己在事物以及关于事物的知识的总联系中的地位,关于总联系的任何特殊科学就是多余的了。于是,在以往的全部哲学中仍然独立存在的,就只有关于思维及其规律的学说——形式逻辑和辩证法。其他一切都归到关于自然和历史的实证科学中去了。"①

到了 19 世纪中叶,随着自然科学的独立并"给自己划定了单独的活动范围",随着社会实践的发展并凸显了人的异化了的生存状态,人们开始把"全部注意力集中到自己身上",于是这种脱离了实证科学,脱离了人的存在的形而上学便失去了自身的神圣光环,"变得枯燥乏味了"。随着时间的推进,形而上学不仅"在理论上威信扫地",而且"在实践上已经威信扫地"②。反对形而上学因此成为一种潮流,一种时代精神。马克思以其敏锐的观察力注意到这一趋势,明确提出"反对一切形而上学",并断言:"形而上学将永远屈服于现在为思辨本身的活动所完善化并和人道主义相吻合的唯物主义。"③完成这一历史任务的正是马克思本人。

从历史上看,近代唯物主义一开始具有反对形而上学的倾向。在培根那里,唯物主义还"包含着全面发展的萌芽。物质带着诗意的感性光辉对人的全身心发出微笑"④。在孔狄亚克眼中,"形而上学不是科学",而是"幻想和神学的偏见"。然而,近代唯物主义,尤其是机械唯物主义的发展却使它事与愿违,即从提出以人作为哲学的中心并倡导人的创造性演变为以"物质"为主体并"敌视人"⑤,刚从神权的重压下解放出来的人在机械唯物主义那里又变成了一台"机器",那种脱离现实的人及其活动的物质成了"一切变化的主体"。"为了在自己的领域内克服敌视人的、毫无血肉的精神,唯物主义只好抑制自己的情欲,当一个禁欲主义者。它变成理智的东西,同时以无情的彻底性来发展理智的一切结论。"⑥"以无情的彻底性来发展理智的一切结论",使得近代

① 《马克思恩格斯选集》第 3 卷,第 364 页。
② 《马克思恩格斯全集》第 2 卷,第 161、162 页。
③ 《马克思恩格斯全集》第 2 卷,第 159—160 页。
④ 《马克思恩格斯全集》第 2 卷,第 163 页。
⑤ 《马克思恩格斯全集》第 2 卷,第 164 页。
⑥ 《马克思恩格斯全集》第 2 卷,第 164 页。

唯物主义又把哲学变成了一种无所不包的形而上学体系。这是一个庞大的"自然体系"，人和人的存在都被消解于"抽象的自然"之中。

这势必导致哲学的转向，即探讨认识主体的能动性，并突出自我意识作用。执行、完成这一"转向"并因此声名显赫的是康德和黑格尔，而且黑格尔又建立起一个庞大的、包罗万象的形而上学王国。正如马克思所说，"黑格尔天才地把 17 世纪的形而上学同后来的一切形而上学及德国唯心主义结合起来并建立了一个形而上学的包罗万象的王国"，从而使形而上学"在德国哲学中，特别是在 19 世纪的德国思辨哲学中，曾有过胜利的和富有内容的复辟"①，即黑格尔的形而上学"以最宏伟的方式概括了哲学的全部发展"，并使形而上学与概念辩证法融为一体了，整个世界被描述为处在不断运动、变化和发展的过程之中。

然而，黑格尔只是在形式上肯定了人的能动性，由于他把人仅仅看作绝对理性自我实现的工具，因此，又从根本上剥夺了人的能动性、创造性和主体性。这就是说，在黑格尔哲学中，不仅本体成为一种抽象的存在，人也成为一种抽象的存在，人的本质不是存在于人的现实存在中，而是存在于人的概念中，是人的概念的外部表现。人的主体性和创造性、人的自由和尊严在此都被消解于思辨的形而上学体系中，人的存在消失在"绝对理性"的阴影之中。如果说柏拉图哲学是全部形而上学的真正滥觞，那么，黑格尔哲学就是全部形而上学的巨大渊薮。一句话，黑格尔哲学是形而上学的集大成者和发展顶峰。全部现代西方哲学就是从批判黑格尔哲学开始的，对黑格尔哲学的批判则意味着对"一切形而上学"的批判。

在哲学史上，马克思和孔德同时举起了批判形而上学的旗帜。在时代性上，马克思的反对形而上学与孔德的拒斥形而上学具有一致性，二者对形而上学的批判实际上是对西方近代哲学以及整个传统哲学的批判，这是现代精神对近代精神和古代精神的批判。在指向性上，马克思的反对形而上学与孔德的拒斥形而上学却有本质的不同。孔德从自然科学的可证实和精确性原则出发批判形而上学，力图用实证科学精神来改造和超越传统哲学，并把哲学局限于现象、知识以及"可证实"的范围内；马克思则从人的存在出发去批判形而上学，认为反对形而上学之后，哲学应转换自己的理论主题，关注人类世界、人的

---

① 《马克思恩格斯全集》第 2 卷，第 159 页。

存在,对人的异化了的生存状态给予深刻批判,对人的价值、自由和解放给予深切关注。所以,对马克思的哲学来说,"全部问题都在于使现存世界革命化",消除人的异化的生存状态。

二、从人的存在出发与开辟从本体论认识现实的道路

从内容上看,形而上学与本体论密切相关。作为一个哲学概念,本体论是由高克兰纽斯在 1613 年首先使用的。按其原义,本体论就是关于作为一切存在的最初和最后根据的存在本身的学说。由于这种存在属于超感觉的对象,因此,形而上学与本体论这两个概念在哲学史上往往被混同使用。实际上,本体论是形而上学的基础或分支,而不是全部。正如海德格尔所说,"'本体论'这一名称的最初出现是 17 世纪。它标志着传统的关于存在者的学说成为哲学的一个分支,成为哲学体系的一个部分"①。

从根本上说,马克思批判并终结形而上学的工作就是从本体论层面上发动并展开的。在马克思看来,人类生存的第一个前提就是必须能够生活,而全部社会生活在本质上是实践的,历史不过是人的实践活动在时间中的展开,实践因此构成了人的存在、现实世界的基础和本质。正是在这个意义上,马克思哲学是生存论的本体论,即实践本体论。这种本体论把人的存在本身作为哲学所追寻的本体。这是一种动态的、不断发展、不断生成着的本体,它使存在成为一种社会存在或历史中的存在。

按照马克思的观点,人不仅是自然存在物,而且是社会存在物,是自然存在物和社会存在物的统一,而这种统一正是在实践中完成的。正如马克思所说,人"本身的存在就是社会活动",实践构成了人的存在方式。具体地说,在实践中,人是以物的方式去活动并同自然发生关系的,得到的却是自然以人的方式而存在;同时,人们总是在一定的社会形式中并借助这种社会形式而实现对自然的占有,"自然界的属人的本质只有对社会的人说来才是存在的。只有在社会中,对人说来才是人与人联系的纽带"。"只有在社会中,自然界才是人自己的人的存在的基础。只有在社会中,人的自然的存在对他说来才是他的

---

① [德]海德格尔:《形而上学导论》,熊伟、王庆节译,商务印书馆 1996 年版,第 41 页。

人的存在。"①这就是说,人通过实践创造了人的存在,并在这个过程中赋予自然存在以新的尺度——历史性,从而使人与自然的关系成为"为我而存在"的关系。

可见,马克思并不是以一种抽象的、超时空的方式去理解和把握存在问题的,而是从人的存在出发去解读存在的意义,并凸显了存在的根本特征——历史性。这是正确理解所有问题的本体论的出发点。这样,马克思不仅肯定了存在物和存在的差异,而且区分了社会存在与自然存在,并从人的存在出发询问、追问存在的意义。用海德格尔的话来说就是,使存在从存在者中显露出来,并对存在本身进行解释,从而使隐蔽着的存在的意义显现出来。

海德格尔把柏拉图以来的整个形而上学时代称之为"存在的遗忘的时代",并认为"形而上学不断以各种不同的方式说到存在。形而上学表示并似乎确定,它询问并回答了关于存在的问题。实际上形而上学从来没有解答过这种问题。因为它从来没有追问到这个问题。当它涉及存在时,只是把存在想象为存在者。虽然它涉及存在,指的却是一切存在者。自始至终,形而上学的各种命题总是把存在者和存在相互混淆……由于这种永久的混淆,所谓形而上学提出存在的说法使我们陷入完全错误的境地"②。

无疑,马克思结束了这一"存在的遗忘的时代",并使哲学走出了这种"完全错误的境地"。正是在这个意义上,海德格尔认为"形而上学就是柏拉图主义。尼采把他自己的哲学标示为颠倒了的柏拉图主义。随着这一已经由卡尔·马克思完成了的对形而上学的颠倒,哲学达到了最极端的可能性。哲学进入其终结阶段了"③。应该说,海德格尔的这一评价是公正的。

在马克思"完成了对形而上学的颠倒"之后,唯物主义哲学以至整个哲学的理论主题发生了根本性的转换。恩格斯说过,随着自然科学划时代的发现,唯物主义必然要改变自己的形式。实际上,随着自然科学的重大发展和社会生活的重大变化,唯物主义不但要改变自己的理论形式,而且要转换自己的理论主题。从理论主题看,古代唯物主义以至整个古代哲学关注的是万物的本原、存在的存在;近代唯物主义具有反对形而上学的倾向,但最后不仅未摧毁

---

① 《马克思恩格斯全集》第 42 卷,第 122 页。

② [德] 海德格尔:《存在与时间》,陈嘉映、王庆节译,生活·读书·新知三联书店 1987 年版,第 13 页。

③ [德] 海德格尔:《面向思的事情》,第 59—60 页。

形而上学，相反，又复归形而上学，近代哲学仍注目于宇宙的本体，关注上苍的"绝对"或"抽象物质"，二者都忽视了人的存在以及人本身的发展。与此不同，马克思哲学关注"自己时代的现实世界"，注目于人的存在以及"人和自然之间、人和人之间的矛盾的真正解决"①。

按照马克思的观点，人们为了能够生存和生活，必须进行物质实践，实现人与自然之间的物质变换；为了实现人与自然之间的物质变换，人与人之间必须互换其活动，并必然结成一定的社会关系。这就是说，人们的生存实践活动和"实际日常生活"自始至终包含着并展现为人与自然的关系和人与人的关系，或者说，包含着并展现为人与自然的矛盾和人与人的矛盾。因此，作为"共产主义的唯物主义"，马克思哲学所要解决的基本问题，就是人们的生存实践活动、"实际日常生活"所包含和展现出来的人与自然的关系和人与人的关系问题。

"实物是为人的存在，是人的实物存在，同时也就是人为他人的定在，是他对他人的关系，是人对人的社会关系。"②这就是说，作为物质实践对象化的劳动产品，即物与物的关系的背后是人与人之间的关系，或者说，在现实世界中，"物"不仅体现着人与自然的关系，而且体现着人与人的关系。对马克思哲学来说，那种脱离了人的活动和社会历史、与人无关的物或自然，是"无"，是一种"不存在的存在"。与"那种排除历史过程的、抽象的自然科学的唯物主义"不同，马克思的"新唯物主义"不是从"抽象物质"出发，更不是以一种超时空的方式抽象地谈论世界的物质统一性，而是从人的存在方式——实践出发，通过对现存世界异化状态的批判，揭示被物的自然属性掩蔽着的人的社会属性，揭示被物与物的关系掩蔽着的人与人的关系，并通过改变现存世界"把人的世界和人的关系还给人自己"③。

这样，马克思便把哲学的聚焦点从整个世界转向人类世界，从宇宙本体转向人的生存本体，从而使哲学的主题发生了根本转换。马克思哲学所实现的哲学主题的这一转换标志着西方哲学的转轨，即从传统哲学转向现代哲学。

从总体上看，现代西方哲学关注的是人类的生活世界和生存状态。用雅斯贝尔斯的话来说就是，哲学所力求的目标在于领悟人的现实境况下的那个

---

① 《马克思恩格斯全集》第 42 卷，第 120 页。
② 《马克思恩格斯全集》第 2 卷，第 52 页。
③ 《马克思恩格斯全集》第 1 卷，第 443 页。

实在。马克思的确为西方哲学的发展开辟了一条从本体论认识现实的道路，现代西方哲学总是自觉不自觉地从人的存在出发去解读存在的意义，总是自觉不自觉地从人的活动出发去理解和把握人与世界的关系。即使是分析哲学所实现的"语言学转向"，从本质上看，所关注的仍是人的存在方式，所体现的仍是对人与世界关系联结点的寻求。人类关于现实世界的认识成果就积淀并表现在语言中，从语言的意义去理解和把握世界，实际上就是从对人的关系中去理解和把握世界。维特根斯坦后期从生活形式的观点去理解语言和意义，并揭示了语言的公共性、实践性，这与马克思哲学具有相似或契合之处，而塞尔等人的语言行为理论具体分析了"以言行事"的语言功能，不自觉地为马克思哲学提供了语言哲学的论证和说明。

当然，分析哲学毕竟走得太远了，在它那里，语言成了一个独立的王国。马克思仿佛预见到了这种"语言学转向"似的，他指出："正像哲学家们把思维变成一种独立的力量那样，他们也一定要把语言变成某种独立的特殊的王国。"实际上，"哲学家们只要把自己的语言还原为它从中抽象出来的普通语言，就可以认清他们的语言是被歪曲了的现实世界的语言，就可以懂得，无论思想或语言都不能独自组成特殊的王国，它们只是现实生活的表现"。① 在我看来，分析哲学实际上是以一种"倒退"的形式推进了对人的存在方式以及人与世界关系的研究。

我注意到，形而上学在现代西方哲学中并没有销声匿迹。如果说黑格尔的辩证法是形而上学在近代的一次悲壮的"复辟"，那么胡塞尔的现象学就是形而上学在现代的一次辉煌的复兴。问题在于，在经历了现象学运动之后而开辟了存在主义新路的现代西方哲学，重新认识到马克思反对形而上学及其指向性的伟大原创性。海德格尔通过对存在与存在者之间关系的研究，意识到"在总是此在之在"，存在的意义只有通过作为人的存在的"此在"才能显现出来。

由此，海德格尔认识到"马克思完成了对形而上学的颠倒"以及这一颠倒的深刻性、超前性和巨大的优越性，并断言："马克思在体会到异化的时候深入到历史的本质性维度中去了，所以马克思主义关于历史的观点比其余的历史学优越。但因为胡塞尔没有，据我看来萨特也没有在存在中认识到历史事物

① 《马克思恩格斯全集》第 3 卷，第 525 页。

的本质性，所以现象学没有，存在主义也没有达到这样的一度中，在此一度中才有可能有资格和马克思主义交谈。"①在马克思哲学面前，萨特既意识到马克思对现代社会的深刻批判为存在主义提供了重要的理论依据，同时也觉察到存在主义自身的某种空缺，所以他提出要使存在主义"依附"在马克思主义身上，并断言："历史唯物主义是我们这个时代唯一不可超越的哲学。"

在我看来，马克思哲学之所以不可超越，从根本上说，是因为产生马克思哲学的"情势"还没有被超越，现代西方哲学所关注的问题还没有超出马克思哲学的问题域，甚至仍在用马克思哲学的话语在说话。即使后现代主义力主"重写现代性"，其实质仍是在关注人的异化了的生存状态，后现代主义所谓的"人的终结"，实际上是对资本主义制度所造成的异化状态的批判。用杰姆逊的话来说就是，"真正的历史噩梦是异化劳动"，应当"引开"异化劳动这个令人不堪的事实。在解构了人的先在性和超验性之后，后现代主义宣告人是"创造性的存在物"，并力图消除"现代性"所设置的人与自然的对立，重建人与世界的关系。

"资本主义是现代性的名称之一。"②所以，在审视和反思现代性以及人与世界的关系时，马克思对资本主义社会及其异化状态的批判很自然地浮现在后现代主义思想家的语境中。杰姆逊认为，马克思哲学"是我们当今用来恢复自身与存在之间关系的认知方式"。福柯指出，马克思"在政治经济学的基础上"揭示了一个"全新的话语实践"，"在现时，写历史而不使用一系列和马克思的思想直接或间接相联系的思想，并把自己放在由马克思所定义和描写的思想地平线内，那是不可能的"③。

马克思哲学的深刻性、超前性和巨大的优越性，使得现代西方哲学中的任何一个流派都无法避开马克思哲学，都不可能对马克思哲学视而不见。在我看来，现代西方哲学的其他流派都是从人的活动的某一侧面、某一环节、某种关系出发，并把人类世界归结于这一侧面、环节、关系，因而它们未能从根本上、总体上把握人的存在以及人与世界的关系；而马克思哲学抓住了人的存在方式以及人与世界关系的根本——实践，并从这一根本出发向人类世界的各

---

① 《海德格尔选集》上卷，第 383 页。
② ［法］利奥塔：《后现代性与公正游戏——利奥塔访谈、书信录》，第 147 页。
③ Michel Foucault, *The Order of Things: An Archaeology of the Human Sciences*, New York: Pantheon Books, 1970, p. 21.

个侧面、各个环节、各种关系发散出去,本身形成一个思维整体,并构成了现代西方哲学,包括后现代主义的源头活水。用杰姆逊的话来说就是,现代西方哲学的其他流派只是同"某个零碎生活的局部原则"相一致,马克思哲学则提供了"整体社会的视界",它让现代西方哲学其他流派"各就其位","既消化又保留了它们",因而成为"不可超越的意义视界"①。

就内容而不就表现形式,就总体而不就个别流派而言,现代西方哲学的运行是以马克思哲学所实现的主题转换为根本方向的,马克思的确是现代西方哲学的开创者和奠基人。作为现代唯物主义,马克思哲学不仅是现代西方哲学中创造性的对话者,而且是现代西方哲学进程中极其重要的参与者和强有力的推动者。

三、超越近代唯物主义的视野

在结束语中,我不想对以上的论述做一概括,而是准备就苏联马克思主义哲学模式及其与马克思哲学的关系做一简要评述。这将有助于我们理解马克思哲学的根本特征,以及苏联马克思主义哲学模式的根本缺陷。

从时间上看,苏联马克思主义哲学模式形成于 20 世纪 30 年代;从内容上说,这种模式最终定型于《联共(布)党史简明教程》第四章第二节"论辩证唯物主义和历史唯物主义"。随着《联共(布)党史简明教程》被定于一尊,"辩证唯物主义和历史唯物主义"这一在特定历史条件下形成的苏联马克思主义哲学模式,成了马克思主义哲学的唯一形式或正统形式,由此形成了传统的马克思主义哲学教科书体系。从斯大林的《论辩证唯物主义和历史唯物主义》到康斯坦丁诺夫的《马克思列宁主义哲学原理》,尽管后者在局部上深化了前者,但在总体框架和根本特征上,后者并没有超出前者,后者实际上是以前者为蓝本的。这是一个统一的苏联马克思主义哲学模式。

我并不否认苏联马克思主义哲学模式反映并深化了马克思哲学的一些观点。但是,从总体上看和根本上说,这种模式并没有反映出马克思哲学的本真精神和本质特征,相反,它在很大程度上曲解了马克思哲学。具体地说,在苏

---

① Fredric Jameson, "Marxism and Historicism", *New Literary History*, Vol. XI, No. 1, Autumn, 1979, p. 42.

联马克思主义哲学模式中,辩证唯物主义成为一种研究自然界的方法和解释自然界的理论,历史唯物主义不过是这种所谓的辩证唯物主义,即自然观在社会历史领域中的"推广"和"应用"。在这种所谓的辩证唯物主义中,自然是脱离了人的活动的自然,是从历史中抽象出来的自然,实际上就是马克思在批判费尔巴哈时所说的那种"开天辟地以来就已存在的、始终如一的东西"。经过这一分离、抽象之后,一种"抽象的物质"便构成了苏联马克思主义哲学模式的基石,形成了以自然为基石的本体论。

以此为基础,苏联马克思主义哲学模式进行了一系列从自然到社会的逻辑推演:"既然自然现象的联系和相互制约是自然界发展的规律,那么由此可见,社会生活现象的联系和相互制约也同样不是偶然的事情,而是社会发展的规律";"既然我们关于自然界发展规律知识是具有客观真理意义的、可靠的知识,那么由此应该得出结论:社会生活、社会发展也同样可以认识,研究社会发展规律的科学成果是具有客观真理意义的、可靠的成果"①,如此等等。这就是说,在苏联马克思主义哲学模式中,从辩证唯物主义到历史唯物主义,实际上是自然存在到社会存在的逻辑运行过程。

这样一来,马克思哲学从社会存在到自然存在的逻辑方向被颠倒了,实践的本体论意义以及人的主体性被遮蔽了。这是向以"抽象物质"为本体的近代唯物主义的复归,是一次惊人的理论倒退。它表明,苏联马克思主义模式实际上是在用近代唯物主义的逻辑解读马克思哲学。从根本上说,苏联马克思主义哲学模式就是马克思所说的那种"抽象的唯物主义",或者说,是"那种排除历史过程的、抽象的自然科学的唯物主义"②。当苏联马克思主义哲学模式脱离人的活动和社会生活,侈谈"世界的物质统一性"时,实际上悄悄地踏上马克思所批判的"抽象物质的或者不如说是唯心主义的方向"③。马克思的哲学"反对一切形而上学",而苏联马克思主义哲学模式本身又成为一种形而上学。在我看来,要真正理解和把握马克思哲学,就必须超越近代唯物主义、近代哲学,以至整个传统哲学的视野。

历史常常出现这样一种奇特的现象,即一个伟大哲学家的某一理论,以至整个哲学理论往往在其身后,在经历了较长时间的历史运动之后,才真正显示

---

① 联共(布)中央特设委员会:《联共(布)党史简明教程》,第 127 页。
② 《马克思恩格斯全集》第 23 卷,第 410 页。
③ 《马克思恩格斯全集》第 42 卷,第 128 页。

出它的内在价值,重新引起人们的重视。马克思反对形而上学的思想和实践本体论的历史命运也是如此。马克思反对形而上学的思想和实践本体论是在19世纪中叶提出、创建的,然而,它在当时,以至相当长的历史时期内并未引起人们的理解和关注。正因为如此,后人在建构马克思主义哲学体系时,忽视的恰恰是马克思反对形而上学的思想和实践本体论,丢掉的恰恰是从人的存在出发去解读存在意义的方法,因而造成苏联马克思主义哲学模式的内在缺陷。这是一种根本性的缺陷,它使马克思哲学划时代的贡献在相当大的程度上被抛弃了。

20世纪的历史运动,实践和科学以及现代西方哲学本身的发展,使马克思反对形而上学的思想、实践本体论以及从人的存在出发解读存在的意义这一方法的内在价值凸显出来了,并促使人们重新认识到马克思哲学的现代性和当代意义。可以预言,从人的存在出发去解读存在的意义,以实践为基础去理解和把握人与世界的关系,从而建构一种和马克思哲学"文本"相吻合的马克思主义哲学体系,在不久将会"洛阳纸贵",重新成为马克思主义者之间的一个重要话题。这使我不禁想起了《浮士德》中两行著名的诗句:

浮光只徒炫耀一时,
真品才能传诸后世。

载《学术月刊》2001年第10期

历史唯物主义：批判的世界观

——关于历史唯物主义的理论主题、理论空间和理论意义的再思考

历史唯物主义的创立是人类思想史上的壮丽日出，它使唯物主义哲学，以至整个哲学的主题、职能和思维方式发生了根本的转向。然而，历史唯物主义又受到来自不同方面的误解、曲解和非难；人类思想史表明，任何一门学科在发展过程中，除了要研究新问题，往往还需要再回过头去重新探讨像自己的主题和职能这样一些对学科的发展具有方向性、根本性的理论问题。哲学以及历史唯物主义也是如此。"熟知并非真知"，准确而全面理解历史唯物主义仍是一个重大的理论课题。本文拟就历史唯物主义的理论主题、理论空间和理论意义，以及唯物主义的历史形态做一新的考察和审视，以深化我们对历史唯物主义的研究。

一、历史唯物主义理论主题的重新考察——无产阶级和人类解放

按照传统的观点，自发或朴素唯物主义、机械或形而上学唯物主义和辩证唯物主义是唯物主义的三种历史形态或三种基本形态，这三种历史形态的唯物主义在理论主题或观察世界的理论视角上并没有什么根本性的变化，即三者都以"整个

世界"为研究对象，只不过朴素唯物主义把世界看成一个混沌的整体，形而上学唯物主义把世界理解为一个个静止、孤立的事物，辩证唯物主义则把世界理解为普遍联系和永恒发展的物质体系，而历史唯物主义不过是辩证唯物主义在社会历史领域中的"推广"和"应用"。这种观点有其合理因素，但它又把这种合理因素融于不合理的理解之中。在这里，唯物主义发展进程中的主题转换不见了，历史唯物主义的划时代贡献在相当大的程度上被抛弃了。

对唯物主义以至整个哲学发展史的深入考察使我得知，唯物主义哲学的主题并不是一成不变的。在不同的时期，唯物主义具有不同的理论主题，而不同的理论主题必然使其具有不同的理论空间和理论职能。从理论主题的历史转换这一根本点上看，唯物主义的发展在总体上经历了三个历史阶段，形成了三种历史形态或三种基本形态，即自然唯物主义、人本唯物主义和历史唯物主义。

自然唯物主义始自古希腊哲学，它从泰勒斯起始，到霍布斯那里达到了系统化的程度，并一直延伸到法国唯物主义中的"机械唯物主义"派。自然唯物主义或者在直接断言世界本身的意义上去寻求"万物的统一性"，把万物的本原归结为自然物质的某种具体形态；或者以实验科学对自然现象的实证研究为基础，在"认识论转向"过程中去探讨人与自然的统一性，并把物质世界以及人本身归结为自然物质的某一具体层次。从总体上看，自然唯物主义根据"时间在先"的原则，把整个世界还原为自然物质，人则成了自然物质的一种表现形态。正如马克思所说的那样，在自然唯物主义那里，"物质是一切变化的主体"，"人和自然都服从于同样的规律。强力和自由是同一的"①。

自然唯物主义确认了世界的物质统一性，却一笔抹杀了人的能动性、创造性、主体性；自然唯物主义自称是"世界观"，但实际上，它是在世界之外"观"世界；自然唯物主义研究"整个世界"，却唯独不给研究者——现实的人——在这个世界中一个切实的立脚点。换言之，在自然唯物主义体系中，存在着"人学空场"。正是在这个意义上，马克思认为，自然唯物主义是一种"纯粹的唯物主义"，而到了霍布斯那里，"唯物主义变得敌视人了"②。

人本唯物主义起源于法国唯物主义中的"现实的人道主义"派。如果说爱

---

① 《马克思恩格斯全集》第 2 卷，第 164 页。
② 《马克思恩格斯全集》第 2 卷，第 164 页。

尔维修是人本唯物主义的创始者,那么,费尔巴哈则是人本唯物主义的集大成者,可以说,费尔巴哈哲学是人本唯物主义的典型形态。费尔巴哈人本唯物主义的理论特征就在于,"将人连同作为人的基础的自然"作为其"唯一的、最高的对象",并"借助人,把一切超自然的东西归结为自然,又借助自然,把一切超人的东西归结为人",力图通过对思辨哲学以及神学的批判而建立"人的哲学批判"①。

费尔巴哈的哲学本质上是一个以自然为基础,以人为核心和出发点的人本唯物主义体系。按照费尔巴哈的观点,自然界是第一性的实体,但人在地位上是更重要的实体,"人是自然界最高级的生物",因而是理解自然的钥匙。因此,要"弄清楚自然的起源和进程","必须从人的本质出发"②。所以,费尔巴哈把人看作思维和自然相统一的基础,力图以"现实的人"为基本原则来理解世界并构造哲学体系,从而建构了一种"新哲学",即人本唯物主义。

"费尔巴哈比'纯粹的'唯物主义者有巨大的优越性:他也承认人是'感性的对象'。但是,毋庸讳言,他把人只看作是'感性的对象',而不是'感性的活动'。"③换言之,费尔巴哈不理解实践是人的存在方式,是社会生活的本质和现实世界的基础。所以,费尔巴哈力在历史观上重新陷入唯心主义。换言之,在费尔巴哈人本唯物主义哲学体系中,"唯物主义和历史是彼此完全脱离的"④。因此,超越人本唯物主义,建立和"历史"相结合的唯物主义,即历史唯物主义是理论和历史的双重要求。

我不能同意普列汉诺夫的观点,即马克思的"唯物主义观点是在费尔巴哈哲学的内在逻辑所指示的同一方向上发展起来的",二者都属于"最新的唯物主义"⑤。在我看来,这是一种无原则的糊涂观念。它表明,普列汉诺夫从根本上混淆了费尔巴哈的唯物主义与马克思的唯物主义的区别。具体地说,马克思的唯物主义把实践理解为人的存在方式,从实践出发去理解"对象、现实、感性"何以成为这样的存在;费尔巴哈的唯物主义恰恰不理解人的实践活动的意义,因此,仍然"只是从客体的或者直观的形式"去理解"对象、现实、感性"。正

---

① 《费尔巴哈哲学著作选集》上卷,第 249 页。
② 《费尔巴哈哲学著作选集》上卷,第 248 页。
③ 《马克思恩格斯全集》第 3 卷,第 50 页。
④ 《马克思恩格斯全集》第 3 卷,第 51 页。
⑤ 《普列汉诺夫哲学著作选集》第三卷,第 148、146—147 页。

是在这个意义上，马克思把费尔巴哈的唯物主义"包括"在"从前的一切唯物主义"，即"旧唯物主义"之中，而把自己所创立的历史唯物主义称为"新唯物主义"，即"实践的唯物主义""共产主义的唯物主义"，并认为"对实践的唯物主义者，即共产主义者说来，全部问题都在于使现存世界革命化，实际地反对和改变事物的现状"，而"正是在共产主义的唯物主义者看到改造工业和社会制度的必要性和条件的地方"，费尔巴哈却"重新陷入唯心主义"①。

　　实践是人的特殊的生命活动，是人的存在方式。人们为了能够生存和生活，必须进行物质实践，实现人和自然之间的物质交换；为了实现人和自然之间的物质变换，人和人之间必须互换其活动，并必然结成一定的社会关系。这就是说，人们的生存实践活动和"实际日常活动"自始至终包含并展现为人和自然的关系与人和人的关系，或者说，包含着并展现为人和自然的矛盾与人和人的矛盾。而在马克思看来，共产主义就是"人和自然界之间、人和人之间的矛盾的真正解决"②。因此，作为"实践的唯物主义""共产主义的唯物主义"，历史唯物主义所关注和所要解决的基本问题，就是人们的生存实践活动、"实际日常生活"所包含并展现出来的人和自然的关系与人和人的关系问题，即人与世界的关系问题，从而"使现存世界革命化"，实现无产阶级和人类解放。换言之，改变世界，实现无产阶级和人类解放，这才是历史唯物主义的理论主题。

二、历史唯物主义理论空间的重新考察——历史唯物主义的世界观意义

　　"历史不过是追求着自己目的的人的活动而已。"③因此，"历史唯物主义"概念中的"历史"是人的活动及其内在矛盾得以展开的境域。从形式上看，历史唯物主义研究的仅仅是人类社会或人类历史，似乎与自然无关。但是，问题的关键在于，社会是在人与自然之间的物质变换过程中形成和发展起来的，人与自然之间的物质变换构成了社会存在和发展的"永恒的自然必然性"。"社会是人同自然界的完成了的本质的统一"，而历史不外是"自然界对人说来的生成过程"④。因此，"把人与自然界的理论关系和实践关系"从历史中排除出

①《马克思恩格斯全集》第 3 卷，第 48、50—51 页。
②《马克思恩格斯全集》第 42 卷，第 120 页。
③《马克思恩格斯全集》第 2 卷，第 118—119 页。
④《马克思恩格斯全集》第 42 卷，第 122、131 页。

去,必然使社会历史虚无化,从而走向唯心主义历史观。

"实物是为人的存在,是人的实物存在,同时也就是人为他人的定在,是他对他人的人的关系,是人对人的社会关系。"①这就是说,作为物质实践对象化的劳动产品,"实物"与"实物"关系的背后是人与人的关系,是人与人之间活动互换的关系,或者说,"实物"不仅体现着人与自然的关系,而且体现着人与人的关系。历史唯物主义正是把人与自然之间的实践关系作为历史的现实基础,力图通过改变人与自然关系来改变人与人的关系,通过人对物的占有关系(私有制)的扬弃来改变人与人之间的关系,从而"把人的世界和人的关系还给人自己"②。

"只有当物按人的方式同人发生关系时,我才能在实践上按人的方式同物发生关系。"③具体地说,在实践中,人是以物的方式去活动并同自然发生关系的,得到的却是自然或物以人的方式而存在,从而使人与自然的关系成为"为我而存在"的关系。这种"为我而存在"的关系是一种否定性的矛盾关系。人类要维持自身的存在,即肯定自身,就要对自然界进行否定性的活动,即改变自然界的原生形态并在其中注入人的目的,使之成为"人化自然""为我之物""社会的物"。

与动物不同,人总是在不断制造与自然的对立关系中去获得与自然的统一关系的,对自然客体的否定正是对主体自身的肯定。这种肯定、否定的辩证法使人与自然处于双向运动中:实践不断地改造、创造着人本身,包括他的社会关系,不断地把自然转化为社会的要素,使自然成为社会的自然或"历史的自然",使社会成为自然的社会,或者说使历史成为"自然的历史"。"自然的社会"和"社会的自然"构成了"感性世界",使世界二重化为自在世界和属人世界。

可以看出,人与自然之间这种"为我而存在"的否定性关系是最深刻、最复杂的矛盾关系。马克思之前的众多哲学大师都没有意识到这种矛盾关系及其基础地位,致使唯物主义自然观和唯物主义历史观"咫尺天涯",唯物论和辩证法遥遥相对。"沧海横流,方显出英雄本色。"马克思高出一筹的地方就在于:通过对人的实践活动及其历史发展深入而全面的剖析,创立了历史唯物主义,

① 《马克思恩格斯全集》第 2 卷,第 52 页。
② 《马克思恩格斯全集》第 1 卷,第 443 页。
③ 《马克思恩格斯全集》第 42 卷,第 124 页。

科学地解答了人与自然的关系问题,实现了唯物主义自然观和唯物主义历史观的统一,这同时就实现了唯物论与辩证法的统一。历史唯物主义创立之日,也就是辩证唯物主义形成之时。

列宁认为,历史唯物主义是唯物主义在社会现象领域的"贯彻和推广运用",是把唯物主义"对自然界的认识推广到对人类社会的认识",而"物质的存在不依赖于感觉。物质是第一性的。感觉、思想、意识是按特殊方式组成的物质的高级产物。这就是一般唯物主义的观点,特别是马克思和恩格斯的观点"①。斯大林则把列宁的这一观点发挥到极致,认为历史唯物主义是辩证唯物主义在社会历史领域中的"推广"与"应用",而辩证唯物主义"它所以叫作辩证唯物主义,是因为它对自然界现象的看法、它研究自然界现象的方法、它认识这些现象的方法是辩证的,而它对自然界现象的解释、它对自然界现象的了解、它的理论是唯物主义的"②。

对此,我持一种保留态度。这是因为,列宁在这里把马克思的唯物主义等同于一般唯物主义,斯大林则把辩证唯物主义等同于一种自然观,实际上,二者都把那种"排除历史过程的、抽象的自然科学的唯物主义"作为历史唯物主义的理论基础,从而忽视了马克思的唯物主义与一般唯物主义或自然唯物主义的本质区别。

无论从历史上看,还是从逻辑上说,历史唯物主义都不是一般唯物主义在社会现象领域的"贯彻和推广运用",不是所谓的辩证唯物主义在历史领域里的"推广"和"应用"。在马克思的哲学体系中,不存在一个独立的、仅仅作为自然观、作为理论基础的"辩证唯物主义",也不存在一个独立的、仅仅具有应用性质的"历史唯物主义"。那种"排除历史过程",脱离了历史唯物主义的所谓的辩证唯物主义不是马克思的辩证唯物主义,就其实质而言,它只能是自然唯物主义在现代条件下的"复辟",而且在一定条件下导致唯心主义历史观。正如马克思所说,"那种排除历史过程的、抽象的自然科学的唯物主义的缺点,每当它的代表越出自己的专业范围时,就在他们的抽象的和唯心主义的观念中立刻显露出来"③。

---

① 《列宁选集》第 2 卷,第 425、311、51 页。
② 《斯大林选集》下卷,第 424 页。
③ 《马克思恩格斯全集》第 23 卷,第 410 页。

在我看来,辩证唯物主义和历史唯物主义不是两个"主义",而是同一个"主义",即马克思新唯物主义的不同称谓。马克思的新唯物主义就是历史唯物主义,辩证唯物主义不过是历史唯物主义的代名词。全部社会生活在本质上是实践的,而实践活动本身就是一种否定性的辩证法。"黑格尔的《现象学》及其最后成果——作为推动原则和创造原则的否定性的辩证法——的伟大之处首先在于,黑格尔把人的自我产生看作一个过程,把对象化看作失去对象,看作外化和这种外化的扬弃;因而,他抓住了劳动的本质,把对象性的人、现实的因而是真正的人理解为他自己的劳动的结果。"①因此,作为黑格尔辩证法的扬弃,作为"全部社会生活"哲学反映,历史唯物主义本身就蕴涵着否定性的辩证法,本身就是唯物主义和辩证法的统一。

"辩证法,在其神秘形式上,成了德国的时髦东西,因为它似乎使现存事物显得光彩。辩证法,在其合理形态上,引起资产阶级及其夸夸其谈的代言人的恼怒和恐怖,因为辩证法在对现存事物的肯定的理解中同时包含对现存事物的否定的理解,即对现存事物的必然灭亡的理解;辩证法对每一种既成的形式都是从不断的运动中,因而也是从它的暂时性方面去理解;辩证法不崇拜任何东西,按其本质来说,它是批判的和革命的。"②把辩证唯物主义看作历史唯物主义的代名词,就是为了凸显历史唯物主义所内含的辩证法维度及其批判性和革命性。

同时,历史唯物主义与实践唯物主义也不是两个"主义",而是同一个"主义",即马克思新唯物主义的不同称谓。马克思的新唯物主义就是历史唯物主义,实践唯物主义不过是历史唯物主义的又一代名词。如前所述,历史唯物主义内含着辩证法维度及其批判性和革命性,所以,它总是在对现存事物的肯定的理解中同时包含着对现存事物的否定的理解。这种"对现存事物的否定的理解",实际上就是通过改变现存事物,使现存世界革命化而实现的。"对实践的唯物主义者,即共产主义者说来,全部问题都在于使现存世界革命化,实际地反对和改变事物的现状。"③所以,实践唯物主义与历史唯物主义具有内在的本质的一致性。把实践唯物主义看作历史唯物主义的又一代名词,是为了凸显历史唯物主义所内含的实践性维度及其批判性和革命性。

① 《马克思恩格斯全集》第 42 卷,第 163 页。
② 《马克思恩格斯全集》第 23 卷,第 24 页。
③ 《马克思恩格斯全集》第 3 卷,第 48 页。

由此,我们也就不难理解马克思这句名言了,即"我们仅仅知道一门唯一的科学,即历史科学。历史可以从两方面来考察,可以把它划分为自然史和人类史。但这两方面是密切相联的;只要有人存在,自然史和人类史就彼此相互制约"①。以现实的个人为思维坐标,以实践为出发点范畴和建构原则,去探讨人与自然的关系和人与社会的关系,即人与世界的关系,使历史唯物主义展现出一个新的理论空间,即一个自足而又完整、唯物而又辩证的世界图景。这就是说,历史唯物主义不仅仅是"唯物主义历史观",更重要的,是一种"唯物主义世界观"。由于历史唯物主义内含着否定性辩证法和实践性原则,因此,历史唯物主义是一种"真正批判的世界观"②。

三、历史唯物主义基本原则的重新考察——反对形而上学

作为一种"批判的世界观",历史唯物主义无疑属于哲学,但它又不同于传统哲学。传统哲学的根本特征在于,从一种永恒不变的"终极存在"或"初始本原"出发去理解和把握事物的本性以及人的本性和行为。所以,传统哲学一直被称为"形而上学"。实际上,形而上学的本义,就是指关于超验存在之本性的哲学。

从起源上看,形而上学形成于柏拉图哲学,后在亚里士多德的《形而上学》一书中达到了系统化程度。按照亚里士多德的观点,形而上学就是"第一哲学",即关于存在之存在的学说,或者说,是研究超感觉的、经验以外的对象的学说。换言之,形而上学所追求的是一切实在对象背后的那种终极存在,并把这种存在看作事物的具体存在及其特性的基础,即本体,然后据此推论出其他一切。正是在这个意义上,亚里士多德认为,哲学以"寻求最高原因的基础原理"为宗旨,因而是一切智慧中的"最高智慧"。

形而上学在对存在的存在和世界终极根据的探究中,确立了一种严格遵循逻辑的推理规则,即从公理、定理出发,按照推理规则得出必然结论。这无疑具有积极意义,标志着理论形态的哲学的诞生。然而,从柏拉图、亚里士多德一直到黑格尔,形而上学中的存在日益脱离现实的事物和现实的人及其活动,成为一种抽象的存在、抽象的本体,甚至成为一种君临人与世界之上的神

---

① 《马克思恩格斯全集》第 3 卷,第 20 页。
② 《马克思恩格斯全集》第 3 卷,第 261 页。

秘的主宰力量。同时,形而上学又逐步演变成一种凌驾于一切科学之上的"科学的科学",它自视发现了最普遍、绝对可靠、自明的理性概念和原则,从而能够推演出全部知识,甚至存在的体系。换言之,哲学成了全部科学和知识的基础。实际上,这是一种虚妄,用海德格尔的话来说,就是"对哲学的本质过于奢求的期望和要求",并成为一种语言霸权,束缚和限制了科学的发展。

到了 19 世纪中叶,随着自然科学的独立化并"给自己划定了单独的活动范围",随着社会实践的发展并凸显了人的异化了的生存状态,人们开始把"全部注意力集中到自己身上",形而上学这种哲学形态便失去了自身的神圣光环,"变得枯燥乏味了",不仅"在理论上威信扫地",而且"在实践上已经威信扫地"①。反对形而上学因此成为一种潮流,一种时代精神。马克思以其敏锐的观察力注意到这一趋势,明确提出"反对一切形而上学",并断言:"形而上学将永远屈服于现在为思辨本身的活动所完善化并和人道主义相吻合的唯物主义。"②完成这一历史任务的不是别人,正是马克思本人。从本质上看,这种"为思辨本身的活动所完善化并和人道主义相吻合的唯物主义",就是批判继承了黑格尔的否定性辩证法,并弘扬人的主体性的历史唯物主义。

从历史上看,近代唯物主义,尤其是法国唯物主义一开始的确具有反对形而上学的倾向。然而,近代唯物主义的发展却使它事与愿违,即从提出以人为中心并倡导人的创造性演变为以"抽象的物质"为本体的哲学,变成一种无所不包的形而上学体系。这是一种庞大的"自然体系"。人和人的存在都被消解于抽象的自然或抽象的物质之中。这就势必导致哲学的转向,即探讨认识主体的能动性,并突出自我意识的作用。执行、完成这一"转向"并因此声名显赫的是康德和黑格尔,而且黑格尔又建立起一个庞大的、包罗万象的形而上学王国。在黑格尔哲学中,不仅本体成为一种抽象的存在,人也成为一种抽象的存在,人的本质不是形成于人的现实存在中,而是存在于"人"的概念中,是"人"的概念的外部表现。人的主体性和创造性、人的自由和尊严在此都被消解于思辨的形而上学体系中,人的存在消失在"绝对理性"的阴影之中。"绝对理性"高高地耸立在祭坛上,让人们顶礼膜拜。

正因为如此,立足于实证主义的孔德和立足于历史唯物主义的马克思同

---

① 《马克思恩格斯全集》第 2 卷,第 161—162 页。
② 《马克思恩格斯全集》第 2 卷,第 159—160 页。

时展开了对形而上学的批判。孔德从自然科学的可证实和精确性原则出发批判形而上学，力图用实证科学精神来改造和超越传统哲学，并把哲学局限于现象、知识以及可证实的范围内；马克思则从人的存在出发去批判形而上学，认为反对形而上学之后，哲学应转换自己的理论主题，关注人类世界、人的存在，对人的异化了的生存状态给予深刻批判，对人的价值、自由和全面发展给予深切关注。所以，对历史唯物主义来说，"全部问题都在于使现存世界革命化"，消除人的异化的生存状态，实现每个人的全面而自由发展。

通常认为，现代西方哲学的基本原则是拒斥形而上学，而马克思哲学不同于或高于现代西方哲学的地方就在于，它仍然保持着形而上学这种哲学形态的"本色"，即以追溯整个世界的本原或基质为目标，力图从这种终极存在——物质——出发去理解和把握一切事物的本性，然后从自然存在推导出社会存在。实际上，这是一种误解和误判。马克思哲学就是历史唯物主义，反对或拒斥形而上学同样是历史唯物主义的基本原则。与西方传统哲学不同，历史唯物主义是从人的存在出发去解读存在的意义，从人的存在方式——实践——出发去理解和把握人与世界的关系的。

这样，马克思便终结了形而上学，并同孔德一起启动了现代西方哲学的进程。海德格尔公正地指出："纵观整个哲学史，柏拉图的思想以有所变化的形态始终起着决定性作用。形而上学就是柏拉图主义。尼采把他自己的哲学标示为颠倒了柏拉图主义。随着这一已经由卡尔·马克思完成了对形而上学的颠倒，哲学达到了最极端的可能性。哲学进入其终结阶段了。"[1]不管现代西方哲学的其他派别是否意识到或承认，马克思和孔德一样，都是现代西方哲学的开创者和奠基人。历史唯物主义属于现代哲学，是现代唯物主义。历史唯物主义的创立标志着形而上学的终结，一条新的哲学发展道路由此开辟出来了。

四、历史唯物主义理论意义的重新考察——哲学的"生存论转向"

历史唯物主义在哲学史上所造成的革命变革是从本体论层面上发动并展开的。这一变革的实质就在于，它使哲学发生了"生存论转向"，即使哲学关注的焦点从超验世界转向"感性世界"，从"整个世界"转向人类世界，从宇宙本体

---

① ［德］海德格尔：《面向思的事情》，第59—60页。

转向人的生存本体。如前所述,对历史唯物主义来说,"全部问题都在于使现存世界革命化",消除人的生存的异化状态,从而"把人的世界和人的关系还给人自己"。这样,历史唯物主义便终结了"形而上学",使西方哲学从知识论形态转向生存论形态,从而展示了一个新的思想地平线。

从总体上看,西方传统哲学就是形而上学。在探究存在的过程中,形而上学把"寻求最高原因"与人类面临的种种紧迫的生存问题分离开来,认为哲学的根本使命就是澄明知识的前提,从而把哲学思考的全部注意力集中到知识论上去了,知识论因此构成了形而上学的唯一存在方式。换言之,形而上学的创建必然导致知识论哲学的形成。知识论原则构成了西方传统哲学的根基,甚至贯彻到西方传统哲学最遥远的边缘,始终主导着历史唯物主义产生之前的全部西方哲学史。随着时代的变迁以及科学和哲学的发展,这种知识论哲学日益显露出其本身难以克服的内在矛盾。时代呼唤着一种新的哲学形态,历史唯物主义因此应运而生。

黑格尔说过,哲学是"思想所集中表现的时代"。马克思把这一观点进一步发挥为"哲学是自己时代精神的精华"。由哲学家们创造的哲学体系不管其形式如何抽象,也不管它们具有什么样的"个性",都和哲学家所处的时代密切相关。从根本上说,任何一种哲学体系的出现都和它所处的时代相联系,都是一定时代的产物。历史唯物主义的产生就是 19 世纪中叶社会发展的必然结果。英国工业革命及其后果、法国政治革命及其后果、世界历史的形成及其意义,这三者是资产阶级进行历史性创造活动的主要成果。这些成果及其引起的规模宏伟、具有现代形式的社会矛盾,是推动马克思创立历史唯物主义的根本原因,构成历史唯物主义得以产生的时代背景。

肇始于 18 世纪 60 年代的英国工业革命,到了 19 世纪 40 年代已经取得了决定性胜利,生产已经机器化、社会化;1789 年开始的法国政治大革命,到了 1830 年推翻复辟王朝时也取得了历史性胜利,资本主义制度在西欧得以确立和巩固。19 世纪中叶世界历史的形成意味着资本主义世界体系的形成,在这个世界体系中,资产阶级"使未开化和半开化的国家从属于文明的国家,使农民的民族从属于资产阶级的民族,使东方从属于西方"。一言以蔽之,资产阶级"按照自己的面貌为自己创造出一个世界"。①

---

① 《马克思恩格斯选集》第 1 卷,第 277、276 页。

英国工业革命和法国政治革命的胜利,以及世界历史的形成,标志着人类历史从封建时代进入资本主义时代,同时,这就从"自然联系占优势"的时代转向"社会、历史所创造的因素占优势"的时代,从"人的依赖关系"时代转向"以物的依赖性为基础的人的独立性"的时代。① 问题在于,资产阶级在取得巨大的历史性胜利的同时,也给自己带来了巨大的社会性问题:生产社会化和资产阶级私有制之间存在着无法解决的矛盾,人的劳动、人的社会关系和人的世界都异化了。这是一个"颠倒的世界"。换言之,在资本主义社会中,"物的世界的增值同人的世界的贬值成正比",物的异化和人的自我异化是同一个过程的两个方面,人的生存状态是一种异化的状态;在这种异化状态中,人的个性被消解了,人成为一种"单面的人",个人都是"偶然的个人",国家也不过是"虚幻的共同体"。

可见,马克思所面对的是一个由资本关系所造成的人的生存状态全面异化的社会。在马克思看来,"人的自我异化的神圣形象被揭穿以后,揭露具有非神圣形象的自我异化,就成了为历史服务的哲学的迫切任务"②。然而,形而上学或知识论哲学无法完成这一"迫切任务"。如前所述,形而上学中的存在、本体是脱离了现实的人及其活动的抽象的存在、抽象的本体,从这种抽象的存在、抽象的本体出发,人们无法认识和把握现实;形而上学向人们展示的只是抽象的真与善,它似乎在给人们提供某种希望的同时,又在掩饰现实的苦难,抚慰被压迫的生灵,因而无法消除人的生存的异化状态,将现实的人带出生存的困境。作为知识论形态的哲学,形而上学只能"解释世界",至多是以肯定的方式感受并描述现存世界。正因为如此,马克思一开始就"反对一切形而上学",主张哲学从知识论转向生存论,关注人的生存的异化状态,关注"现存世界革命化"的问题。

从理论上看,历史唯物主义的根本特征在于,从人的存在出发去询问、追问存在的意义。正如马克思所说,"全部人类历史的第一个前提无疑是有生命的个人的存在",所以,"符合现实生活的考察方法则从现实的、有生命的个人本身出发"③。而从有生命的个人出发,"首先应当确定一切人类生存的第一个前提,也就是一切历史的第一个前提,这个前提是:人们为了能够'创造历

① 《马克思恩格斯全集》第 46 卷上,第 104 页。
② 《马克思恩格斯全集》第 1 卷,第 453 页。
③ 《马克思恩格斯全集》第 3 卷,第 23、30 页。

史'，必须能够生活。但是为了生活，首先就需要吃喝住穿以及其他一些东西"①。这就是说，历史唯物主义把人类的生存实践活动看作"第一个历史活动"，看作一切活动和知识的前提，并认为这是"首先应当确定的前提"。这样，马克思便从根基上超越了知识论哲学。

按照马克思的观点，人不仅是自然存在物，而且是社会存在物。换言之，人是自然存在物和社会存在物的统一，而这种统一恰恰是在实践中完成的。正如马克思所说，人本身的存在就是社会活动，实践构成了人的生存方式。具体地说，在实践中人是以物的方式去活动并同自然发生关系的，得到的却是自然以人的方式而存在；同时，人们总是在一定的社会形式中并借助于这种社会形式而实现对自然的占有，"只有在社会中，自然界才是人自己的人的存在的基础"②。这就是说，人通过实践创造了人的存在，并在这个过程中赋予自然存在以新的尺度——社会性、历史性，从而使人与自然的关系成为一种"为我而存在"的关系。

正因为实践构成了人的生存方式，人的生存状态不是凝固不变的，而是处在不断建构和改变之中。在资本主义社会，劳动，这种人的生命活动的异化必然造成人的生存状态的全面异化，人与人的关系转化为物与物的关系，不是人支配物，而是物统治人。因此，"为历史服务的哲学"，即历史唯物主义就是从人的生存方式——实践——出发，通过对现存世界异化状态的批判，揭示被物的自然属性掩蔽着的人的社会属性，揭示被物和物的关系掩蔽着的人与人的关系，并通过实践使现存世界革命化，消除人的生存的异化状态，确立"有个性的个人"。在马克思的视野中，有个性的个人的存在，每个人的全面而自由发展，才是人的生存的终极状态。这样，历史唯物主义就实现了对人的现实关怀和终极关怀的统一。这是一种双重关怀。在我看来，这是全部哲学史上对人的生存和价值最激动人心的关怀。

与唯心主义不同，与"那种排除历史过程的、抽象的自然科学的唯物主义"也不同，历史唯物主义不是以一种抽象的、超时空的方式去理解和把握存在问题，而是从人的存在出发去解读存在的意义，并凸显了存在的根本特征——社会性、历史性。在这个意义上，历史唯物主义又是生存论的本体论。这样，历

——————

① 《马克思恩格斯全集》第 3 卷，第 31 页。
② 《马克思恩格斯全集》第 42 卷，第 122 页。

史唯物主义不仅实现了哲学的"生存论转向",即从抽象的"求知"转向对人的生存问题的探索,而且实现了哲学使命的根本转换,即从注重用抽象的知识解释世界转换到注重用现实的实践改变世界。历史唯物主义开辟了"从本体论认识现实的道路",它所实现的"生存论转向"开启了现代西方哲学的又一发展方向。

在我看来,海德格尔的基础本体论在一定程度上开显了历史唯物主义所实现的"生存论转向"的当代意义。按照海德格尔的观点,存在总是存在者的存在,所以,必须通过存在者通达存在,"哲学行于通往存在者的存在之途"。但是,问题在于,并非任何存在者都能通达存在,所以,必须找到这样一种存在者,即在它那里,存在不是被封锁着,而是以某种方式展开着。这样,哲学就可以通过这种特定的存在者达到存在。在海德格尔看来,人就是这种特定的存在者,是此在存在。换言之,此在是存在通过人展开的场所和背景。同时,存在的展开即有所预言,而对存在的预言从根本上规定着此在这一存在者。问题在于,人并不是必须对存在有一种明确的认识后才会有所行动,相反,人首先在"行动"中,人的一切行动本身就包含着对存在的领会。为了强调人通过存在之领会而存在这一特殊的存在方式,海德格尔把人的存在方式规定为"生存",并指出哲学是总体性的存在论。

作为对生存的分析,哲学从此在的解释学出发,把一切哲学追问的端点固定在这种追问所由之出发、向之归宿的地方。"我们追问这个问题:在是怎么一回事? 什么是在的意义? 我们这样追问并非为了建立一个传统意义上的本体论……要做的事情是,要把人类历史的此在,同时也总是我们最本己的将来的此在,在规定了我们的历史的整体中,复归到有待原始地展开的在之威力中去。"①正是在这个追问过程中,海德格尔不仅发现"在总是此在之在",而且在一定程度上意识到历史唯物主义的本质和意义,即"这种唯物主义的本质"就在于,确认"一切存在者都显现为劳动资料"②。

实际上,不仅海德格尔的基础本体论,而且萨特的个体生存本体论、卢卡奇的社会存在本体论、马尔库塞的感性本体论等,都在一定程度上和特定侧面开显了历史唯物主义所实现的"生存论转向"的当代意义。历史唯物主义参

---

① ［德］海德格尔:《形而上学导论》,第42页。
② 《海德格尔选集》上卷,第383页。

与、引导并强有力地推动着现代哲学的本体论转换,这是马克思哲学所实现的理论变革的根本内容和当代意义之所在。正是在这个意义上,我同意并赞赏萨特的观点,即"历史唯物主义是我们时代唯一不可超越的哲学"。

载《河北学刊》2003 年第 6 期
标题原为《历史唯物主义:一个再思考》

深入阐释马克思主义的基本观点

　　学科教材的主要任务,就是阐释这门学科的基本观点。马克思主义哲学教材同样如此,它的主要任务就是阐释马克思主义哲学的基本观点。从根本上说,马克思主义哲学的基本观点是对人与世界的总体关系,以及人类社会发展基本规律的理论反映。编写马克思主义哲学教材,必须坚持并深刻阐释马克思主义哲学的基本观点。

　　马克思主义哲学产生于 19 世纪,但又超越了 19 世纪,依然是我们这个时代的真理。真理只能发展而不能被推翻,马克思主义哲学的基本观点是随着实践和科学的发展而不断丰富和深化的;同时,人们对马克思主义哲学基本观点的认识也是一个不断发展的过程。因此,我们应当辩证地理解和把握马克思主义哲学的基本观点。

　　马克思主义哲学的有些基本观点已经成为常识性的观点,如物质统一性、能动反映论、历史决定论以及矛盾论等。对这些基本观点,应结合当代实践的新经验、当代科学的新成果、当代哲学的新观点阐释出新内容,显示出马克思主义哲学的开放性。例如,我们应当把马克思主义哲学的物质观放到当代科学的背景中去理解,结合量子物理学及其"测不准原理"去阐释物质的客观实在性。正是对"客观实在"的研究,把马克思主义哲学的物质观同当代科学和哲学共同关心的课题联系了起来,并凸显出马克思主义哲学物质观的当代意义。再如,我们应当结合"数字化的虚拟"阐释能动的反映论,结合统计决定论阐释历史决定论,结合系统论阐释矛盾论,等等。

有些观点本来就是马克思主义哲学的基本观点,只是由于种种原因,原有的马克思主义哲学教材没有涉及或未加以重视,没有把它们作为马克思主义哲学的基本观点加以阐释,如实践是人的存在方式,社会生活在本质上是实践的,以及交往理论等。历史常常出现这样一种奇特的现象,即某个伟大思想家的某些重要观点往往在其身后,在经历了较长时间的历史运动之后,才充分显示出它们的价值,重新引起人们的关注。马克思主义哲学的历史命运也是如此。例如,经济全球化运动使马克思世界史理论的价值凸显出来,而当代中国改革开放和社会主义现代化建设的实践又使我们真正理解了以人为本这一马克思主义哲学的基本观点及其意义。因此,我们应以当代实践为基础,深入解读马克思主义哲学文本,深入挖掘、全面理解马克思主义哲学的基本观点。

有些观点本来不是马克思主义哲学的基本观点,在经典作家那里只是有所论述,但尚未充分展开、详尽论证。问题在于,当代实践和科学的发展又日益凸显出这些观点中所内含或对应的问题,使之成为迫切需要解答的热点、难点、重大问题,如传统文化与现代化、人与自然的"和解"、世界历史与全球化、时间是人类发展的空间这样一些问题。对涉及这样一些问题的观点,我们应以当代实践和科学为基础,深入讨论、充分展开、系统论证,使之成熟完善,上升为马克思主义哲学的基本观点,并同原有的基本观点有机统一起来。

有些观点经典作家并没有提出,而是马克思主义的后继者依据马克思主义哲学的方法论分析、研究变化中的实际而提出的新观点。这些观点契合着当代实践中的基本问题,反映了社会发展的基本规律,因而应当成为马克思主义哲学的基本观点。例如,科学技术是第一生产力,社会主义市场经济,文化的力量深深熔铸在民族的生命力之中等。马克思主义哲学始终关注变化中的实际。因此,马克思主义哲学教材不应成为脱离现实的纯粹的范畴演绎系统,不能仅仅成为哲学教师之间或教师与学生之间的"对话",更不能成为学者个人的"自言自语",而必须关注变化中的实际,与现实"对话",同时依据马克思主义中国化的最新成果来阐释马克思主义哲学的基本观点。

有些观点本来是马克思主义哲学的基本观点,至今仍是马克思主义的基本观点,但随着学科的分化,这些观点已从哲学中分化出去,成为其他学科的重要内容,如阶级、国家和革命的理论已经成为政治学的内容。对于这样一些观点,马克思主义哲学教材就可以不再把它们作为基本观点加以详尽论述。这主要是为了适应学科的分化,而不是说这些观点不重要。实际上,任何一门学科的内容都要经历一个从不确定到确定、确定以后再不断调整的过程。马克思主义哲学教材也应如此。

马克思主义哲学教材体系与马克思主义哲学科学体系既有联系又有区别。教材重在阐释学科的基本观点,它既要依据科学体系,又要符合认知心理学和教育心理学规律。编写马克思主义哲学教材时应当也必须考虑这一点:设计一种既依据马克思主义哲学的科学体系,又符合认知心理学规律和教育心理学规律的马克思主义哲学教材体系,从而以一种科学、合理的教材体系展现马克思主义哲学的基本观点及其内在联系。

马克思主义哲学不是绝对真理,但是我们这个时代不可超越的哲学。马克思主义哲学之所以不可超越,并不是因为它提供了解决当代问题的现成答案,而是因为它抓住了人与世界关系的根本,把握了人类社会发展的基本规律,提供了研究当代问题的科学的方法论。正如恩格斯所说,马克思的整个世界观不是教义,而是方法;提供的不是现成的教条,而是进一步研究的出发点和供这种研究使用的方法。我们应站在当代实践和科学的基础上,以发展的眼光、与时俱进的精神,深入而全面地阐释马克思主义哲学的基本观点。

载《人民日报》2004 年 7 月 22 日

《新华文摘》2004 年第 19 期转载

论马克思东方社会理论的生成逻辑

马克思的东方社会理论已为众人所"熟知",然而,这一理论的生成逻辑却至今未引起人们的重视,这一缺陷将使我们很难达到对马克思的东方社会理论"真知"。本文拟就马克思东方社会理论的生成逻辑或生成机制做一新的考察和审视,以深化我们对马克思的东方社会理论,以至整个社会发展理论的研究。

一、逻辑起点的确定与理论假设的提出

在一般意义上,东方社会有两层含义:一是地理概念,指处于地球东半球的亚洲国家和传统的斯拉夫国家,以同西方国家相对应;二是经济、政治概念,指处于前资本主义阶段的国家,以同资本主义国家相对应。在确认地理含义的前提下,马克思更多的是从经济、政治的角度界定东方社会的。因此,马克思把地理上属于"半东方""半亚细亚"的俄国也归入东方社会。也正因为如此,在研究东方社会时,马克思大都以中国、印度和俄国为蓝本。

马克思在创立唯物主义历史观的过程中,最初的立足点无疑在西方社会。马克思力图通过解剖资本主义制度这个历史上最发达和最复杂的社会组织,来揭示人类社会发展的一

般规律。但是,马克思的研究视野没有局限于西方社会。"人体解剖对于猴体解剖是一把钥匙。反过来说,低等动物身上表露的高等动物的征兆,只有在高等动物本身已被认识之后才能理解。"①在马克思看来,在人类历史上存在着和古生物学类似的情况。"资产阶级社会是最发达的和最多样性的历史的生产组织",通过资本主义社会,我们可以"透视一切已经覆灭的社会形式的结构和生产关系"②;同时,"只有在资产阶级社会的自我批判已经开始时,才能理解封建的、古代的和东方的经济"③。所以,19 世纪 50 年代,马克思在基本完成了对西方资本主义社会的批判后,便把研究视野转向东方社会,开始探讨东方社会的社会结构和发展道路,力图全面把握人类社会的发展规律和发展道路。

东方社会的典型是亚洲的印度和中国,它们是"亚洲式的社会""亚细亚式的社会"。马克思认为,中国是东方社会"活的化石",体现着"一切东方运动的共同特征"④,印度则保存着亚细亚所有制的"一整套图样",而中国和印度"现在是亚洲举足轻重的国家"⑤。所以,马克思对东方社会的研究是从中国和印度开始的。无论是从逻辑上看,还是从历史上看,亚细亚生产方式都是马克思东方社会理论的起点。

正是通过对亚细亚生产方式,尤其是中国和印度社会的研究,马克思发现,东方社会在总体上具有三个特征:

第一,在经济结构方面不存在土地私有制。"在亚细亚的(至少是占优势的)形式中,不存在个人所有,只有个人占有。"⑥在马克思看来,不存在土地私有制是了解东方社会的一把钥匙。

第二,在社会结构方面以农村公社为基本单位。这种农村公社的特征是农业和手工业直接结合,生产限于自给自足。农村公社这些"共同体是实体,而个人则只不过是实体的附属物,或者是实体的纯粹天然的组成部分"⑦,而国家凌驾于这些共同体之上,是土地财产的更高或唯一的所有者。

第三,在政治关系方面实行东方专制制度,而土地公有制构成了东方专制

①《马克思恩格斯选集》第 2 卷,第 23 页。
②《马克思恩格斯选集》第 2 卷,第 23 页。
③《马克思恩格斯选集》第 2 卷,第 24 页。
④《马克思恩格斯全集》第 15 卷,第 545 页。
⑤《马克思恩格斯选集》第 1 卷,第 737 页。
⑥《马克思恩格斯全集》第 46 卷上,第 618 页。
⑦《马克思恩格斯全集》第 46 卷上,第 474 页。

制度的基础。"东方的专制制度是基于公有制。"①之所以如此，是因为"各个公社相互间这种完全隔绝的状态，在全国造成虽然相同但绝非共同的利益，这就是东方专制制度的自然基础"②。

如果说马克思在19世纪50年代注意的是亚细亚生产方式的地域性，那么，在19世纪60年代研读了德国著名历史学家毛勒的有关著作之后，强调的则是亚细亚生产方式的普遍性，即这样一种以土地公有制为基础的社会形式不仅在亚洲存在，而且在欧洲也存在过。毛勒在19世纪50—60年代对欧洲的马尔克村社制度做了详细的考察，以丰富的历史资料证明在欧洲也曾经存在过土地公有制，并认为欧洲的土地私有制是从土地公有制的解体中产生的。

马克思高度评价了毛勒的见解，认为欧洲的马尔克村社制度就是"欧洲的亚细亚所有制形式"。在1868年致恩格斯的信中，马克思提出了"欧洲各地的亚细亚的或印度的所有制形式都是原始形式"这一命题。在其他通信中，马克思提到，农村公社土地公有制"在所有其他国家是自然地产生的，是各个自由民族发展的必然阶段"③，并指出："公社所有制曾在西欧各地存在过，在社会进步过程中，它在各地都消失了。"④显然，马克思是把欧洲的马尔克村社与亚洲的农村公社看作本质上相同的社会形式，认为它们是人类社会普遍存在的现象。

在《资本论》第一卷中，马克思指出，原始的公社所有制不是斯拉夫族所特有的。"这种原始形式我们在罗马人、日耳曼人、克尔特人那里都可以见到，直到现在我们还能在印度人那里遇到这种形式的一整套图样，虽然其中一部分只留下残迹了。仔细研究一下亚细亚的、尤其是印度的公社所有制形式，就会得到证明，从原始的公社所有制的不同形式中，怎样产生出它的解体的各种形式。例如，罗马和日耳曼的私人所有制的各种原型，就可以从印度的公社所有制的各种形式中推出来。"⑤尽管《资本论》第一卷的不同版本有许多改动，但这一段话马克思始终未做任何改动。这说明，"亚细亚生产方式具有普遍性"是马克思深思熟虑的科学的观点。

---

① 《马克思恩格斯全集》第20卷，第681页。
② 《马克思恩格斯全集》第18卷，人民出版社1964年版，第618页。
③ 《马克思恩格斯全集》第33卷，第577页。
④ 《马克思恩格斯全集》第19卷，第443页。
⑤ 《马克思恩格斯全集》第23卷，第94—95页。

由此可见,在马克思那里,"亚细亚生产方式"是一个历史的范畴。19 世纪50 年代,马克思仅仅把亚细亚生产方式看成"东方特有的形式",是一个地域性存在的社会形式;到了 19 世纪 60—70 年代,马克思则把亚细亚生产方式看作原始公社公有制的遗存,认为这种生产方式不仅存在于亚洲,而且曾经存在于欧洲,是人类社会早期发展阶段普遍存在的社会形式。

"农村公社既然是原生的社会形态的最后阶段,所以它同时也是向次生的形态过渡的阶段,即以公有制为基础的社会向以私有制为基础的社会的过渡。不言而喻,次生的形态包括建立在奴隶制上和农奴制上的一系列社会。"①在马克思看来,亚细亚、古代和日耳曼这三种生产方式起初都属于原生的社会形态的最后阶段,都是从"原生的社会形态"向"次生的社会形态"过渡的形式。

但是,在从"原生的社会形态"向"次生的社会形态"的转变过程中,亚细亚生产方式变化最小,在历史上没有形成以土地私有制为基础的社会,在这个意义上,它是社会经济形态演进的第一个阶段;古代生产方式在历史上派生出了奴隶制,在这个意义上,它是社会经济形态演进的第二个阶段;在日耳曼生产方式中,公有土地表现为对私有土地的补充,而且这种生产方式在历史上通过征服直接发展出封建制,在这个意义上,它是社会经济形态演进的第三个阶段。正因为如此,马克思认为:"大体说来,亚细亚的、古代的、封建的和现代资产阶级的生产方式可以看作是社会经济形态演进的几个时代。"②

东方社会具有"停滞性",这是马克思在研究亚细亚生产方式过程中提出的又一重要命题。马克思所说的东方社会的"停滞性",主要是指东方社会经济结构的"稳定性",而暂时舍弃了浮在经济结构表层之上的政治、文化的变迁,乃至生产力水平某种程度的提高。按照马克思的观点,导致这种停滞性的直接原因,是东方社会内部农业和手工业的牢固结合。"这些自给自足的公社不断地按照同一形式把自己再生产出来;当它们偶然遭到破坏时,会在同一地点以同一名称再建立起来,这种公社的简单的生产机体,为揭示下面这个秘密提供了一把钥匙:亚洲各国不断瓦解、不断重建和经常改朝换代,与此截然相反,亚洲的社会却没有变化。这种社会的基本经济要素的结构,不为政治领域中的风暴所触动。"③这是一种"静止的社会状况"。正是在这个意义上,马克

① 《马克思恩格斯全集》第 19 卷,第 450 页。
② 《马克思恩格斯全集》第 13 卷,第 9 页。
③ 《马克思恩格斯全集》第 23 卷,第 396—397 页。

思认为,中国像一个"小心保存在密闭棺材里的木乃伊",而"印度社会根本没有历史"①。亚洲社会的这种"稳定性""停滞性"在历史上保持得最持久、最顽固。

但是,随着西方资产阶级的入侵以及各民族进入普遍交往的世界历史时代,东方社会开始面临着不同的历史命运。印度成为西方资产阶级的"猎获物",农村公社死于西方侵略者的铁蹄之下。印度人"失掉了他们的旧世界而没有获得一个新世界"。西方资产阶级在印度"亚洲式专制"的基础上建立起"欧洲式专制",这两种专制结合起来"要比萨尔赛达庙里任何狰狞的神像都更为可怕"②,导致印度社会长期处于一种新的停滞之中,出现了"没有历史的历史"。这是其一。

其二,中国在西方资本主义的冲击下显示出顽强的"生命力",同时又处于"解体的过程"。马克思极为关注古老的中国在西方资本主义冲击下所表现出来的"顽固性"及其原因,明确指出,除了"鸦片贸易之外,妨碍对华进口贸易迅速扩大的主要因素,是那个依靠着小农业与家庭工业相结合而存在的中国社会经济结构"③。不同于印度,中国并没有完全沦为殖民地。英国的大炮只是"迫使天朝帝国与地上的世界接触。与外界完全隔绝曾是保存旧中国的首要条件,而当这种隔绝状态通过英国而为暴力所打破时,接踵而来的必然是解体的过程"④。

其三,马克思晚年把目光转向俄国,提出了跨越"卡夫丁峡谷"的设想,即"半东方"的俄国有可能跨越资本主义历史阶段,直接走上社会主义道路。这是因为,俄国既不像印度那样成为西方资产阶级的"猎获物",也不像中国那样受到西方资本主义的强烈冲击而处于"解体的过程",同时又不像西欧那样原来的农村公社内部的"私有制因素战胜集体制因素","俄国是在全国范围内把'农业公社'保存到今天的欧洲唯一的国家"。

问题在于,俄国农村公社具有二重性,即"公有制以及公有制所造成的各种社会关系,使公社基础稳固,同时,房屋的私有、耕地的小块耕种和产品的私人占有又使个人获得发展",这种二重性使俄国农村公社具有"强大的

---

① 《马克思恩格斯选集》第 1 卷,第 692、767 页。
② 《马克思恩格斯选集》第 1 卷,第 761 页。
③ 《马克思恩格斯选集》第 1 卷,第 755 页。
④ 《马克思恩格斯选集》第 1 卷,第 692 页。

生命力的源泉",“可能逐渐成为公社解体的根源"①。同时,俄国农村公社与资本主义生产处于同一个时代,这使它不必服从资本主义的活动方式就能够吸收其成果,并成为"使俄国比其他还处在资本主义制度压迫下的国家优越的因素"②。

俄国农村公社的二重性及其在俄国存在的普遍性、与资本主义的同时代性,使其有可能在特定的国际环境中跨越资本主义的历史阶段,直接进入社会主义社会。关于俄国跨越"卡夫丁峡谷"的设想是马克思东方社会理论中的华彩乐章。如果说马克思对亚细亚生产方式的探寻关注的是东方社会的结构特征,那么,关于俄国跨越资本主义"卡夫丁峡谷"的设想关注的则是东方社会的发展道路,并为我们留下了研究较为落后国家社会发展道路的科学方法。

二、时代背景的把握与科学方法的运用

马克思始终是从世界历史这一时代背景中去研究东方社会及其发展道路的,他的东方社会理论与世界历史理论有着本质的联系。"历史向世界历史的转变"构成了马克思研究东方社会的时代背景。

在马克思看来,“历史向世界历史的转变"以世界市场的存在为基础,伴随着资本主义生产方式的确立而形成。生产的社会化、商品化驱使资产阶级奔走全球各地,力图建立世界市场;交通工具的发达,对印度和中国的入侵以及美洲的殖民化等,使世界市场以及"生产的国际关系"得以形成。"资产阶级,由于开拓了世界市场,使一切国家的生产和消费都成为世界性的了。"从此,以往自然形成的各个民族或国家的孤立状态被打破了,“过去那种地方的和民族的自给自足和闭关自守状态,被各民族的各方面的互相往来和各方面的互相依赖所代替了"。③ 正是在这个意义上,马克思认为,资本主义大工业"首次开创了世界历史,因为它使每个文明国家以及这些国家中的每一个人的需要的满足都依赖于整个世界,因为它消灭了以往自然形成的各国的孤立状态"④。

世界历史的形成标志着人类进入一个新的历史阶段,即进入各民族、国家

---

① 《马克思恩格斯全集》第 19 卷,第 434 页。
② 《马克思恩格斯全集》第 19 卷,第 441 页。
③ 《马克思恩格斯选集》第 1 卷,第 276 页。
④ 《马克思恩格斯全集》第 3 卷,第 68 页。

全面相互作用、相互渗透、相互制约、相互依赖的历史阶段,标志着世界成为一个统一的整体。在世界历史形成之前,人类总体历史与具体民族历史之间的关系是一般与个别的关系,在具体民族的"个别"之中存在着人类历史的"一般",不同民族的历史发展以其个别的、特殊的发展形态体现出人类历史发展的一般规律。世界历史形成之后,人类总体历史和具体民族历史之间不仅存在着一般与个别的关系,还具有了整体与部分的关系。世界历史并不是各个民族历史的简单相加,而是各个民族之间相互作用、相互渗透、相互制约、相互依赖所形成的"系统值"。黑格尔和马克思都肯定了这一点。列宁则明确指出:"世界历史是整体,而各个民族是它的'器官'。"①

作为整体的"器官",任何民族或国家的发展都不可避免地受到世界历史这个"整体"的影响,并在这种影响下发生某种程度的"变形"。这一影响作用突出表现为交往行为的"相加效应",即人们在普遍交往中往往用自己的优势部分换取对自己不足部分的弥补,或者吸取其他民族的各种成果以充实、提高自己,从而避免重复劳动的耗费,给自己带来了新的发展力。这使得较为落后的民族或国家不必一切"单独进行""从头开始""重新发明",而是以人类的最新成果为起点去创造更新的东西,从而以跨越式发展进入历史的先进行列。由此,马克思认为,俄国能够"享用资本主义的一切肯定成果",并跨越资本主义的历史阶段直接走向社会主义,开创世界历史的新纪元。

世界历史形成之前,社会发展中也出现过跨越现象,如日耳曼民族在征服罗马帝国之后,越过奴隶制,从原始社会直接走向封建社会。然而,这种跨越现象在世界历史形成之前毕竟是一种特殊现象。世界历史形成之后,社会发展中的跨越现象才成为一种普遍现象。在世界历史这个整体的影响下,在北美洲、大洋洲,以至东欧,有的民族从奴隶社会,有的民族甚至从原始社会直接走上了资本主义道路。马克思指出:"在现实历史上,雇佣劳动是从奴隶制和农奴制的解体中产生的,或者像在东方和斯拉夫各民族那样是从公有制的崩溃中产生的,而在其最恰当的、划时代的、囊括了劳动的全部社会存在的形式中,雇佣劳动是从行会制度、等级制度、劳役和实物收入、作为农村副业的工业、仍为封建的小农业等等的衰亡中产生的。"②而在美国,"资产阶级社会不

①《列宁全集》第 55 卷,第 273 页。
②《马克思恩格斯全集》第 46 卷上,第 14 页。

是在封建制度的基础上发展起来的,而是从自身开始的"①。

这里,马克思实际上概括了资本主义产生的四条道路:一是从封建制度的"衰亡"中产生;二是从奴隶制或农奴制的"解体"中产生;三是从原始公有制的"崩溃"中产生;四是"从自身开始"。其中,第一条道路是西欧资本主义产生的道路,也是资本主义产生的典型道路,第二、第三、第四条道路则是在世界历史影响下形成的。没有资产阶级开创的世界历史的存在,从奴隶制的"解体"和原始公有制的"崩溃"中绝不可能产生资本主义制度,美国也不可能"从自身开始"其资本主义历程。

同时,马克思注意到,资产阶级在开创世界历史的过程中,"使未开化和半开化的国家从属于文明的国家,使农民的民族从属于资产阶级的民族,使东方从属于西方"②,即已经注意到资产阶级开创世界历史的过程实际上就是创造出一个资本主义的世界体系。在马克思看来,这是一个"中心—卫星"式的世界体系。恩格斯形象地指出:"英国是农业世界的大工业中心,是工业太阳,日益增多的生产谷物和棉花的卫星都围着它运转。"③被西方资产阶级殖民化、半殖民化的东方国家,以及像俄国这样的"半东方"国家,就属于资本主义世界体系中的"卫星"国。正因为如此,马克思提出要研究"生产的国际关系"及其对处在资本主义世界体系中的落后国家的影响。

如果说马克思在19世纪40年代关注"历史向世界历史的转变",50年代着重在世界历史这一时代背景下揭示东方社会的现实境遇,那么,70—80年代初则更偏重于在世界历史和东方社会相互影响的进程中探索东方社会的发展道路。马克思始终是把俄国置于世界的整体联系中考察其跨越式发展的可能性的。在马克思看来,俄国"不是脱离现代世界孤立生存的",而是"恰好又生存在现代的历史环境中,处在文化较高的时代,和资本主义生产所统治的世界市场联系在一起"④。与俄国并存的发达资本主义生产及其统治下的世界市场,在客观上为俄国提供了改造和发展农村公社的物质条件。如果"俄国吸取这种生产方式的肯定成果,就有可能发展并改造它的农村公社的古代形式,而

①《马克思恩格斯全集》第46卷上,第4页。
②《马克思恩格斯选集》第1卷,第277页。
③《马克思恩格斯选集》第4卷,第425页。
④《马克思恩格斯全集》第19卷,第431、435页。

不必加以破坏"①。这样,俄国农村公社就有可能脱离其原始形式,成为"俄国社会复兴的因素","使俄国可以不通过资本主义制度的卡夫丁峡谷,而把资本主义制度的一切肯定性的成就用到公社中来"②。同时,马克思又从俄国革命与西方革命相互关联的视角探讨俄国土地公有制的作用问题:"假如俄国革命将成为西方无产阶级革命的信号而双方互相补充的话,那么现今的俄国土地公有制便能成为共产主义发展的起点。"③

这里,贯穿着一种方法,一种科学的方法,即生产力与生产关系矛盾运动的民族性和世界性相互作用的辩证法。这种辩证法是马克思探讨东方社会发展道路的根本方法。

所谓生产力与生产关系矛盾运动的民族性,是指生产力与生产关系的矛盾运动在不同民族或国家那里表现出不同的性质、结构和运行机制;生产力与生产关系矛盾运动的世界性,是指随着交往的普遍化、世界市场的开拓以及世界历史的形成,各民族的生产力与生产关系矛盾运动便越出民族或国家的狭隘地域,在世界历史的背景中进行全面相互作用、相互影响、相互渗透的整体运动。

历史越往前追溯,生产力与生产关系的矛盾运动的民族性就越突出。在古代,由于彼此的隔绝,生产力与生产关系的矛盾运动一般都是在单个民族或国家(城邦)的地域内"单独进行"的,每一种生产方式的形成在各个民族那里都必须"重新开始"。"当交往只限于毗邻地区的时候,每一种发明在每一个地方都必须重新开始;一些纯粹偶然的事件,例如蛮族的入侵,甚至是通常的战争,都足以使一个具有发达生产力和有高度需求的国家处于一切都必须从头开始的境地。在历史发展的最初阶段,每天都在重新发明,而且每个地方都是单独进行的。"④

随着世界历史的形成,原来在民族或国家的狭隘地域内"单另运行"的生产力与生产关系的矛盾运动便跃出了民族与国家的疆界,进入到世界的"运动场",开始全面地相互作用、相互影响、相互渗透。一般说来,在世界历史的背景中,生产力与生产关系的矛盾运动是以民族性和世界性相互作用的方式表

---

① 《马克思恩格斯全集》第19卷,第435—436页。
② 《马克思恩格斯全集》第19卷,第436页。
③ 《马克思恩格斯选集》第1卷,第251页。
④ 《马克思恩格斯全集》第3卷,第61页。

现出来的。一切历史冲突都根源于生产力与生产关系的矛盾。但是，"对于其一国家内冲突的发生来说，完全没有必要等这种矛盾在这个国家本身中发展到极端的地步。由于同工业比较发达的国家进行广泛的国际交往所引起的竞争，就足以使工业比较不发达的国家内产生类似的矛盾(例如，英国工业的竞争使德国潜在的无产阶级显露出来了)"①。正是在这种"类似的矛盾"的推动和引导下，较为落后的民族或国家可以通过自己的选择活动跨越某种社会形态，以跳跃的发展形式走到世界历史的前列。

马克思正是以生产力与生产关系矛盾运动的民族性和世界性相互作用的辩证法为方法论，从俄国与"现在世界的特殊联结方式"，从俄国农村公社的二重性、俄国资本主义已经得到一定程度的发展，以及西欧资本主义生产方式对俄国的冲击出发，提出俄国跨越资本主义"卡夫丁峡谷"设想的。

从内部条件看，俄国农村公社具有二重性："公有制以及公有制所造成的各种社会关系，使公社基础稳固，同时，房屋的私有、耕地的小块耕种和产品的私人占有又使个人获得发展。"这种二重性是俄国农村公社具有强大生命力的源泉。

从外部条件看，俄国与西方资本主义处于同时代，必然要和西方资本主义发生联系。"俄国是在全国广大范围内把土地公社占有制保存下来的欧洲唯一的国家，同时，恰好又生存在现代的历史环境中，处在文化较高的时代，和资本主义生产所统治的世界市场联系在一起。"②和资本主义生产的同时代性以及世界市场的存在，使得俄国可以借助西方资本主义已有的生产成果，为未来的社会主义提供物质条件。

从可能与现实的关系看，特殊的历史条件只是为俄国跨越资本主义历史阶段提供了可能，要把这种可能变成现实还需要一个重要条件，即进行两种革命：一种是俄国革命，"挽救俄国公社"；另一种是西欧革命，与俄国革命"互相补充"。"假如俄国革命将成为西方无产阶级革命的信号而双方互相补充的话，那末现今的俄国土地公有制便能成为共产主义发展的起点。"③

实际上，从生产力与生产关系矛盾运动的民族性和世界性相互作用的辩证法出发，去探讨具体民族或国家的发展道路，是马克思一以贯之、始终坚持

① 《马克思恩格斯全集》第 3 卷，第 83 页。
② 《马克思恩格斯全集》第 19 卷，第 444 页。
③ 《马克思恩格斯全集》第 19 卷，第 326 页。

的方法。正如马克思所说,一个"民族本身的整个内部结构都取决于它的生产以及内部和外部的交往的发展程度"①。

在《德意志意识形态》中,马克思认为,日耳曼民族之所以能跨越奴隶制,从原始社会直接走上封建社会,实现社会发展的"跨越",就是被征服者(罗马帝国)的生产力与征服者(日耳曼民族)的社会组织相互作用的结果。"封建主义决不是现成地从德国搬去的;它起源于蛮人在进行侵略时的军事组织中,而且这种组织只是在征服之后,由于被征服国家内遇到的生产力的影响才发展为现在的封建主义的。"②"但是在蛮人的占领下,一切都取决于被征服民族此时是否已经像现代民族那样发展了工业生产力,或者它的生产力主要还只是以它的联合和现存的共同体形式为基础。"③这里,生产方式矛盾运动的世界性已显示出萌芽状态。这种处于萌芽状态的世界性体现在民族交往中,因为在古代,"战争本身还是一种通常的交往形式"④。

正因为如此,马克思提出了某个民族内部"现存社会关系和现存生产力"的矛盾与"其他民族实践"之间的关系问题,提出了在分析社会发展时应注意"带来的""导入的""派生的、转移来的、非原生的生产关系。国际关系在这里的影响"⑤的问题。

诚然,马克思的跨越"卡夫丁峡谷"设想只是指俄国在特定的历史环境中能够跨越资本主义的历史阶段,而不是说所有东方国家都可以跨越资本主义历史阶段。这里,马克思只是提出了问题,而没有解决问题。如果就事论事,这一设想的意义非常有限,因为俄国最终没有避免资本主义的前途,而是在资本主义不甚发达的历史条件下走上了社会主义道路。在我看来,马克思关于俄国跨越资本主义"卡夫丁峡谷"设想的意义并不在于这一设想本身,而是在于它为我们提供了研究落后国家社会发展道路的科学方法论,即生产力与生产关系矛盾运动的民族性和世界性相互作用的辩证法。

中国是在20世纪上半叶跨越了资本主义的"卡夫丁峡谷"而直接走向社会主义的。为了理解这一历史现象的产生,也必须以生产力与生产关系矛盾

① 《马克思恩格斯全集》第3卷,第24页。
② 《马克思恩格斯全集》第3卷,第83页。
③ 《马克思恩格斯全集》,第3卷,第82页。
④ 《马克思恩格斯全集》第3卷,第26页。
⑤ 《马克思恩格斯全集》第3卷,第36页;《马克思恩格斯选集》第2卷,第27页。

运动的民族性和世界性相互作用的辩证法为方法。

20世纪上半叶，中国的生产力具有一个显著特点，即落后与先进并存，个体农业经济和手工业经济占90%，"新式工业"，即现代工业占10%。前者属于落后的生产力，后者属于先进的生产力，它不仅较为集中，而且控制着国家经济命脉。这种"新式工业"是西方资产阶级"带来的""导入的"，它是资本主义开创的世界历史及其对中国的冲击、影响和渗透的结果。在20世纪上半叶，资本主义生产方式的内在矛盾日益激化，经济危机不断发生，这些"工业较发达的国家向工业较不发达的国家所显示的，只是后者未来的景象"①。同时，俄国十月社会主义革命又改变了世界历史的发展方向，在这种历史条件下，殖民地半殖民地的民族解放运动都自觉不自觉地与无产阶级革命相呼应，从而使社会主义国家、发达资本主义国家内的无产阶级革命以及殖民地半殖民地的民族解放运动形成一个历史整体，造就了"世界社会主义革命的时代"。

中国生产力的二重性，西方资本主义生产方式内在矛盾对中国的冲击、影响和渗透，以及世界社会主义革命的新时代，这些条件结合在一起，使社会主义革命在中国的产生具有了历史必然性，这种历史必然性就是生产力与生产关系矛盾运动的民族性和世界性相互作用的结果。

中国的历史发展似乎在走着一条"奇怪的道路"，即从封建社会演变成为半殖民地半封建社会，继而又越过了资本主义社会而直接走向社会主义。实际上，这条"奇怪的道路"的形成本身就体现着历史的必然性，即生产力与生产关系矛盾运动的民族性和世界性相互作用。半殖民地半封建社会的形成是西方资产阶级入侵并把中国强行纳入世界历史的结果；跨越资本主义历史阶段而直接走向社会主义，同样是西方资本主义生产方式对中国冲击、渗透和影响的结果。正如马克思所说，"中国的社会主义跟欧洲的社会主义象中国哲学跟黑格尔哲学一样具有共同之点"②，这就是历史必然性。

在研究中国历史时，有的人总是不顾及历史必然性而沉湎于"如果……就……"的假言判断中。在他们看来，如果戊戌变法成功了，今天就如何如何；如果20世纪50年代中国选择资本主义，今天就如何如何……然而，历史是过去的客观存在，只能研究，而不可能更改，不可能"重演"；历史的发展有其内在

① 《马克思恩格斯选集》第2卷，第100页。
② 《马克思恩格斯全集》第7卷，第265页。

逻辑,并不以"如果……就……"的公式为转移。对历史研究来说,"如果……就……"的论断是永远不能被验证的,因而是没有科学意义的。沉湎在这种研究范式中,我们得到的就不是真实的历史,而是思辨的历史。这不是误认风车为妖魔的堂吉诃德式的战斗,而是实实在在的两种历史观的对立,即唯心主义历史观与唯物主义历史观的对立。

三、人文关怀的取向与历史尺度的坚守

生产力与生产关系和人及其活动密切相关。"生产力和社会关系——这二者是社会的个人发展的不同方面。"①换言之,生产力不是外在于人及其活动的纯粹的物质力量,生产关系也不是超历史的预成的实体;二者都是人的实践活动的产物,本身就体现着人的本质力量,体现着"社会的个人发展"。生产力发展的历史也就是"个人本身力量发展的历史"②,发展生产力"也就是发展人类天性的财富这种目的本身"③。

因此,当马克思用生产力与生产关系的矛盾运动来研究东方社会及其发展道路时,即强调历史必然性、确立历史尺度时,并没有否定价值尺度、伦理原则,而是把价值尺度、伦理原则置于历史尺度的基础之上。为了说明这一点,马克思提出了两个相互关联的观点或者评价尺度,即"人的感情上来说"和"从历史观点来看",以此表征价值观与历史观、伦理尺度与历史尺度的统一。

马克思深切地关注着东方社会所遭受的特殊的悲惨命运。"从人的感情上来说,亲眼看到这无数辛勤经营的宗法制的祥和无害的社会组织一个个土崩瓦解、被投入苦海,亲眼看到它们的每个成员既丧失自己的古老形式的文明又丧失祖传的谋生手段,是会感到难过的。"④马克思怀着极大的义愤,从人道主义情怀出发,痛斥西方资产阶级对东方社会海盗式的掠夺行为,揭露西方资产阶级的野蛮本性和极端虚伪性:"当我们把目光从资产阶级文明的故乡转向殖民地的时候,资产阶级文明的极端伪善和它的野蛮本性就赤裸裸地呈现在

---

① 《马克思恩格斯全集》第 46 卷下,第 219 页。
② 《马克思恩格斯全集》第 3 卷,第 81 页。
③ 《马克思恩格斯全集》第 26 卷 II,第 124 页。
④ 《马克思恩格斯选集》第 1 卷,第 765 页。

我们面前,它在故乡还装出一副体面的样子,而在殖民地它就丝毫不加掩饰了。"①

在马克思看来,西方资产阶级在"亚洲式的专制"基础上建立起一种"欧洲式的专制",使东方社会的"个人和整个民族遭受流血与污秽、穷苦与屈辱",过着一种"失掉尊严的、停滞的、苟安的生活"。东方社会被强行纳入到资本主义世界体系中,对东方社会来说,不啻是一场灾难,而且这场灾难同过去所遭受的所有灾难相比,"在本质上属于另一种,在程度上也不知道要深重多少倍",具有一种"特殊的悲惨的色彩",如同 19 世纪之前的德国那样,"不仅苦于资本主义生产的发展,而且苦于资本主义生产的不发展";"除了现代的灾难而外",压迫东方社会的还有"许多遗留下来的灾难,这些灾难的产生,是由于古老的、陈旧的生产方式以及伴随着它们的过时的社会关系和政治关系还在苟延残喘"②。

马克思在探讨东方社会发展道路时无疑抱持着深切的人文关怀。马克思深知生产力的发展必然导致旧的社会主体的衰落和新的社会主体的崛起。新的社会主体与生产力的发展相一致,其不仅追求自身的利益,而且把其他阶级的利益纳入到自己的利益体系之中并使之从属于自己。人类整体利益的实现,不仅要以同生产力发展相一致的新的阶级利益的实现为中介,而且要以牺牲同生产力发展不一致的、有碍新的阶级利益实现的其他阶级的利益为代价。这种历史必然性不仅体现在民族或国家发展的历史进程中,而且体现在不同民族或国家交往的历史进程中,体现在资产阶级开创世界历史的进程中。这是历史进步过程中的代价,难以避免,但人们可以"缩短和减轻"这种"分娩的痛苦"。

所以,当马克思提出跨越"卡夫丁峡谷"的设想时,其出发点之一就是想使俄国的未来发展避免资本主义制度所造成的"波折""痛苦"和"致命危机",避免"对抗""冲突"和"灾难"的历史,尽量减少社会发展中的代价,同时"吸取资本主义制度所取得的一切肯定成果"。如果俄国公社"在现在的形式下事先被引导到正常状态,那它就能直接变成现代社会所趋向的那种经济体系的出发

---

① 《马克思恩格斯选集》第 1 卷,第 772 页。
② 《马克思恩格斯选集》第 2 卷,第 100 页。

点,不必自杀就能获得新的生命"①。

但是,马克思清醒地意识到西方资本主义社会在当时属于先进的社会形态,东方社会则是落后的社会形态,并明确指出,"我们不应该忘记:这些田园风味的农村公社不管看起来怎样祥和无害,却始终是东方专制制度的牢固基础,它们使人的头脑局限在极小的范围内,成为迷信的驯服工具,成为传统规则的奴隶,表现不出任何伟大的作为和历史首创精神","它们使人屈服于外界环境,而不是把人提高为环境的主宰;它们把自动发展的社会状态变成了一成不变的自然命运"②。因此,"道德义愤"只是马克思"从人的感情上"来说的,只是马克思看待西方资产阶级侵略东方社会的一个视角,另一个视角仍然是"历史观点"。

历史进步的物质基础是生产力,生产力是社会发展的最终决定力量,集中体现着社会发展,是历史进步的最高尺度。存在于某种生产关系、社会形态中的生产力如果能以其应有的速度向前发展,就表明这种社会形态存在的必要性、可能性和价值;反之,则不能继续存在和发展。在此,任何道德的愤恨都无济于事。道德尺度应该也必须服从历史尺度。马克思多次提出"从纯经济观点来看""从历史观点来看"东方问题,始终坚守历史尺度,并以此为基础评价东方社会的历史与现实,以及西方资产阶级对东方社会的侵略行为。

按照马克思的观点,西方资产阶级是在"极卑鄙的利益驱使"下入侵东方社会的,在主观上绝不是要使东方社会资本主义化,而是要使东方社会殖民化。但是,在殖民化的过程中,西方资产阶级给东方社会"带来""导入"了新式工业,打破了东方社会的自然经济结构,在客观上造就了有利于东方社会发展资本主义和工业文明的条件,客观上"在亚洲造成了一场最大的,老实说也是亚洲历来仅有的一次社会革命",从而"充当了历史的不自觉的工具"。"问题在于,如果亚洲的社会状态没有一个根本的革命,人类能不能实现自己的命运? 如果不能,那么,英国不管干了多少罪行,它造成这个革命毕竟是充当了历史的不自觉的工具。"③正是在这个意义上,马克思指出:"无论一个古老世界崩溃的情景对我们个人的感情来说是怎样难过,但是从历史观点来看,我们

① 《马克思恩格斯全集》第 19 卷,第 451 页。
② 《马克思恩格斯选集》第 1 卷,第 765、766 页。
③ 《马克思恩格斯选集》第 1 卷,第 766 页。

有权同歌德一起高唱：'我们何必因这痛苦而伤心，既然它带给我们更多欢乐？难道不是有千千万万生灵曾经被帖木儿的统治吞没？'"①

正是从历史观点出发，东方社会的"崩溃"没有使马克思感到惋惜；对古老帝国的"死去"，马克思的态度极为冷峻。在东方社会和西方社会的冲突中，东方社会"激于道义"，"维护道德原则"，西方社会则"以发财的原则与之对抗"，以"获得贱买贵卖的特权"，结果是东方社会"崩溃"，古老的帝国"在这样一场殊死的决斗中死去"。伦理尺度与历史尺度在这里处于对立和离奇的冲突之中，历史进步伴之以民族灾难为代价，古老的东方社会以其惨痛的代价换取了某种历史进步。"这的确是一种悲剧，甚至诗人的幻想也永远不敢创造出这种离奇的悲剧题材。"②

在我看来，"悲剧"不仅是一个美学范畴，而且是一种历史观范畴，是对历史上的个人、民族的一种评价尺度。这里，马克思用"悲剧"这一范畴显示了东方社会在与西方社会进行"殊死决斗"的过程中难以避免的失败及其客观原因，从而说明伦理原则、人文关怀必须以历史尺度为基础。马克思的东方社会理论的确具有人文关怀的取向，但它的理论基础是历史尺度，即建立在历史规律的基础之上。

"英国在印度要完成双重的使命：一个是破坏的使命，即消灭旧的亚洲式的社会；另一个是重建的使命，即在亚洲为西方式的社会奠定物质基础。"③但是，马克思同时认为，这"双重的使命"都是不自觉的：西方资产阶级主观上并没有任何重新改建东方社会的意思，西方资产阶级在东方社会所实行的一切既不会给东方人民带来自由，也不会根本改善他们的社会状况，"因为这两者不仅仅决定于生产力的发展，而且还决定于生产力是否归人民所有"④。从本质上看，"生产力是否归人民所有"就是所有制问题，而"现存的所有制关系是一些国家剥削另一些国家的条件"⑤。

正因为如此，马克思希望东方社会"有一个根本的革命"，并且认为："资产阶级历史时期负有为新世界创造物质基础的使命：一方面要造成以全人类互

---

① 《马克思恩格斯选集》第 1 卷，第 766 页。
② 《马克思恩格斯全集》第 12 卷，第 587 页。
③ 《马克思恩格斯选集》第 1 卷，第 768 页。
④ 《马克思恩格斯选集》第 1 卷，第 771 页。
⑤ 《马克思恩格斯选集》第 1 卷，第 308 页。

相依赖为基础的普遍交往，以及进行这种交往的工具，另一方面要发展人的生产力，把物质生产变成对自然力的科学统治。资产阶级的工业和商业正为新世界创造这些物质条件，正像地质变革创造了地球表层一样。只有在伟大的社会革命支配了资产阶级时代的成果，支配了世界市场和现代生产力，并且使这一切都服从于最先进的民族的共同监督的时候，人类的进步才会不再像可怕的异教神怪那样，只有用被杀害者的头颅做酒杯才能喝下甜美的酒浆。"①

无疑，这是一种历史尺度和人文关怀相统一的方法，它体现了马克思的东方社会理论是历史唯物论和历史辩证法的统一，是历史观和价值观的统一。

载《哲学研究》2007 年第 12 期

《中国社会科学文摘》2008 年第 5 期转载

---

① 《马克思恩格斯选集》第 1 卷，第 773 页。

论后马克思主义的历史语境与多重逻辑

1950年,匈牙利裔哲学家波兰尼在《个人知识:朝向后批判哲学》中首先提出"后马克思主义"这一概念。尽管这一概念在《个人知识:朝向后批判哲学》中仅仅出现一次,但它意味着一种不同于传统马克思主义的理论规划开始萌发。正因为如此,"后马克思主义"这一概念并没有"昙花一现",而是从20世纪60年代开始在西方思想界流传,并引起人们的广泛关注。1973年,贝尔在《后工业社会的来临——对社会预测的一项探索》中再次提出"后马克思主义"这一概念,并认为后马克思主义就是用马克思关于资本主义发展的"第二种图式"来分析后工业社会的社会结构,重新审视资本主义的积累问题。1985年,拉克劳和墨菲出版了《霸权与社会主义战略:走向激进民主政治》。正是在这部著作中,作为一种新的理论规划,后马克思主义得到了深入分析和系统论证,并由此成为一种有重大影响的社会思潮。如何深入分析后马克思主义的理论逻辑,辨析它对马克思主义的批评,因此成为建构马克思主义哲学当代形态绕不过的课题。

一、后马克思主义产生的历史语境

哲学是思想所集中表现的时代。任何一种哲学理论或社会思潮的产生都不可能脱离它的时代,都有其特定的历史背景。哲学不像文学,不是以人物、情节、故事反映对象,而是以概念、命题、规律反映对象,似乎与时代无关。实际上,任何哲学都是对时代课题一种或直接或间接、或多或少的理论解答。无论是法国启蒙哲学明快泼辣的"个性",还是德国古典哲学艰涩隐晦的特征,无论是存在主义消极低沉的情绪,还是解构主义高深莫测的"个性",离开了它们各自的时代,都是无法理解的。

对后马克思主义的理解和把握也只能如此。在我看来,后马克思主义是一种与后现代思潮相重叠,并对传统马克思主义和西方马克思主义进行解构或重构的政治理论、哲学思潮。在我看来,20 世纪 60—70 年代西方社会的转型,即从现代工业社会转向"后工业社会",从现代资本主义转向"后资本主义",构成了后马克思主义得以产生的历史背景。

从根本上说,20 世纪 60—70 年代西方社会的转型是生产方式的转变,这一转变体现为从组织化生产转向弹性生产。

在 20 世纪 70 年代以前,以福特主义为基础的组织化生产是西方社会的主体结构,它一方面解决了自由资本主义时期生产无计划性的问题,另一方面通过刺激消费实现对生产的引导,并把个人的消费活动纳入了规划之中,个人成为消费规划的执行者。这种福特主义体制在 20 世纪 70 年代发展到了自身的极限。普遍存在的通货膨胀暴露出西方社会过量的生产力与资本市场的不匹配,引发了世界范围的资产市场的崩溃。

同时,发达国家向发展中国家的大规模投资,使得西方国家生产形式和管理方式发生了变化;石油输出国组织提高油价,以及阿拉伯国家一度禁止向西方出口石油,使得西方国家必须通过技术和体制变革来寻找节约能源的出路,这就导致了资本空间布局的改变,形成了一种与福特主义完全不同的经济、政治和社会调节系统。这种调节系统的依靠就是"同劳动过程、劳动力市场、产品和消费模式有关的灵活性",即所谓的"弹性生产",并使"灵活积累"成为跨国资本主义时代的资本积累机制。

不仅如此,随着电子计算机及其应用的普及化,科学成为生产过程中越来越重要的因素,电子网络成为资本世界市场构成的主要技术构架,先进的电脑系统能够容纳全新而强大的数学模型,能够高速执行交易;随着资本的金融化、虚拟化,资本完全摆脱了物质形态的束缚,获得了最大限度的自主权和灵活性,而复杂的电信系统即时连接全球的金融系统,线上管理让资本得以跨越国界,横跨全世界而运作:随着以微电子技术为基础的生产活动促成零件的标准化,最终产品能够以弹性生产的方式定制,并以国际组装组织起来。"当前资本主义国家中的社会秩序可以被看成是新技术与资本主义的一种综合,其特点是新的技术、社会及文化形式与资本主义生产关系相结合,构成了我们这个时代的社会母体。"①

生产方式的这一重大变化导致西方学者对马克思主义的生产理论进行反省。

其一,生产结构的变化必然导致阶级构成的变化。随着知识与技术成为西方社会的主体结构,以及所有权与管理权的分离,"生产力(技术)取代了社会关系(财产)而成为社会的主要轴心",这就对传统马克思主义提出了挑战。这种挑战可以概括为:"社会生产力已成为工业的,但这是各种政治制度的共同情况;社会生产关系已成为官僚主义的,所有权在其中的地位缩小了。"②这一方面使企业以至整个社会的官僚科层化了,另一方面又使新的阶层(特别是技术和白领行业)上升到社会的主导地位,从而改变了阶级的构成和性质。

其二,全球资本的形成使越来越多的发展中国家劳动力进入资本市场之中,形成了多重剥削关系;社会物质基础的差异,使发展中国家的"工人"与发达国家的"工人"并不是处于同一社会层面上,什么是工人阶级因此成为一个令人难以回答的问题。

其三,消费社会的兴起使社会主体不再锁定在阶级这个"普遍主体"上,而是弥散在学生、少数族群、环境保护主义者、反战分子,以至同性恋者、失业者等边缘人群上,其中一部分人反对组织化生产的压抑,甚至通过吸毒来对抗现实。从表面上看,消费社会是一个充分体现个性的社会,实际上是一种以通过被编码的意象所实现的对大众全面控制的社会。正是因此,产生了许多反抗消费社会的边缘人群。阶级构成和性质的变化、多重剥削关系的形成以及边缘人群的产生,加上种族问题和女性主义的兴起,使得传统马克思主义的阶级理论受到了质疑。

阶级构成的变化又必然导致社会斗争的内容和形式发生变化。随着战后西方经济的发展和社会控制的全面化,社会斗争也分散在社会生活的各个领

---

① [美]道格拉斯·凯尔纳、斯蒂文·贝斯特:《后现代理论:批判性的质疑》,张志斌译,中央编译出版社2006年版,第337—338页。

② [美]丹尼尔·贝尔:《后工业社会的来临——对社会预测的一项探索》,第92页。

域中进行。"在现代宏观政治概念中,冲突力量之间争夺的是对扎根于经济和国家中的中心化权力之源的控制权,而在后现代微观政治概念中,无数的局部群体争夺的是散布于整个社会中的分散的、非中心化的权力形式。"[①]例如,随着环境的恶化而产生的生态主义运动,其斗争对象是生产方式与整个社会发展的规划问题;学生运动反对的是消费社会所带来的对个性的压抑和科层制所导致的学生地位的边缘化,追求的是"总体的人";对黑人来说,首要的问题是种族隔离;对妇女来说,资本统治是一种男性统治,反对资本的斗争实际上就是反对男性统治的斗争;等等。

过去以阶级斗争为目标的斗争策略被分散了,阶级主体也被分散了,即分散为不同领域中的斗争群体,如何将这些斗争联合起来,这一问题已经超出了传统马克思主义的理论域。拉克劳和墨菲指出:"新女性主义的兴起,少数族群的、民族以及性征上的少数人的抗议运动,边缘人群发动的反制度的生态保护运动,反核运动,处于资本主义边缘地带的国家中所发生的种种不定型的社会斗争,所有这一切都意味着社会的冲突性质扩展到更加宽广的范围。""当代社会斗争的复杂性和多样性不可改变地消解了那种宏大政治想象的最后基础。"[②]

历史情境的变化必然导致思想语境的变迁。从总体上看,西方马克思主义的逻辑终结和后现代主义的产生,构成了后马克思主义得以产生的思想语境。

资本主义进入组织化生产体系之后,西方马克思主义对此进行了较为深刻的批判。按照卢卡奇的观点,随着泰勒制的普及化,资本主义的"物化"从社会结构渗透到心理结构,使人从身体到心灵发生了全面"物化";与这种物化同时发生并以此为基础的是资本主义意识形态的物化,这种物化体现为思想领域的"二律背反",即主体与客体的对立;资产阶级思想家不可能解决这一"二律背反",只有无产阶级在历史实践中形成的阶级意识,才能真正地解决主体与客体的"二律背反"。卢卡奇把马克思主义社会关系批判理论发展为生产结构批判理论,并把它与主体性、同一性和总体性理论结合起来,甚至融为一体了。

法兰克福学派把马克思主义的批判精神延伸到了文化领域,揭示出资本

[①] [美]道格拉斯·凯尔纳、斯蒂文·贝斯特:《后现代理论:批判性的质疑》,第64—65页。

[②] Laclau and Mouffe, *Hegemony and Socialist Strategy: Towards a Radical Democratic Politics*, London: Verso, 1985, p.1, p.2.

主义社会的工具理性特征。霍克海默和阿多诺既揭示了工具理性的深层文化根源,又结合大众文化的兴起揭示出工具理性已经渗透到人的存在的所有领域,并通过大众文化使人们自觉地服从于工具理性的统治。在霍克海默和阿多诺看来,这是主体自觉走向理性操控与支配,以主动的态度完成了当代资本主义社会操控的"总体性"。正是在这样的语境中,卢卡奇的总体性理论成为阿多诺《否定辩证法》批判的对象。

在阿多诺看来,"矛盾是同一性掩盖下的非同一性",因此,"辩证法是始终如一的对非同一性的意识",否定的辩证法就是通过解释、批判现实来否定、废除现实。阿多诺对同一性的批判不仅是哲学批判,而且是政治批判、社会批判,是对资本主义制度的批判。这种批判极为强调"异质性和独特性",反对"屈从于世界的抽象同一性",自觉意识到资本主义这一"物化世界"是被资本同一性逻辑整合起来的"被管理的世界",意识到在这个"奴役一切的同一性原则之下,任何不进入同一性的东西、任何在手段领域逃避计划的合理性的东西都成为同一性带给非同一物的灾难而进行的可怕的报复",意识到"同一性,作为总体性,具有本体论的优先性,这是通过将非同一的间接性提升为绝对的存在概念的等级中实现的"①。

因此,当阿多诺强调否定的辩证法,强调"松散星丛"的连接作用时,实际上已经打破了以主体—客体辩证法为中心的总体性理论,"碎片"的意义被展示出来了。阿多诺从根本上否定西方马克思主义的主体性、同一性和总体性的理论模式和思维方法,向我们展示了不同于西方马克思主义的另一种思维方式,并具有后现代主义的意蕴。正是在这个意义上,阿多诺否定的辩证法的形成,标志着西方马克思主义的逻辑终结。

与西方马克思主义逻辑终结同时发生的是后现代主义的兴起。后现代主义反对启蒙理性所建构的主体性、同一性、总体性,代之以非主体、非中心、碎片,并力图通过对现代性的重新审视来实现对西方文化的重新编码。从总体上看,后现代主义是对后工业社会,即当代资本主义社会的一种文化反映,或者说是晚期资本主义的文化逻辑。

按照后现代主义的观点,在现代化过程中,资本主义不仅"合法化"了,而

---

① Theodor W. Adorno, *Negative Dialectics*, trans. by E.B.Ashton, London: Routledge & Kegan Paul Ltd., 1973, p.120.

且被定于一尊,成为一种专制性的权威,"忘记如何进行历史性思考",即忘记了资本主义自身的历史性。所以,"最稳妥把握后现代主义这一概念的办法,就是把它看作是一个已经在忘记如何进行历史性思考的时代里去历史性思考现实的一种努力"①。正是在这种"历史性思考"过程中,后现代主义为日渐病入膏肓的资本主义社会开出一剂药方——"向同一性开战"。

后现代主义重在"向同一性开战""对总体性发动战争",它推崇异质成分,拒斥中心主义、本质主义和基础主义;同时,后现代主义又是一种"针对元叙事的怀疑态度"②,而所谓的元叙事,就是指黑格尔式的思想传统"纯思辨理论叙事"和法国大革命式的思想传统"自由解放叙事",前者注重同一性、总体性的思维模式,后者注重人文独立解放的思维模式。在利奥塔看来,后现代主义就是致力于对"元叙事"或"宏大叙事"的批判,致力于对同一性的消解,以增强对差异性的敏感,促成对不可通约事物的宽容能力。

后现代主义提供了一种"另类"思维方式,并一度成为西方思想界的主导思潮,几乎成为一种"流行病"。以后现代主义的思维方式来反思传统马克思主义和西方马克思主义,必然认为主体性、实践活动、阶级斗争、革命策略、经济基础与上层建筑的二分法、人的自由解放等重大理论都具有同一性或总体性,都属于"元叙事"或"宏大叙事",都是现代性的、形而上学式的概念,体现了一种理性的控制与支配,体现了本质主义、基础主义和中心主义。一句话,在后现代,需要对马克思主义进行解构或全面修正。

由此可见,20世纪70年代西方社会的历史情境和思想语境的变化,向马克思主义提出一系列具有根本性质的问题,正是对这些问题的思考,促使后马克思主义产生。拉克劳和墨菲指出:"我们相信,通过把我们定位在后马克思主义领域,我们不仅澄清了当代社会斗争的意义,也赋予了马克思主义以理论尊严,马克思主义的理论尊严只能来自对它的局限性和历史性的认识。只有承认它的局限性和历史性,马克思主义才能在我们的思想传统和政治文化中常在常新。"③

---

① Fredric Jameson, *Postmodernism*, *or*, *the Cultural Logic of Late Capitalism*, Durham: Duke University Press, 1991, p. xxii.
② 王岳川、尚水:《后现代主义文化与美学》,第76页。
③ Emesto Laclau and Chantal Mouffe:"Post-Marxism without Apologies", in *New Left Review*, No. 166, Novermber/December 1987, p.106.

二、后马克思主义的三种理论逻辑

从词源学的角度看,"后马克思主义"这一概念首次出现在波兰尼的著作《个人知识》中。在这部著作中,波兰尼用"后马克思主义"来指称斯大林逝世之后东欧社会主义国家的思想解放过程。所以,波兰尼提出的"后马克思主义"实际上是"后斯大林主义"。只不过在波兰尼的视野中,马克思主义与斯大林主义是同一个概念。

波兰尼之后,不同的学者赋予"后马克思主义"以不同的含义。杰姆逊断言伯恩斯坦是"第一代后马克思主义者",齐泽克认定黑格尔是"第一个后马克思主义者";图雷纳力图建构"后马克思主义的分析范式";柯亨力图为"后马克思主义的批判分层理论"奠定基础;贝尔自称是"后马克思主义者",但其主导思路又显然不同于拉克劳和墨菲的"后马克思主义"……"后马克思主义"这一概念从出现之日起,就是一个使用得较为混乱的概念。

在我看来,后马克思主义不同于存在主义的马克思主义、结构主义的马克思主义、分析的马克思主义等思想流派,它没有思想领袖,没有统一主张,甚至没有同一脉络。因此,界定明确的后马克思主义并不存在。我宁可把后马克思主义看作围绕着马克思主义的某些话题、某些观点而展开的争论。因此,在讨论后马克思主义时,应当分清其中不同的理论逻辑。

从理论逻辑看,后马克思主义可分为三种不同的主导思路:曾经是马克思主义者或深受马克思主义的影响,后用后现代主义否定马克思主义;以后现代主义解构马克思主义,同时又在一定意义上继承并重构马克思主义的批判理论;从马克思的思想中寻求后马克思主义的理论资源,并认为后马克思主义是马克思主义的当代形态。

利奥塔、鲍德里亚是第一种后马克思主义逻辑的主要代表。

早期,利奥塔是左派马克思主义组织"社会主义或野蛮"的重要成员,关注的核心问题是在资本主义社会如何实现革命。后期,利奥塔脱离了"社会主义或野蛮"组织,并否定马克思主义。按照利奥塔的观点,辩证逻辑在马克思那里只是一种"纯粹的风格语言",当代资本主义的发展已经不再遵循马克思所揭示的辩证逻辑的发展方式;马克思的思考仍然是以一种理性为中心的思维方式,仍然是对统一性的追求,属于"元叙事";正是"元叙事"使得现代科学合法化和社会体制权力合法化了。站在后现代主义的立场上,利奥塔反对以矛盾的二元对立为动力的总体性理论,强调"对总体性发动战争","激活差异性"。

在这样的语境中,马克思主义的阶级斗争理论受到全面批判:"二分原理的社会基础,即阶级斗争,已经朦胧得失去了任何激进性,批判模式终于面临失去理论根据的危险,它可能沦为一种'乌托邦',一种'希望',一种为了荣誉而以人的名义、理性的名义、创造性的名义或社会类别(如第三世界或青年学生)的名义提出来的抗议,这个社会类别在最后时刻被赋予批判主体的功能,但这样的功能从此将变得不大可能。"①为了逃避"元叙事"的制约,一种以误构为取向的后现代知识或后现代主义的马克思主义成为利奥塔的理论取向。这种所谓的后马克思主义实质上是一种否定马克思主义的理论形态。

与利奥塔一样,鲍德里亚也对马克思主义提出了根本性的批判。早年,鲍德里亚深受马克思主义影响,并力图实现马克思主义批判理论与精神分析理论、符号学理论的融合。但是,在这种理论运演过程中,鲍德里亚的思路与马克思的逻辑产生了背离。在鲍德里亚看来,马克思主义以生产理论作为分析、批判资本主义社会的理论基础,实际上是在幻象中批判资本主义社会,是对现实社会的意识形态证明。

通过劳动概念批判、历史唯物主义人类学的自然观念批判、历史唯物主义原始社会分析批判、历史唯物主义奴隶社会与封建社会分析批判,以及历史唯物主义与政治经济学体系内在关联批判这五个批判,鲍德里亚指出,历史唯物主义及其社会批判理论实际上是站在资本主义政治经济学的立场上,论证了资本主义社会的合法性;能够真正取代资本主义政治经济学体系的,是以消费模式为中心的象征交换理论,只有象征交换理论才能超越现代理性和形而上学。②

不仅如此,对马克思主义生产理论的批判,对阶级主体的解构,使鲍德里亚将各种"边缘人"作为斗争的主体,并认为对这个世界的最终反抗只能是病

---

① [法]让-弗朗索瓦·利奥塔:《后现代状态:关于知识的报告》,车槿山译,生活·读书·新知三联书店 1997 年版,第 25 页。

② Jean Baudrillard, *The Mirror of Production*, trans. by Mark Post, St. Louis: Telos Press, 1975. and Jean Baudrillard, *Symbolic Exchange and Death*, trans. by Lain Hamilton Grant, London: Sage Publications, 1993.

毒、癌变等方式。鲍德里亚逐渐走向一种虚无主义的理论建构,最终告别了马克思主义。

德里达、拉克劳和墨菲是第二种后马克思主义逻辑的主要代表。

德里达从后现代主义出发,力图建立一种"解构的马克思主义"。这种"解构的马克思主义"实际上也是一种后马克思主义。在德里达看来,这种"解构的马克思主义""求助于某种马克思主义的批判精神","忠实于总是在原则上构成马克思主义而且首要地是构成马克思主义的一种激进的批判的东西"①,只有马克思主义的批判精神才能揭示当代资本主义的真实面目;同时,"尝试将马克思主义激进化的做法可以被称作是一种解构",而且"除了是一种激进化之外,解构活动根本就没有什么意义或主旨"②。这就是说,解构、批判、激进化是同一序列的范畴,具有同样的功能。德里达之所以想建立这样一种后马克思主义,就是要"使这种马克思主义的批判适应新的条件",并"结出硕果"③。这是一方面。

另一方面,这种"解构的马克思主义"所要继承的马克思主义的批判精神又是同马克思主义的其他精神区别开来的,因为后者被纳入本体论、形而上学体系之中,被固定在"劳动""阶级"这些基本概念中,是必须抛弃的。问题在于,任何一种主义的根本精神或本质特征都是在其他精神、基本概念、理论体系的演绎中呈现出来的。如果马克思主义的其他精神、基本概念、理论体系都被抛弃了,那么作为马克思主义本质的批判精神就难免虚无缥缈了,只能成为"某种解放的和弥赛亚式的声明",成为"某种允诺"。对德里达来说,马克思主义实际上预示着一种乌托邦精神,一种理论意象。在这里,全球化时代的实践批判变成了文化意义上的形而上学解构。

与德里达后马克思主义思路相近的是拉克劳和墨菲的后马克思主义。正是通过拉克劳和墨菲的努力,后马克思主义的"所有主题和最后结论"都得到了阐述和总结,并由此获得了一种招牌式的效应。拉克劳和墨菲也因此成为后马克思主义的旗手和典型代表,而《霸权与社会主义战略》则被称为"最深刻的后马克思主义著作"。

在《霸权与社会主义战略》中,拉克劳和墨菲明确表达了他们的理论意图,

---

① [法]雅克·德里达:《马克思的幽灵——债务国家、哀悼活动和新国际》,第122、124页。
② [法]雅克·德里达:《马克思的幽灵——债务国家、哀悼活动和新国际》,第129页。
③ [法]雅克·德里达:《马克思的幽灵——债务国家、哀悼活动和新国际》,第122页。

并对后马克思主义做了精心规划和细致阐述。按照拉克劳和墨菲的观点,"为了按照当代的问题重新阅读马克思主义理论,必然包含对它的理论核心范畴的解构。这就是我们所说的后马克思主义"①。后马克思主义就是要"通过减缩马克思主义理论的自负与有效性范围",与马克思主义理论中"深层的东西,即通过它的范畴来把握宏大历史的本质和根本意义的强烈的一元论倾向,发生一种根本性的决裂"。"只有抛弃了任何以'普遍阶级'的本体论优先地位为基础的认识论特权,我们才能深入讨论马克思主义范畴有效性的现实程度。正是在这一点上,我们应该很清晰地申明:我们正处于后马克思主义(post-Marxist)领域中。已经不再可能去坚持马克思主义所阐述的阶级和主体性概念,也不可能再坚持马克思主义关于资本主义历史发展进程的观点,当然也不再能坚守马克思主义关于共产主义是没有对抗的透明性社会的看法。在这本书中,如果我们的知识规划是后马克思主义的,显然它也是后马克思主义的。"②

可以看出,马克思主义的实践理论、主体理论、阶级理论、资本主义理论和共产主义理论都成为拉克劳和墨菲重新审视的对象,都受到了他们的理论改造。拉克劳和墨菲在理论目标上将自己的理论归属于马克思主义的问题域中,然而,这种归属又是通过解构马克思主义的传统,并在新的历史条件下重新解读马克思主义而完成的。

以"链接"的方式将不同的主体和不同领域的斗争"缝合"起来,构成一种新的激进批判力量,这是拉克劳和墨菲后马克思主义的理论方向。在拉克劳和墨菲看来,社会是围绕对抗关系而构成的,而在当代资本主义社会,对抗形式已经多元化,各种边缘人群、各种社会领域、各种"新社会运动",如绿色运动、女权运动、和平运动、少数族群运动,以至同性恋等,都成为反抗不平等、抵制压迫、建立新的权利关系的斗争主体和斗争场所。这是其一。

其二,在这样一个主体多样化、对抗多元化的后现代社会里,"坚持本来就成问题的阶级斗争观念已毫无意义"③,通过一个作为"普遍主体"的特定阶级

---

① [美]欧内斯特·拉克劳、尚塔尔·墨菲:《后马克思主义的理论和实践》,尹树广译,载《马克思主义与现实》2003年第2期。

② Laclau and Mouffe, *Hegemony and Socialist Strategy: Toward a Radical Democratic Politics*, p. 4.

③ Laclau and Mouffe, *Hegemony and Socialist Strategy: Toward a Radical Democratic Politics*, p.159.

来解放全人类已绝不可能。

其三,社会主义的实质是建构激进民主,而激进民主就是承认社会主体的多样性,确认任何一个主体都不可能成为凌驾于其他主体之上的普遍主体、永恒中心;哪一个主体能够把社会的多重主体链接成一个"联邦体",哪一个主体就获得了政治认同的主导权,即获得了"霸权"。为此,拉克劳和墨菲力图改造和超越葛兰西的霸权理论,"走向一种新的霸权概念"。

按照葛兰西的观点,在主导规定上,霸权是指市民社会中具有政治规划意义的文化领导权;在霸权的建构中,经济具有根本作用,主体是无产阶级,霸权就是以无产阶级为主导的阶级之间的联合,尤其是无产阶级与农民的联合。拉克劳和墨菲站在后现代主义的立场上对葛兰西的霸权概念进行了改造:首先,以后期维特根斯坦的话语理论将霸权改造为一种具有话语链接特征的概念;其次,以阿尔都塞的多元决定论对霸权进行一种多中心化的解释,认为霸权是由各种不同质的内在要素构成的链接体,而各种要素处在同一个平面上;再次,以德里达的解构理论反对任何来自中心的解释,强调对经济决定作用、无产阶级的主体作用的解构。

这样一来,霸权概念就具有了后现代意蕴。拉克劳和墨菲认为,当下的社会是由话语链接而成的,经过改造后"霸权"恰恰构成了链接各种不同主体并构造激进批判主体的重要方案,是建构激进民主的重要策略。

"拉克劳和墨菲的后马克思主义试图在 20 世纪晚期从作为全球文化和政治力量的马克思主义的崩溃中挽救马克思主义,并对之进行调整、重新定位,从而使马克思主义在迅速变化的文化氛围中呈现出新的意义。"①西姆的这一评价具有合理性。拉克劳和墨菲的确想使马克思主义在当代"呈现出新的意义",并认为只有通过马克思主义才能"阐发出一种新的政治观念";拉克劳和墨菲坚信他们的理论探索"并没有拒绝马克思主义",甚至"根基在马克思主义那里"。

可问题在于,拉克劳和墨菲反对马克思主义的分析范式,并解构了马克思主义的核心范畴,抛弃了马克思主义的基本观点,实际上已经脱离了马克思主义的根基。拉克劳和墨菲的后马克思主义最具独特性,也是最具内在矛盾性的地方就在于,它以同马克思主义脱离、决裂的方式来弘扬马克思主义的批判

---

① Smart Sim, *Post-Marxism: An Intellectual History*, London & New York: Routledge, 2001, p.1.

精神,重申社会主义的价值目标。可是,这是一个不可解决的悖论。

与上述两种后马克思主义具有不同逻辑的,是贝尔的后马克思主义。

在贝尔那里,"后马克思主义"与"后工业社会"是密切相关的概念。"后马克思主义时期中经理与业主的分离,企业的官僚科层化,职业结构的复杂化,这一切都使得一度明确的财产统治和社会关系的情况模糊了。"①但问题的关键在于,马克思的《资本论》第三卷就对后工业社会的某些重要特征做了"准确"的预见②,已经蕴含着能够面对后工业社会的思路,蕴含着后马克思主义的理论要素。

具体地说,在马克思那里,存在两种社会变革的图式:一是《资本论》第一卷的图式,这是一种纯理论的图式,是一种阶级分化和斗争的图式,最后是社会主义革命的来临;二是《资本论》第三卷的图式,这一图式的核心在于,银行体系的发展和股份公司的出现开始改变资本主义社会的社会结构。具体地说,银行体系的出现使一切可用的社会财富被交给资本家使用,资本积累开始以社会的方式完成;股份公司的产生使所有权与管理权发生分离,指挥生产的不再是资本家,而是经理;白领工人不断增多,中产阶级正在形成并不断扩大。

按照贝尔的观点,在马克思主义理论体系中,第一种图式是显性的、主导的思想,但问题在于,当代资本主义社会并没有按照第一种图式运转;第二种图式是隐性的、微弱的思想,但问题在于,它蕴含着能够面对后工业社会的思路,当代社会发展理论实际上是在与第二种图式"对话"。在这样一种思考的基础上,贝尔把自己依据《资本论》第三卷分析后工业社会的理论称为后马克思主义。在我看来,贝尔的后马克思主义具有二重性:一方面,它质疑了马克思主义的阶级理论和社会发展理论,并指责马克思主义忽视了政治的自主性;另一方面,它又开了从马克思的思想中寻找后马克思主义理论资源的先河。

贝尔坚持从马克思思想中寻找理论资源,并结合当代资本主义的发展重新思考马克思主义的精神,在杰姆逊、斯蒂文·贝斯特和道格拉斯·凯尔纳等人身上得到延伸和体现。与贝尔相同,杰姆逊等人在后现代主义语境中坚守马克思主义,并认定马克思为我们确立了对待后现代的"恰当立场";与贝尔把马克思主义实证化不同,杰姆逊等人强调的是马克思主义的批判精神,并力图

---

① ［美］丹尼尔·贝尔:《后工业社会的来临——对社会预测的一项探索》,第 84 页。
② ［美］丹尼尔·贝尔:《后工业社会的来临——对社会预测的一项探索》,第 66 页。

吸取后现代主义的成果来更新马克思主义。尽管杰姆逊否定自己是后马克思主义者,但他力图建构的能够说明"后工业垄断资本主义"的"后工业马克思主义"实际上就是一种后马克思主义。

道格拉斯·凯尔纳和斯蒂文·贝斯特则一方面结合后现代主义,想建立一种合乎当代社会的多向度、多视角的社会批判理论;另一方面又针对后现代主义缺乏一种受社会制度中介的、能动的自我理论,强调在制度、话语及实践中建构新的主体,并重申马克思主义对资本主义的批判是当代社会批判理论的重要成分,必须将经济作为社会分析框架的核心要件。"在分析后现代社会理论所强调的消费社会、媒体、信息、计算机等现象时,马克思的范畴仍然是至关重要的。尽管后工业社会理论家和后现代社会理论家都提到了知识和信息的至关重要性,并将之视为新的社会组织原则,但是,不难看出,资本主义才是真正的决定性因素,它完全依照其自身的逻辑和利益,决定着什么样的媒体、信息、计算机以及其他技术和商品将被生产和分配。"因此,利奥塔、鲍德里亚等人在批判当代资本主义社会时,"同马克思对政治经济学和资本主义的批判割裂开来,这实在是一个严重的错误"①。

三、后马克思主义的意义与困境

后马克思主义自觉意识到当代资本主义社会的新变化,并力图揭示这种变化过程及其内在逻辑。贝尔揭示了资本主义社会的社会阶层和社会基础的新变化,认为"旧的社会关系(由财产决定的)、现有的权力的结构(集中于少数权贵集团)以及资产阶级的文化(其基础是克制和延迟满足的思想)都正在迅速消蚀"②。卡斯特的"信息时代三部曲"从技术水平、生产结构、社会制度的变迁,到民族国家的发展与经济全球化的形成,再到自我的心理结构、社会认同、意识形态等领域变化,较全面地分析了随着网络兴起所造成的资本主义社会的新变化……对我们来说,不管他们的分析是否正确,这种在新的历史语境中做出的新的思考及其对理论的历史意识都是值得我们关注的。

后马克思主义自觉吸收了当代社会科学的新成果,并展示出广阔的问题

---

① [美]道格拉斯·凯尔纳、斯蒂文·贝斯特:《后现代理论:批判性的质疑》,第338页。
② [美]丹尼尔·贝尔:《后工业社会的来临——对社会预测的一项探索》,第47页。

域。在一定意义上,后马克思主义打破了传统马克思主义研究中学科壁垒森严的局面,将哲学、经济、政治、文化等方面的内容融为一体,并把许多马克思主义过去没有关注或较少关注的问题纳入到自己的理论框架中。例如,在鲍德里亚的思想建构中,不仅吸收了西方马克思主义,尤其是法兰克福学派的重要成果,还吸收了符号学、精神分析学、社会学以及媒介文化批评理论等思潮,论述的问题涉及哲学、社会学、符号学、媒介文化学等多个领域。此外,高兹对生态学与资本主义经济学的批判、苏贾对地理学的反思、哈特曼对马克思主义与女性主义关系的思考、齐泽克对当代电影的分析等,向我们展示出一幅丰富的理论画面。在这些思考中,不管是坚持马克思主义在后现代语境中的有效性,还是对马克思主义持一种批评态度,都在某种程度上继承了马克思主义的批判精神,并将这一批判精神融化到特定的理论分析中。在我看来,这恰恰是中国马克思主义哲学研究中所欠缺的内容。

后马克思主义的理论规划是在当代资本主义历史语境中保持一种批判的立场,呈现马克思主义批判精神的当代意义。但是,正是在这里,后马克思主义陷入根本性的理论困境。后马克思主义想在后工业社会与后现代语境中重建一种批判性的激进策略,把不同的主体和不同领域的斗争结合为带有"统一化"的斗争,并坚信"解构可以通过新的方式激发进步、解放和革命"①。问题在于,这样一种激进的姿态是真的面对当代资本主义社会,还是仅仅是一种话语革命?

正是基于这种反思,西方许多学者对后马克思主义的理论逻辑提出了质疑与批评。按照格拉斯的观点,拉克劳和墨菲的后马克思主义实际上是对马克思主义根本原则的拒绝,与其说是一种后马克思主义,不如说是一种修正主义。这是因为,拉克劳和墨菲否定了马克思主义的三个重要方面:一是对阶级观点的否定;二是对资本主义生产关系起解放作用的社会主义的否定;三是把社会与历史置于一种话语与理论框架中,而这正是传统修正主义的方法。② 在雷诺兹看来,"后马克思主义把从语言学和符号学、哲学、文学、文化研究以及社会科学这一系列领域中汲取的,既冗长又深奥难解的话语集中在一起了。的确,这个标签出现在极其多样的语境中,遮蔽了它所采取的各种论断的异质

① 杜小真、张宁:《德里达中国讲演录》,中央编译出版社 2003 年版,第 102 页。
② Norman Geran, "Post-Marxism?", *Post-Marxism: A Reader*, ed. by Stuart Sim, Edinburgh: Edinburgh University Press, 1998.

性。也许把它看作是一出有关斗争的戏剧,或者看作是某种理论运动更好"①。

这表明,后马克思主义看到了当代资本主义的新变化,看到了后工业社会所呈现出来的社会主体的多样化,特别是看到了一些"边缘人"对资本主义的抵抗运动多元化,但它并没有解决如何使这些多元抵抗运动形成具有集体意志的斗争主体,构成具有明确目标的批判运动这一根本问题。

更重要的是,后马克思主义把一切具有社会规定性的内容都化解为一种话语逻辑,并认为只有话语逻辑才是社会的真实存在,这就把马克思主义的实践批判精神转换为一种话语革命理论,并使社会主义的价值目标可望而不可即。在我看来,这种转换体现了当代资本主义社会知识分子一种无奈与悲凉的情绪。也正因为如此,随着新世纪的到来,后马克思主义已经成为思想博物馆的标本陈列于世,而不是兴盛于世了。

载《哲学研究》2009 年第 9 期

《新华文摘》2010 年第 3 期转载

---

① [英] P. 雷诺兹:《后马克思主义是超越马克思主义的激进的政治理论和实践吗?》,张明仓译,载《世界哲学》2002 年第 6 期。

马克思哲学的革命变革：从"世界何以可能"转向"人类解放何以可能"

马克思主义哲学的创立，无疑是哲学史上的革命性变革。在我看来，这一变革的实质在于，它使哲学的理论主题发生了根本转换，即从"世界何以可能"转向"人类解放何以可能"。与此同时，使哲学的聚焦点从宇宙本体转向人的生存本体，从解释世界转向改变世界。

一、从"世界何以可能"转向"人类解放何以可能"

哲学是时代精神的精华。要真正理解马克思主义哲学的创立使哲学的主题从"世界何以可能"转向"人类解放何以可能"，就要把握马克思所面临并生活其中的那个时代的特点。马克思所面临并生活其中的时代，是资本主义制度在西欧得以确立和巩固，人类历史从封建主义转向资本主义的时代；同时，这也是从农业文明转向工业文明、自然经济转向商品经济的时代，是从"人的依赖性"转向"以物的依赖性为基础的人的独立性"的时代。

问题在于，资产阶级在取得巨大的历史性胜利的同时，也给自己带来了巨大的社会性的问题：生产社会化和生产资料私有制之间存在着无法解决的矛盾，这一矛盾导致人的劳动、人的社会关系和人的世界都异化了，人的生存状态成为一种异化的状态。这是一个"颠倒的世界"。具体地说，在资本主义社会中，"物的世界的增值同人的世界的贬值成正比"，物的异化与人的自我异化是同一个过程的两个方面。在马克思看来，在这种异化状态中，资本具有个性，个人却没有个性，人的个性被消解了，个人成为一种"孤立的人"，国家也不过是"虚幻的共同体"。19 世纪中叶的西方社会是一个由资本关系所造成的人的生存状态全面异化的社会，揭露并消除这种异化因此成为"为历史服务的哲学的迫切任务"①。

可是，西方传统哲学，包括德国古典哲学无法完成这一"迫切任务"。这是因为，从总体上看，西方传统哲学就是"形而上学"，即关于超验存在之本性的理论，它在"寻求最高原因"的过程中把本体同人的活动分离开来，同人类面临的种种紧迫的生存问题分离开来，从而使存在成为一种抽象的存在，物质成为一种"抽象的物质"，本体则是同现实的人及其活动无关的抽象的本体。从这种抽象的本体出发无法认识现实的人和人的现实。以"形而上学"为存在形态的西方传统哲学，从一种同现实的人及其活动无关的"终极存在"出发，去理解"对象、现实、感性"以及真、善、美，向人们展示的实际上是抽象的真与善。这种"形而上学"的哲学形态似乎在给人们提供某种希望，实际上却在掩饰现实的苦难，抚慰被压迫的生灵，因而无法消除人的生存的异化状态，将现实的人带出生存的困境。

正因为如此，马克思认为，随着自然科学的独立化并"给自己划定了单独的活动范围"，随着社会实践的发展"把人们的全部注意力集中到自己身上"，哲学应该从"天上"来到"人间"，关注人的生存的异化状态的消除，关注人类解放。马克思断言："形而上学将永远屈服于现在为思辨本身的活动所完善化并和人道主义相吻合的唯物主义。"②不是别人，正是马克思在辩证法、人道主义和唯物主义之间架起了一座由此达彼的桥梁，使三者"吻合"起来。从本质上看，这种"为思辨本身的活动所完善化并和人道主义相吻合的唯物主义"，就是马克思主义哲学。

我们应该看到，马克思主义哲学不是一般的抽象的人道主义，关怀的不是一般的抽象的人的命运。马克思发现，如果不能给工人、劳动者这些占人口绝

---

① 《马克思恩格斯全集》第 1 卷，第 453 页。
② 《马克思恩格斯全集》第 2 卷，第 159—160 页。

大多数、被压迫的人以真实的利益和自由，人类解放就是空话，甚至沦为一种欺骗。所以，马克思提出了超越"政治革命"的"彻底革命、全人类解放"的问题，并认为能够完成这一历史使命、担当"解放者"这一历史角色的，只能是无产阶级。

按照马克思的观点，无产阶级本身就是一个需要自己解放自己的阶级，是一个只有解放全人类才能最后解放自己的阶级。这是因为，在无产阶级身上"表明人的完全丧失"；同时，无产阶级又是一个"只有通过人的完全回复才能回复自己本身"的阶级。"无产阶级宣告现存世界制度的解体，只不过是揭示自己本身的存在的秘密，因为它就是这个世界制度的实际解体。无产阶级要求否定私有财产，只不过是把社会已经提升为无产阶级的原则的东西，把未经无产阶级的协助、作为社会的否定结果而体现在它的身上，即无产阶级身上的东西提升为社会的原则。"①

在马克思看来，在人类解放过程中，哲学把无产阶级当作自己的"物质武器"，无产阶级则把哲学当作自己的"精神武器"；如果说无产阶级是人类解放的"心脏"，那么，哲学就是人类解放的"头脑"。"头脑"不清，就不可能确立人类解放的真实目标，不可能理解人类解放的真正内涵。因此，联系经济学的研究和历史学的考察，从哲学上探讨人类解放的内涵、目的和途径，就成为马克思的首要工作。这一工作的成果，就是"为历史服务的哲学"，即马克思主义哲学的创立。如果说传统哲学注目于"宇宙本体""世界本原"，回答"世界何以可能"，那么马克思主义则注目于现实的人，回答"人类解放何以可能"。从理论上看，马克思主义哲学的根本特征就在于，它以无产阶级和人类解放为主题，从而把哲学的理论主题从"世界何以可能"转换到"人类解放何以可能"。这是一次历史性的转换。

二、从宇宙本体转向人的生存本体，从解释世界转向改变世界

为了解答"人类解放何以可能"，马克思主义哲学必须探讨人的存在方式或生存本体，并使哲学的聚焦点从宇宙本体转向人的生存本体。

按照马克思的观点，人类历史的"第一个前提"就是"有生命的个人"的存

①《马克思恩格斯全集》第1卷，第466—467页。

在;"有生命的个人"要存在,首先就要进行物质生产活动,生产物质生活本身。物质生产活动因此成为人类生存的"第一个前提"、人的"第一个历史活动"。从根本上说,人就是在物质生产活动中自我塑造、自我改变、自我发展的。"一当人们开始生产他们所必需的生活资料的时候……他们就开始把自己和动物区别开来。"人是什么样的,"这同他们的生产是一致的——既和他们生产什么一致,又和他们怎样生产一致"。① 人不仅是自然存在物,而且是社会存在物。换句话说,人是自然存在物和社会存在物的统一,而这种统一恰恰是在实践活动中完成的,直接决定人的本质的社会关系也是在实践活动中生成的。人通过实践创造了自己的社会关系、社会存在。换言之,人是实践中的存在,实践构成了人的存在方式,或者说,构成了人的生存本体。

正因为实践构成了人的存在方式或生存本体,人的生存状态不是凝固不变的,而是处在不断的建构和改变之中。人的生存状态的异化及其扬弃也是在实践活动中发生和完成的,"异化借以实现的手段本身就是实践的"②。在资本主义社会,劳动,这种人的生命活动的异化使人与人的关系体现为物与物的关系,不是人支配物,而是物统治人,人本身的活动对人来说成为一种异己的、同他对立的力量。马克思主义哲学正是通过对资本主义私有制的批判,揭示出被物的自然属性掩蔽着的人的社会属性,揭示出被物与物的关系掩蔽着的人与人的关系,并力图付诸"革命的实践"消除人的生存的异化状态,"确立有个性的个人"。如果说无产阶级和人类解放是马克思主义哲学的理论主题,那么"确立有个性的个人",实现人的自由全面发展就是马克思主义哲学的最高命题。

为了解答"人类解放何以可能",马克思主义哲学必须探讨现存世界或现实世界及其本体,并使哲学的聚焦点从解释世界转向改变世界。

按照马克思的观点,"人就是人的世界",现实的人总是生存于现实的世界之中,而现存世界是人化自然与人类社会、社会的自然与自然的社会所构成的世界。现存世界生成于人的实践活动中,现存世界中的自然与社会是在人的实践活动中融为一体的。实践犹如一个转换器,通过实践,社会在自然中灌注了自己的目的,使之成为社会的自然;同时,自然又进入社会,转化为社会中的一个恒定的因素,使社会成为自然的社会。实践活动是现存世界得以存在的

① 《马克思恩格斯全集》第 3 卷,第 24 页。
② 《马克思恩格斯全集》第 42 卷,第 99 页。

根据和基础,在现存世界的运动中具有导向作用,即人通过自己的实践活动"为天地立心",在物质实践的基础上重建世界。正如马克思所说,实践"这种活动、这种连续不断的感性劳动和创造、这种生产,正是整个现存的感性世界的非常深刻的基础"①。实践构成了现存世界的本体。这是一方面。

另一方面,现存世界一经形成又反过来制约,甚至决定现实的人及其活动,现存世界的状况如何,现实的人的状态就如何。要改变资本主义社会中的人及其异化状态,首先要改变资本主义社会;要改变现实的人,首先要改变现实的世界。所以,马克思主义哲学关注的是"自己时代的现实世界",并认为"对实践的唯物主义者,即共产主义者说来,全部问题都在于使现存世界革命化,实际地反对和改变事物的现状"②。

正是在这个意义上,马克思认为,哲学家们只是用不同的方式解释世界,问题在于改变世界。"环境的改变和人的活动或自我改变的一致,只能被看作是并合理地理解为革命的实践。"③在马克思主义哲学视野中,实践不仅是人的生存的本体,而且是现存世界的本体,是改变现存世界、消除人的异化的现实途径,是确立"有个性的个人"这一人的生存和发展的终极状态的现实途径。这样,马克思主义哲学就实现了对人的现实关怀和终极关怀的统一。在我看来,这是一种双重关怀,是全部哲学史上对人的生存和价值的最激动人心的关怀。

三、从世界观的视角解答"人类解放何以可能"

人类解放的问题不是一个科学问题,也不仅仅是一个"人学"问题,实际上,它是一个如何看待和处理人与自然和人与社会的关系,即人与世界的关系问题,是一个世界观问题。反过来说,马克思主义哲学就是从人与自然和人与社会的双重关系中去把握人本身,从世界观的视角解答"人类解放何以可能"的问题。

按照马克思的观点,"有生命的个人"总是在人与自然和人与社会的双重关系中存在的。"生活的生产——无论是自己生活的生产(通过劳动)或他人生活的生产(通过生育)——立即表现为双重关系:一方面是自然关系,另一

① 《马克思恩格斯全集》第 3 卷,第 50 页。
② 《马克思恩格斯全集》第 3 卷,第 48 页。
③ 《马克思恩格斯选集》第 1 卷,第 55 页。

方面是社会关系。"①在现存世界中,人与自然的关系制约着人与人的关系,反过来,人与人的关系又制约着人与自然的关系。

"实物是为人的存在,是人的实物存在,同时也就是人为他人的存在,是他对他人的人的关系,是人对人的社会关系。"②这就是说,在现存世界中,"实物"存在实际上是人的存在,"实物"与"实物"关系的背后是人与人的关系,或者说,"实物"不仅体现着人与自然的关系,而且体现着人与人的关系。马克思主义哲学划时代的贡献就在于,它从"实物"存在的背后发现了人的存在,从物与物关系的背后发现了"人对人的社会关系"以及人与自然的关系,并从人与社会和人与自然的双重关系中追溯出人的实践活动的意义。

从根本上说,实践就是人以自身的活动引起、调整和控制人与自然之间物质变换的过程。为了实现人与自然之间的物质变换,人与人之间必须进行活动互换,并必然结成一定的社会关系。人与自然和人与人的关系都生成于实践活动中,人的实践活动自始至终包含着并展现为人与自然和人与人的关系,或者说,包含着并展现为人与自然和人与人的矛盾,而在马克思看来,共产主义就是"人和自然之间、人和人之间的矛盾的真正解决"③。因此,作为"共产主义的唯物主义",马克思主义哲学极为关注人的实践活动及其所包含并展现出来的人与自然和人与人的关系,即人与世界的关系问题。

马克思主义哲学就是为改变现存世界的实践活动而创立的,它本身就是对人类实践活动中的矛盾关系的一种理论反思。在这个意义上,马克思主义哲学是探讨人们实践活动和实际发展过程的"真正实证的科学"和"真正批判的世界观"④。正是由于认识到实践活动是人与自然和人与人关系的基础,马克思主义哲学力图通过对资本主义私有制条件下人对物的占有关系的改变来改变人与人的关系,从而"把人的世界和人的关系还给人自己"⑤,实现无产阶级和人类解放。

实现无产阶级和人类解放,确立"有个性的个人",让马克思一生魂牵梦萦,从精神上和方向上决定了马克思一生的理论活动。在《1844年经济学哲学

---

① 《马克思恩格斯全集》第 3 卷,第 33 页。
② 《马克思恩格斯全集》第 2 卷,第 52 页。
③ 《马克思恩格斯全集》第 42 卷,第 120 页。
④ 《马克思恩格斯全集》第 3 卷,第 31、261 页。
⑤ 《马克思恩格斯全集》第 1 卷,第 443 页。

手稿》中，马克思提出，共产主义就是私有财产，即人的自我异化的积极扬弃，是通过人并且为了人而对人的本质的真正占有，或者说，人以一种"全面的方式"，作为一个"完整的人"，占有自己的"全面的本质"。在《德意志意识形态》中，马克思提出，要消除"个人力量转化为物的力量"，人本身的活动对人来说成为一种异己的、同他对立的力量的现象，从而确立"有个性的个人"，使"各个人在自己的联合中并通过这种联合获得自己的自由"。在《共产党宣言》中，马克思又提出，共产主义社会将是一个"联合体"，在那里，"每个人的自由发展是一切人的自由发展的条件"。在《资本论》中，马克思再次重申，共产主义就是要确立人的"自由个性"，是实现每个人的全面而自由发展的社会形式。

可以看出，无论是所谓的"不成熟"时期，还是所谓的"成熟"时期，马克思关注的都是消除人的生存的异化状况，实现人类解放。无产阶级和人类解放构成了马克思主义哲学的理论主题，对这一主题深入而全面地探讨，使马克思主义哲学开辟了从本体论认识现实的道路，建构了一种新唯物主义的"批判的世界观"。

一种思想或学说具有什么样的价值和意义，关键在于它提出了什么样的问题，以及问题的广度和深度。"马克思在体会到异化的时候深入到历史的本质性的维度中去了，所以马克思主义关于历史的观点比其余的历史学优越。但因为胡塞尔没有，据我看来萨特也没有在存在中认识到历史事物的本质性，所以现象学没有，存在主义也没有达到这样的一度中，在此一度中才有可能有资格和马克思主义交谈。"[1]海德格尔的这一评价真诚、公正并具有合理性。马克思主义哲学提出的消除人的异化状态，实现人类解放的问题的确是历史的本质性课题，是人本身的问题，并契合着当代的重大问题。在当代，人的异化不但没有消除，反而在广度和深度上愈演愈烈、登峰造极。因此，无论你是否赞同马克思主义哲学，你都不可能回避或超越它所提出的消除人的异化状态，实现人类解放这一问题的深刻性和根本性。在我看来，这就是马克思主义哲学所实现的哲学变革的实质和当代意义之所在。

载《光明日报》2009 年 5 月 19 日
《中国社会科学文摘》2009 年第 9 期转载

---

[1]《海德格尔选集》上卷，第 383 页。

马克思哲学：形而上学批判、意识形态批判和资本批判的统一

　　我的职业、专业、事业，乃至信仰都是马克思主义哲学。在众多的哲学体系中，我之所以选择马克思主义哲学，并不是因为马克思主义哲学是关于自然、社会和思维运动一般规律的科学，即关于普遍联系的科学，是"唯一"科学的哲学。实际上，哲学并不等于科学，现代科学的发展已经使"关于总联系的任何特殊科学"成为"多余"的了[1]，而无论是从哲学史上看，还是从科学史上看，都不存在所谓"唯一"科学的哲学。历史已经并正在证明，凡是以"唯一"科学自诩的思想体系，如同希图万世一系的封建王朝一样，无一不走向没落。我之所以选择马克思主义哲学，是因为马克思主义哲学是关于无产阶级和人类解放的学说，是形而上学批判、意识形态批判和资本批判的统一。正如柯尔施所说，"马克思的思想发展可以被总结如下：首先，他通过哲学批判了宗教；然后，他通过政治批判了宗教和哲学；最后，他通过经济学批判了宗教、哲学、政治和所有其他意识形态"[2]。

---

① 《马克思恩格斯选集》第 3 卷，第 364 页。

② ［德］卡尔·柯尔施：《马克思主义和哲学》，王南湜、荣新海译，重庆出版社 1989 年版，第 44 页。

一、本体论重建和形而上学批判

通过哲学——哲学史、哲学——政治经济学、哲学——当代实际这三条路径研究马克思主义哲学，我认识到，马克思的哲学在哲学史上所造成的革命性变革，是从本体论的层面上发动并展开的，而这一革命性变革又是同形而上学批判密切相关、融为一体的。

如果说马克思之前的哲学关注的是"世界何以可能"，那么，马克思的哲学关注的则是"人类解放何以可能"。而要解答"人类解放何以可能"，就必须首先把握人的存在方式和生存本体。按照马克思的观点，人是在利用工具改造自然的过程中维持自己生存，在实践过程中实现自我发展的。因此，实践是人的生命之根和立命之本，构成了人类特殊的生命形式，即构成了人的存在方式和生存本体。

同时，人通过实践使自然转化为人化自然、"社会的自然"，从而为自己创造出一个自然与社会"二位一体"的人类世界。实践是自在世界与属人世界分化和统一的根本途径，是人类世界得以存在的现实基础，并在人类世界的运动中具有导向作用，即人通过自己的实践活动"为天地立心"，重建世界。因此，实践又构成了人类世界得以存在的本体。

这就是说，实践既是人的生存的本体，又是人类世界的本体。在这个意义上，马克思的哲学是实践本体论。

正因为实践具有本体论的意义，马克思不仅从客体形式去理解"对象、现实、感性"，而且"从主体方面去理解""对象、现实、感性"，更重要的是，"把它们当作感性的人的活动，当作实践去理解"①。马克思哲学关注的不是所谓的世界的终极存在，而是"对象、现实、感性"何以成为这样的存在，人的世界和人的存在何以异化为这样的状态。在我看来，马克思的实践本体论与传统本体论的根本区别就在于，传统本体论是以一种抽象的、超时空的方式去理解和把握存在问题，而实践本体论从实践出发去理解和把握人的存在，从人的存在即社会存在出发去解读存在的意义。

我不能同意这样一种观点，即马克思没有论述过本体论问题，马克思主义

① 《马克思恩格斯选集》第 1 卷，第 54 页。

哲学只是世界观，而不是本体论。这是一种无原则的糊涂观念。任何一种哲学都不可能没有自己的本体论，至少有"本体论承诺"。马克思主义哲学当然有自己的本体论。在博士论文《论德谟克利特的自然哲学和伊壁鸠鲁的自然哲学之间的差别》中，马克思就提出过本体论问题，论述了"本体论的证明"和"本体论的规定"；在《1844年经济学哲学手稿》中，马克思提出了"本体论的肯定的问题"，认为"人的感觉、激情等等不仅仅是在［狭隘］意义上的人类学的规定，而且是真正本体论的本质（自然）肯定"，"只有通过发达的工业，也就是以私有财产为中介，人的激情的本体论本质才能在总体上、合乎人性地实现"①；在《德意志意识形态》中，马克思集中论述了人的存在的问题，这实际上就是本体论问题。卢卡奇正确地指出，马克思没有写过专门的本体论著作，但马克思主义哲学"在最终的意义上都是直接关于存在的论述，即它们都纯粹是本体论的"②。

马克思对本体论的重建是与对形而上学的批判密切相关、融为一体的。"形而上学就是一种超出存在者之外的追问，以求回过头来获得对存在者之为存在者以及存在者整体的理解。"③"形而上学是包含人类认识所把握的东西之最基本根据的科学。"④海德格尔的这一见解正确而深刻。形而上学形成之初，研究的就是"存在的存在"，力图把握的就是"最基本的事物"和"不动变的本体"。这就是说，形而上学从一开始就与本体论密切相关，或者说，作为"论述各种关于'有'的抽象的、完全普遍的哲学范畴"，本体论"就是抽象的形而上学"⑤。

从历史上看，形而上学在对世界终极存在的探究中确立了一种严格的逻辑规则，即从公理、定理出发，按照推理规则得出必然结论。这无疑具有积极意义，标志着作为理论形态的哲学的形成。然而，形而上学中的存在日益脱离了现实的人及其活动，成为一种抽象的存在。无论是近代唯心主义哲学中的"绝对理念"，还是近代唯物主义哲学中的"抽象物质"，从根本上说，都是一种与现实的人和现实的社会无关的抽象的本体。

---

① 《马克思恩格斯全集》第42卷，第150页。
② ［匈］卢卡奇：《关于社会存在的本体论·下卷——若干最重要的综合问题》，白锡堃、张西平、李秋零等译，重庆出版社1993年版，第637页。
③ ［德］海德格尔：《路标》，孙周兴译，商务印书馆2001年版，第137页。
④ 《海德格尔选集》上卷，第84页。
⑤ ［德］黑格尔：《哲学史讲演录》第四卷，第189页。

因此，到 19 世纪中叶，随着自然科学"给自己划定了单独的活动范围"，随着社会发展"把人们的全部注意力集中到自己身上"，形而上学不仅"在理论上威信扫地"，而且"在实践上已经威信扫地"，于是，西方掀起了反对形而上学的浪潮。孔德和马克思同时举起了批判形而上学的大旗，马克思明确提出："反对一切形而上学。"①

孔德的形而上学批判与马克思的形而上学批判在时代性上是一致的，但在指向性上有本质的不同：孔德认为，批判形而上学之后，哲学应趋向实证科学，并把哲学局限于现象、知识以及可证实的范围内，力图用实证科学的精神来改造和超越传统哲学；马克思则认为，批判形而上学之后，哲学应趋向人的世界和人的存在，对人的异化了的生存状态给予深刻批判，对人的解放和全面发展给予深切关注，建构一种"为思辨本身的活动所完善化并和人道主义相吻合的唯物主义"②，从而使哲学"为历史服务"，成为无产阶级的"精神武器"和人类解放的"头脑"③。

这样，马克思便"颠倒"了形而上学，使哲学的主题从"世界何以可能"转向"人类解放何以可能"，从宇宙本体转向人的生存和人类世界的本体，从重在"认识世界何以可能"转向"改变世界何以可能"。

二、形而上学批判和意识形态批判

马克思对形而上学的批判没有停留在"纯粹哲学"的层面上，而是将这种批判同意识形态批判结合起来了。在马克思那里，形而上学批判是与意识形态批判密切相关、融为一体的。

按照马克思的观点，就意识形态表现为自在的存在、"独立性的外观"而言，它是虚假的；就意识形态与现实社会生活的必然关联性而言，它又是真实的。在资本主义社会，形而上学就是资产阶级的意识形态，或者说，是以意识形态的方式发挥其政治功能，从而为统治阶级辩护和服务的。所以，马克思提出："彼岸世界的真理消逝以后，历史的任务就是确立此岸世界的真理。人的自我异化的神圣形象被揭穿以后，揭露非神圣形象中的自我异化，就成了为历

① 《马克思恩格斯全集》第 2 卷，第 161、162、159 页。
② 《马克思恩格斯全集》第 2 卷，第 160 页。
③ 《马克思恩格斯全集》第 1 卷，第 467 页。

史服务的哲学的迫切任务。于是,对天国的批判就变成对尘世的批判,对宗教的批判就变成对法的批判,对神学的批判就变成对政治的批判。"①

形而上学之所以成为资产阶级意识形态,是因为形而上学中的抽象存在与资本主义社会中"抽象统治"具有同一性。"个人现在受抽象统治,而他们以前是互相依赖的。但是,抽象或观念,无非是那些统治个人的物质关系的理论表现。"②"统治阶级的思想在每一时代都是占统治地位的思想。这就是说,一个阶级是社会上占统治地位的物质力量,同时也是社会上占统治地位的精神力量。支配着物质生产资料的阶级,同时也支配着精神生产资料……占统治地位的思想不过是占统治地位的物质关系在观念上的表现,不过是表现为思想的占统治地位的物质关系;因而,这就是那些使某一个阶级成为统治阶级的各种关系的表现,因而这也就是这个阶级的统治的思想。"③

这表明,现实社会中抽象关系的统治与形而上学中抽象存在的统治具有必然关联性及同一性。用阿多诺的话来说就是,形而上学的同一性原则与现实社会生活中的同一性原则不仅对应,而且同源,正是在商品交换中,同一性原则获得了它的社会形式,离开了同一性原则这种社会形式便不能存在。所以,形而上学的同一性就是资产阶级意识形态,或者说,形而上学的同一性以意识形态的方式在资本主义社会发挥其政治功能。

"哲学只有通过作用于现存的一整套矛盾着的意识形态之上,并通过它们作用于全部社会实践及其取向之上,作用于阶级斗争及其历史能动性的背景之上,才能获得自我满足。"④阿尔都塞的这一见解是正确的。哲学总是以抽象的概念体系反映特定的社会关系,体现特定阶级的利益和价值诉求,追求的既是真理,又是某种信念。这就是说,哲学既是知识体系,又是意识形态。

马克思自觉地意识到这一点,所以,在马克思那里,形而上学批判进行到一定程度必然展开意识形态批判。在这种双重批判中建立起来的马克思主义哲学,不仅是客观认知某种规律的知识体系,更重要的是批判资本主义的意识形态。我们不能从西方传统哲学、"学院哲学"的视角去理解马克思主义哲学,而应从形而上学批判与意识形态批判双重批判的视野,从无产阶级和人类解

---

① 《马克思恩格斯全集》第 1 卷,第 453 页。
② 《马克思恩格斯全集》第 46 卷上册,第 111 页。
③ 《马克思恩格斯全集》第 3 卷,第 52 页。
④ 陈越编:《哲学与政治:阿尔都塞读本》,吉林人民出版社 2003 年版,第 238—239 页。

放这一新的实践出发去理解马克思主义哲学。"马克思留给(后来的)马克思主义哲学家的任务就是去创造新的哲学介入的形式,以加速资产阶级意识形态霸权的终结。"①

三、意识形态批判和资本批判

马克思的形而上学批判、意识形态批判又是与资本批判密切相关、融为一体的。在马克思看来,无论是对形而上学的批判,还是对意识形态的批判,都应延伸到对现实生活过程的批判。这是因为,"意识在任何时候都只能是被意识到了的存在,而人们的存在就是他们的现实生活过程。如果在全部意识形态中人们和他们的关系就像在照像机中一样是倒立呈现着的,那末这种现象也是从人们生活的历史过程中产生的,正如物象在眼网膜上的倒影是直接从人们生活的物理过程中产生的一样"②。在马克思的时代,对现实生活过程的批判首先就是对资本主义生产方式的批判,即资本批判。这是其一。

其二,历史已经过去,在认识历史的活动中,认识主体无法直接面对认识客体;同时,历史中的各种关系又以"遗物""残片""萎缩"或"发展"的形式存在于现实社会中。所以,认识历史应该也只能"从事后开始",即"从发展过程的完成的结果开始"③。在马克思的时代,这种"发展过程的完成的结果"就是资本主义社会。"资产阶级社会是历史上最发达的和最复杂的生产组织。因此,那些表现它的各种关系的范畴以及对于它的结构的理解,同时也能使我们透视一切已经覆灭的社会形式的结构和生产关系。"④

因此,要真正认识历史,把握人类历史运动的一般规律,就必须对资本主义的生产方式进行批判,即对资本展开批判。"基督教只有在它的自我批判在一定程度上,可说是在可能范围内准备好时,才有助于对早期神话作客观的理解。同样,资产阶级经济只有在资产阶级社会的自我批判已经开始时,才能理解封建的、古代的和东方的经济。"⑤

---

① [法]阿尔都塞:《哲学的改造》,陈越译,载徐志伟、乔焕江:《视界》第6辑,河北教育出版社2002年版,第168—169页。
② 《马克思恩格斯全集》第3卷,第29—30页。
③ 《马克思恩格斯全集》第23卷,第92页。
④ 《马克思恩格斯全集》第46卷上,第43页。
⑤ 《马克思恩格斯全集》第46卷上,第44页。

按照马克思的观点，"资本不是物，而是一定的、社会的、属于一定历史社会形态的生产关系，它体现在一个物上，并赋予这个物以特有的社会性质。资本不是物质的和生产出来的生产资料的总和"①。这就是说，资本不是物本身，但又是通过物并在物中而存在的。同时，作为一种特定的社会生产关系，资本赋予物以特有的社会性质，具有支配一切的权利和"伟大的文明作用"。在资本主义社会，资本是最基本和最高的社会存在物，它自在自为地运动着，创造了一个不同于传统社会的现代社会："在土地所有制处于支配地位的一切社会形式中，自然联系还占优势。在资本处于支配地位的社会形式中，社会、历史所创造的因素占优势。""如果说以资本为基础的生产，一方面创造出一个普遍的劳动体系，——即剩余劳动，创造价值的劳动，——那么，另一方面也创造出一个普遍利用自然属性和人的属性的体系，创造出一个普遍有用性的体系，甚至科学也同人的一切物质的和精神的属性一样，表现为这个普遍有用性体系的体现者，而再也没有什么东西在这个社会生产和交换的范围之外表现为自在的更高的东西，表现为自为的合理的东西。因此，只有资本才创造出资产阶级社会，并创造出社会成员对自然界和社会联系本身的普遍占有。由此产生了资本的伟大的文明作用；它创造了这样一个社会阶段，与这个社会阶段相比，以前的一切社会阶段都只表现为人类的地方性发展和对自然的崇拜。只有在资本主义制度下自然界才不过是人的对象，不过是有用物；它不再被认为是自为的力量；而对自然界的独立规律的理论认识本身不过表现为狡猾，其目的是使自然界（不管是作为消费品，还是作为生产资料）服从于人的需要。资本按照自己的这种趋势，既要克服民族界限和民族偏见，又要克服把自然神化的现象，克服流传下来的、在一定界限内闭关自守地满足于现有需要和重复旧生活方式的状况。资本破坏这一切并使之不断革命化，摧毁一切阻碍发展生产力、扩大需要、使生产多样化、利用和交换自然力量和精神力量的限制。"②

在资本主义社会，资本不仅是物与物之间的关系，而且是人与物和人与人之间的关系，更重要的是，人与人的关系"采取了一种物的形式，以致人和人在他们的劳动中的关系倒表现为物与物彼此之间的和物与人的关系"③。问题的关键在于，资本是一个不断自我建构和自我扩张的自组织过程，在这个过程

① 《马克思恩格斯全集》第 25 卷，第 920 页。
② 《马克思恩格斯全集》第 46 卷上，第 45、392—393 页。
③ 《马克思格斯全集》第 13 卷，第 23 页。

中,资本不仅改变了人与自然的关系,而且改变了人与人的关系,资本家不过是资本的人格化,而雇佣工人只是资本自我增值的工具;资本不仅改变了与人相关的自然界的存在属性,而且改变了人类社会的存在形态,创造了"社会因素占优势"的资本主义社会。"这种有机体制本身作为一个总体有自己的各种前提,而它向总体的发展过程就在于:使社会的一切要素从属于自己,或者把自己还缺乏的器官从社会中创造出来。"①这就是说,正是资本使资本主义社会总体化了。

由此可见,资本本身就是一种独特的社会存在,就是现代社会的根本规定、存在形式和建构原则,构成了资本主义社会的基本建制。因此,马克思以商品为起点范畴,以资本为核心范畴展开的对资本主义社会的批判,本质上是一种存在论意义上的批判。换言之,马克思的本体论重建、形而上学批判是通过资本批判实现的。正是在这种批判过程中,马克思扬弃了抽象的存在,发现了现实的存在,发现了资本主义社会的存在的秘密,发现了人与人的关系以物化方式而存在的秘密,并由此透视出人的自我异化的逻辑,由此"透视出一切已经覆灭的社会形式的结构",从而开辟了"从本体论认识现实的道路",并把本体论与人间的苦难和幸福结合起来了,使无产阶级和人类解放得到了本体论证明。

正是在马克思主义哲学中,我看到了一种对资本主义制度的彻底的批判精神,透视出一种对人类生存异化状态的深切的关注之情,领悟到一种旨在实现无产阶级和人类解放的强烈的使命意识,感受到一种对人的现实存在和终极存在的双重关怀。这是全部哲学史上最激动人心的关怀。我断然拒绝这样一种观点,即马克思主义哲学"见物不见人"。这是一种"傲慢与偏见"。

这表明,马克思的资本批判理论不仅具有重大的经济学意义,而且具有重大的哲学意义。我们既不能从西方传统哲学、"学院哲学"的视角去认识马克思的资本批判,也不能从西方传统经济学、"学院经济学"的视角去认识马克思的资本批判。实际上,马克思的资本批判已经超出了经济学的边界,越过了政治学的领土,而到达了哲学的"首府"——存在论或本体论。马克思的资本批判不仅存在着哲学的维度,而且意味着"政治经济学理论的严格表述所不可缺少的理论(哲学)概念的产生"②。

① 《马克思恩格斯全集》第 46 卷上,第 235—236 页。
② [法]路易·阿尔都塞、艾蒂安·巴里巴尔:《读〈资本论〉》,李其庆、冯文光译,中央编译出版社 2001 年版,第 215 页。

这就是说,马克思哲学的意义只有在同马克思资本批判的关联中才能显示出来;反之,马克思的资本批判只有在马克思哲学这一更大的概念背景下才能得到真正理解,只有在无产阶级和人类解放这一更大的意识形态背景下才能得到真正理解。"就这种批判代表一个阶级而论,它能代表的只是这样一个阶级,这个阶级的历史使命是推翻资本主义生产方式和最后消灭阶级。这个阶级就是无产阶级。"①在我看来,形而上学批判、意识形态批判和资本批判融为一体,这是马克思独特的思维方式,是马克思哲学的独特的存在方式。

"文明的一切进步,或者换句话说,社会生产力(也可以说劳动本身的生产力)的任何增长,——例如科学、发明、劳动的分工和结合、交通工具的改善、世界市场的开辟、机器等等,——都不会使工人致富,而只会使资本致富,也就是只会使支配劳动的权力更加增大,只会使资本的生产力增长。因为资本是工人的对立面,所以文明的进步只会增大支配劳动的客观权力。"②当代的世界市场体系、国际政治结构和主流意识形态,都证明了马克思这一观点的真理性及其深刻性、超前性,并表明我们仍处在资本支配一切的时代。在当代,无论是对科学技术、价值观念和政治制度的分析,还是对个人生存方式、社会生产方式、国际交往方式的分析,都必须明白资本仍然是当代社会的基本建制,必须领会资本的存在论或本体论意义。否则,任何理论"创新"都是无根的浮萍。

这一方面标志着以资本批判为核心范畴的马克思主义哲学的当代意义,另一方面又昭示我们,建构马克思主义哲学的当代形态必须立足当代实际,以无产阶级和人类解放为理论主题,以实践本体论为理论基础,以形而上学批判、意识形态批判和资本批判的统一为理论形式。在我看来,这是坚持和发展马克思主义哲学、建构马克思主义哲学当代形态的唯一正确道路。另谋"出路"是没有出路的。

从历史上看,马克思正是通过"黑格尔法哲学批判""对黑格尔的辩证法和整个哲学的批判""对批判的批判所做的批判""对费尔巴哈、布·鲍威尔和施蒂纳所代表的现代德国哲学的批判""对各式各样先知所代表的德国社会主义的批判""政治经济学批判"等一系列批判而创立马克思主义哲学这一"真正批判的世界观"③的,正是这一"真正批判的世界观"彰显出马克思主义哲学在当

①《马克思恩格斯全集》第23卷,第18页。
②《马克思恩格斯全集》第46卷上,第268页。
③《马克思恩格斯全集》第3卷,第261页。

代的强大生命力。德里达敏锐而深刻地认识到这一点，明确指出："求助于某种马克思主义的批判精神仍然是当务之急，而且将必定是无限期地必要的。"只要我们继承马克思主义的批判精神，并"使这种马克思主义的批判适应新的条件，不论是新的生产方式、经济和科学技术的力量与知识的占有，还是国内法或国际法的话语与实践的司法程序，或公民资格和国籍的种种新问题，等等，那么，这种马克思主义的批判就仍然能够结出硕果"。①

我不能同意这样一种观点，即马克思主义哲学产生于"维多利亚时代"，距今 170 年，已经"过时"。这同样是一种"傲慢与偏见"。我们不能依据某种学说创立的时间来判断它是否"过时"，是否具有真理性。"新"的未必就是真的，"老"的未必就是假的；既有最新的、时髦的谬论，也有古老的、千年的真理。阿基米德原理创立的时间尽管很久远了，但今天的造船业无论多么发达也不能违背这个原理。如果违背这一原理，那么，造出的船无论多么"现代"，也必沉无疑。由于深刻地把握了人与世界的关系及其规律，由于深刻地把握了资本的本质及其规律，由于所关注和解答的问题契合着当代的重大问题，因此，产生于 19 世纪的马克思主义哲学又超越了 19 世纪这个特定的时代，具有内在的当代意义。

载《社会科学战线》2011 年第 9 期

标题原为《形而上学批判、意识形态批判和资本批判的统一——

我的马克思主义哲学观》

《新华文摘》2011 年第 24 期转载

---

① ［法］雅克·德里达：《马克思的幽灵——债务国家、哀悼活动和新国际》，第 122、124 页。

马克思主义哲学体系：形成与演变[①]

马克思并不是一个把哲学课题化、体系化的职业哲学家，而"首先是一个革命家"，是一个以实现无产阶级和人类解放为毕生使命的革命家，但是，以无产阶级和人类解放为理论主题，以形而上学批判、意识形态批判和资本批判为理论形式的马克思主义哲学，的确存在着理论体系；马克思并没有写过系统阐述马克思主义哲学基本观点的"纯粹"的哲学著作和"经典"的哲学文本，但是，马克思的确具有丰富而深邃的哲学思想，其基本观点之间的确存在着内在的逻辑联系和理论体系。这种丰富而深邃的哲学思想、存在着逻辑联系的基本观点及其理论体系，就存在于马克思的各种论战性著作中，存在于形而上学批判、意识形态批判和资本批判以及历史研究的著作中，需要我们把它解读出来并加以解释。问题在于，任何一种解读、解释都要受到各自的实际需要、历史条件、文化传统、知识结构和价值观念的制约，因此，马克思主义哲学体系在不同的国家及其不同的时期必然具有不同的形式。本文拟就马克思主义哲学体系的形成与演变做一深入而全面的考察与审视，以深化我们对马克思主义哲学体系的研究，并为重建马克思主义哲学体系提供理论参考。

[①] 本文由袁贵仁教授和杨耕共同撰写。

一、苏联马克思主义哲学体系：辩证唯物主义与历史唯物主义体系的形成和确立

用教科书的形式来解释、宣传马克思主义哲学是苏联首创①，标志是德波林的《辩证唯物主义纲要》和布哈林的《历史唯物主义理论》。

1916 年，德波林出版了《辩证唯物主义纲要》。十月革命后，德波林在斯维尔德洛夫大学讲授马克思主义哲学时，就是以这本著作为主线和内容的。在这个意义上，《辩证唯物主义纲要》也是一本马克思主义哲学教科书。按照德波林的观点，"辩证唯物主义，是一个完整的世界观"，这一完整的世界观由三个主要部分构成："1. 作为关于合乎规律的联系的科学的唯物辩证法⋯⋯是关于运动的普遍规律的抽象的科学。2. 自然辩证法（数学、力学、物理学、化学、生物学，研究的是不同等级的自然界）。3. 唯物主义辩证法在社会中的运用——历史唯物主义。"②依照这一原则，《辩证唯物主义纲要》建构了以"物质"为理论起点，以物质运动的辩证性为理论线索，包括一般辩证法——自然辩证法——历史辩证法三个层次在内的马克思主义哲学体系。这一体系在内容上包括唯物辩证法和历史唯物主义，但突出的是辩证唯物主义。

与德波林以辩证唯物主义为主要内容阐释马克思主义哲学不同，布哈林以历史唯物主义为主要内容阐释马克思主义哲学。1921 年，布哈林出版了《历史唯物主义理论——马克思主义社会学通俗教材》。在这部教材中，布哈林提出了两个事关历史唯物主义全局的重要观点：一是历史唯物主义是"关于社会及其发展规律的一般学说"，而"社会学是社会科学中最一般的（抽象的）科学"，因此，历史唯物主义是"马克思主义的社会学"③；二是历史唯物主义是马克思主义理论"基础的基础"，"包括为数不少的所谓'一般世界观'的问题"④。

在这两个重要观点的引导下，《历史唯物主义理论》建构了这样一个马克思主义哲学体系：导论《社会科学的实际意义》、第一章《社会科学中的原因和

---

① 1922 年，以俄国为主体的苏维埃社会主义共和国联盟正式成立。为行文方便，本书把 1917 年俄国十月革命后到 1922 年苏联成立时的这一段历史也称为苏联时期。
② 转引自安启念：《新编马克思主义哲学发展史》，中国人民大学出版社 2010 年版，第 168 页。
③ ［苏］尼·布哈林：《历史唯物主义理论——马克思主义社会学通俗教材》，人民出版社 1983 年版，第 6、7 页。
④ ［苏］尼·布哈林：《历史唯物主义理论——马克思主义社会学通俗教材》，序言，第 1 页。

目的（因果论和目的论）》、第二章《决定论和非决定论（必然和意志自由）》、第三章《辩证唯物主义》、第四章《社会》、第五章《社会与自然界之间的平衡》、第六章《社会要素之间的平衡》、第七章《社会平衡的破坏和恢复》、第八章《阶级和阶级斗争》。

在这里，社会与自然、社会与个人、人与物、人与观念、社会的技术装备和社会的经济结构、生产力与社会经济结构、上层建筑及其结构、社会心理与社会意识形态、阶级和阶级斗争、社会发展中的决定论和非决定论等历史唯物主义的基本观点都得到了阐述。如果说德波林的《辩证唯物主义纲要》是俄国人第一次试图以教科书的形式系统阐述辩证唯物主义，那么，布哈林的《历史唯物主义理论》则是俄国人第一次试图以教科书的形式系统阐述历史唯物主义。

按照布哈林的观点，20世纪20年代初，俄国"要求对历史唯物主义理论作系统阐述的呼声是很急切的"，而他"之所以选择历史唯物主义的题材，是因为马克思主义理论的这个'基础的基础'还缺乏系统的阐述"①。由于是苏联第一本以教科书的形式"系统阐述"历史唯物主义的著作，同时，由于布哈林被列宁称为"党的最宝贵的和最大的理论家"②，因此，《历史唯物主义理论》出版后在客观上起到了重大的思想启蒙作用，一度被誉为历史唯物主义的权威著作。卢卡奇当时评论道，"布哈林的新著（指《历史唯物主义理论》——引者注）是符合长期以来对一部关于历史唯物主义的系统的马克思主义解说需要的"，"布哈林在把马克思主义的一切有意义的问题归纳到一种完整的、系统的解说中去，这方面是成功的，这部解说多少是马克思主义的；其次，阐述一般清晰易懂，所以，作为一部教材，这本书可喜地达到了它的目的"③。

但是，《历史唯物主义理论》又有其致命缺陷，那就是：过多地强调了历史唯物主义的"社会学"特征，而淡化了历史唯物主义的哲学性质；过多地强调了平衡论，而淡化了辩证法，甚至提出用"现代力学的语言"代替"辩证法的语言"。正是在这个意义上，列宁指出，布哈林"从来没有完全理解辩证法"④。卢卡奇则认为："布哈林的理论宗旨不同于从马克思和恩格斯经过梅林和普列

① ［苏］尼·布哈林：《历史唯物主义理论——马克思主义社会学通俗教材》，序言，第1页。
② 《列宁全集》第43卷，人民出版社1987年版，第339页。
③ 中国社会科学院马列主义毛泽东思想研究所：《论布哈林和布哈林思想》，贵州人民出版社1982年版，第216页。
④ 《列宁全集》第43卷，第339页。

汉诺夫到列宁和罗莎·卢森堡的历史唯物主义伟大传统。"[1]

德波林的《辩证唯物主义纲要》和布哈林的《历史唯物主义理论》开创了以教科书的形式导论阐释、宣传马克思主义哲学的先河,标志着苏联马克思主义哲学体系开始形成。在此之后,苏联出版了一批马克思主义哲学教科书。例如,沃里夫松的《辩证唯物主义》(1922年)、萨拉比扬诺夫的《辩证唯物主义导论》(1925年)、德-米扬斯基的《辩证唯物主义导论》(1930年)、蒂缅斯基的《辩证唯物主义导论》(1930年)、贝霍夫斯基的《辩证唯物主义哲学概论》(1930年)、西洛可夫和爱森堡等的《辩证法唯物主义教程》(1931年),丘缅涅夫的《历史唯物主义理论》(1922年)、谢姆科夫斯基的《历史唯物主义讲稿》(1922年)、戈列夫的《历史唯物主义概论》(1925年)、拉祖莫夫斯基的《历史唯物主义理论教程》(1924年)、芬格尔特和萨尔文特的《历史唯物主义简明教程》(1928年)、麦德杰夫和希尔文特的《历史唯物主义概要》(1931年)、沃尔松和加克的《历史唯物主义概论》(1931年),芬格尔特和萨尔文特的《辩证唯物主义和历史唯物主义》(1929年),等等。

其中,1929年出版的芬格尔特和萨尔文特的《辩证唯物主义和历史唯物主义》具有特殊意义。具体地说,《辩证唯物主义和历史唯物主义》不仅较为系统地阐述了辩证唯物主义与历史唯物主义的基本观点,而且把辩证唯物主义与历史唯物主义相提并论,辩证唯物主义与历史唯物主义的"二分结构"体系在这里已见雏形。因此,《辩证唯物主义和历史唯物主义》的出版标志着苏联马克思主义哲学体系初步形成。

米丁和拉祖莫夫斯基主编的《辩证唯物论与历史唯物论》(1932年出版上册,1934年出版下册),则标志着苏联马克思主义哲学体系基本形成。《辩证唯物论与历史唯物论》从一开始就是作为苏联党校和高校的哲学教科书而编写的,共15章。上册是辩证唯物论:第一章"当作宇宙观看的马克思主义"、第二章"唯物论和唯心论"、第三章"辩证法唯物论"、第四章"唯物辩证法之诸法则"、第五章"哲学中两条阵线上的斗争"、第六章"辩证法唯物论发展中的新阶段"。下册是历史唯物论:第一章"辩证法唯物论与唯物史观"、第二章"论社会经济形态生产力与生产关系"、第三章"资本主义的和社会主义的经济关系"、第四章"关于社会群和国家的学说"、第五章"过渡时期之政权与社会斗

---

[1] 中国社会科学院马列主义毛泽东思想研究所:《论布哈林和布哈林思想》,第227页。

争"、第六章"意识形态论"、第七章"战斗的无神论"、第八章"社会变革论"、第九章"马克思主义和修正主义"等。其中,辩证唯物主义部分的第五、六章,历史唯物主义部分的第五、七、九章的内容是当时苏联政治形势的产物。去掉这些章节,《辩证唯物论与历史唯物论》的内容和结构同当今占主导地位的马克思主义哲学教科书的内容和结构是一致的。

在这种内容和结构的背后是这样一种思想:马克思主义哲学是彻底的唯物论,"这种彻底的唯物论……就是辩证法的唯物论",而"辩证法唯物论——这是一种完整的、彻底革命的,包括自然界、有机体、思维和人类社会的宇宙观"①,历史唯物论则是辩证唯物论在社会生活领域的运用;马克思、恩格斯"借政治的批判,把自己的哲学思想,施之于对人类社会的研究……揭露了政治理想之物质的内容,开创了历史唯物论",历史唯物论的创立"加深和发展哲学的唯物论","达到唯物论之彻底的发展"②;辩证唯物论与历史唯物论具有一致性,二者之间存在着"直接的和不可分裂的联系",这就是,一般唯物论根据存在说明意识,历史唯物论根据社会存在说明社会意识。

可见,《辩证唯物论与历史唯物论》并没有明确提出马克思主义哲学就是辩证唯物主义与历史唯物主义,但它明确地把马克思主义哲学分为辩证唯物主义与历史唯物主义两个部分。问题在于,无论是"辩证唯物主义""历史唯物主义",还是"辩证唯物主义和历史唯物主义",都不是马克思本人提出来的。从历史上看,"辩证唯物主义"是狄慈根首先提出的,"历史唯物主义"是恩格斯首先提出的,"历史唯物主义和辩证唯物主义"则是卢卡奇首先提出的。

1886年,狄慈根在《一个社会主义者在认识论领域中的漫游》中首次提出"辩证唯物主义"这一概念③,用于描述其本人的哲学思想,而狄慈根本人的哲学思想实际上是在恩格斯哲学思想框架内的一种发挥。

真正用"辩证唯物主义"来规定马克思主义哲学本质特征的是普列汉诺夫。普列汉诺夫明确指出:"马克思和恩格斯的哲学不仅是唯物主义哲学,而且是辩证的唯物主义哲学。"④"'辩证唯物主义'这一术语,它是唯一能够正确

① [苏]米丁、拉祖莫夫斯基:《辩证唯物论与历史唯物论》上册,沈志远译,商务印书馆1936年版,第25页。
② [苏]米丁、拉祖莫夫斯基:《辩证唯物论与历史唯物论》下册,沈志远译,商务印书馆1936年版,第1页。
③ 《狄慈根哲学著作选集》,杨东莼译,生活·读书·新知三联书店1978年版,第252页。
④ 《普列汉诺夫哲学著作选集》第三卷,第79页。

说明马克思的哲学的术语。"①同时,由于辩证唯物主义涉及历史领域,在这个意义上,可以把辩证唯物主义称为"历史唯物主义"。"历史的""这个形容语不是说明唯物主义的特征,而只表明应用它在解释的那些领域之一"②。这就是说,把马克思主义哲学称为"辩证唯物主义",是为了凸显马克思主义哲学的本质特征;把马克思主义哲学称为"历史唯物主义",是为了说明马克思主义哲学的研究领域。

同普列汉诺夫一样,列宁也认为马克思主义哲学就是辩证唯物主义。"马克思一再把自己的世界观叫作辩证唯物主义,恩格斯的《反杜林论》(马克思读过全部手稿)阐述的也正是这个世界观。"③但是,在解释辩证唯物主义与历史唯物主义的关系时,列宁提出了与普列汉诺夫不同且影响深远的观点,即历史唯物主义是一般唯物主义在社会历史中的"贯彻和推广运用"④或"应用"。在列宁看来,"既然唯物主义总是用存在解释意识而不是相反,那么应用于人类社会生活时,唯物主义就要求用社会存在解释社会意识"。"一般唯物主义认为客观真实的存在(物质)不依赖于人类的意识、感觉、经验等等。历史唯物主义认为社会存在不依赖于人类的社会意识⋯⋯在这个由一整块钢铸成的马克思主义哲学中,决不可去掉任何一个基本前提、任何一个重要部分。"⑤这就是说,马克思主义哲学有两个基本前提,即存在决定意识和社会存在决定社会意识;有两个重要部分,即辩证唯物主义和历史唯物主义。把这两个基本前提、两个重要部分熔铸在一起,就构成了"一整块钢"的马克思主义哲学。

几乎与狄慈根同时,恩格斯提出了一个与"辩证唯物主义"相似的概念,即"唯物主义辩证法"⑥,这一概念与恩格斯提出的另一概念,即"现代唯物主义"在本质上是相同的。按照恩格斯的观点,无论是在自然观上,还是在历史观上,"现代唯物主义本质上都是辩证的"⑦,换言之,马克思主义哲学是辩证唯物主义。

1859年,恩格斯在《卡尔·马克思〈政治经济学批判〉》一文中首次提出

① 《普列汉诺夫哲学著作选集》第一卷,第768页。
② 《普列汉诺夫哲学著作选集》第二卷,第311页。
③ 《列宁全集》第18卷,第258页。
④ 《列宁选集》第2卷,第425页。
⑤ 《列宁选集》第2卷,第221页。
⑥ 《马克思恩格斯选集》第4卷,第243页。
⑦ 《马克思恩格斯选集》第3卷,第364页。

"唯物主义历史观"这一术语,并认为唯物主义历史观的"要点"在《〈政治经济学批判〉序言》中做了"扼要的阐述"①;1890年,恩格斯在致康·施米特的信中首次使用"历史唯物主义"这一概念②;1892年,恩格斯在《社会主义从空想到科学》的英文版导言中,对"历史唯物主义"做出解释:"用'历史唯物主义'这个名词来表达一种关于历史过程的观点……这种观点认为一切重要历史事件的终极原因和伟大动力是社会的经济发展,是生产方式和交换方式的改变,是由此产生的社会之划分为不同的阶级,是这些阶级彼此之间的斗争。"③显然,在恩格斯那里,"历史唯物主义"和"唯物主义历史观"是同一个概念,二者是"马克思的历史观"的不同表述。

从马克思主义哲学史上看,首先把辩证唯物主义和历史唯物主义相提并论的是卢卡奇。1923年,卢卡奇在为布哈林的《历史唯物主义理论》写的书评中提出一个新的概念,即"历史唯物主义和辩证唯物主义"④,但他并未对这一新的概念做出解释。1929年,芬格尔特、萨尔文特以"辩证唯物主义和历史唯物主义"为题,阐述马克思主义哲学基本原理。

可见,无论提出"辩证唯物主义""历史唯物主义""辩证唯物主义和历史唯物主义",还是把辩证唯物主义与历史唯物主义相提并论作为马克思主义哲学的基本内容,米丁等人都不是首倡者。《辩证唯物论与历史唯物论》关于辩证唯物主义、历史唯物主义的定义和定位,关于辩证唯物主义与历史唯物主义的关系的说明,都不是"空穴来风",而是以恩格斯、列宁的思想为理论依据的;把辩证唯物主义与历史唯物主义相提并论,作为马克思主义哲学的基本内容,也不是"无中生有",而是对恩格斯、列宁思想的发挥。

在《唯物主义和经验批判主义》中,列宁明确指出:"马克思和恩格斯的学说是从费尔巴哈那里产生出来的,是在与庸才们的斗争中发展起来的,自然他们所特别注意的是修盖好唯物主义哲学的上层,也就是说,他们所特别注意的不是唯物主义认识论,而是唯物主义历史观。因此,马克思和恩格斯在他们的著作中特别强调的是**辩证**唯物主义,而不是辩证**唯物主义**,特别坚持的是**历史**

---

① 《马克思恩格斯选集》第2卷,第38页。
② 《马克思恩格斯选集》第4卷,第692页。
③ 《马克思恩格斯选集》第3卷,第704—705页。
④ 中国社会科学院马列主义毛泽东思想研究所:《论布哈林和布哈林思想》,第218页。

唯物主义,而不是历史**唯物主义**。"①《辩证唯物论与历史唯物论》一方面强调辩证唯物主义是彻底的唯物论、完整的世界观,另一方面与"辩证唯物主义"并列,又加上"历史唯物主义"来称谓马克思主义哲学,实际上是为了强调历史唯物主义的独创性,强调马克思唯物主义的"彻底性""完整性",因为马克思唯物主义的彻底性、完整性集中体现在历史唯物主义中。

《辩证唯物论与历史唯物论》的影响是空前而深远的,它的出版标志着苏联马克思主义哲学体系基本形成。

首先,《辩证唯物论与历史唯物论》体现了联共(布)中央的意志和对马克思主义哲学的定位。1931 年,在批判德波林的高潮中,联共(布)中央向苏联哲学界提出一个重大的政治任务,即编写新的、统一的马克思主义哲学教科书。在当时苏联哲学界主要领导米丁的主持下,组织了全苏联哲学界的力量,以苏联科学院哲学研究所的名义集体编写了《辩证唯物论与历史唯物论》。这本著作标明,作为苏联党校和高校哲学教科书,它不仅阐述了马克思主义哲学的一些基本观点,而且直接为当时的苏联政治、政策做论证,从而体现了联共(布)中央对马克思主义哲学的最终定位,即直接为现实政治服务,为现行政策论证。这是马克思主义哲学在苏联的特殊的社会位置和历史使命。

其次,《辩证唯物论与历史唯物论》形成了以列宁、恩格斯的著作为主,以马克思的著作为辅这一马克思主义哲学教科书的文献格局。马克思主义哲学教科书的理论依据或文献依据当然应以马克思、恩格斯的著作,尤其是马克思的著作为主。可是,在当时特殊的历史条件下,《辩证唯物论与历史唯物论》的文献依据却是列宁的著作多于恩格斯的著作,恩格斯的著作多于马克思的著作,而集中体现马克思哲学思想的著作,如《1844 年经济学哲学手稿》《关于费尔巴哈的提纲》《德意志意识形态》《资本论》,却很少甚至几乎没有被引证。这就造成一个奇怪的现象,即名曰马克思主义哲学教科书却很少甚至几乎没有引证马克思的重要哲学著作。列宁的著作多于恩格斯的著作,恩格斯的著作多于马克思的著作,这一文献格局逐渐成为苏联马克思主义哲学教科书的"经典"文献格局。后来的苏联马克思主义哲学教科书,包括成为主流教材、权威版本的《马克思主义哲学原理》(康斯坦丁诺夫主编)都维持了这一文献格局。

---

① 《列宁选集》第 2 卷,第 225 页。

再次，《辩证唯物论与历史唯物论》制定并巩固了辩证唯物主义与历史唯物主义的"二分结构"体系。如前所述，辩证唯物主义与历史唯物主义的"二分结构"体系在芬格尔特、萨尔文特的《辩证唯物主义和历史唯物主义》中已见雏形。米丁等的《辩证唯物论与历史唯物论》则在马克思主义哲学史上第一次明确地把马克思主义哲学分为辩证唯物主义与历史唯物主义两个部分，明确地把"物质"作为马克思主义哲学的起点范畴，分别论述了马克思主义哲学的唯物论、认识论、辩证法、历史观，从而制定并巩固了辩证唯物主义与历史唯物主义"二分结构"体系，即建构了一个特色鲜明的马克思主义哲学体系。后来，米丁不无得意地自我评价道："我把马克思主义哲学分为辩证唯物主义和历史唯物主义，这种分法被人接受，流传下来了。"①

实际上，米丁制定的辩证唯物主义与历史唯物主义"二分结构"体系不仅"流传下来了"，而且支配了苏联马克思主义哲学体系半个世纪之久。无论是斯大林去世后的批判斯大林运动，还是赫鲁晓夫下台后的批判赫鲁晓夫运动，无论是1954—1955年对亚历山大诺夫的《辩证唯物主义》和康斯坦丁诺夫的《历史唯物主义》的讨论，还是后来出版的一批又一批马克思主义哲学教科书，无论是20世纪50—80年代认识论派与本体论派的论争，还是1965、1977年两次唯物辩证法讨论，都没有从根本上动摇辩证唯物主义与历史唯物主义"二分结构"这一马克思主义哲学体系。

以20世纪50—80年代苏联马克思主义哲学教科书的权威版本——康斯坦丁诺夫主编的《马克思主义哲学原理》为例。《马克思主义哲学原理》于1958年首次出版，之后随着国内形势的变化一再修订，分别出版了1962年版、1971年版、1972年版、1974年版、1982年版，是20世纪50—80年代苏联马克思主义哲学教学的主流教材和权威版本。其中，1958年出版的《马克思主义哲学原理》的结构是：导论：第一章"哲学的对象"、第二章"马克思主义产生以前哲学史上唯物主义和唯心主义的斗争"、第三章"马克思主义哲学的产生和发展"。第一篇《辩证唯物主义》：第四章"物质及其存在形式"、第五章"物质和意识"、第六章"现实中各种现象的合乎规律的联系"、第七章"辩证法的基本规律：量变到质变的转化规律"、第八章"对立面的统一和斗争规律"、第九章"否定之否定规律"、第十章"认识过程的辩证法"。第二篇《历史唯物主义》：

---

① 转引自安启念：《新编马克思主义哲学发展史》，第173页。

第十一章"历史唯物主义是关于社会发展规律的科学"、第十二章"物质生产是社会生活的基础"、第十三章"生产力和生产关系的辩证法"、第十四章"社会的基础和上层建筑"、第十五章"阶级,阶级斗争,国家"、第十六章"社会革命是社会经济形态更替的规律"、第十七章"社会意识及其在社会生活中的作用"、第十八章"人民群众和个人在历史上的作用"、第十九章"现代资产阶级哲学和社会学的主要流派"。

可以看出,尽管康斯坦丁诺夫要去除斯大林的影响,尽管《辩证唯物论与历史唯物论》这一书名被改为《马克思主义哲学原理》,尽管在一些具体安排上有所变化,但辩证唯物主义与历史唯物主义的"二分结构"体系在《马克思主义哲学原理》中被保存下来了。之后不断修订的版本除了贯彻苏联共产党第二十一次至第二十五次代表大会的精神,并对马克思主义哲学体系做了局部改良,在一些具体观点的阐述上有所深化,在总体框架上并没有突破《辩证唯物论与历史唯物论》所确立的辩证唯物主义与历史唯物主义的"二分结构"体系。

特殊的社会地位,即直接为现实政治服务和为现行政策做论证,特殊的文献格局,即引证的列宁、恩格斯的著作多于马克思的著作,特殊的总体框架,即以"物质"为起点范畴的辩证唯物主义与历史唯物主义的"二分结构",构成了特色鲜明的苏联马克思主义哲学体系。这三个基本特征在《辩证唯物论与历史唯物论》中得到集中体现。因此,米丁等的《辩证唯物论与历史唯物论》的出版,标志着苏联马克思主义哲学体系基本形成。

1938年,斯大林出版了《论辩证唯物主义和历史唯物主义》。该书开宗明义地指出:"辩证唯物主义是马克思列宁主义党的世界观。它所以叫作辩证唯物主义,是因为它对自然界现象的看法、它研究自然界现象的方法、它认识这些现象的方法是辩证的,而它对自然界现象的解释、它对自然界现象的了解、它的理论是唯物主义的。""历史唯物主义就是把辩证唯物主义的原理推广去研究社会生活,把辩证唯物主义的原理应用于社会生活现象,应用于研究社会,应用于研究社会历史。"①以此为依据,《论辩证唯物主义和历史唯物主义》先后阐述了马克思主义辩证方法的基本特征、马克思主义哲学唯物主义的基本特征和历史唯物主义。

---

① 《斯大林选集》下卷,第424页。

显然，斯大林的《论辩证唯物主义和历史唯物主义》是以米丁等的《辩证唯物论与历史唯物论》为基础的，以有所变化的形式肯定了辩证唯物主义与历史唯物主义的"二分结构"体系。同时，由于斯大林在当时的苏联和国际共产主义运动的特殊地位，斯大林的《论辩证唯物主义和历史唯物主义》又反过来巩固并确立了辩证唯物主义与历史唯物主义这一总体框架，辩证唯物主义与历史唯物主义的"二分结构"成为马克思主义哲学体系的"经典"，产生了极其广泛而持久的影响。斯大林《论辩证唯物主义和历史唯物主义》的出版，标志着辩证唯物主义与历史唯物主义体系在苏联，以至整个国际共产主义运动中真正确立下来了。

二、辩证唯物主义与历史唯物主义体系在中国的形成和确立

　　中国人最早知道马克思的学说是在 20 世纪初。1903 年，马君武在《社会主义与进化论的比较》一书中第一次向中国人初步介绍了唯物主义历史观；中国人开始较为系统地了解马克思主义哲学是在俄国十月革命之后。1919 年，李大钊发表了《我的马克思主义观》，首先向中国人较为系统地介绍了唯物主义历史观；瞿秋白则首先向中国人介绍了辩证唯物主义，并于 1924 年出版了中国第一本马克思主义哲学教科书，即《社会哲学概论》以及《现代社会学》，从而在中国开启了编写马克思主义哲学教科书的先河。

　　从内容上看，瞿秋白是依据恩格斯的《反杜林论》、普列汉诺夫的《马克思主义的基本问题》、布哈林的《历史唯物主义理论》来阐述马克思主义哲学的。

　　《社会哲学概论》展示了这样一条逻辑线索，即"（一）先从哲学上之宇宙根本问题研究起；（二）继之社会现象的秘密之分析；（三）再进于社会主义之解说"①；制定了这样一个理论框架，即哲学中之唯心唯物论，唯物哲学与社会现象，宇宙之起源，生命之发展，细胞——生命之历程，实质与意识，永久的真理——善与恶，平等，自由与必然，互变律，数与质——否定之否定，社会的物质——经济，原始的共产主义及私产之起源，阶级之发生及发展，分工，价值的理论，简单的与复杂的劳动，资本及剩余价值。《现代社会学》则从社会学之对象及其与其他科学的关系、社会科学之原因论与目的论、有定论与无定论、社

---

① 《瞿秋白文集》政治理论编第二卷，人民出版社 1988 年版，第 340 页。

会现象之互辩律、社会这五个方面,进一步深化了《社会哲学概论》中的唯物主义历史观部分。

按照瞿秋白的观点,包括"唯物哲学之历史观"在内的马克思主义哲学是一种"新的宇宙观"①;在这种"新的宇宙观"中,"唯物主义的,互辩律的哲学""是一切社会科学的方法论","唯物哲学之历史观",即"社会学乃是研究人类社会及其一切现象,并研究社会形式的变迁,各种社会现象相互间的关系,及其变迁之公律的科学";"研究社会现象的时候,尤其应当细细的考察这唯物主义的,互辩律的哲学"②。因此,《社会哲学概论》《现代社会学》在阐释"唯物哲学之历史观"的同时,重点阐述了"唯物主义的,互辩律的哲学",包括矛盾规律、质量互变规律和否定之否定规律,并明确指出:"宇宙的根本是物质的动,动的根本性质是矛盾——是否定之否定,是数量质量的互变。"③这样,《社会哲学概论》就较为系统地阐述了马克思主义哲学。从体系结构上看,《社会哲学概论》在第一部分首先阐述辩证唯物主义,然后,在第二部分阐述历史唯物主义。换言之,辩证唯物主义与历史唯物主义的"二分结构"体系在《社会哲学概论》中已初见端倪。这标志着辩证唯物主义与历史唯物主义的体系在中国初步形成。

1937年,李达出版了《社会学大纲》。这部马克思主义哲学教科书以马克思的《〈黑格尔法哲学批判〉导言》《1844年经济学哲学手稿》《神圣家族》《关于费尔巴哈的提纲》《德意志意识形态》《共产党宣言》《资本论》,恩格斯的《反杜林论》《路德维希·费尔巴哈和德国古典哲学的终结》,列宁的《唯物主义和经验批判主义》《哲学笔记》等著作为依据,以哲学基本问题及其科学解答为基本线索,以辩证法、认识论和逻辑学三者同一为基本原则,建构了这样一个马克思主义哲学教学体系:唯物辩证法,包括当作人类认识史的综合看的唯物辩证法,当作哲学的科学看的唯物辩证法,唯物辩证法的诸法则,当作认识论和伦理学看的唯物辩证法;当作科学看的历史唯物论,包括历史唯物论序说,布尔乔亚社会学及历史哲学批判;社会的经济构造,包括生产力与生产关系,经济构造之历史的形态;社会的政治建筑,包括阶级,国家;社会的意识形态,包括意识形态的一般概念,意识形态的发展。

---

① 《瞿秋白文集》政治理论编第二卷,第339页。
② 《瞿秋白文集》政治理论编第二卷,第334、398页。
③ 《瞿秋白文集》政治理论编第二卷,第357页。

可以看出,《社会学大纲》在体系安排上仍然实行辩证唯物主义与历史唯物主义的"二分结构",并认为"历史唯物论是把辩证唯物论适用于社会的认识的理论","所谓辩证唯物论与历史唯物论的关联,这句话的本来的意义,就是彻底的把辩证唯物论应用并扩张于历史的领域。只有彻底的把辩证唯物论扩张于人类社会或历史的领域,才能使辩证唯物论更趋于深化和发展"①。在整体结构和理论体系上,《社会学大纲》没有超出苏联马克思主义哲学教科书。

但是,我们注意到,同《社会哲学概论》以及同一时期的马克思主义哲学教科书相比,《社会学大纲》不仅具有列宁、恩格斯的"元素",而且具有更多的马克思的"元素",尤其难能可贵的是,它阐述了《1844年经济学哲学手稿》《关于费尔巴哈的提纲》《德意志意识形态》的一些重要观点。

《社会学大纲》高度评价了《1844年经济学哲学手稿》,认为它为"马克思的彻底的哲学唯物论"奠定了基础,其中,根本契机是把黑格尔辩证法中的实践概念"放在唯物论的基础上展开出来,引入于唯物论之中,给唯物论以新的内容、新的性质",正是基于对实践的正确理解,马克思"建立了实践的唯物论",达到唯物辩证法这一"统一的世界观"。《社会学大纲》明确提出"当作实践的唯物论看的唯物辩证法"这一命题,并认为"辩证法的唯物论,以劳动的概念为媒介,由自然认识的领域扩张于历史认识的领域,使唯物论发生了本质的变化,变成了实践的唯物论";"实践唯物论,把实践当作历史的——社会的范畴,解释为感性的现实的人类的活动,并把它作为认识论的契机,所以能够在其与社会生活的关联上去理解人类认识的全部发展史,因而克服观念论哲学的抽象性与思辨性,而到达于唯物辩证法";"实践的唯物论,由于把实践的契机导入于唯物论,使从来的哲学的内容起了本质的变革"②。

同时,《社会学大纲》对辩证唯物主义与历史唯物主义的关系也有自己独特的见解:一方面,自然辩证法是唯物辩证法的基础,历史唯物论是辩证唯物主义在历史领域的"应用"和"扩张";另一方面,马克思、恩格斯"首先阐明了历史领域中的辩证法,其次由历史的辩证法进到自然辩证法,而在社会的实践上统一两者以创出科学的世界观的唯物辩证法"③。唯物辩证法是唯物辩证的历史观和自然观的"综合""统一",而二者统一的基础则是科学的实践观。正

① 《李达文集》第二卷,人民出版社1981年版,第283、285页。
② 《李达文集》第二卷,第56、60—61页。
③ 《李达文集》第二卷,第56页。

是基于对实践意义的正确理解,马克思发现了"人与自然相结合的媒介",发现了人类社会的物质基础,在把唯物辩证法从历史领域"贯彻于"自然领域的同时,又把唯物论从自然领域"扩张于"历史领域,从而"建立彻底的唯物论、统一的世界观"①。

显然,《社会学大纲》对辩证唯物主义与历史唯物主义内在关联的理解有明显的逻辑矛盾,而且没有把科学的实践观作为马克思主义哲学的核心观点贯彻始终。但是,《社会学大纲》已经在一定程度上意识到科学的实践观是马克思主义哲学的理论基础,意识到实践唯物主义与历史唯物主义、辩证唯物主义存在着内在联系,意识到实践唯物主义的创立是哲学史上革命变革的契机。所以,在马克思主义哲学体系的安排上,《社会学大纲》力图用劳动—实践范畴连接辩证唯物主义与历史唯物主义。

这表明,中国的马克思主义哲学体系既受到"打上了俄罗斯印记的列宁主义与斯大林模式"的影响,又有对"经典意义上的马克思主义"的研究;既受到当时苏联哲学论战,如"辩证法派"与"机械论派"、米丁与德波林论战的影响,又有对当时国内哲学论战,如关于中国社会性质、中国社会史、唯物辩证法论战的总结;既受到苏联马克思主义哲学教科书的影响,又凝聚着中国学者对马克思主义哲学的独特理解,具有"中国元素",并在一定程度上体现了中国学者的独创性。

《社会学大纲》在当时就产生了很大的影响,直接影响到毛泽东写作《辩证法唯物论提纲》。毛泽东后来高度评价《社会学大纲》,认为"《社会学大纲》就是中国人自己写的第一本马克思主义哲学教科书"②。毛泽东可能忽略或没有看到瞿秋白的《社会哲学概论》,所以误把李达的《社会学大纲》看作"中国人自己写的第一本马克思主义哲学教科书"。如前所述,瞿秋白的《社会哲学概论》才是中国人自己写的第一本马克思主义哲学教科书。但是,无论是对西方哲学史的分析,还是对马克思主义哲学史的考察,无论是对马克思主义哲学经典著作把握的广度,还是对马克思主义哲学基本观点阐述的深度,无论是对马克思主义哲学基本范畴界定的准确性,还是对马克思主义哲学教学体系建构的完整性,《社会学大纲》都比《社会哲学概论》,以至同一时期所有的马克思哲

---

① 《李达文集》第二卷,第57—58页。
② 胡为雄:《新中国第一本马克思主义哲学教科书的编写及其经验》,载《毛泽东邓小平理论研究》2007年第5期。

学教科书高出一等。应该说，《社会学大纲》是中国人以自己的表述方式撰写的第一部全面、系统、透彻阐述马克思主义哲学基本原理的教科书，代表着新民主主义革命时期中国马克思主义哲学教科书的最高水平，标志着具有"中国元素"的辩证唯物主义与历史唯物主义体系在中国基本形成。

新中国成立后，从1950—1959年，由于特殊的历史原因，中国马克思主义哲学体系基本沿袭了苏联马克思主义哲学体系。这一时期，不仅苏联马克思主义哲学教科书被引进中国，而且苏联马克思主义哲学专家也被邀请到中国直接讲授马克思主义哲学及其经典著作，同时，苏共中央高级党校编写的《辩证唯物主义与历史唯物主义教学大纲》（1953年出版）也被苏联专家介绍到中国，这就对中国马克思主义哲学体系产生了重大影响。从1959年开始，遵照中共中央书记处的指示精神，中国学者开始编写马克思主义哲学教科书。1961年，艾思奇主编的《辩证唯物主义　历史唯物主义》由人民出版社出版。这是新中国成立后出版的、由中国学者自己编写的第一本马克思主义哲学教科书。

《辩证唯物主义　历史唯物主义》明确提出，"辩证唯物主义和历史唯物主义是马克思主义哲学，是马克思主义的全部学说的哲学基础，是革命的工人阶级的世界观"，"是真正科学的世界观"；作为世界观的学问，"哲学观点就是人们对于世界上的一切事物、对于整个世界的最根本的观点"[1]；"马克思主义哲学——辩证唯物主义和历史唯物主义"，历史唯物主义就是"把辩证唯物主义推广到对人类社会的认识"[2]。

按照这一指导思想，除第一章"绪论"外，《辩证唯物主义　历史唯物主义》对马克思主义哲学教学体系做了这样的安排：上篇《辩证唯物主义》，包括第二章"世界的物质性"、第三章"物质和意识"、第四章"对立统一规律"、第五章"质量互变规律"、第六章"否定之否定规律"、第七章"唯物辩证法的基本范畴"、第八章"认识和实践"、第九章"真理"；下篇《历史唯物主义》，包括第十章"历史唯物主义和历史唯心主义的根本对立"、第十一章"生产力和生产关系"、第十二章"经济基础和上层建筑"、第十三章"阶级和国家"、第十四章"社会革命"、第十五章"社会意识及其形成"、第十六章"人民群众和个人在历史上的作用"。

---

[1] 艾思奇：《辩证唯物主义　历史唯物主义》，人民出版社1961年版，第1、2页。
[2] 艾思奇：《辩证唯物主义　历史唯物主义》，第19、200页。

显然,《辩证唯物主义 历史唯物主义》受到康斯坦丁诺夫主编的《马克思主义哲学原理》(1958 年出版)的影响。但是,《辩证唯物主义 历史唯物主义》并不是对苏联马克思主义哲学教科书的简单模仿,在某些方面比苏联马克思主义哲学教科书具有更高的水平,在一定程度上具有独创性:一是结合中国新民主主义革命和社会主义建设的实际来阐述马克思主义哲学基本原理;二是结合中国传统哲学来阐述马克思主义哲学基本原理;三是充分反映了毛泽东哲学思想对马克思主义哲学的丰富和发展,对对立统一规律、认识和实践的阐述,基本上采用了《矛盾论》《实践论》的体例。换言之,《辩证唯物主义 历史唯物主义》所建构的马克思主义哲学体系具有"中国内涵"。

《辩证唯物主义 历史唯物主义》是由中共中央书记处决定并组织编写的,同时,编写者是当时国内一流专家、学者,代表着当时国内马克思主义哲学研究的最高水平,因而具有极高的权威性。《辩证唯物主义 历史唯物主义》在马克思主义哲学发展史上的地位就在于,它标志着具有"中国内涵"的辩证唯物主义与历史唯物主义体系的确立,同时,作为全国党校、高校通用的马克思主义哲学教科书,它结束了在中国课堂上使用苏联马克思主义哲学教科书的历史。《辩证唯物主义 历史唯物主义》在中国的影响是深远的。从 1961年到 2011 年,50 年间,国内出版的各类马克思主义哲学教科书多达千余种,除极少数外,绝大多数教科书在基本内容、逻辑结构和理论体系上都没有超出《辩证唯物主义 历史唯物主义》。

三、东欧、苏联学者对马克思主义哲学体系的新探索

在社会主义国家,首先对苏联马克思主义哲学体系提出质疑,并对马克思主义哲学体系做出新探索的,是东欧南斯拉夫和民主德国的学者。

无疑,南斯拉夫的马克思主义哲学体系曾深受苏联马克思主义哲学教学体系的影响。1949 年,鲍·齐赫尔出版了《辩证唯物主义和历史唯物主义》,这是第二次世界大战后南斯拉夫出版的第一部马克思主义哲学教科书。1955、1958 年,伊·科桑诺维奇分别出版了《辩证唯物主义——马克思主义哲学的基本问题导论》《历史唯物主义——马克思主义社会学的基本问题导论》;1958年,普·弗兰尼茨基出版了《辩证唯物主义和历史唯物主义》。无论是从阐述的内容来看,还是就表达的方式而言,这些在南斯拉夫具有代表性的马克思主

义哲学教科书都深受苏联马克思主义哲学教科书的影响。

20世纪60年代,随着南斯拉夫"实践派"和"辩证唯物主义派"的形成与分化,南斯拉夫哲学界对辩证唯物主义与历史唯物主义体系的认识和评价发生了根本分歧。

"实践派"明确否定辩证唯物主义,认为辩证唯物主义不是马克思的哲学,而是由列宁建立,斯大林加以简单化、教条化的哲学观点。"马克思所理解的'哲学'并不是'辩证唯物主义和历史唯物主义'。最初由列宁加以描绘后来由斯大林赋予最终形态的辩证唯物主义的基本原理,同马克思是毫无关系的。辩证唯物主义的基本'本体论'原理,即关于自然界先于精神,物质先于意识的原理,同辩证唯物主义的基本'认识论'原理即关于人的意识是对现实的反映的原理一样,是和马克思的基本思想即实践的思想相对立的。""对马克思来说,主要的哲学问题,并不是物质和精神的关系,而是人和世界的关系"①,是在创造一个更加人道的世界的同时如何实现人的本质,并指明走向人的自我实现的实际步骤。这是其一。

其二,"实践派"认为,辩证法并不是关于客观世界普遍规律的科学,把辩证法描述为关于自然界、人类社会和思维运动一般规律的科学,是"消极的科学主义"和"实证主义的本体论"。按照"实践派"的观点,唯物主义本质上是教条主义的、形而上学的,而辩证法本质上是批判的、革命的,因此,辩证法同唯物主义的结合只能是虚构;客观对象和过程只有同人的需要、人的实践活动相关联时,才具有实际价值,所以,辩证法只有同人的实践活动结合起来才具有其真实意义。"辩证法既不是一种绝对、抽象的精神结构(如黑格尔所说),也不是自然界的一种一般结构(如恩格斯所说),而是人类历史的实践及其本质方面的一种总体结构——批判思维。"②实践是马克思主义哲学的核心范畴,人道主义是马克思主义哲学的本质特征,重建马克思主义哲学,就是要"使辩证法成为人道主义的辩证法","使人道主义成为辩证法的人道主义"。

其三,"实践派"一般承认历史唯物主义,但它把历史唯物主义归结为一种社会批判理论,认为历史唯物主义的主要任务是对异化进行批判性的分析,从而发现那些摧残人、阻碍人的发展,导致经济异化、政治异化的特殊的社会制

---

① 引自贾泽林:《南斯拉夫当代哲学》,中国社会科学出版社1982年版,第206页。
② 〔南〕马尔科维奇、彼得洛维奇:《南斯拉夫"实践派"的历史和理论》,郑一明、曲跃厚译,重庆出版社1994年版,第26页。

度。"历史唯物论不是马克思关于人和历史的一般理论,而是他对阶级社会自我异化的人(作为'经济动物'的人)的批判,也就是他关于自我异化的人类历史(更确切地说是'史前史')的批判理论。"①

同时,历史唯物主义只有成为马克思实践哲学这一理论整体中的一个组成部分,才能获得存在的合法性。"在实践哲学中,人被理解为自由的创造性的存在物,他通过自己的活动实现自身和自己的世界。然而,正因为是自由的存在物,人也可能自我异化,成为自我异化的不自由的存在物,成为经济动物。正因为人的自我异化,历史唯物主义作为对自我异化的社会和人的解释及批判有其存在的理由和相对的价值。但是,从实践哲学的整体中分离出来的、孤立的历史唯物主义,只能描述阶级社会中经济决定作用和剥削的机制,甚至连这种社会和自我异化的人是非人道的这一根本命题也不能阐述……甚至不能充当关于阶级社会和阶级的人的完整的见解。"②

"作为教条并在根本上具有保守倾向的'辩证唯物主义'……至多只能导致现有的科学知识的一般化和系统化,而无助于创立一种能够引导实践的社会力量走向世界的解放和人化的批判的时代精神。"③因此,必须破除苏联马克思主义哲学体系,即辩证唯物主义与历史唯物主义体系,重建一种具有人道主义和社会批判精神的马克思主义实践哲学。然而,由于种种历史原因,"实践派"并没有建立起这样一种实践哲学体系。换言之,"实践派"提出了问题,但没有解决问题;重在解构苏联马克思主义哲学体系,但没有建构南斯拉夫马克思主义哲学体系。

如果说"实践派"重在"破",解构苏联"类型"的马克思主义哲学体系,那么,"辩证唯物主义派"则重在"立",建构南斯拉夫"型式"的马克思主义哲学体系。与"实践派"不同,"辩证唯物主义派"坚持辩证唯物主义,强调建立南斯拉夫"型式"的马克思主义哲学体系。从总体上看,这种南斯拉夫"型式"的马克思主义哲学体系具有两个特征:一是强调马克思主义哲学是同逻辑学、认识论和方法论密切联系的关于世界普遍规律的科学,是科学的决定论;二是强调马克思主义哲学是"批判的辩证唯物主义",具有人道主义的性质。一句话,马克思主义哲学是"科学性和人道主义的统一",社会主义人道主义是一种世界观。

① 袁贵仁等:《当代学者视野中的马克思主义哲学》东欧和苏联学者卷下,北京师范大学出版社 2008 年版,第 279 页。
② 袁贵仁等:《当代学者视野中的马克思主义哲学》东欧和苏联学者卷下,第 281 页。
③ 袁贵仁等:《当代学者视野中的马克思主义哲学》东欧和苏联学者卷下,第 311 页。

20 世纪 60—70 年代,"辩证唯物主义派"出版了一批马克思主义哲学教科书,如波·合希奇的《辩证唯物主义》、奥·曼迪奇的《辩证唯物主义概论》、安·斯托伊科维奇的《马克思主义哲学原理》、波·合希奇的《马克思主义哲学》、奥·别扬诺维奇的《马克思主义哲学》等。其中,斯托伊科维奇的《马克思主义哲学原理》先后出了八版,在南斯拉夫产生了广泛而深刻的影响,极具代表性。斯托伊科维奇的《马克思主义哲学原理》分三篇,共九章。第一篇《哲学、科学和实践》,包括第一章"哲学形成和发展的条件和前提"、第二章"哲学的对象及其与专门学科、其他文化领域和社会实践的关系"、第三章"辩证唯物主义的形成及其革命实质";第二篇《辩证唯物主义的基本学说》,包括第一章"世界的一般结构和规律"、第二章"辩证唯物主义世界观的逻辑——认识论——方法论原理"、第三章"马克思主义哲学的人道主义实质";第三篇《辩证唯物主义优于现代非马克思主义的世界观》,包括第一章"马克思主义与资产阶级意识形态"、第二章"对马克思主义哲学发展的看法"、第三章"世界和南斯拉夫马克思主义哲学发展的现状和前景"。

显然,斯托伊科维奇的《马克思主义哲学原理》不同于苏联马克思主义哲学教科书,具有鲜明的南斯拉夫特色:一是提出哲学基本问题包含四个方面的内容,即本体论、逻辑——认识论——方法论、价值规范和人本主义,并始终围绕着这一基本问题来阐述马克思主义哲学;二是认为马克思主义哲学是关于人与世界的认识关系和价值关系的科学,不仅阐述了本体论、认识论,而且阐述了价值论;三是强调马克思主义哲学的人道主义实质和社会主义人道主义的世界观意义,不仅阐述了世界的一般结构和规律,而且阐述了人的生存的意义,阐述了人是最高价值和目的本身;四是强调马克思主义哲学是辩证唯物主义,历史唯物主义即唯物主义历史观是马克思主义社会学。

需要指出的是,尽管斯托伊科维奇等人在其他场合仍把马克思主义哲学称为辩证唯物主义与历史唯物主义,但在安排马克思主义哲学体系的结构时,则把历史唯物主义排除在马克思主义哲学外,认为随着哲学和社会学的发展,作为研究社会运动和发展一般规律的科学,历史唯物主义已经不属于哲学,而属于社会学。这样一来,历史唯物主义的世界观意义被忽视了,历史唯物主义是马克思的第一个伟大发现的意义被淡化了。

几乎与南斯拉夫哲学界"实践派"和"辩证唯物主义派"论争的同时,民主德国哲学界发生了"实践论争",继而发生了"体系论争"。"实践论争"的主题是何谓实践,力图对实践范畴的内涵进行新的探讨;"体系论争"的主题则是在重新审视实践范畴的基础上,对马克思主义哲学的研究对象、结构理论、叙述方法、总体框架进行新的探讨。正是在这场"体系论争"过程中,1967 年,民主德国出版了柯辛的《马克思主义哲学》。

《马克思主义哲学》分为六个部分,共十四章。第一部分《现代的哲学》,包括第一章"社会主义的世界观"、第二章"马克思主义哲学的产生和发展";第二部分《世界统一于物质性》,包括第三章"哲学的根本问题和根本流派"、第四章"物质和世界的统一性";第三部分《世界的合乎规律的秩序》,包括第五章"客观实在的体系的性质"、第六章"辩证的决定论"、第七章"规律及社会规律的有意识的利用";第四部分《世界是发展的》,包括第八章"作为质变的发展"、第九章"作为否定之否定的发展"、第十章"辩证的矛盾是运动及发展的源泉";第五部分《人对客观世界的认识》,包括第十一章"认识过程的社会基础"、第十二章"认识的本质和结构";第六部分《现代的社会形态及精神生活的改造》,包括第十三章"工人阶级创造新的世界"、第十四章"现代精神生活的变革"。

可以看出,柯辛建构的马克思主义哲学体系与苏联马克思主义哲学体系有较大的差异。

在马克思主义哲学的对象上,苏联马克思主义哲学教科书把马克思主义哲学对象规定为自然界、人类社会和思维运动的一般规律;《马克思主义哲学》则提出,从事实践的人才是马克思主义哲学的对象。"人对于世界的关系是通过人的能动的活动的各种形式来实现的。处于对世界的这种关系中的人,才是马克思主义哲学的主要对象。马克思主义哲学最重要的是研究人在革命实践中如何变革自己的周围世界和他们自身。""只有从这一点出发,自然和社会在其一体性和相互作用中,社会的实践在理论和实践的相互关系中……才能成为马克思主义哲学的对象,同时,科学、政治、道德和艺术……也才能成为马克思主义哲学的对象……马克思主义哲学自己研究的对象就是这样的一切领域同人、人的活动之间的联系,以及规定一切领域特征的各种普遍规律和本质的特征。"[1]

---

① 李成鼎、尚晶晶等:《当代哲学思潮述评——日本学者的有关论文》,求实出版社 1984 年版,第 45、47 页。

《马克思主义哲学》对马克思主义哲学对象规定的特点就在于,对象被理解为人的实践活动,以及由此产生的认识活动所媒介的领域,或者说,从现实的人出发,并以人的实践活动为基础来规定马克思主义哲学的对象,从而合理解决全部哲学问题。在这个意义上,我们赞同日本学者把《马克思主义哲学》称为"实践的唯物主义"。

在马克思主义哲学的结构上,苏联马克思主义哲学教科书把马克思主义哲学规定为辩证唯物主义与历史唯物主义,并把辩证唯物主义与历史唯物主义作为两个独立的部分分别阐述。《马克思主义哲学》则提出,马克思主义哲学是辩证的、历史的唯物主义,强调辩证唯物主义与历史唯物主义的"一体化",力图使马克思主义哲学的基本范畴、基本观点、基本规律在这种"一体化"的联系上得到说明。这是《马克思主义哲学》"体系叙述"的基础,也是其鲜明特征和新颖之处。

正是在这一思想指导下,生产力、生产关系是放在"物质和世界的统一性"中阐述的,经济形态、政治形态、阶级结构是放在"客观实在的体系性"中阐述的,社会革命是放在"作为质变的发展"中阐述的,而认识论则是以历史唯物主义为基础展开的。《马克思主义哲学》的基本原则,就是把社会生活及其历史置于客观实在的领域,即世界的物质统一性中加以考察,并认为马克思主义的新世界观以人类活动、社会生活过程作为出发点和中心内容,马克思主义哲学的"优越性"在于"对人类社会及社会实践的唯物主义解释","抛开历史唯物主义就不存在辩证唯物主义。两者在马克思主义的世界观中是融为一体的"①,应该说,这一观点正确而深刻,体现出历史唯物主义的世界观意义及其划时代的贡献。

在探索辩证唯物主义与历史唯物主义"一体化"的道路上,《马克思主义哲学》的确迈出了重要一步。但是,我们注意到,《马克思主义哲学》又存在着内在的矛盾:一方面强调实践是马克思主义哲学的基础和出发点,全部哲学问题的合理解决都存在于"社会实践和从概念上把握社会实践"中;另一方面又把"物质""意识""实践"这三个范畴并列,作为马克思主义哲学的根本范畴,并从自然史的角度出发阐述物质、意识、实践之间的关系,从物质范畴出发阐述马克思主义哲学,只是在第五部分,即认识论部分,才开始阐述实践的结构、地

---

① 李成鼎、尚晶晶等:《当代哲学思潮述评——日本学者的有关论文》,第43页。

位以及主体与客体的关系。这犹如太阳的单独运行规律已经被指明，但关于整个天体运动的解释仍然通行着托勒密的理论。

比东欧的南斯拉夫、民主德国晚了约 20 年，苏联学者开始全面反思辩证唯物主义与历史唯物主义的体系，重新探讨马克思主义哲学体系。

1982 年，《哲学问题》第 12 期发表编辑部文章，在苏联历史上首次提出，要从根本上反思辩证唯物主义与历史唯物主义的体系，认为这一体系的根本缺陷就在于分开阐述辩证唯物主义与历史唯物主义，把二者解释为两个独立的哲学学科，忘记了"二者的本质同一"。

1985 年，格列察内、卡拉瓦耶夫、谢尔热托夫在《列宁格勒大学学报》第 13 期上发表《论辩证唯物主义和历史唯物主义的本质同一》一文，对辩证唯物主义与历史唯物主义的本质同一进行了深入分析，认为辩证唯物主义与历史唯物主义不是整体与部分、一般与特殊的关系，不是马克思主义哲学结构上的两个组成部分，而是马克思主义哲学两个相互补充的特征。这是其一。

其二，社会是人同自然界的本质统一，超出社会存在，就没有意识与存在的关系，唯物主义的辩证性质只有在历史唯物主义的形式中才成为可能，历史唯物主义是唯物辩证法的集中体现，而实践则是把辩证唯物主义与历史唯物主义整体化为统一的完整学说的哲学范畴。

其三，辩证唯物主义与历史唯物主义的统一不是结构上的统一，而是实质上的统一，是统一的有机整体，统一的科学体系。辩证唯物主义与历史唯物主义体系的根本缺陷在于，在一个完整的马克思主义哲学中形成两个对象、两种"存在"、两种唯物主义，以至两个学科，从而造成了"本体论断裂"。所以，必须"摒弃辩证唯物主义—历史唯物主义的图式"。

由此，苏联哲学界开始全面反思辩证唯物主义与历史唯物主义体系，重新探讨马克思主义哲学体系。在这个过程中，1989 年，苏联出版了弗罗洛夫主编的《哲学导论》。《哲学导论》的书名是中性提法，但它对马克思主义哲学持一种明确的肯定态度，阐述的主要是马克思主义哲学的基本观点，实际上仍是一部马克思主义哲学教科书。

《哲学导论》分上、下两卷，共十八章。上卷《哲学的形成和发展》，包括第一章"哲学及其使命、意义和功能"，第二章"哲学的产生及其历史类型"，第三章"马克思主义哲学的形成和发展"，第四章"20 世纪的非马克思主义哲学"；下卷《理论和方法论：问题、概念、原理》，包括第五章"存在"，第六章"物质"，

第七章"辩证法",第八章"自然界",第九章"人",第十章"实践",第十一章"意识",第十二章"认识",第十三章"科学",第十四章"社会",第十五章"进步",第十六章"文化",第十七章"个性",第十八章"未来"。下卷的章节顺序安排和上卷的哲学史的发展及其反映的社会发展是相互关照的,以体现逻辑和历史的统一,体现哲学知识的整体性、连续性及其发展的阶段性,体现马克思主义哲学是在批判继承人类文化优秀成果的基础上产生的,是在创造性地研究当代社会现实和当代文化成果的基础上发展的。

按照弗罗洛夫的观点,这部教科书之所以取名《哲学导论》,"当中蕴涵着特定的意义":

一是"帮助那些学哲学的人,对哲学的问题和语言、哲学研究的手段和方法、概念和范畴,对哲学史和当代的哲学问题,有个初步的了解,从而使他们能在这纷繁复杂的事物中,独立地确定研究方向"①。

二是提高人们的理性思维素养,善于得心应手地运用概念"提出、论证或批判某些见解","看清变化和发展中的现实"。

三是"尽力揭示和证明"马克思主义哲学的新颖性和独创性,但"也绝不会抛弃以前的哲学"。马克思主义哲学是以前社会思想和哲学思想的直接继续,马克思主义哲学之所以强大有力,就是因为它善于批判地改造和吸收世界哲学思想的优秀成果。"以往的杰出哲学家不仅是我们的先辈,而且也是我们的'同代人',因为我们可从他们那里学到许多东西,可以同他们进行平等的对话和辩论。"②

四是恢复唯物辩证法的本来面貌和应有作用,以批判的态度对待现实。唯物辩证法本来是对社会进行批判改造的武器,但在《联共(布)党史简明教程》第四章第二节中变成了"毫无生命力的、单调乏味的死板公式",变成了"掩盖现实生活的矛盾","为现存的那些远非理想的事物进行辩护和颂扬"的工具。因此,必须恢复唯物辩证法的批判性,以批判的态度对待现实,探索改造和发展现实的各种可能性。"只有在改造现实的过程中和在实践中,哲学问题才能够得到解决,人类思维的现实性和威力方能显示出来。"③

---

① [苏]弗罗洛夫:《哲学导论》上卷,贾泽林等译,北京师范大学出版社2011年版,前言,第3页。
② [苏]弗罗洛夫:《哲学导论》上卷,前言,第5页。
③ [苏]弗罗洛夫:《哲学导论》上卷,前言,第3页。

从内容和观点上看,《哲学导论》保留了传统的马克思主义哲学教科书中"经受住了时间检验的一切东西",同时,依据当代社会生活的深刻变革对传统课题进行新的阐述,如"物质、空间与时间""存在的普遍联系""认识中感性与理性的统一",并增加了"一些以前的教科书里没有的题目",如"存在""文化""个性""实践"等,其中,最重要的就是"实践"。《哲学导论》明确指出,实践构成了人的存在方式和人类世界的基础,是人类对待世界的特殊方式,新世界观的基本思想就是唯物主义的实践观。"马克思的主要的和基本的哲学思想在于……实践是初始的和第一性的。"①

从结构和主体上看,《哲学导论》彻底打破了辩证唯物主义与历史唯物主义的"二分结构"体系,建构了以人类解放为主题的马克思主义哲学教学体系。《哲学导论》明确指出:"马克思主义的最高目的,是研究和从理论上论证被奴役的人类的解放问题。马克思主义证明,消灭一切奴役制度,消灭人的屈辱、异化和不自由,是不可避免的。哲学通过探讨、分析和研究人类普遍的实践经验和人类普遍的精神经验这两个方面,而使历史进程的这个最崇高的目的得以实现。"②

《哲学导论》从三个方面展开了对人类解放这一主题的论证:一是沿着人与世界的关系、人与人的关系以及人的本质这些"根本性的经典问题"而展开,并认为"对根本性的经典问题的研究,构成了马克思主义哲学的核心和本质"③;二是沿着"对共产主义的含义进行哲学论证"而展开,"把人的解放问题,改变为有关个人和社会沿着建立共产主义的道路前进的历史发展问题",并认为"全面发展的人,这就是作为共产主义理想'核心'而展现在马克思面前的理想的哲学形象"④;三是沿着人道主义的思路而展开,认为"马克思主义继承和发展了以往哲学的各种人道主义趋向,阐明了将人道主义理想付诸实现的途径、使人获得解放的途径和建设无愧于自由的人的社会的途径"⑤,所以,必须恢复和发展马克思主义最崇高的人道主义理想,以适应新的历史条件。

在《哲学导论》中,人的解放与人道主义是密切相关,甚至融为一体的,马

① [苏] 弗罗洛夫:《哲学导论》上卷,第 183 页。
② [苏] 弗罗洛夫:《哲学导论》上卷,第 174 页。
③ [苏] 弗罗洛夫:《哲学导论》上卷,第 174 页。
④ [苏] 弗罗洛夫:《哲学导论》上卷,第 177、181、187 页。
⑤ [苏] 弗罗洛夫:《哲学导论》上卷,前言,第 5 页。

克思主义的最高目的——实现人类解放和马克思主义的最崇高的理想——人道主义具有相同的内涵。《哲学导论》力图把人道主义精神贯彻到马克思主义哲学之中,建构一种苏联式的人道主义的马克思主义哲学体系。

从历史上看,从1953年斯大林逝世到1991年苏联解体,苏联马克思主义哲学演变的趋势,就是人道主义化。从1954—1955年讨论亚历山大诺夫的《辩证唯物主义》和康斯坦丁诺夫的《历史唯物主义》,对辩证唯物主义与历史唯物主义的个别观点进行反思,到认识论派与本体论派的论争,认识论派否定脱离人和人的活动的本体论,再到20世纪80年代对辩证唯物主义与历史唯物主义"二分结构"体系进行全面反思,要求"摒弃辩证唯物主义—历史唯物主义的图式";从二十二大提出"一切为了人,一切为了人的幸福",推动了斯大林去世后日渐抬头的人道主义思潮的发展,到1987年"哲学与生活"的讨论提出,"全部哲学都要把人视为社会进步的最终目的,视为最高的价值和一切事物的尺度,也就是说,要使哲学人道化"①,再到1987年和1989—1991年"哲学与科学"的讨论提出,哲学不是科学,否定辩证唯物主义与历史唯物主义的科学性,进而否定哲学为政治合理性论证的可能性,苏联哲学中的人道化倾向一直艰难而又顽强地不断表现出来,形成一种趋势。《哲学导论》就是这种马克思主义哲学人道化的历史延伸和集中体现,标志着苏联人道主义的马克思主义哲学体系的形成。

《哲学导论》的主编弗罗洛夫时任苏共中央书记处书记、《真理报》主编,是苏共中央总书记戈尔巴乔夫的助手,其作者大多是苏联一流哲学家。因此,《哲学导论》出版后立即取代了在苏联哲学界占主导地位30年之久的《马克思主义哲学原理》(康斯坦丁诺夫主编),并成为苏联马克思主义哲学教科书的新的权威版本。《哲学导论》的出版,标志着苏联辩证唯物主义与历史唯物主义体系的终结,同时,标志着30多年来艰难演进的苏联马克思主义哲学人道化得到了官方的肯定和学界的认可,成为苏联哲学的主流。

然而,好景不长。1991年,随着苏共解散、苏联解体,《哲学导论》的主导地位不复存在,它所建立的人道主义的马克思主义哲学体系也"寿终正寝",只能作为思想博物馆的标本陈列于世,而不可能兴盛于世了。在这个意义上,《哲学导论》又是苏联整个马克思主义哲学终结的标志。

----

① [苏]拉宾:《关于苏联哲学研究发展的构想》,何天齐译,载《哲学译丛》1988年第4期。

四、中国学者对马克思主义哲学教学体系的新探索

1961 年,就在艾思奇主编的《辩证唯物主义　历史唯物主义》刚刚出版之际,毛泽东嘱咐李达再编一本马克思主义哲学教科书。1965 年,毛泽东在阅读李达主编的《马克思主义哲学大纲(内部讨论稿)》时,简明扼要地阐述了以对立统一规律为核心的辩证法体系,否定了苏联马克思主义哲学体系把质量互变规律、对立统一规律和否定之否定规律并列的形式,明确指出"旧哲学传下来的几个规律并列的方法不妥";同时,在其中的《两种发展观互相对立的焦点》这一节明确批写:"不必抄斯大林。"[1]这实际蕴涵着毛泽东对苏联马克思主义哲学体系的不满,蕴含着毛泽东对中国化的马克思主义哲学体系的期盼。李达主编的《马克思主义哲学大纲》实际上开始了中国学者对马克思主义哲学体系的新探索。然而,由于种种历史原因,这一探索一度中断了。

重启对马克思主义哲学体系新探索的,是高清海主编,1985、1987 年出版的《马克思主义哲学基础》(上下册)。《马克思主义哲学基础》认为,马克思主义哲学是"关于外部世界和人类思维的运动的一般规律的科学",并明确提出:"马克思主义哲学就是辩证唯物主义"[2],"'辩证的'唯物主义,标示出了马克思主义唯物主义整个理论内容与旧唯物主义不同的性质"[3];实践是马克思主义哲学全部理论内容的核心,马克思主义哲学"把实践的观点提到首要和基本观点的地位","并且把这一原则彻底贯彻到哲学全部内容之中,建立了以实践为基础、与实践内在统一的哲学体系",从而实现了哲学史上的革命性变革[4]。

依据这一原则,《马克思主义哲学基础》建构了一种新的马克思主义哲学体系:《绪论:马克思主义哲学是科学的世界观认识论方法论的统一》;第一篇《意识与存在的关系——认识的基本矛盾》,包括第一章"人类认识的基本矛盾及其历史发展",第二章"马克思主义哲学对存在与意识关系的科学解决",第

---

① 由于"文化大革命",李达主编的《马克思主义哲学大纲》的上册没有出版,下册没有写完。"文化大革命"结束后,陶德麟主持对《马克思主义哲学大纲》上册进行修改,1978 年以《唯物辩证法大纲》为题由人民出版社出版。这是"文化大革命"结束后出版的第一本马克思主义哲学教科书。
② 高清海:《马克思主义哲学基础》上册,人民出版社 1985 年版,目录,第 2 页。
③ 高清海:《马克思主义哲学基础》上册,第 95 页。
④ 高清海:《马克思主义哲学基础》上册,第 107 页。

三章"客体的规定性",第四章"客体的规律性",第五章"世界统一于运动着的物质";第二篇《主体——人作为主体的规定性及其主体能力的根据和发展》,包括第六章"人作为主体的基本规定性",第七章"主体能力的自然基础",第八章"主体的社会规定性";第三篇《主体与客体的统一——在实践基础上真善美的统一与自由的实现》,包括第九章"主客体统一的规定性",第十章"实践",第十一章"认识"、第十二章"自由"。

《马克思主义哲学基础》认为,历史唯物主义既是辩证唯物主义得以形成的基础,同时,又是体现在历史观上的辩证唯物主义,就理论性质而言,辩证唯物主义与历史唯物主义是一般世界观和历史观的关系,二者在内容和观点上是相互内在地包含的,而不是外在地结合在一起的。因此,把辩证唯物主义与历史唯物主义拆开并列起来,变成外在结合的关系,不符合辩证唯物主义与历史唯物主义所固有的内在的统一关系。正因为如此,《马克思主义哲学基础》突破了辩证唯物主义与历史唯物主义的"二分结构",在阐述"辩证唯物主义的物质观"时就说明了社会的物质性,包括社会存在、社会发展是自然—历史过程,以及自然的物质性与社会的物质性的关系,并以意识与存在的关系这一认识活动的基本矛盾为基本线索,以客体的规定性、主体的规定性、主体与客体的统一,以及自由的实现为逻辑结构,展示出一种新的马克思主义哲学体系。

同时,《马克思主义哲学基础》明确提出,实践的观点是马克思主义哲学首要的和基本的观点,并力图把实践原则作为马克思主义哲学体系的建构原则。按照《马克思主义哲学基础》的观点,"实践是马克思主义哲学全部理论内容的核心",马克思主义哲学正是从实践活动出发去理解主体与客体及其相互关系的,"从此哲学理论才既摆脱了停止于外部偶然联系的直观性,又摆脱了追求抽象本体的超验性,成为以揭示客观规律为主要内容、具有可检验性的科学理论"[①]。这就突破了苏联马克思主义哲学体系对实践范畴的认识论限定,而将其上升到马克思主义哲学的理论核心和建构原则的高度,上升到主体与客体分化和统一基础的高度,并明确指认了实践在马克思主义哲学本体论、历史观和认识论中的整体性地位,力图建构以实践观点为理论基础和逻辑中介的马克思主义哲学体系。

但是,《马克思主义哲学基础》又留下了两个理论难题:

---

① 高清海:《马克思主义哲学基础》上册,第107页。

一是明确提出实践观点是马克思主义哲学的首要观点和理论核心，但在具体阐述马克思主义哲学基本观点时，并没有把这一首要观点、理论核心贯穿始终，只是在阐述了客体规定性、主体规定性之后，在第四篇第十章，即《主体与客体的统一》才对实践观点做出阐述，更重要的是，没有把实践的观点同客体的规定性、规律性有机结合起来，辩证原则游离于实践观之外。

二是强调历史唯物主义对马克思主义哲学的形成具有特殊的意义，认为历史唯物主义是辩证唯物主义得以形成的基础，"关于实践的理论既是发现唯物史观的必然结果，又是唯物史观的基本内容"①，但又提出"不能由此就认为，马克思主义哲学主要就是历史唯物主义"，在马克思主义哲学中，"基础理论""就是辩证唯物主义"，历史唯物主义则是把辩证唯物主义运用于历史领域的"中介性理论"，是体现在历史观上的辩证唯物主义。② 这是一个逻辑矛盾。实际上，在马克思主义哲学中，并不存在一个独立的、作为理论基础的辩证唯物主义，也不存在一个独立的、仅仅具有运用性质、"中介"性质的历史唯物主义。按照马克思的观点，历史唯物主义本身就是"唯物主义世界观"，是"真正批判的世界观"③。

继《马克思主义哲学基础》之后，由肖前、李秀林、汪永祥主编，1991 年出版的《辩证唯物主义原理（修订本）》《历史唯物主义原理（修订本）》，由辛敬良主编，1991 年出版的《马克思主义哲学导论——实践的唯物主义》，由李秀林、王于、李淮春主编，1995 年出版的《辩证唯物主义和历史唯物主义原理（第 4版）》，都明确提出实践的观点是整个马克思主义哲学首要的和基本的观点，并力图用实践唯物主义精神改造原有的马克思主义哲学体系，或者说，以实践为原则建构马克思主义哲学体系。

《辩证唯物主义原理（修订本）》《历史唯物主义原理（修订本）》认为，马克思主义哲学是唯物主义和辩证法、唯物辩证的自然观和历史观高度统一的理论体系，辩证唯物主义本身就包含着历史唯物主义，历史唯物主义则使辩证唯物主义获得了全面的、巩固的基础。"辩证唯物主义之所以是彻底的唯物主义，不仅是因为它唯物地解释了自然，包含有唯物主义的自然观，而且特别是由于它唯物地解释了社会生活，包含有唯物主义的历史观"；"历史唯物主义是

① 高清海：《马克思主义哲学基础》下册，人民出版社 1987 年版，第 260 页。
② 高清海：《马克思主义哲学基础》上册，第 101 页。
③《马克思恩格斯全集》第 3 卷，第 261 页。

彻底的唯物主义的标志,如果没有这个标志,就意味着彻底的唯物主义即辩证唯物主义还没有创立",历史唯物主义"使全部马克思主义哲学建立在科学实践观的基础之上"①;马克思主义哲学确认实践是人的存在方式、社会生活的本质和现存世界的基础,并把实践的观点看作自己首要的和基本的观点,因此,"马克思主义哲学的新唯物主义,同时可以说是实践的唯物主义"②。

这不乏真知灼见,但这一精神并未自始至终贯彻下去。《辩证唯物主义原理(修订本)》《历史唯物主义原理(修订本)》仍然"保持原来的基本理论格局"③,即仍然保持辩证唯物主义与历史唯物主义的"二分结构",只是在辩证法和认识论之间增加了专门阐述实践的一章,对实践的根本地位、主要特征、内在结构、活动过程和历史发展做了深入而全面的阐述,以尽力弥补"原来基本理论格局"的不足。

与《辩证唯物主义原理(修订本)》《历史唯物主义原理(修订本)》"保持原来的基本理论格局"不同,《辩证唯物主义和历史唯物主义原理(第4版)》对原来的"体系结构作了较大的改变","对理论内容进行了较多的充实和调整",改变了辩证唯物主义与历史唯物主义的"二分结构",突出了辩证唯物主义与历史唯物主义的"一体化",展现了马克思主义哲学是以实践为本质特征的辩证唯物主义、历史唯物主义,并明确指出:"辩证唯物主义和历史唯物主义这两个重要特征,都是从实践的唯物主义这一本质特征引申出来的,是这一本质特征必然展开的内在逻辑和理论表现。"④

正是在这一思想的指导下,《辩证唯物主义和历史唯物主义原理(第4版)》力图改变辩证唯物主义与历史唯物主义"二分结构",建构辩证唯物主义与历史唯物主义"一体化"的马克思主义哲学体系:导论"科学的世界观和方

① 肖前、李秀林、汪永祥:《历史唯物主义原理》修订本,人民出版社1991年版,第28、29页。
② 肖前、李秀林、汪永祥:《辩证唯物主义原理》修订本,人民出版社1991年版,第44页。
③ 肖前、李秀林、汪永祥:《辩证唯物主义原理》修订本,前言,第1页。
④ 李秀林、王于、李淮春:《辩证唯物主义和历史唯物主义原理(第4版)》,中国人民大学出版社1995年版,第24页。《辩证唯物主义和历史唯物主义原理(第5版)》进一步指出:"用'实践唯物主义'来称谓马克思主义哲学,是为了透显马克思的唯物主义所内含的实践维度及其首要性和基本性";"用'辩证唯物主义'称谓马克思主义哲学,是为了透显马克思的唯物主义所内含的辩证法维度及其批判性和革命性";"与'辩证唯物主义'并列,加上'历史唯物主义'来称谓马克思主义哲学,是为了透显马克思的唯物主义所内含的历史维度及其彻底性和完备性"。(李秀林、王于、李淮春:《辩证唯物主义和历史唯物主义原理(第5版)》,中国人民大学出版社2004年版,第五版说明,第2页)

法论",第一章"世界的物质统一性",第二章"实践与世界",第三章"社会及其基本结构",第四章"世界的联系和发展",第五章"联系和发展的基本规律",第六章"联系和发展的基本环节",第七章"社会发展过程及其动力",第八章"从客观辩证法到主观辩证法",第九章"认识的本质和结构",第十章"认识的过程及其内在机制",第十一章"真理和价值",第十二章"认识与思维方法、思维方式",第十三章"文化与社会现代化",第十四章"人的本质、自由和全面发展"。

《辩证唯物主义和历史唯物主义(第4版)》建构的马克思主义哲学体系有两个突出特点:一是在"世界的物质统一性"这一章中充分体现了自然观和历史观的统一,阐述了自然界的物质性与人类社会的物质性及其关系,阐述了物质形态的同源性和同构性;二是在"实践与世界"这一章中,明确提出了实践的世界观意义,阐述了实践是人的存在方式,是主观世界和客观世界、自在世界和人类世界分化与统一的基础。但是,如何把辩证法同实践观有机结合起来,仍是一个未解决的理论难题。在《辩证唯物主义和历史唯物主义原理(第4版)》中,辩证法仍然游离于实践观之外。

《辩证唯物主义和历史唯物主义原理(第5版)》对辩证法部分做了较大的改进,在《联系和发展》一章中阐述了"物与物的关系和'为我而存在的关系'""客观辩证法、主观辩证法与实践辩证法",在《发展的基本规律》一章中阐述了"否定性的辩证法与实践观、矛盾观",但从本质上看,辩证法仍然游离于实践观之外,辩证法与实践观的有机结合这一理论难题仍然没有得到有效解决。

辛敬良主编,1985年出版的《马克思主义哲学导论——实践的唯物主义》向我们展示了这样一个马克思主义哲学体系:第一编《马克思主义的实践观》,包括第一章"马克思主义实践观的创立及其意义",第二章"实践与主客体关系",第三章"实践是马克思主义哲学大厦的基石";第二编《以实践为中介的自然过程》,包括第四章"自然的客观性及对人的优先地位",第五章"自然界的对象性及向人的呈现",第六章"自然界的历史性及与人在社会中的统一";第三编《以实践为本质的社会历史过程》,包括第七章"社会有机体",第八章"历史的主客体和历史过程",第九章"社会物质生产",第十章"人自身生产和人群共同体",第十一章"社会精神生产",第十二章"精神产品的两大类型——意识形态和科学",第十三章"社会形态及其演进序列",第十四章"人、人性和人的全面发展";第四编《以实践为基础的意识和认识过程》,包括第十五章"意识的发生和结构",第十六章"认识过程",第十七章"实践与真理",第十八章"思维的规律和方法"。显然,这是一个新的马克思主义哲学体系,而贯穿这一体系的红线就是实践唯物主义精神。

从马克思主义哲学体系演变的历史看,李达的《社会学大纲》提出了"当作实践的唯物论看的唯物辩证法"这一命题,初步具有了马克思主义哲学是实践唯物主义的思想。"辩证法的唯物论,以劳动的概念为媒介,由自然认识的领域扩张于历史认识的领域,使唯物论发生了本质的变化,变成了实践的唯物论。"①这是新中国成立前马克思主义哲学教科书首次提出马克思主义哲学是实践唯物主义的思想。

李秀林、王于、李淮春主编,1982年出版的《辩证唯物主义和历史唯物主义原理》提出了"马克思主义哲学的奠基人把自己的学说称为实践的唯物主义"这一命题,包含着马克思主义哲学是实践唯物主义的思想。马克思主义哲学"第一次把科学的实践观点引入哲学,全面地、科学地论证了实践及其在认识中的决定作用和在哲学中的基础地位";同时,"强调自己的全部理论都要付诸实践,指导实践,变为群众的行动,化作改造世界的物质力量";"'实践的唯物主义'还表明,'全部问题都在于使现存世界革命化,实际地反对和改变事物的现状'"②。这是新中国成立后马克思主义哲学教科书首次提出马克思主义哲学是实践唯物主义的思想。

亚历山大诺夫(又译作阿历山大罗夫)主编,1954年出版的《辩证唯物主义》提出了"辩证唯物主义是实践的唯物主义"这一命题,蕴含着马克思主义哲学是实践唯物主义的思想。"马克思和恩格斯把辩证唯物主义推广去理解社会生活,从而使哲学和革命实践、和政治、和反对资本主义的斗争联系起来。正因为这样,他们认为辩证唯物主义——唯物主义理论的最高发展——是实践的唯物主义。"③这是苏联马克思主义哲学教科书首次提出马克思主义哲学是实践唯物主义的思想。

但是,无论是《社会学大纲》《辩证唯物主义和历史唯物主义原理》(第1版),还是《辩证唯物主义》,当它们提出马克思主义哲学是实践唯物主义思想

---

① 《李达文集》第二卷,第60页。
② 李秀林、王于、李淮春:《辩证唯物主义和历史唯物主义原理》,中国人民大学出版社1982年版,第25页。
③ [苏]阿历山大罗夫:《辩证唯物主义》,马哲译,人民出版社1954年版,第30页。

时,所表明的主要是一种要把理论付诸行动的哲学态度,而不是把实践观点作为马克思主义哲学体系的建构原则;所阐述的主要是实践观点是马克思主义认识论首要的和基本的观点,而不是把实践观点作为整个马克思主义哲学首要的和基本的观点。即使后来出版的一些马克思主义哲学教科书,自觉意识到并明确提出实践观点是马克思主义哲学首要的和基本的观点,是马克思主义哲学体系的建构原则,但由于种种原因,并没有把这一原则贯彻始终。

与此不同,《马克思主义哲学导论》的副书名就是"实践的唯物主义",它不仅明确提出马克思主义哲学是实践唯物主义,而且对实践唯物主义的内涵做了深入阐述,认为实践唯物主义不是把世界当作与人的活动无关的纯客观的存在,不是对世界本原的终极性思考,而是把世界作为人的实践活动的对象来把握,以理论思维的形式从总体上把握人与世界的关系,从而成为理论体系与价值体系的统一,唯物主义自然观与历史观的统一,辩证法与历史唯物主义的统一,辩证法、认识论与逻辑学的统一。

在这一新的马克思主义哲学体系中,实践观点的地位与作用是基础性和全方位的:

在主体与客体的关系中,强调实践是主体与客体分化和统一的基础。"实践活动的本质内涵,就在于具体的和历史的主体,在活动进程中按照自己的目的,用关于现实的观念模式和关于客体属性的知识来实现对客体的物质规定,并通过对象化的活动而改造自己、创造自己和进一步完善自己。"①

在自然观中,强调"以实践为中介的自然过程",以及以实践为基础和中介的"历史的自然和自然的历史",认为"物质是标志客观实在的哲学范畴,是作为实践对象的一切事物的共同特性的抽象或概括,这一特性(即客观实在性)指的是事物在实践过程中唯一能保持不变的属性,也是历史地发展着的实践活动的能动改造作用的最后界限"②。

在历史观中,强调"以实践为本质的社会历史过程",认为社会是在人的实践基础上生成的不断自我更新的有机体,历史是人类实践活动在时间中的展开,意识形态和科学是人们在实践基础上掌握世界的精神样式。

在认识论和辩证法中,强调"以实践为基础的意识和认识过程",认为意识

① 辛敬良:《马克思主义哲学导论——实践的唯物主义》,复旦大学出版社 1991 年版,第54 页。
② 辛敬良:《马克思主义哲学导论——实践的唯物主义》,第 132 页。

和自我意识的内容与形式都取决于人的实践活动及其发展水平。"实践活动是主客体相互作用的过程，主体与客体的相互规定及双向运动的结构亦即对立统一的关系，就内化为辩证思维的规律也就是矛盾思维律。"作为辩证思维的内容，事物的"辩证本性"是"由实践活动赋予的性质，而不是与人无关的所谓'自然界的辩证法'"①。但是，《马克思主义哲学导论》却回避了一个重要问题，即如何在科学实践观的基础上阐述辩证法，阐述实践活动如何"赋予"事物以"辩证本性"。

在这一方面颇有建树的，是陈晏清、王南湜、李淑梅著，2001年出版的《马克思主义哲学高级教程》。《马克思主义哲学高级教程》深入探讨了"辩证法的实践原型"和"合理形态的辩证法"，明确指出，"马克思哲学的唯物论、辩证法，都是对于人的活动的根本理解、根本观点"，因此，要"把实践的观点作为整个马克思主义哲学的首先的和基本的观点，把'实践'作为马克思主义哲学体系的核心范畴，据此去阐明马克思主义的实践论的唯物论和实践论的辩证法的基本特征，并在此基础上，阐明实践论的自然观念、社会观念、历史观念、知识观念及作为全部哲学观念之综合的自由观念，建构起一个将实践观念贯通到底的马克思主义哲学的解释体系"②。这是其一。

其二，《马克思主义哲学高级教程》认为，马克思的哲学思考总是指向人的现实活动，明确地把哲学视为人类对自身活动的反思，"这就是马克思的基本的哲学理念"。马克思的哲学观是"人类活动论的哲学观"，马克思的哲学思维范式是"人类活动论的或人类学的哲学思维范式"，而这种哲学观和哲学思维范式的核心就是实践论。"只有把握了马克思哲学的这一基本理念，理解了马克思开创的人类活动论思维范式的意义，才能对马克思哲学的主体性维度有真正的和正确的理解。"正因为如此，《马克思主义哲学导论》力图"建构起一个符合马克思的人类活动论思维范式的解释框架"③。

其三，《马克思主义哲学高级教程》认为，人的活动就是要把自然世界改造成为适合人类生存和发展的属人世界，因而不断地制造世界的分化，同时又实现着世界的统一。作为人类自身活动的反思，哲学就是要思考世界的分化与

---

① 辛敬良：《马克思主义哲学导论——实践的唯物主义》，第588页。
② 陈晏清、王南湜、李淑梅：《马克思主义哲学高级教程》，南开大学出版社2001年版，第6—7页。
③ 陈晏清、王南湜、李淑梅：《马克思主义哲学高级教程》，第6页。

统一。哲学所要把握的世界的统一性,不是那种离开了人的活动的统一性,而是由于人的活动而分化的统一性;因人的活动而分化的世界的同一性,实质上是人类活动中的必然与自由的统一性。自由与必然是人类存在的本原性结构和人类活动的本原性矛盾,是哲学发展的基本线索。"马克思主义哲学就是一种在现代条件下,以其特有的方式解决思维与存在的关系问题并进而解决自由与必然之现实对立的哲学体系。"①

从人类活动论的哲学思维范式出发,《马克思主义哲学高级教程》建构了一个以必然与自由的关系为基本线索,以实践为首要观点和核心范畴,以人的自由为目标的马克思主义哲学体系:第一章"哲学的精神",第二章"马克思的哲学变革",第三章"合理形态的辩证法",第四章"现代形态的唯物主义",第五章"人化自然的观念",第六章"社会生活的实践本质",第七章"人类历史的辩证过程",第八章"人类认识的辩证过程",第九章"人类自由——真、善、美的统一"。

其中,第一章"哲学的精神"专门阐述了自由与必然是人类存在的本原性结构和人类活动的本原性矛盾,说明哲学是人类对自身活动的反思,是解决自由与必然关系问题的一种独特努力;第三章"合理形态的辩证法"专门阐述了实践论的辩证法,分析了辩证法的实践原型与其理论抽象,并对自然辩证法提出新的理解;第四章"现代形态的唯物主义"专门阐述了实践论的唯物主义,分析了现代唯物主义的实践性、辩证性和历史性;第七章"人类历史的辩证法"专门阐述了异化问题,说明异化和异化的扬弃是人类历史演进的必经之路。

从总体上看,改革开放以来,中国学者对马克思主义哲学体系的新探索,是沿着深化马克思主义的实践观点,以实践观点为首要观点、核心范畴和建构原则,以实践唯物主义、辩证唯物主义和历史唯物主义的统一为目标这一研究路径展开的。

之所以如此,一是中国学者立足改革开放这一新的实践深入解读、重新解读马克思主义哲学文本的结果。改革开放以来,中国学者以现实的实践为基础,从"开放的世界"为背景,深入解读马克思的《1844 年经济学哲学手稿》《1857—1858 年经济学手稿》等著作,重新解读马克思的《关于费尔巴哈的提纲》《神圣家族》《德意志意识形态》《资本论》等著作。正是在这些著作中,实

---

① 陈晏清、王南湜、李淑梅:《马克思主义哲学高级教程》,第 9 页。

践观点在马克思主义哲学中的基础地位和核心作用得到了深刻而充分的论述。从根本上说,对文本的任何一种解读、重读都是由实践所激发,并受实践所制约的。

二是中国学界关于实践标准的讨论,关于人、人道主义和异化问题的讨论,关于主体性问题的讨论,关于实践唯物主义的讨论不断深化的结果。对人、人道主义和异化问题研究到一定程度必然引发主体性问题,主体性维度是马克思主义哲学本身所固有的;主体性维度的背后还有一个更为基础性的东西,那就是实践,只有正确把握实践的内涵、地位和作用,才能正确理解主体性维度,因此,对主体性问题的讨论又必然引发实践唯物主义的讨论。

三是中国学者在一定程度上受到西方马克思主义、东欧新马克思主义的启发。1982年,徐崇温的《西方马克思主义》、贾泽林的《南斯拉夫当代哲学》出版,这标志着西方马克思主义、东欧新马克思主义在中国"登陆",为中国学者展示了一个不同于苏联马克思主义哲学体系的研究领域。西方马克思主义、东欧新马克思主义对马克思早期著作的解读,对社会存在理论、社会批判理论、实践观点的研究等,扩展了马克思主义哲学的研究视野,提供了更多的马克思主义哲学的研究方法。中国学者以实践观点为首要观点、核心范畴和建构原则建构马克思主义哲学教学体系,既有中国现实的基础,又在一定程度上受到西方马克思主义、东欧新马克思主义的启发。

从历史上看,用实践唯物主义来称谓马克思主义哲学并非始于中国学者。1927年,河上肇就在强调实践性、阶级性的意义上,把马克思主义哲学称作实践唯物主义;1948年,梅洛·庞蒂在否定辩证唯物主义的意义上,把马克思主义哲学看作实践唯物主义。之前之后,西方马克思主义、东欧新马克思主义以及日本马克思主义都对实践唯物主义做过探讨。但是,无论是从广度上看,还是就深度而言,中国学者对实践唯物主义及其与辩证唯物主义、历史唯物主义关系的和研究都是无与伦比的,并在马克思主义哲学史上留下了浓墨重彩的一章。

五、简短的结语

在简短的结语中,我们拟就在马克思主义哲学教科书中如何阐述马克思主义哲学的基本观点做一简要述评,以有助于建构面向21世纪的、中国化的马克思主义哲学体系。

任何一门学科的教科书的主要任务,就是阐述这门学科的基本观点。马克思主义哲学教科书也是如此,其任务就是阐述马克思主义哲学的基本观点。但是,我们应当辩证地理解马克思主义哲学的基本观点。

其一,有些基本观点已经成为马克思主义哲学的"常识"观点,如物质统一论、能动反映论、历史决定论以及矛盾论等,对于这样一些基本观点,马克思主义哲学教科书应结合当代实践的新经验、当代科学的新成果,用"新话"对之做出新的解释,使这些已经成为"常识"的观点历久弥新,显示出当代内涵和当代价值。

其二,有些观点本来就是马克思主义哲学的基本观点,只是由于种种原因,过去的马克思主义哲学教科书没有涉及或未加重视,没有把它们作为马克思主义哲学的基本观点加以阐述,如实践是人的存在方式,社会生活在本质上是实践的,历史向世界历史的转变,每个人的全面而自由的发展等。对于这样一些观点,马克思主义哲学教科书应以当代实践和科学为基础,深入挖掘这些基本观点,并给予全面阐述。

其三,有些观点本来不是马克思主义哲学的基本观点,在马克思主义哲学创始人那里只是有所论述,但没有充分展开、详尽论证。问题在于,当代实践和科学又日益凸显这些观点所蕴含的问题,使之成为迫切需要解答的重大问题,如历史认识中的"从后思索"法,人与自然的"和解",时间是人的发展空间等。对于这样一些观点及其蕴含的问题,马克思主义哲学教科书同样应以当代实践和科学为基础,对之进行深入分析、系统论证,使之成熟完善,上升为马克思主义哲学的基本观点,并同原有的基本观点融为一体。

其四,有些观点马克思主义哲学创始人并没有明确提出,而是后来的马克思主义者依据马克思主义的方法论,研究"变化中的实际"提出来的新观点,如辩证逻辑的基本要求、矛盾普遍性与特殊性的关系、科学技术是第一生产力、生态文明等。由于这些观点反映了人与世界的总体关系以及社会发展的基本规律,因而应当成为马克思主义哲学的基本观点。"马克思主义是马克思的观点和学说的体系。"①离开了马克思的观点和学说的马克思主义哲学,只能是打引号的马克思主义哲学。

---

① 《列宁选集》第 2 卷,第 418 页。

但是，我们又不能把马克思主义哲学和马克思的哲学完全等同起来，认为只有坚持马克思以及恩格斯的所有哲学思想，才是坚持马克思主义哲学。按照这种观点，马克思主义哲学必然终止于1883年或1895年。马克思主义哲学教科书不能奉引"原教旨主义"，以教条主义的态度对待马克思主义哲学，相反，应当按照马克思主义的精神对待马克思主义哲学。

其五，有些基本观点直接凸显着政治效应，如社会主义代替资本主义的必然性等，有些基本观点则间接蕴含着政治意义，如否定性的辩证法等。尽管哲学观点、哲学命题的理论意义与政治效应并非等值，但哲学观点、哲学命题具有这种或那种政治效应却是无疑的，更重要的是，哲学与时代的统一性首先是通过它的政治效应实现的。因此，马克思主义哲学教科书应当也必须彰显马克思主义哲学的政治情怀。如果说马克思主义经济学是政治经济学，那么，在一定意义上，马克思主义哲学就是政治哲学。同时，马克思主义哲学教科书又不能成为某种政治的传声筒、某种政策的辩护词，而应该保持自身的相对独立性，以反思的态度、批判的精神和科学的原则对待现实。"凡是现实的，都是合理的"，不是马克思哲学的思维方式，而是黑格尔哲学的思维方式。

其六，用中国的语言风格和表述方式阐述马克思主义哲学的基本观点。黑格尔说过，一个民族应该用自己的语言来习知优秀的东西，在德国，哲学应该说"德国话"。马克思主义哲学是马克思、恩格斯创立的，它肯定具有德国的语言风格和表述方式；马克思主义哲学又是经过俄国十月革命传入中国的，经过俄国的中介传入中国的马克思主义哲学又肯定具有某些俄国的语言风格和表述方式。因此，中国的马克思主义哲学教科书应该也必须学会说"中国话"，用中国的语言风格和表述方式讲深、讲透、讲活马克思主义哲学基本观点。"只有当一个民族用自己的语言掌握了一门科学的时候，我们才能说这门科学属于这个民族；这一点，对于哲学来说最有必要。"①黑格尔的这一见解正确而深刻。

但是，用"中国话"去阐述马克思主义哲学，并不是把马克思主义哲学的范畴简单地转化为中国传统哲学的范畴，把矛盾变成阴阳，规律变成道，物质变成气，共产主义社会变成大同社会……这是文字游戏；更重要的是，马克思主义哲学中国化绝不是使马克思主义哲学去迎合中国传统哲学，用中国传统哲

---

① ［德］黑格尔：《哲学史讲演录》第四卷，第187页。

学去"化"马克思主义哲学,这种迎合和"化"的结果只能使马克思主义哲学"空心化",成为所谓的"儒学马克思主义"。我们必须明白,马克思主义哲学是现代工业文明的结晶,中国传统哲学以及儒家学说则是古代农业文明的产物。不是儒家学说、传统哲学挽救了近代中国,而是新民主主义革命的胜利使儒家学说、传统哲学避免于同近代中国社会的衰败一道走向没落;不是儒家学说、传统哲学把一个贫穷落后的中国推向世界,而是当代改革开放和现代化建设的巨大成就把儒家学说、传统哲学推向世界。

从根本上说,马克思主义哲学中国化就是用马克思主义哲学"化解"中国的实际问题,用中国的宝贵经验并使之上升为理论问题,从而"深化"马克思主义哲学。同时,在这个过程中,用马克思主义哲学"化解"中国传统哲学,吸取其精华,并对之进行创造性转换,使其"融入"到马克思主义哲学之中。通过这样一个"化解""深化""融入"循环往复、不断发展的过程,使马克思主义哲学具有时代精神、中国内涵、民族形式。这是中国马克思主义哲学教科书应有的品格,是建构面向 21 世纪的、中国化的马克思主义哲学体系的方向。

载《哲学研究》2011 年第 10、11 期

《中国社会科学文摘》2012 年第 3 期转载

哲学的本性与位置

哲学史是一个"死人的王国","这王国不仅充满着肉体死亡了的个人，而且充满着已经推翻了的和精神上死亡了的系统"①。同时，哲学史又是"思想英雄较量"的场所，正是在这种"思想英雄较量"的过程中，哲学显示出"整体的生命"，成为一个"真理的王国"。问题在于，哲学不仅是一个"真理的王国"，而且是一个问题的王国，在这个问题的王国中，最折磨哲学家耐心的问题就是：哲学的本性是什么？哲学的位置究竟在哪里？用一位日本哲学家的话来说就是，对哲学家来说，最恶毒的问题莫过于问他"哲学是什么"。

一、哲学是一个历史范畴

按照西方传统哲学的观点，哲学"寻求最高原因的基本原理"，提供"全部知识的基础"和"一切科学的逻辑"，是知识的"最高智慧"和人生的"最高支撑点"；按照中国传统哲学的观点，哲学是"究天人之际，通古今之变""判天地之美，析万物之理""为天地立心，为生民立命"。

在现代西方人本主义哲学看来，哲学关注并要解决的是

---

① ［德］黑格尔：《哲学史讲演录》第一卷，商务印书馆 1959 年版，第 21—22 页。

人的"精神的焦虑""信仰的缺失""形上的迷失""意义的失落"和"人生的危机"等问题;在现代西方科学主义哲学看来,"哲学就是那种确定或发现命题意义的活动",科学使命题得到证实,哲学使命题得到澄清,"科学研究的是命题的真理性,哲学研究的是命题的真正意义"①。中国现代新儒学认为,人做各种事有各种意义,各种意义合成一个整体,就构成了人生境界,哲学就是要使人具有人的精神境界和理想生活,即"使人作为人能够成为人"。"学哲学的目的,是使人作为人能够成为人,而不是成为某种人。其他的学习(不是学哲学)是使人能够成为某种人,即有一定职业的人。"②

苏联马克思主义认定,哲学是自然科学和社会科学的概括与总结,是关于自然界、人类社会和思维运动的普遍规律的科学,科学的研究对象是世界的某一领域,得到的是某种特殊的规律,哲学的研究对象是整个世界或世界的普遍联系,得到的是普遍规律;西方马克思主义则认为,"哲学的真正社会功能就在于,它对流行的东西进行批判",其"主要目的在于防止人类在现存社会组织慢慢灌输给它的成员的观点和行为中迷失方向"③,"理智地消除以至推翻既定事实,是哲学的历史任务和哲学的向度"④。

这些关于哲学位置的特殊或复杂的论述印证了黑格尔的见解,即"哲学有一个显著的特点,与别的科学比较起来,也可以说是一个缺点,就是我们对它的本质,对于它应该完成和能够完成的任务,有许多大不相同的看法"⑤。

的确如此。作为同原始幻想相对立的最早的理论思维形式,哲学是同科学一起诞生的。然而,对于什么是哲学,从未形成一致的看法,不存在被所有哲学家公认的哲学定义。不同时代、不同民族、不同派别的不同哲学家对哲学有不同的看法,不仅哲学观点不同,而且哲学理念也不同。哲学是什么,哲学的位置在哪里,因此成为最折磨哲学家耐心的问题,由此导致哲学"总是被迫在起点上重新开始……从头做起"⑥。

在我看来,这是科学史、思想史的正常现象。科学史、思想史表明,任何一

① 洪谦:《逻辑经验主义》上卷,第9页。
② 冯友兰:《中国哲学简史》,北京大学出版社1985年版,第16页。
③ [德]马克斯·霍克海默:《批判理论》,李小兵等译,重庆出版社1989年版,第250、257页。
④ [美]赫伯特·马尔库塞:《单向度的人》,刘继译,上海译文出版社1989年版,第166—167页。
⑤ [德]黑格尔:《哲学史讲演录》第一卷,第5页。
⑥ [德]M.石里克:《哲学的未来》,叶闯译,载《哲学译丛》1990年第6期。

门科学在其发展过程中,除了要研究新问题,往往还要回过头去重新探讨像自己的对象、性质和职能这样一些对学科的发展具有方向性、根本性的问题。哲学不仅如此,而且更为突出,用石里克的话来说,这是"哲学事业的特征"。

实际上,哲学是一个历史范畴,哲学的研究对象、学科性质和社会职能都是随着时代的变迁而不断变化的,不存在什么"先验"的规定,也不可能形成超历史的、囊括了所有哲学的统一的哲学定义。不同的哲学之所以能被称为"哲学",就在于它们都具有寻根究底、追本溯源,并进行前提批判的性质。这就是不同哲学的共同性质,是哲学的"本性"。可是,如果进一步追问,何谓根与底、本与源,如何进行前提批判,认识上的分歧就立刻产生了。

从根本上说,哲学的位置是由实践活动的需要决定的,"理论在一个国家实现的程度,总是决定于理论满足这个国家的需要的程度"①;从直接性上看,哲学的位置是由认识水平和知识结构决定的。不同时代的实践需要、认识水平和知识结构决定了哲学具有不同的位置。古代的实践需要、认识水平和知识结构决定了古代哲学的"知识总汇"这一性质和位置;近代的实践需要、认识水平和知识结构决定了近代哲学的"科学的科学"这一性质和位置;现代的实践需要、认识水平和知识结构决定了哲学分化为科学主义哲学、人本主义哲学和马克思主义哲学三大流派,其中,科学主义哲学着重对科学命题的意义分析,人本主义哲学注重对人类的存在和意义的探索;马克思主义哲学关注的则是现实的人及其历史发展,其志在改变世界,"使现存世界革命化",从而实现无产阶级和人类解放。

二、马克思视野中的哲学及其位置

在马克思的视野中,"真正的哲学都是自己时代精神的精华"②。

哲学要成为时代精神的精华需要关注三个基本方面:

一要关注自然科学的发展。马克思认为,随着自然科学"给自己划定了单独的活动范围",随着人们把"全部注意力集中到自己身上","形而上学"这种哲学形态就"变得枯燥乏味了",不仅"在理论上威信扫地",而且"在实践上已

---

① 《马克思恩格斯全集》第 1 卷,第 462 页。
② 《马克思恩格斯全集》第 1 卷,第 121 页。

经威信扫地"①。此时，就应改变哲学的这种存在形态。恩格斯指出，随着现代科学的发展，"在以往的全部哲学中仍然独立存在的，就只有关于思维及其规律的学说——形式逻辑和辩证法。其他一切都归到关于自然和历史的实证科学中去了"②。因此，随着自然科学的划时代发现，唯物主义也必须改变自己的形式。

二要关注政治。哲学不等于政治，但政治需要哲学。没有经过哲学论证的政治，缺乏理念、逻辑力量和精神支柱，缺乏说服力、凝聚力和引导力，很难得到人们的认同。这是一方面。另一方面，哲学也不可能脱离政治。哲学的最大特点就在于，它是抽象的概念体系反映特定的社会关系和现实的社会运动。所以，哲学与时代的统一性首先是通过哲学的政治效应实现的。在评论费尔巴哈哲学时，马克思指出："费尔巴哈的警句只有一点不能使我满意，这就是：他过多地强调自然而过少地强调政治。然而这一联盟是现代哲学能够借以成为真理的唯一联盟。"③因此，哲学的批判要"和政治的批判结合起来"。更重要的是，"对现代国家制度的真正哲学的批判，不仅要揭露这种制度中实际存在的矛盾，而且要解释这些矛盾；真正哲学的批判要理解这些矛盾的根源和必然性，从它们的特殊意义上来把握它们"④。

三要关注"时代的迫切问题"。按照马克思的观点，"问题"是表现时代状态的"实际的呼声"。任何一个有成就的哲学体系都或直接或间接、或多或少地解决了它那个时代的迫切问题。"时代的迫切问题"反映的实际上是人类在特定时代的生存困境，并与人心向背密切相关，反过来说，人心向背体现的就是"时代的迫切问题"。因此，哲学又必须关注人心向背，"把人民最精致、最珍贵和看不见的精髓都集中在哲学思想里"，从而成为"自己的时代、自己的人民的产物"⑤，成为"真正的哲学"。"最不可取的是仅仅根据威望和真诚的信仰来断定哪一种哲学是真正的哲学。"⑥

在马克思的视野中，哲学是"为历史服务"的批判理论。

---

① 《马克思恩格斯全集》第 2 卷，第 161、162 页。
② 《马克思恩格斯选集》第 3 卷，第 364 页。
③ 《马克思恩格斯全集》第 27 卷，第 442—443 页。
④ 《马克思恩格斯全集》第 1 卷，第 359 页。
⑤ 《马克思恩格斯全集》第 1 卷，第 120 页。
⑥ 《马克思恩格斯全集》第 40 卷，第 170 页。

哲学具有历史性,同样,哲学要"为历史服务"。然而,"哲学,尤其是德国的哲学,喜欢幽静孤寂、闭关自守并醉心于淡漠的自我直观"。"从哲学的整个发展来看,它不是通俗易懂的;它那玄妙的自我深化在门外汉看来正像脱离现实的活动一样稀奇古怪;它被当做一个魔术师,若有其事地念着咒语,因为谁也不懂得他在念些什么。"①因此,必须"否定迄今为止的哲学",否定"独立的哲学"。

"彼岸世界的真理消逝以后,历史的任务就是确立此岸世界的真理。人的自我异化的神圣形象被揭穿以后,揭露非神圣形象中的自我异化,就成了为历史服务的哲学的迫切任务。于是对天国的批判就变成对尘世的批判,对宗教的批判就变成对法的批判,对神学的批判就变成对政治的批判。"②这就是说,哲学必须具有批判性,而这种"批判并不是理性的激情,而是激情的理性"。"批判已经不再是目的本身,而只是一种手段。它的主要情感是愤怒,它的主要工作是揭露。"③

联系到马克思后来进行的政治经济学批判,可以说,哲学的批判与资本批判、政治批判以及意识形态批判密切相关,甚至融为一体。这种批判就是要"对现存的一切进行无情的批判","在批判旧世界中发现新世界","从现存的现实本身的形式中引出作为它的应有的和最终目的的真正现实",从而"对当代的斗争和愿望做出当代的自我阐明"。在这个意义上,马克思的哲学就是"批判的哲学"。④ 换言之,马克思的哲学是通过批判"为历史服务"的。

在马克思的视野中,哲学是关于现实的人及其历史发展的学说。

哲学当然要关注人,关注人与世界的关系。但是,哲学关注的人,不应是"抽象的人",而是现实的人。现实的人是"社会个人","人的本质不是单个人所固有的抽象物,在其现实性上,它是一切社会关系的总和"⑤。社会关系生成于人的实践运动中,因此,现实的人即是从事实践活动的人。"思辨终止的地方,即在现实生活面前,正是描述人的实践活动和实际发展过程的真正实证的科学开始的地方。……对现实的描述会使独立的哲学失去生存环境,能够取

---

① 《马克思恩格斯全集》第1卷,第120页。
② 《马克思恩格斯全集》第1卷,第453页。
③ 《马克思恩格斯全集》第1卷,第455页。
④ 《马克思恩格斯全集》第1卷,第416、417、418页。
⑤ 《马克思恩格斯选集》第1卷,第56页。

而代之的充其量不过是从对人类历史发展的观察中抽象出来的最一般的结果的综合。"①因此,哲学是关于现实的人及其历史发展的学说,目标是确立"有个性的个人",实现以"每个人自由发展"为条件的"一切人的自由发展"。

在现代,现实的人的发展的问题首先就是消除人的异化、实现无产阶级和人类解放的问题。在这个革命和解放的过程中,哲学的作用就在于,它是无产阶级的"精神武器",是人类解放的"头脑"。在马克思看来,哲学不是黄昏中起飞的"密涅瓦的猫头鹰",仅仅进行事后的"反思";哲学是黎明时分"高卢雄鸡的高鸣",预示着新时代的到来。换言之,哲学是反思、批判和预见的统一。

在马克思的视野中,哲学是改变世界的学说。

哲学不能仅仅"为了认识而注视外部世界",相反,"哲学不仅从内部即就其内容来说,而且从外部即就其表现来说,都要和自己时代的现实世界接触并相互作用"②,在使"世界哲学化"的同时,使"哲学世界化"。这就使"那本来是内在之光的东西,就变成转向外部的吞噬性的火焰",使哲学这个"本身自由的理论精神变成实践的力量,并且作为一种意志走出阿门塞斯的阴影王国,转而面向那存在于理论精神之外的世俗的现实",就"象普罗米修斯从天上盗来天火之后开始在地上盖屋安家那样,哲学把握了整个世界以后就起来反对现象世界"③。这就是说,哲学既要"入世",又要"出世";既要解释世界,又要改变世界。一句话,"哲学家们只是用不同的方式解释世界,问题在于改变世界"④。

在马克思看来,哲学不应关注所谓的世界的终极存在,而应关注人的现实存在,关注"对象、现实、感性"何以成为这样的存在。"对象、现实、感性"都是在人的实践活动中生成的,人本身也是在实践活动中自我塑造、自我改变、自我发展的,环境的改变和人的自我改变的一致,只能被看作并合理地理解为革命的实践。因此,要实现人类解放,就必须改变现存世界。"对实践的唯物主义者,即共产主义者说来,全部问题都在于使现存世界革命化,实际地反对和改变事物的现状。"⑤

换言之,哲学必须关注实践,反思"人的实践活动和实际发展过程";哲学

① 《马克思恩格斯全集》第3卷,第30—31页。
② 《马克思恩格斯全集》第1卷,第121页。
③ 《马克思恩格斯全集》第40卷,第258、136页。
④ 《马克思恩格斯选集》第1卷,第57页。
⑤ 《马克思恩格斯全集》第3卷,第48页。

批判必须和实践批判结合起来，"人的思维是否具有客观的[gegenständliche]真理性，这不是一个理论的问题，而是一个实践的问题。人应该在实践中证明自己思维的真理性，即自己思维的现实性和力量，自己思维的此岸性。关于思维——离开实践的思维——的现实性或非现实性的争论，是一个纯粹经院哲学的问题"①。

这，就是马克思视野中的哲学的位置。

三、马克思的哲学在哲学史上的位置

正是以上述的哲学观念为理论前提，马克思创建了一种"新唯物主义"哲学，即"为历史服务"的"批判的哲学"、以改变世界为己任的"实践的唯物主义"哲学。新唯物主义哲学的创立使哲学的理论主题发生了根本转换，即从"世界何以可能"转向"人类解放何以可能"，与此同时，使哲学理论基础从宇宙本体论转向人的生存本体论，使哲学的理论职能从解释世界转向改变世界。

19世纪中叶的西方社会是一个由资本关系所造成的人的生存状态全面异化的社会，揭露并消除这种异化因此成为"为历史服务的哲学的迫切任务"。然而，西方传统哲学，包括德国古典哲学无法完成这一"迫切任务"。这是因为，西方传统哲学在"寻求最高原因"的过程中把本体同人的活动分离开来，同人类面临的种种紧迫的生存问题分离开来，从而使本体成为一种同现实的人及其活动无关的抽象的本体。以这种抽象的本体论为基础的西方传统哲学向人们展示的实际上是抽象的真与善，无法消除人的生存的异化状态，无法将现实的人带出生存的困境。"承认现存的东西同时又不了解现存的东西——这也是费尔巴哈和我们的敌人的共同之点。"②因此，马克思认为，必须创建一种新的哲学，揭露并消除人的生存的异化状态，解答"人类解放何以可能"这一"时代的迫切问题"。

为了解答"人类解放何以可能"，必须探讨人的生存本体和现存世界的本体。

按照马克思的观点，人类历史本质上是人的实践运动在时间中展开，人是

①《马克思恩格斯选集》第1卷，第55页。
②《马克思恩格斯全集》第3卷，第47页。

在改造世界的实践活动中得以生存和发展的,即使人的意识也只是"被意识到了的存在,而人们的存在就是他们的实际生活过程"①。这就是说,实践创造了人的存在,因而构成了人的存在方式和生存本体。即使人的生存状态的异化及其扬弃也是在实践活动中发生和完成的。因此,只有通过"革命的实践"才能消除人的生存的异化状态。

现实的人总是生存于现实的世界中,而现存世界是在人的实践活动中生成和发展的。实践"这种活动、这种连续不断的感性劳动和创造、这种生产,是整个现存感性世界的非常深刻的基础","甚至连最简单的'可靠的感性'的对象也只是由于社会发展、由于工业和商品往来才提供给他的"。② 因此,实践又构成了现存世界的本体。现存世界一经形成又反过来制约甚至决定现实的人及其活动,现存世界的状况如何,现实的人的状态就如何;要改变现实的人及其生存的异化状态,首先就要改变现存世界。因此,对马克思主义哲学来说,全部问题都在于使现存世界革命化,实际地改变现存世界。

"环境的改变和人的活动或自我改变的一致,只能被看作是并合理地理解为革命的实践。"③在马克思哲学的视野中,实践不仅是人的生存的本体,而且是现存世界的本体,因而是改变现存世界、消除人的异化的现实途径,是确立"有个性的个人"、实现每个人的全面而自由发展的现实途径。这样,马克思的哲学就实现了对人的现实关怀和终极关怀的双重关怀。如果说实现无产阶级和人类解放是马克思哲学的理论主题,那么确立"有个性的个人",实现每个人的全面而自由发展,就是马克思哲学的最高命题。

这,就是马克思的哲学在整个哲学史上的位置。

载《哲学动态》2012 年第 11 期
《新华文摘》2013 年第 7 期转载

---

① 《马克思恩格斯全集》第 3 卷,第 29 页。
② 《马克思恩格斯全集》第 3 卷,第 50、49 页。
③ 《马克思恩格斯选集》第 1 卷,第 55 页。

马克思主义哲学：我们时代的真理和良心①

——纪念马克思逝世 130 周年

一个伟大的哲学家、思想家逝世之后，对他的观点、思想和学说进行持续性研究，不乏先例。但是，像马克思主义哲学这样在世界范围内引起如此广泛、深入而持久的研究，却是罕见的。更重要的是，每当出现重大历史事件，每当历史处于转折关头，人们都不由自主地把目光转向马克思，并对马克思主义哲学进行新的研究。在对马克思主义哲学不同维度、不同层次的研究中，我们认识到：马克思主义哲学是无产阶级解放和人类解放的高度统一，它使哲学的理论主题从"世界何以可能"转向"人类解放何以可能"；马克思主义哲学是形而上学批判、意识形态批判和资本批判的高度统一，这三种批判的高度统一是马克思主义哲学独特的思维方式和存在方式；马克思主义哲学是实践唯物主义、辩证唯物主义和历史唯物主义的高度统一，是以改造世界为宗旨的新唯物主义。

一、马克思主义哲学是无产阶级解放和人类解放的高度统一

马克思主义哲学是在批判资本主义的过程中产生的。在

---

① 本文由袁贵仁教授和杨耕共同撰写。

资本主义社会,生产社会化与生产资料私有制之间的矛盾导致人的活动、人的关系和人的世界都异化了,人的生存状态成为一种异化的状态;这是一个"颠倒的世界"。具体地说,在资本主义社会中,"活动的社会性,正如产品的社会形式以及个人对生产的参与,在这里表现为对于个人是异己的东西,表现为物的东西"①。

这就是说,在资本主义社会,人与人的关系体现为物与物的关系,不是人支配物,而是物统治人。"物的世界的增值同人的世界的贬值成正比"②,物的异化与人的自我异化是同一个过程的两个方面。在这种异化状态中,资本具有支配一切的权力,"资本具有独立性和个性,而活动着的个人却没有独立性和个性"③。人的个性被消解了,个人成为一种"孤立的人",国家也不过是"虚幻的共同体","不过是管理整个资产阶级的共同事务的委员会"④。

资本主义社会是一个由资本关系所造成的人的生存状态全面异化的社会,揭露并消除这种异化因此成为"为历史服务的哲学的迫切任务"⑤。可是,西方传统哲学,包括德国古典哲学无法完成这一"迫切任务"。这是因为,从总体上看,西方传统哲学在"寻求最高原因"的过程中把本体同人的活动分离开来,同人类面临的种种紧迫的生存问题分离开来,从而使存在成为一种抽象的存在,物质成为一种"抽象的物质",本体则是同现实的人及其活动无关的抽象的本体。

从这种抽象的本体出发无法认识现实的人和人的现实。以形而上学为存在形态的西方传统哲学向人们展示的实际上是抽象的真与善:它似乎在给人们提供某种希望,实际上却是在掩饰现实的苦难,抚慰被压迫的生灵,因而无法消除人的生存的异化状态,将现实的人带出现实的生存的困境。因此,马克思认为,随着自然科学的独立化并"给自己划定了单独的活动范围",随着社会实践的发展"把人们的全部注意力集中到自己身上"⑥,哲学应该从"天上"来到"人间",关注人的生存的异化状态的消除,关注人类解放。

但是,马克思不是心怀济世的救世主,而是无产阶级革命家;马克思主义

① 《马克思恩格斯全集》第 46 卷上,第 103 页。
② 《马克思恩格斯全集》第 46 卷上,第 90 页。
③ 《马克思恩格斯选集》第 1 卷,第 287 页。
④ 《马克思恩格斯选集》第 1 卷,第 274 页。
⑤ 《马克思恩格斯全集》第 1 卷,第 453 页。
⑥ 《马克思恩格斯全集》第 2 卷,第 161、161—162 页。

哲学不是抽象的人道主义,而是"和人道主义相吻合的唯物主义"①;马克思主义哲学关注的不是抽象的人,而是现实的人及其历史发展。马克思发现,如果不能给工人、劳动者这些占人口绝大多数的被压迫的人们以真实的利益和自由,如果没有找到人的解放的现实主体、现实条件和现实道路,那么,人类解放就是空话,甚至沦为一种欺骗。无疑,马克思对处于异化状态中的工人、劳动者怀有最真挚的同情和关爱。但是,马克思并不以此作为立论的依据。正像妙手回春的圣医不以对病人的同情代替诊断一样,马克思并不以对工人、劳动者的同情代替对资本主义这个病态社会的"诊断"。马克思所要"诊断"的是资本主义社会的"病灶",从而发现人类解放的现实主体、现实条件和现实道路。

所以,马克思提出了超越"政治革命"的"彻底革命、全人类解放"的问题,并认为能够完成这一历史使命、担当"解放者"这一历史角色的只能是无产阶级。按照马克思的观点,在同资产阶级对立的一切阶级中,只有无产阶级是真正革命的阶级:作为现代工业的产物,无产阶级本身就是一个需要解放自己的阶级,在它身上"表明人的完全丧失";同时,无产阶级又是一个"只有通过人的完全回复才能回复自己本身"的阶级,是一个只有解放全人类才能最后解放自己的阶级。换言之,无产阶级解放和人类解放是统一的过程。

按照马克思的观点,在人类解放过程中,哲学把无产阶级当作自己的"物质武器",无产阶级则把哲学当作自己的"精神武器";如果说无产阶级是人类解放的"心脏",那么哲学就是人类解放的"头脑"②。"头脑"不清,就不可能确立人类解放的真实目标,不可能理解人类解放的真正内涵。因此,联系经济学的研究和历史学的考察,从哲学上探讨人类解放的现实主体、现实条件和现实道路,成为马克思的首要工作。这一工作的成果首先是马克思主义哲学的创立。从根本上说,马克思主义哲学就是关于无产阶级和人类解放的学说:它使哲学的理论主题发生根本转换,即从"世界何以可能"转向"人类解放何以可能"。

为了解答"人类解放何以可能",马克思主义哲学必须探讨现实的人及其存在方式,并使哲学的聚焦点从宇宙本体转向人的生存本体。

按照马克思的观点,人类历史的"第一个前提",就是"有生命的个人"的存

①《马克思恩格斯全集》第 2 卷,第 160 页。
②《马克思恩格斯全集》第 1 卷,第 467 页。

在;"有生命的个人"要存在,首先就要进行物质生产活动,生产物质生活本身。物质生产活动因此构成了人类生存的"第一个前提",是人的"第一个历史活动"。从根本上说,人是在物质生产活动中自我塑造、自我改变、自我发展的。"一当人们自己开始生产他们所必需的生活资料的时候……他们就开始把自己和动物区别开来。"人是什么样的,"这同他们的生产是一致的——既和他们生产什么一致,又和他们怎样生产一致"。① 人不仅是自然存在物,而且是社会存在物,是自然存在物和社会存在物的统一,这种统一正是在实践活动中完成的;直接决定人的本质的社会关系也是在实践活动中生成的。人通过实践创造了自己的社会关系、社会存在。换言之,人是实践中的存在,实践构成了人的存在方式,或者说构成了人的生存本体。

正因为实践构成了人的存在方式和生存本体,人的生存状态不是凝固不变的,而是处在不断的建构和改变之中。人的生存状态的异化及其扬弃也是在实践活动中发生和完成的,"异化借以实现的手段本身就是实践的"②。在资本主义社会,劳动这种人的生命活动的异化使人与人的关系体现为物与物的关系,不是人支配物,而是物统治人,人本身的活动对人来说成为一种异己的、同他人对立的力量。马克思主义哲学正是通过对资本主义私有制的批判,揭示出被物的自然属性掩蔽着的人的社会属性,揭示出被物与物的关系掩蔽着的人与人的关系,并力图付诸"革命的实践"消除人的生存的异化状态,确立"有个性的个人"。

为了解答"人类解放何以可能",马克思主义哲学必须探讨现实世界或现存世界的本体,并使哲学的聚焦点从解释世界转向改变世界。

按照马克思的观点,"人就是人的世界",现实的人总是生存于"自己时代的现实世界"中,而现存世界是人化自然与人类社会、"历史的自然"与"自然的历史"所构成的世界。现存世界生成于人的实践活动中。实践犹如一个转换器,通过实践,社会在自然中贯注了自己的目的,使之成为社会的自然、"历史的自然";同时,自然又进入社会,转化为社会中的一个恒定的因素,使社会成为自然的社会、历史成为"自然的历史",现存世界中的自然与社会是在人的实践活动中融为一体的。实践活动是现存世界得以存在的根据和基础,在现存

① 《马克思恩格斯全集》第 3 卷,第 24 页。
② 《马克思恩格斯全集》第 42 卷,第 99 页。

世界的运动中具有导向作用,即人通过自己的实践活动"为天地立心",在物质实践的基础上重建世界。实践"这种活动、这种连续不断的感性劳动和创造、这种生产,是整个现存感性世界的非常深刻的基础"①。实践构成了现存世界的本体。这是一方面。

另一方面,现存世界一经形成又反过来制约,甚至决定现实的人及其活动。现存世界的状况如何,现实的人的状态就如何;要改变资本主义社会中的人及其异化状态,首先就要改变资本主义社会。因此,"对实践的唯物主义者,即共产主义者说来,全部问题都在于使现存世界革命化,实际地反对和改变事物的现状"②。正是在这个意义上,马克思认为,哲学家们只是用不同的方式解释世界,而问题在于改变世界。

"环境的改变和人的活动或自我改变的一致,只能被看做是并合理地理解为革命的实践。"③在马克思主义哲学中,实践不仅是人的生存的本体,而且是现存世界的本体,是改变现存世界、消除人的异化的现实途径,是实现人类解放、确立"有个性的个人"的现实途径。马克思主义哲学力图通过改变资本主义私有制条件下人对物的占有关系来改变人与人的关系,从而实现无产阶级和人类解放。

实现无产阶级和人类解放,确立"有个性的个人",这一目标让马克思一生魂牵梦萦,从精神上和方向上决定了马克思一生的理论活动。在《1844 年经济学哲学手稿》中,马克思提出,共产主义就是私有财产,即人的自我异化的积极扬弃,是通过人,并且为了人而对人的本质的真正占有,或者说,人以一种"全面的方式",作为一个"完整的人",占有自己的"全面本质"。在《德意志意识形态》中,马克思提出,要消除"个人力量转化为物的力量",人本身的活动对人来说成为一种异己的力量的现象,从而确立"有个性的个人",使"各个人在自己的联合中并通过这种联合获得自己的自由"。在《共产党宣言》中,马克思又提出,共产主义社会将是一个"联合体",在那里,每个人的自由发展是一切人的自由发展的条件。在《资本论》中,马克思再次重申,共产主义社会就是要确立人的"自由个性",实现每个人的全面而自由的发展。

可以看出,无论是所谓的"不成熟"时期,还是所谓的"成熟"时期,马克思

---

① 《马克思恩格斯全集》第 3 卷,第 50 页。
② 《马克思恩格斯全集》第 3 卷,第 48 页。
③ 《马克思恩格斯选集》第 1 卷,第 55 页。

关注的都是消除人的生存的异化状况,实现人类解放。无产阶级和人类解放构成了马克思主义哲学的理论主题;在马克思主义哲学体系中,无产阶级解放和人类解放是高度统一的。

二、马克思主义哲学是形而上学批判、意识形态批判和资本批判的高度统一

"形而上学就是一种超出存在者之外的追问,以求回过头来获得对存在者之为存在者以及存在者整体的理解。"①"形而上学是包含人类认识所把握的东西之最基本根据的科学。"②海德格尔的这一见解正确而深刻。形而上学形成之初,研究的就是"存在的存在",力图把握的就是整个世界或宇宙的"最基本根据"和"不动变的本体"。

从历史上看,形而上学在对世界终极存在的探究中确立了一种严格的逻辑规则,即从公理、定理出发,按照推理规则得出必然结论。这无疑具有积极意义,标志着作为理论形态的哲学的形成。然而,哲学家们又把形而上学中的存在日益引向脱离了现实的人及其活动的存在,成为一种抽象的存在。无论是近代唯心主义哲学中的"绝对理念",还是近代唯物主义哲学中的"抽象物质",从根本上说,都是一种与现实的人和现实的社会无关的抽象本体。

因此,马克思明确提出"反对一切形而上学"③,并认为拒斥形而上学之后,哲学应趋向现存世界和人的存在,对人的异化了的生存状态给予深刻批判,对人的解放和全面发展给予深切关注。对马克思主义哲学来说,重要的不是所谓的世界的终极存在,而是"对象、现实、感性"何以成为这样的存在,人的存在何以异化为这样的状态。这样,马克思便使哲学从抽象的宇宙本体转向人的生存的本体。换言之,马克思主义哲学对本体论的变革与重建,是同对形而上学的批判密切相关、融为一体的。

马克思对形而上学的批判并没有停留在"纯粹哲学"的层面上,而是将这种批判同意识形态批判结合了起来。在马克思那里,形而上学批判与意识形态批判同样是密切相关、融为一体的。

---

① [德]海德格尔:《路标》,第137页。
② 《海德格尔选集》上卷,第84页。
③ 《马克思恩格斯全集》第2卷,第159页。

按照马克思的观点，就意识形态表现为自在的存在、"独立性的外观"而言，它是虚假的；就意识形态与现实社会生活的必然关联而言，它又是真实的。在资本主义社会，形而上学就是资产阶级的意识形态，或者说，是以意识形态的方式发挥其政治功能，从而为统治阶级的政治统治辩护和服务的。因此，"彼岸世界的真理消逝以后，历史的任务就是确立此岸世界的真理。人的自我异化的神圣形象被揭穿以后，揭露非神圣形象中的自我异化，就成了为历史服务的哲学的迫切任务。于是，对天国的批判就变成对尘世的批判，对宗教的批判就变成对法的批判，对神学的批判就变成对政治的批判"①。

形而上学之所以成为资产阶级意识形态，是因为形而上学中的抽象存在与资本主义社会中的"抽象统治"具有同一性："个人现在受抽象统治，而他们以前是互相依赖的。但是，抽象或观念，无非是那些统治个人的物质关系的理论表现。"②"统治阶级的思想在每一时代都是占统治地位的思想。这就是说，一个阶级是社会上占统治地位的物质力量，同时也是社会上占统治地位的精神力量。支配着物质生产的资料的阶级，同时也支配着精神生产的资料……占统治地位的思想不过是占统治地位的物质关系在观念上的表现，不过表现为思想的占统治地位的物质关系；因而，这就是那些使某一个阶级成为统治阶级的各种关系的表现，因而这也就是这个阶级的统治的思想。"③

这就说明，现实社会中抽象关系的统治与形而上学中抽象存在的统治具有必然关联性及其同一性。用阿多诺的话来说就是，形而上学的同一性原则与现实社会生活中的同一性原则不仅对应，而且同源：正是在商品交换中，同一性原则获得了它的社会形式；离开了同一性原则，这种社会形式便不能存在。所以，形而上学的同一性就是资产阶级意识形态；或者说，形而上学的同一性以意识形态的方式在资本主义社会发挥其政治功能。

哲学总是以抽象的概念体系反映着特定的社会关系，体现着特定阶级的利益和价值诉求。哲学既是知识体系，又是意识形态；追求的既是真理，又是某种信念。马克思自觉地意识到这一点，所以在马克思那里，形而上学批判进行到一定程度后必然展开意识形态批判。在这种双重批判中建立起来的马克思主义哲学，不仅是客观认知某种规律的知识体系，更重要的，是批判资本主

---

① 《马克思恩格斯全集》第 1 卷，第 453 页。
② 《马克思恩格斯全集》第 46 卷上，第 111 页。
③ 《马克思恩格斯全集》第 3 卷，第 52 页。

义的意识形态。我们不能从西方传统哲学、"学院哲学"的视角去理解马克思主义哲学，而应从形而上学批判与意识形态批判双重批判的视野，从无产阶级和人类解放这一新的实践出发去理解马克思主义哲学。"马克思留给（后来的）马克思主义哲学家的任务就是去创造新的哲学介入的形式，以加速资产阶级意识形态霸权的终结。"①

马克思的形而上学批判、意识形态批判又是与资本批判密切相关、融为一体的。在马克思看来，无论是对形而上学的批判，还是对意识形态的批判，都应延伸到对现实生活过程的批判。这是因为，"意识在任何时候都只能是被意识到了的存在，而人们的存在就是他们的实际生活过程。如果在全部意识形态中，人们和他们的关系就像在照像机中一样是倒现着的，那末这种现象也是从人们生活的历史过程中产生的，正如物象在眼网膜上的倒影是直接从人们生活的物理过程中产生的一样"②。在马克思的时代，对现实生活过程的批判首先就是对资本主义生产方式的批判，即资本批判。这是其一。

其二，历史已经过去，在认识历史的活动中，认识主体无法直接面对认识客体；同时，历史中的各种关系又以"遗物"或"残片"的形式、"萎缩"或"发展"的形式存在于现实社会中。所以，认识历史只能"从事后开始"，"从发展过程的完成的结果开始"③。在马克思的时代，这种"发展过程的完成的结果"就是资本主义社会。"资产阶级社会是历史上最发达的和最复杂的生产组织。因此，那些表现它的各种关系的范畴以及对于它的结构的理解，同时也能使我们透视一切已经覆灭的社会形式的结构和生产关系。"④

所以，要真正认识历史，把握人类历史运动的一般规律，就必须对资本主义的生产方式进行批判，即对资本展开批判。"基督教只有在它的自我批判在一定程度上，可说是在可能范围内准备好时，才有助于对早期神话作客观的理解。同样，资产阶级经济只有在资产阶级社会的自我批判已经开始时，才能理解封建的、古代的和东方的经济。"⑤

在资产阶级经济学家的视野中，"资本被理解为物，而没有被理解为关

---

① ［法］路易·阿尔都塞、艾蒂安·巴里巴尔：《读〈资本论〉》，第168—169页。
② 《马克思恩格斯全集》第3卷，第29—30页。
③ 《马克思恩格斯全集》第23卷，第92页。
④ 《马克思恩格斯全集》第46卷上，第43页。
⑤ 《马克思恩格斯全集》第46卷上，第44页。

系",而在马克思的视野中,"资本显然是关系,而且只能是生产关系"①。"资本不是物,而是一定的、社会的、属于一定历史社会形态的生产关系,它体现在一个物上,并赋予这个物以特有的社会性质。"②资本本质上是人与人之间的关系,但它却"采取了一种物的形式,以致人和人在他们的劳动中的关系倒表现为物与物彼此之间的和物与人的关系"③。这就是说,资本不是物本身,不是物与物的关系,但又是通过物而存在,并表现为物与物和物与人的关系。同时,作为一种特定的社会生产关系,资本赋予物以特有的社会性质。

在资本主义社会,资本是最基本和最高的社会存在物;它自在自为地运动着,创造了一个不同于传统社会的现代社会:"在土地所有制处于支配地位的一切社会形式中,自然联系还占优势。在资本处于支配地位的社会形式中,社会、历史所创造的因素占优势。""如果说以资本为基础的生产,一方面创造出一个普遍的劳动体系,——即剩余劳动,创造价值的劳动,——那么,另一方面也创造出一个普遍利用自然属性和人的属性的体系,创造出一个普遍有用性的体系,甚至科学也同人的一切物质的和精神的属性一样,表现为这个普遍有用性体系的体现者,而再也没有什么东西在这个社会生产和交换的范围之外表现为自在的更高的东西,表现为自为的合理的东西。因此,只有资本才创造出资产阶级社会,并创造出社会成员对自然界和社会联系本身的普遍占有。由此产生了资本的伟大的文明作用;它创造了这样一个社会阶段,与这个社会阶段相比,以前的一切社会阶段都只表现为人类的地方性发展和对自然的崇拜。只有在资本主义制度下自然界才不过是人的对象,不过是有用物;它不再被认为是自为的力量;而对自然界的独立规律的理论认识本身不过表现为狡猾,其目的是使自然界(不管是作为消费品,还是作为生产资料)服从于人的需要。资本按照自己的这种趋势,既要克服民族界限和民族偏见,又要克服把自然神化的现象,克服流传下来的、在一定界限内闭关自守地满足于现有需要和重复旧生活方式的状况。资本破坏这一切并使之不断革命化,摧毁一切阻碍发展生产力、扩大需要、使生产多样化、利用和交换自然力量和精神力量的限制。"④

---

① 《马克思恩格斯全集》第 46 卷上,第 212、518 页。
② 《马克思恩格斯全集》第 25 卷,第 920 页。
③ 《马克思恩格斯全集》第 13 卷,第 23 页。
④ 《马克思恩格斯全集》第 46 卷上,第 45、392—393 页。

这就是说，资本是一个不断自我建构和自我扩张的自组织过程，在这个过程中，资本不仅改变了人与自然的关系，而且改变了人与人的关系，资本家不过是资本的人格化，而雇佣工人只是资本自我增值的工具。资本不仅改变了与人相关的自然界的存在属性，而且改变了人类社会的存在形态，创造了"社会、历史所创造的因素占优势"的资本主义社会。"这种有机体制本身作为一个总体有自己的各种前提，而它向总体的发展过程就在于：使社会的一切要素从属于自己，或者把自己还缺乏的器官从社会中创造出来。"①这就是说，正是资本使资本主义社会总体化了。在资本主义社会，资本具有支配一切的权力，资本本身就是一种独特的社会存在，就是现代社会的根本规定、存在形式和建构原则，构成了资本主义社会的基本建制。

因此，马克思以商品为起点范畴、以资本为核心范畴展开的对资本主义社会的批判，本质上是一种存在论意义上的批判。换言之，马克思主义哲学对本体论的重建、对形而上学的批判是通过资本批判实现的。正是在这种批判过程中，马克思主义哲学扬弃了抽象的存在，发现了现实的社会存在，发现了资本主义社会的秘密，并由此"透视出一切已经覆灭的社会形式的结构"；发现了人与人的关系以物化方式而存在的秘密，并透视出人的自我异化的逻辑，从而把本体论与人间的苦难和幸福结合起来，开辟了从本体论认识现实的道路，使无产阶级和人类解放得到了本体论证明。

这表明，马克思的资本批判理论不仅具有重大的经济学意义，而且具有重大的哲学意义。同时，马克思的资本批判不仅存在着哲学的维度，而且意味着"政治经济学理论的严格表述所不可缺少的理论（哲学）概念的产生"②。我们既不能从西方传统哲学、"学院哲学"的视角去认识马克思的资本批判，也不能从西方传统经济学、"学院经济学"的视角去认识马克思的资本批判。实际上，马克思的资本批判已经超出了经济学的边界，越过了政治学的领土，而到达了哲学的"首府"——存在论或本体论。

这就是说，马克思哲学的意义只有在同马克思的资本批判的关联中才能显示出来；反之，马克思的资本批判只有在马克思的哲学这一更大的背景下才能得到真正理解，只有在无产阶级和人类解放这一更大的意识形态背景下才

---

① 《马克思恩格斯全集》第 46 卷上，第 235—236 页。
② ［法］路易·阿尔都塞、艾蒂安·巴里巴尔：《读〈资本论〉》，第 215 页。

能得到真正理解。"就这种批判代表一个阶级而论,它能代表的只是这样一个阶级,这个阶级的历史使命是推翻资本主义生产方式和最后消灭阶级。这个阶级就是无产阶级。"①形而上学批判、意识形态批判和资本批判融为一体,这是马克思独特的思维方式,是马克思主义哲学独特的存在方式。

三、马克思主义哲学是实践唯物主义、辩证唯物主义和历史唯物主义的高度统一

作为新唯物主义,马克思主义哲学是在对旧唯物主义和唯心主义的批判中形成和发展起来的。要真正理解马克思主义哲学的理论特征,就要了解旧唯物主义以及唯心主义的主要缺点。

旧唯物主义,包括费尔巴哈人本唯物主义不理解实践是人的存在方式,"没有把感性世界理解为构成这一世界的个人的共同的、活生生的、感性的活动"②,因而"只是从客体的形式",没有"从主体方面"去理解"对象、现实、感性",从而忽视了人的能动性、创造性和主体性。造成这种状况的主要原因,就是旧唯物主义不了解现实的实践活动及其意义。

唯心主义肯定了主体意识的能动性,论证了人在认识活动中是通过自身的性质和状况去把握外部对象的,然而,唯心主义却否定了能动的意识活动的唯物主义基础,因而只是"抽象地发展了"人的"能动的方面"。造成这种状况的主要原因,就是唯心主义也不理解现实的实践活动及其意义。

可见,旧唯物主义与唯心主义虽然各执一端,但又有共同的主要缺点,这就是都不理解人类实践活动及其意义。正是这一缺点,在近代哲学中造成了唯物论和辩证法的分离,在旧唯物主义哲学中又形成了"唯物主义和历史彼此完全脱离",即形成了唯物主义自然观和唯心主义历史观的对立。

旧唯物主义与唯心主义的主要缺点惊人地一致,促使马克思深入而全面地探讨了人类实践活动及其意义,并把马克思主义哲学规定为"实践的唯物主义"。"实践的唯物主义"这一概念所要表明的不仅仅是一种要把理论付诸行动的哲学态度,更重要的是,实践的观点是马克思主义哲学首要的和基本的观

---

① 《马克思恩格斯全集》第 23 卷,第 18 页。
② 《马克思恩格斯全集》第 3 卷,第 50 页。

点,实践原则是马克思主义哲学体系的建构原则。换言之,实践唯物主义构成了马克思主义哲学的第一个基本特征。

按照马克思的观点,实践首先是人以自身的活动来引起、调整和控制人与自然之间物质变换的过程;在这个过程中,人与人之间又要互换其活动并必然结成一定的社会关系。正是通过实践,人们不仅改造自然存在,而且自身也进入到自然存在之中,并赋予自然存在以新的尺度——社会性、历史性;正是通过实践,自然与社会相互作用、相互制约、相互渗透,自然成为"社会的自然"或"历史的自然",社会成为"自然的社会",历史成为"自然的历史"。现存世界是自然与社会"二位一体"的世界,而这个"二位一体"的基础就是人的实践活动。

人与自然的关系和人与社会的关系都生成于人的实践活动中,实践因此构成了现存世界的本体。可以说,实践以缩影的形式映现着现存世界,蕴含着现存世界的全部秘密,是人类所面临的一切现实矛盾的总根源。正因为如此,马克思主义哲学把"对象、现实、感性""当作实践去理解",从实践出发去反观、透视和理解现存世界,并认为"全部问题都在于使现存世界革命化"。

实践不仅构成了现存世界的本体,而且构成了人的生存的本体。按照马克思的观点,人最初来自自然界,"人的存在是有机生命所经历的前一个过程的结果。只是在这个过程的一定阶段上,人才成为人。但是一旦人已经存在,人,作为人类历史的经常前提,也是人类历史的经常的产物和结果。而人只有作为自己本身的产物和结果才成为前提"①。这就是说,人是通过自己的活动自我创造、自我塑造的结果。

动物是以自身对环境的消极适应获得与自然的统一,维持自己的生存的,所以,动物只能成为自然界的一部分。与此不同,人是以自身对环境的积极改造而获得与自然的统一,维持自己的生存并不断发展自己的,所以,人自成一类,构成了独特的人类存在。人不仅是自然存在物,而且是社会存在物;人类进化不仅仅是生物学意义上的遗传与变异,而且是历史学意义上的延续与创新。无论是前者的统一,还是后者的统一,都是在实践活动中完成的。实践因此构成了人的生存本体。

在实践中,人是以物的方式去活动并同自然发生关系的,得到的却是自然

---

① 《马克思恩格斯全集》第 26 卷 III,第 545 页。

或物以人的方式而存在,从而使人成为主体,自然成为客体。"整个所谓世界历史不外是人通过人的劳动而诞生的过程,是自然界对人来说的生成过程。"①这表明,实践使人与自然的关系成为"为我而存在"的关系②。

这种"为我而存在"的关系是一种否定性的矛盾关系,即人类要维持自身的存在、肯定自身,就要对自然界进行否定性的活动,改变自然界的原生态,使之成为"人化自然""为我之物"。与动物不同,人总是在不断制造与自然的对立关系中去获得与自然的统一关系的,对自然客体的否定正是对主体自身的肯定。这种肯定、否定的辩证法使主体与客体处于双向运动中。实践不断地改造、创造着现存世界,同时又不断地改造、创造着人本身,包括他的肉体组织、思维方式、社会关系。作为人的存在方式,实践当然体现着人的内在尺度以及对现存世界的批判性,包含着人的自我发展在其中。

可以看出,人与自然之间的这种"为我而存在"的否定性关系是最深刻、最复杂的矛盾关系。这种矛盾关系构成了马克思之前众多哲学大师的"滑铁卢",致使唯物主义对人的主体性"望洋兴叹",唯物论与辩证法遥遥相对。马克思主义哲学高出一筹的地方就在于,通过对人的实践活动及其意义的深入而全面地剖析,使唯物主义与人的主体性统一起来,唯物论和辩证法因此也结合起来。辩证唯物主义因此构成了马克思主义哲学的第二个基本特征。

当马克思主义哲学以科学的实践观为基础把唯物主义和人的主体性、唯物论和辩证法结合起来的同时,也就在唯物主义哲学体系中实现了唯物主义自然观和唯物主义历史观的统一。

按照马克思的观点,人们为了创造历史,必须能够生活;为了能够生活,必须进行物质实践,实现人与自然之间的物质变换;为了实现人与自然之间的物质变换,人与人之间必须互换其活动,并必然结成一定的社会关系。社会关系"不过是他们的物质的和个体的活动所借以实现的必然形式"③,即使社会生产力本质上也是在人们改造自然的实践活动中形成的人的实践能力。实践是全部社会关系的发源地和全部社会生活的本质,历史本质上是人的实践活动在时间中的展开。从根本上说,社会历史就是在人与自然之间的物质变换中形成和发展起来的。在实践过程进行的人与自然之间的物质变换形成了社会

①《马克思恩格斯全集》第 42 卷,第 131 页。
②《马克思恩格斯全集》第 3 卷,第 34 页。
③《马克思恩格斯全集》第 27 卷,第 478 页。

存在和发展的"永恒的自然必然性"。

正因为如此,以往的哲学家,包括旧唯物主义者把人对自然的实践关系从历史中排除出去后,只能走向唯心主义历史观;而马克思从物质实践这一现实基础出发去理解社会以及社会与自然的关系,则创立了唯物主义历史观,从而消除了物质的自然与精神的历史对立的神话,实现了唯物主义自然观和唯物主义历史观的统一。人类是从自然研究领域开始自己的唯物主义历程的,但在马克思之前,在历史研究领域却是唯心主义一统天下两千年。从空间上看,唯物主义自然观与唯物主义历史观似乎相距很近,近在咫尺;从时间上看,唯物主义自然观与唯物主义历史观则相距遥远,从唯物主义自然观的形成到唯物主义历史观的创立,人类整整走了两千多年的心路历程,可谓咫尺天涯。

历史唯物主义始终站在现实历史的基础上,"从物质实践出发来解释观念的东西",并发现"人创造环境,同样环境也创造人",发现人的实践活动"是整个现存的感性世界的非常深刻的基础"①。因此,历史唯物主义的创立,从根本上科学地解答了思维与存在、主观与客观、主体与客体的关系,科学地解答了人与自然的关系和人与社会的关系,即人与世界的关系。在这个意义上,历史唯物主义不仅是"唯物主义历史观",而且是"唯物主义世界观",一种"真正批判的世界观"②。"自从历史也得到唯物主义的解释以后,一条新的发展道路也在这里开辟出来了。"③离开了历史唯物主义,就不可能产生辩证唯物主义。历史唯物主义因此构成了马克思主义哲学的第三个基本特征。

由此可见,实践的观点的确是马克思主义哲学首要的和基本的观点。在哲学史上,马克思第一次把实践提升为哲学的根本原则,转化为哲学的思维方式,从而创立了实践、辩证、历史的唯物主义。实践唯物主义、辩证唯物主义、历史唯物主义不是三个"主义",而是同一个"主义",即马克思的新唯物主义的不同表述。用"实践唯物主义"称谓马克思主义哲学,是为了凸显新唯物主义所内含的实践性维度及其首要性和根本性,因为"对实践的唯物主义者,即共产主义者说来,全部问题都在于使现存世界革命化,实际地反对和改变事物的现状"④;用"辩证唯物主义"称谓马克思主义哲学,是为了凸显新唯物主义所

① 《马克思恩格斯全集》第 3 卷,第 43、50 页。
② 《马克思恩格斯全集》第 3 卷,第 261 页。
③ 《马克思恩格斯选集》第 4 卷,第 228 页。
④ 《马克思恩格斯全集》第 3 卷,第 48 页。

内含的辩证法维度及其批判性和革命性,因为"辩证法在对现存事物的肯定的理解中同时包含对现存事物的否定的理解……按其本质来说,它是批判的和革命的"①;用"历史唯物主义"称谓马克思主义哲学,是为了凸显新唯物主义所内含的历史性维度及其彻底性和完备性,因为新唯物主义的彻底性和完备性集中体现在历史唯物主义中。

从根本上说,理论上的任何一种重新解读、重新研究、重新建构都是由现实的实践所激发的。对马克思主义哲学的研究也是如此。对我们来说,正是当代中国的改革开放和现代化建设,尤其是社会主义市场经济的实践促使我们重新研究马克思主义哲学的。正是在社会主义市场经济的实践中,我们真正理解了"物质生活的生产方式制约着整个社会生活、政治生活和精神生活的过程",真正理解了市场经济是"以物的依赖性为基础的人的独立性"的时代,真正理解了"重建个人所有制"和确立"有个性的个人"的真正含义,真正理解了促进人的全面发展的重要性……一句话,马克思主义哲学仍具有"令人震撼的空间感"。在当代,无论是用实证主义、存在主义、结构主义、新托马斯主义,还是用存在主义、弗洛伊德主义、解构主义乃至现代新儒学来对抗马克思主义哲学,都注定是苍白无力的。

一个伟大的哲学家、思想家逝世之后被神化在历史上是常见的。释迦牟尼不用说,即使孔子也被请进太庙,像神一样被供奉起来,享受春秋二祭。马克思不同于历史上的任何哲学家、思想家,但他的思想同样存在着被"神化"或"钝化"的危险。在马克思主义哲学研究的过程中,我们深刻地认识到:不能把马克思主义哲学"神化",即教条化,把马克思主义哲学变成一个无所不在、无所不包、无所不能的绝对真理体系。自诩为包含一切问题答案的学说,不是科学,而是神学。历史已经证明,凡是以绝对真理自诩的思想体系,如同希图万世一系的封建王朝一样,无一不走向没落。同时,也不能把马克思主义哲学"钝化",即磨掉马克思主义哲学的批判性和革命性的锋芒,将其变成一个"价值中立"、无任何立场的"讲坛哲学""论坛哲学""知识体系",这实际上是把马克思主义哲学"贵族化"。马克思主义哲学的宗旨,就是通过"革命的、实践批判的活动"改变世界,实现无产阶级和人类解放。抽去这一点,也就抽掉了马克思主义哲学的"根"与"魂"。无论是"神化",还是"钝化",实质上都是对马

---

① 《马克思恩格斯全集》第23卷,第24页。

克思主义哲学的抽象化，都同马克思主义哲学的本性格格不入。

1883 年 3 月 17 日，恩格斯在悼念亡友马克思的演说中指出，"正像达尔文发现有机界的发展规律一样，马克思发现了人类历史的发展规律"，"不仅如此。马克思还发现了现代资本主义生产方式和它所产生的资产阶级社会的特殊的运动规律"。马克思是一个科学家，但"马克思首先是一个革命家。他毕生的真正使命，就是以这种方式或那种方式参加推翻资本主义社会及其所建立的国家设施的事业，参加现代无产阶级的解放事业，正是他第一次使现代无产阶级意识到自身的地位和需要，意识到自身解放的条件"。① 恩格斯的这一评价极其公正而准确。

我们应当明白，马克思是科学家和革命家的完美统一；马克思主义哲学是科学体系和意识形态的高度统一，是无产阶级的自我意识和批判资本主义学说的高度统一。只要资本主义存在着，只要人的生存的异化状态没有被消除，马克思主义哲学就必然存在着，并以强劲的姿态参与且推进着人类历史进程。在马克思主义哲学的研究过程中，我们深深地体会到什么是"死而不亡"：马克思"死而不亡"，马克思主义哲学仍然是我们时代的真理和良心。

谨以此文纪念马克思逝世 130 周年！

载《哲学研究》2013 年第 1 期
《新华文摘》2013 年第 10 期转载

---

① 《马克思恩格斯选集》第 3 卷，第 776、777 页。

关于马克思主义研究中五个重大问题的再思考

改革开放 30 多年来,中国的马克思主义研究犹如夏夜的群星,闪烁着智慧的光芒。在这个群星闪烁的理论星空中,领域不断扩大,观点不断推出,问题不断发现、层出不穷。在这种种问题中,有五个问题值得我们关注:一是重新认识马克思主义哲学的理论主题;二是重新认识马克思主义哲学的理论特征;三是重新认识马克思的哲学批判与资本批判的关系,即重新认识马克思主义哲学与经济学的关系;四是深刻把握科学社会主义的科学所在;五是深刻理解马克思主义中国化的实质。这些问题实质上是当前马克思主义研究中的五个重大问题。这五个重大问题是事关整个马克思主义的全局问题、基本问题,应当引起我们高度重视,值得我们深入思考、再思考。

一、马克思主义哲学的理论主题:"人类解放何以可能"

马克思主义哲学的创立,无疑是哲学史上的革命性变革。用文学的语言来说,那就是,马克思主义哲学的创立犹如人类思想史上的壮丽日出,它使哲学这片思想的园地沐浴在"新唯物主义"的明媚的阳光之中。在我看来,由新唯物主义的创立所导致的哲学变革的实质就在于,它使哲学的主题发生了根本转换,这就是,从"世界何以可能"转向"人类解放何以可能",与此同时,使哲学聚焦点从宇宙本体转向人的生存本体,从解释世界转向改变世界。

哲学主题的这一转换并不是马克思个人主观意志的产物,更不是马克思本人的漫步遐想,而是时代的要求。哲学体系往往以哲学家个人的名字命名,但它并非仅仅属哲学家个人。黑格尔说过,哲学是"思想所集中表现的时代"。马克思把这一观点发挥为"哲学是自己时代精神的精华"。由哲学家们创造的哲学体系不管其形式如何抽象,不管它们具有什么样的特征或"个性",都和哲学家所处的时代密切相关。法国启蒙哲学明快泼辣的个性,德国古典哲学艰涩隐晦的特征,离开它们各自的时代是无法理解的。任何一种哲学体系的出现,任何一种哲学主题的转换,都和它所处的时代相联系,从根本上说,都是一定时代的产物。马克思主义哲学也是如此。要真正理解马克思主义哲学,真正理解哲学的主题从"世界何以可能"转向"人类解放何以可能"这一转换,就要把握马克思生活其中的那个时代的特点。

马克思时代的特征是什么? 从政治上看,这一时代的特征就在于,资本主义制度在西欧已经得到确立和巩固,人类历史从封建主义时代转向资本主义时代;从经济上看,这一时代的特征就在于,工业革命已经取得决定性的胜利,市场经济在西欧得以确立,人类历史从农业文明时代转向工业文明时代,从自然经济时代转向商品经济时代;从人本身的发展上看,人的自我意识已经觉醒,人本身从"人的依赖关系"时代转向"以物的依赖性为基础的人的独立性"的时代。

问题在于,资产阶级在取得巨大的历史性胜利的同时,也给自己带来了巨大的社会性的问题,这就是生产社会化和生产资料私有制之间存在着无法解决的矛盾,这一矛盾导致人的劳动、人的关系和人的世界都异化了,人的生存状态成为一种异化的状态。用马克思的话来说,这是一个"颠倒的世界","物的世界的增值同人的世界的贬值成正比"①,物的异化与人的异化走着同一条道路。在这种异化状态中,资本具有个性,个人却没有个性,人的个性被消解了,个人成为一种"孤立的人",国家也不过是"虚幻的共同体"。

这就是说,19 世纪中叶的西方社会,是一个由资本关系所造成的人的生存状态全面异化的社会。在这样一个时代,哲学应该做什么? 马克思认为,哲学

---

① 《马克思恩格斯全集》第 42 卷,第 90 页。

的"迫切任务"是揭露并消除这种异化,从而"为历史服务"。但是,西方传统哲学,包括德国古典哲学在内,无法完成这一"迫切任务"。这是因为,从总体上看,西方传统哲学就是"形而上学",即关于超验存在之本性的理论,这种哲学形态在"寻求最高原因"的过程中把本体同人的活动分离开来,同人类面临的种种紧迫的生存问题分离开来,从而使存在成为一种抽象的存在,物质成为一种"抽象的物质",本体成为一种同现实的人及其活动无关的抽象的本体。从这样一种抽象的本体出发是无法认识现实的人和人的现实的。以"形而上学"为存在形态的西方传统哲学,向人们展示的是抽象的真与善,它似乎在给人们提供某种希望,实际上是在掩饰现实的苦难,抚慰被压迫的生灵,因而无法消除人的生存的异化状态,将现实的人带出现实的生存困境。

正因为如此,马克思认为,随着自然科学的独立化并"给自己划定了单独的活动范围",随着社会实践的发展"把人们的全部注意力集中到自己身上",哲学应该从"天国"来到"人间",关注人的异化状态的消除,关注人类解放。在《神圣家族》中,马克思明确提出"反对一切形而上学",并断言:"形而上学将永远屈服于现在为思辨本身的活动所完善化并和人道主义相吻合的唯物主义。"①

这里,我们应当注意一个问题,这就是,马克思主义哲学不是一般的抽象的人道主义,关注的不是一般的抽象的人的命运。马克思发现,如果不能给工人、劳动者这些占人口绝大多数、被压迫的人们以真实的利益和自由,人类解放就是空话甚至沦为一种欺骗。所以,马克思提出了超越"政治革命""政治解放"的"彻底革命""人类解放"的问题,并认为完成这一历史使命、担当"解放者"这一历史角色的,只能是无产阶级。按照马克思的观点,无产阶级是一个随着现代工业的产生而产生,随着现代工业的发展而发展的阶级,在他们身上"表明人的完全丧失",因而是一个需要自己解放自己的阶级;同时,无产阶级又是一个"只有通过人的完全回复才能回复自己本身"的阶级,是一个只有解放全人类才能最后解放自己的阶级。

那么,在人类解放过程中,哲学的作用是什么? 或者说,哲学的职能是什么? 在《〈黑格尔法哲学批判〉导言》中,马克思说了两句形象而又深刻的话:一是哲学把无产阶级当作自己的"物质武器",无产阶级把哲学当作自己的"精

---

① 《马克思恩格斯全集》第 2 卷,第 159—160 页。

神武器";二是无产阶级是人类解放的"心脏",哲学是人类解放的"头脑"①。既然是"头脑",那么"头脑"必须清醒;"头脑"不清,就不可能确立人类解放的真实目标,不可能理解人类解放的真正内涵。

列宁说过,在工人中并不能自发地产生科学社会主义,工人阶级要从一个自发的阶级转变为一个自觉的阶级,需要进行思想教育。的确如此。生活在资本主义社会、并受资本家剥削的工人,赞美资本主义制度的并不少。同样处于被压迫的奴隶地位,有起来反抗奴隶制的奴隶,有满足于奴隶生活的奴隶,也有赞美奴隶生活的奴才。实际上,奴隶主义并不是奴隶主的"主义",而是没有觉悟的奴隶的"主义"。换句话说,要使无产阶级自觉地认识到自己的地位和使命,自觉地认识到自己是人类解放的主体或"解放者",无产阶级就必须有自己的理论,有自己的哲学。

因此,联系经济学的研究和历史学的考察,从哲学上探讨无产阶级和人类解放的目标、内涵和途径,就成为马克思的首要工作。这一工作的成果,就是"为历史服务的哲学",就是"和人道主义相吻合的唯物主义",就是"共产主义的唯物主义"的创立,一句话,就是马克思主义哲学的创立。与传统哲学、旧唯物主义重在解答"世界何以可能"不同,作为现代哲学、新唯物主义,马克思主义哲学重在解答"人类解放何以可能",马克思主义哲学的理论主题就是无产阶级和人类解放。

为了解答人类解放何以可能,马克思主义哲学必须探讨人的存在方式或生存本体,并使哲学的聚焦点从宇宙本体转向人的生存本体。

按照马克思的观点,物质生产活动是人类生存的第一个前提,是人类的第一个历史活动,也是人们每日每时必须进行的基本活动。作为自然存在物和社会存在物的统一,人是在实践活动中自我塑造、自我改造、自我发展的。人通过实践改造着自己的自然属性,通过实践形成了自己的社会属性,直接决定人的本质的社会关系也是在实践活动中生成的。一句话,人是实践中的存在,实践构成了人的存在方式或生存本体。

正因为实践构成了人的存在方式或生存本体,人的生存状态不是凝固不变的,而是处在不断的变化之中,即使人的生存的异化状态也是在实践活动中发生的。具体地说,在资本主义的生产方式中,劳动,这种人的生命活动异化

① 《马克思恩格斯全集》第1卷,第467页。

了，人与人的关系物化了，不是人支配物，而是物统治人，人本身的活动对人来说成为一种异己的、同他人对立的力量。正是通过对资本主义生产方式的批判，马克思揭示出被物的自然属性所掩蔽着的人的社会属性，揭示出被物与物的关系所掩蔽着的人与人的关系，发现了人的自我异化的秘密所在，并力图付诸"革命的实践"，消除劳动的异化、人的异化，从而确立"有个性的个人"。如果说无产阶级和人类解放是马克思主义哲学的理论主题，那么，确立"有个性的个人"，实现每个人的全面而自由的发展就是马克思主义哲学的最高命题。

为了解答人类解放何以可能，马克思主义哲学必须探讨现存世界的本体，并使哲学的聚焦点从解释世界转向改变世界。

按照马克思的观点，现实的人总是生存在现实的世界之中，而现实世界，也就是现存世界，是人化自然与人类社会、"历史的自然"与"自然的历史"所构成的世界，这个世界就生成于人的实践活动中。实践犹如一个转换器，通过实践，社会在自然中贯注了自己的目的，使之成为社会的自然；同时，自然又进入社会，转化为社会的一个恒定的因素，使社会成为自然的社会。实践活动是现存世界得以存在的根据和基础，在现存世界的运动中具有导向作用。换句话说，人们通过自己的实践活动"为天地立心"，在物质实践的基础上重建世界。实践因此构成了现存世界的本体。

问题在于，现存世界一经形成又反过来制约、决定现实的人及其活动，现实世界的状况如何，现实的人的状态就如何。要改变现实的人，首先就要改变现实的世界。要改变资本主义社会中的人，首先就要改变资本主义社会。所以，马克思主义哲学关注的是"自己时代的现实世界"，强调的是"改变世界"，并认为"对实践的唯物主义者，即共产主义者说来，全部问题都在于使现存世界革命化，实际地反对和改变事物的现状"①。在我看来，马克思主义哲学就是为改变世界的实践活动而创立的，它本身就是对人类实践活动中矛盾关系的理论反思，其目的，就是通过改变资本主义私有制条件下人对物的占有关系来消除人与人的异化关系，从而实现无产阶级和人类解放。

"环境的改变和人的活动或自我改变的一致，只能被看作是并合理地理解为革命的实践。"②马克思的这一著名论断表明，在马克思的哲学视野中，实践

①《马克思恩格斯全集》第 3 卷，第 48 页。
②《马克思恩格斯选集》第 1 卷，第 55 页。

不仅是人的生存的本体,而且是现存世界的本体,是改变现存世界、消除人的异化的现实途径,是确立"有个性的个人"、实现每个人的全面而自由发展的现实途径。这样,马克思主义哲学就实现了对人的现实关怀和终极关怀的统一。这是一种双重关怀。在我看来,这是全部哲学史上对人的生存和价值的最激动人心的关怀。

我不能同意这样一种观点,那就是,马克思主义哲学"见物不见人"。对马克思主义发展史的深入研究可以看出,无论是所谓的"不成熟"时期,还是所谓的"成熟"时期,马克思关注的都是现实的人,强调的都是消除人的生存的异化状况,实现无产阶级和人类解放。无产阶级和人类解放,让马克思一生魂牵梦萦,从精神上和方向上决定了马克思一生的理论活动,构成了马克思主义哲学,以至整个马克思主义的理论主题。

一种思想或学说具有什么样的价值和意义,关键在于它提出了什么样的问题,以及问题的广度和深度。海德格尔认为,马克思在体会到异化的时候深入到历史的"本质性的维度"中去了,所以,马克思的历史理论比其他的历史理论优越。海德格尔的这一评价真诚、公正并具有合理性。马克思所提出的消除人的异化状态、实现人类解放的问题的确是历史的本质性的课题,并契合着当代世界的重大问题。在当代,人的异化不但没有消除,反而在广度和深度上愈演愈烈、登峰造极。因此,无论你是否赞同马克思主义哲学,都不可能回避或超越它所提出的消除人的异化状态、实现人类解放这一问题的深刻性和根本性。在我看来,这是马克思主义哲学所实现的哲学变革的实质,是马克思主义哲学当代意义之所在。

我同样不能同意这样一种观点,那就是,马克思主义哲学产生于"维多利亚时代",距今已一个半世纪,已经过时,已无当代意义。我们不能以某种学说创立时间的近和远来判断它是否是真理,是否有价值,是否具有当代意义。新的未必就是真的,老的未必就是假的;凡是科学都不可能时髦,"走马灯"一样更换本身就有问题。我们都知道,阿基米德定理创立的时间很久远了,但今天的造船业无论多么发达,也不能违背这一定理。如果违背了阿基米得定理,那么造出的船,无论其材料多么先进,无论其形式多么豪华,无论多么"人性化",都不可能航行。如航行,必沉无疑。

正是由于马克思主义哲学深刻把握了人与世界的总体关系,正是由于马克思主义哲学深刻把握了人类社会发展的一般规律,以及资本主义生产方式的特殊运动规律，正是由于马克思主义哲学所关注和解答的问题契合着当代世界的重大问题，产生于 19 世纪中叶的马克思主义哲学又超越了 19 世纪中叶这个特定的时代，具有内在的当代意义和价值。

二、马克思主义哲学的理论特征：实践、辩证、历史的唯物主义

长期以来，我们一直把马克思主义哲学称为辩证唯物主义和历史唯物主义，这已经成为固化的、正统的、经典的定义。可问题是，马克思一生从来没有用"辩证唯物主义和历史唯物主义"来称谓他所创立的新哲学，从来没有提出或使用过"辩证唯物主义""历史唯物主义"这两个概念。在《神圣家族》中，相对"机械唯物主义"，马克思提出的是"和人道主义相吻合的唯物主义"；在《关于费尔巴哈》中，相对"旧唯物主义"，马克思提出的是"新唯物主义"；在《德意志意识形态》中，相对费尔巴哈的人本唯物主义，马克思提出的是"实践的唯物主义"这一概念。从历史上看，"辩证唯物主义"是狄慈根首先提出的，"历史唯物主义"是恩格斯首先提出的，把"辩证唯物主义"和"历史唯物主义"并列则是卢卡奇首先提出的。

1886 年，狄慈根在《一个社会主义者在认识领域中的漫游》中首次提出"辩证唯物主义"这一概念，用于描述马克思、恩格斯的哲学思想。但是，真正用"辩证唯物主义"来规定马克思主义哲学本质特征的是普列汉诺夫。在《论一元论历史观之发展》中，普列汉诺夫明确指出："我们用'辩证唯物主义'这一术语，它是唯一能够正确说明马克思的哲学的术语。"[①]同时，由于辩证唯物主义涉及历史领域，在这个意义上，可以把辩证唯物主义称作历史唯物主义。在普列汉诺夫看来，"历史的""这个形容词不是说明辩证唯物主义的特征，而只表明应用它去解释的那些领域之一"[②]，即历史领域。这就是说，把马克思主义哲学称作辩证唯物主义，是为了凸显马克思主义哲学的本质特征；把马克思主义哲学称作历史唯物主义，是为了说明马克思主义哲学的研究领域。

同普列汉诺夫一样，列宁也认为，马克思主义哲学就是辩证唯物主义。用

---

① 《普列汉诺夫哲学著作选集》第一卷，第 768 页。
② 《普列汉诺夫哲学著作选集》第二卷，第 311 页。

列宁的原话来说就是，"马克思一再把自己的世界观叫做辩证唯物主义"①。那么，辩证唯物主义与历史唯物主义是什么关系？列宁没有明确回答这一问题，但提出了一个与此密切相关且影响深远的观点，那就是，历史唯物主义是哲学唯物主义在社会历史中的"贯彻和推广运用"或"应用"。在《马克思主义的三个来源和三个组成部分》中，列宁提出："马克思加深和发展了哲学唯物主义，而且把它贯彻到底，把它对自然界的认识推广到对人类社会的认识。马克思的历史唯物主义是科学思想中的最大成果。"②在《卡尔·马克思》中，列宁提出："既然唯物主义总是用存在解释意识而不是相反，那么应用于人类社会生活时，唯物主义就要求用社会存在解释社会意识。""发现唯物主义历史观，或者更确切地说，把唯物主义贯彻和推广运用于社会现象领域，消除了以往的历史理论的两个主要缺点。"③

几乎与狄慈根同时，恩格斯在《路德维希·费尔巴哈和德国古典哲学的终结》中提出了一个与"辩证唯物主义"相似的概念，这就是"唯物主义辩证法"④。之前，也就是1859年，恩格斯在《卡尔·马克思〈政治经济学批判〉·第一分册》中首次提出"唯物主义历史观"这一术语，并认为唯物主义历史观的"要点"在《〈政治经济学批判〉序言》中做了"扼要的阐述"⑤；1890年，恩格斯在致康·施米特的信中首次使用"历史唯物主义"⑥这一概念，后在《社会主义从空想到科学》英文版导言中对"历史唯物主义"做出解释，认为历史唯物主义是一种"关于历史过程的观点"，"这种观点认为一切重要历史事件的终极原因和伟大动力是社会的经济发展，是生产方式和交换方式的改变，是由此产生的社会之划分为不同的阶级，是这些阶级彼此之间的斗争"⑦。显然，在恩格斯那里，"历史唯物主义"和"唯物主义历史观"是同一个概念，二者是"马克思的历史观"的不同表述。

从历史上看，首先把辩证唯物主义和历史唯物主义相提并论的，不是斯大林，而是卢卡奇。1923年，卢卡奇在为布哈林的《历史唯物主义理论——马克

① 《列宁全集》第18卷，第258页。
② 《列宁全集》第23卷，人民出版社1990年版，第45页。
③ 《列宁全集》第26卷，第57、59页。
④ 《马克思恩格斯选集》第4卷，第243页。
⑤ 《马克思恩格斯选集》第2卷，第38页。
⑥ 《马克思恩格斯选集》第4卷，第692页。
⑦ 《马克思恩格斯选集》第3卷，第704—705页。

思主义社会学通俗教材》所写的书评中提出一个新的概念,这就是"历史唯物主义和辩证唯物主义"①,但他并未对这一新的概念做出解释。

1929年,苏联哲学家芬格尔特、萨尔文特出版了《辩证唯物主义和历史唯物主义》,并以此阐述马克思主义哲学基本原理。1932年和1936年,米丁和拉祖莫夫斯基分别出版了《辩证唯物论与历史唯物论》上册和下册,在马克思主义史上第一次明确地把马克思主义哲学划分为辩证唯物主义和历史唯物主义两个部分,第一次明确地把"物质"作为马克思主义哲学的理论基础,并以此为起点范畴,分别论述唯物论、认识论、辩证法、历史观,从而建构起辩证唯物主义与历史唯物主义"二分结构"体系,即苏联马克思主义哲学体系。

从此,把马克思主义哲学分为辩证唯物主义和历史唯物主义两个部分,把马克思主义哲学称为辩证唯物主义和历史唯物主义,这一分法、这一定义便流传下来,并逐步固化,成为马克思主义哲学的"正统"定义。米丁本人后来不无得意地自我评价说:"我把马克思主义哲学分为辩证唯物主义和历史唯物主义,这种分法被人们所接受,流传下来了。"②

用"辩证唯物主义和历史唯物主义"来称谓马克思主义,并非"空穴来风",而是以恩格斯、列宁的思想为依据;把马克思主义哲学的基本内容分为辩证唯物主义和历史唯物主义两个部分,也不是"无中生有",而是对恩格斯、列宁思想的发挥。在《唯物主义和经验批判主义》中,列宁明确指出:"马克思和恩格斯的学说是从费尔巴哈那里产生出来的,是在与庸才们的斗争中发展起来的,自然他们所特别注意的是修盖好唯物主义哲学的上层,也就是说,他们所特别注意的不是唯物主义认识论,而是唯物主义历史观。因此,马克思和恩格斯在他们的著作中特别强调的是**辩证**唯物主义,而不是辩证**唯物主义**,特别坚持的是**历史**唯物主义,而不是历史**唯物主义**。"③在我看来,与"辩证唯物主义"并列,加上"历史唯物主义"来称谓马克思主义哲学,其本意是为了强调历史唯物主义的独创性,强调马克思的唯物主义的彻底性、完整性,因为马克思的唯物主义的彻底性、完整性集中体现在历史唯物主义之中。

用"辩证唯物主义和历史唯物主义"来称谓马克思主义哲学未必准确、深

① 中国社会科学院马列主义毛泽东思想研究所:《论布哈林和布哈林思想》,贵州人民出版社1982年版,第218页。
② 转引自安启念:《新编马克思主义哲学史》,第173页。
③ 《列宁全集》第18卷,第345页。

刻,用"辩证唯物主义和历史唯物主义"的"二分结构"来建构马克思主义哲学体系未必全面、科学,但是,我们也不能由此认为辩证唯物主义、历史唯物主义不是马克思主义哲学的理论特征。问题的关键在于:如何理解辩证唯物主义、历史唯物主义的关系?如何理解辩证唯物主义、历史唯物主义、实践唯物主义的关系?

第一,马克思主义哲学是实践唯物主义。在我看来,这是一个全局性、根本性的定义,它所要表明的不仅仅是一种要把理论付诸行动的哲学态度,更重要的是指,实践的观点是马克思主义哲学首要的和基本的观点,实践原则是马克思主义哲学体系的建构原则。换言之,实践唯物主义是马克思主义哲学的本质特征。

按照马克思的观点,实践首先是人以自身的活动来引起、调整和控制人与自然之间物质变换的过程;在这个过程中,人与人之间必须互换其活动,并必然结成一定的社会关系;同时,实践结束时得到的结果,在这个过程开始时就已经在实践者头脑中以观念的形式存在着,这就是实践的目的,马克思认为,这个目的是实践者所知道的,是作为规律决定着他的活动方式和方法的。由此可见,实践内在地包含着人与自然的关系、人与社会的关系以及人与其意识的关系,这些关系的总和又构成了现存世界的基本关系。可以说,实践是现存世界的本体,它以缩影的形式映现着现存世界,蕴含着现存世界的全部秘密,是人类所面临的一切现实矛盾的总根源。

正因为如此,马克思提出,要把"对象、现实、感性""当作实践去理解"。从实践出发去理解现存世界的根本点在于,从物质实践出发去把握现存世界,把物质生产活动所引起的人与自然之间的物质变换作为现存世界的根据、基础和本体。在我看来,承认自然物质的"优先性",这只是新唯物主义与旧唯物主义的共性,它并未构成新唯物主义本身的特征;确认人以自身的实践活动所引起的人与自然之间的物质变换构成了现存世界的根据、基础和本体,这才是新唯物主义的"新"之所在,或者说是新唯物主义"唯物"之所在。

按照马克思的观点,人既是人类历史的经常前提,又是人类历史的经常的产物和结果,而人只有作为自己本身的产物和结果才成为前提。人类进化不仅仅是生物学意义上的遗传与变异,而且是历史学意义上的延续与创新,而这二者的统一正是在实践活动中完成的。这就是说,人是通过自己的活动自我塑造、自我改变、自我发展的,人的秘密就在实践活动中。在《德意志意识形态》中,马克思明确指出:"个人怎样表现自己的生活,他们自己就是怎样。因此,他们是什么样的,这同他们的生产是一致的——既和他们生产什么一致,又和他们怎样生产一致。"①一言以蔽之,实践构成了人的存在方式或生存本体。

这就是说,从马克思主义哲学的逻辑看,实践不仅是现存世界的本体,而且是人的生存本体,因而成为马克思主义哲学的基石,成为马克思主义哲学的建构原则;从马克思主义哲学的历史看,马克思主义哲学所实现的哲学变革,就是在本体论的层面上发动并展开的,而这个本体论革命的实质,就是实践本体论的创立,是实践本体论对精神本体论和物质本体论的扬弃,唯心主义和旧唯物主义共同的主要缺点,就是不理解现实的实践活动及其意义。由此可以判定,马克思主义哲学首先是实践唯物主义。

第二,马克思主义哲学是辩证唯物主义。与动物不同,人总是在不断制造与自然的对立中去获得与自然的统一的,对自然客体的否定正是对主体自身的肯定。对这样一种对立统一关系、肯定否定关系的确认,表明马克思主义哲学是辩证唯物主义。

马克思在《1844 年经济学哲学手稿》中指出:"整个所谓世界历史不外是人通过人的劳动而诞生的过程,是自然界对人来说的生成过程。"②在"自然界对人生成"的过程中形成的人与自然的关系,是一种"为我而存在"的关系。这种"为我而存在"的关系就是一种否定性的矛盾关系。具体地说,人类要维持自身的存在,肯定自身,就要对自然界进行否定性的活动,改变自然界的原生态,使之成为"人化自然""为我之物"。

"自在自然"不断转化为"人化自然","自在之物"不断转化为"为我之物"的过程,也就是人们不断地改造、创造现存世界,同时又不断地改造、创造人本身的过程。实践作为人的存在方式,既包含着人对现存世界的否定,也包含着人的自我肯定;既包含着对现存世界的批判,也包含着人的自我批判;既包含着现存世界的发展,也包含着人的自我发展;既包括人与自然、人与社会的关系,也包含着人与自我的关系;既包含着客体的物质性,也包含着主体的精神性;既包含着世界的现实性,也包含着人对现实的超越性……

---

① 《马克思恩格斯全集》第 3 卷,第 24 页。
② 《马克思恩格斯全集》第 42 卷,第 131 页。

可以看出,人与自然之间的这种"为我而存在"的否定性关系是最深刻、最复杂的矛盾关系。这种矛盾关系构成了马克思之前众多哲学大师的"滑铁卢",致使唯物主义对人的主体性"望洋兴叹",唯物主义与辩证法遥遥相对。马克思高出一筹的地方就在于,通过对人的实践活动及其意义深入而全面地剖析,使唯物主义和人的主体性统一起来了,唯物主义和辩证法因此也结合起来了。这就是说,辩证唯物主义构成了马克思主义哲学的一个理论特征。

第三,马克思主义哲学是历史唯物主义。在马克思以科学的实践观为基础把唯物主义和辩证法有机结合起来,创立辩证唯物主义的同时,也就在唯物主义体系中实现了唯物主义自然观和唯物主义历史观的统一,创立了历史唯物主义。这是同一个过程的两个方面。

如前所述,人们为了生存,必须进行物质实践,实现人与自然之间的物质变换;为了实现人与自然之间的物质变换,人与人之间必须互换其活动,并必然结成一定的社会关系。人与自然的关系和人与人的关系正是在人的实践活动中形成的。即使生产力,本质上也是在人们改造自然的实践活动中形成的,生产力体现的就是人与自然的现实关系。实践的确是社会关系的发源地和社会生活的本质。正如马克思所说,"全部社会生活在本质上是实践的"①。从根本上说,社会就是在人与自然之间的物质变换中形成和发展起来的。所以,以往的哲学家,包括旧唯物主义者,把人对自然的实践关系从历史中排除出去后,只能走向唯心主义历史观;而马克思从人对自然的实践关系出发去解释观念以及历史过程,创立了唯物主义历史观,从而消除了"物质的自然"和"精神的历史"对立的神话,在唯物主义体系中实现了唯物主义自然观和唯物主义历史观的统一。

社会活动不同于自然运动,具有自己的特殊性。这种特殊性就在于,社会的主体是人,社会中的一切活动、一切事件都是人做的,而人是有思想的,是在利益驱使下、在思想指导下进行社会活动的。一次地震可以毁灭一座城市,毁灭众多人口;一场战争也可以毁灭一座城市,毁灭众多人口。可地震就是地震,地震的背后没有思想,没有利益,而战争是政治的延续,战争的背后是思想,是利益,是阶级的利益、民族的利益、国家的利益。

社会生活的特殊性犹如横跨在自然与社会之间的"活动翻板"。在马克思

① 《马克思恩格斯选集》第1卷,第56页。

之前，即使是坚定的唯物主义者，当他们的视线由自然转向社会，开始探讨社会历史时，几乎都被这块"活动翻板"翻向了唯心主义的深渊。从认识论的角度看，造成这种状况的根本原因，仍在于以往的哲学家不理解实践活动及其意义，不理解社会生活在本质上是实践的。马克思的高明之处就在于，他从实践出发去理解社会以及社会与自然的关系，从而实现了唯物主义自然观和唯物主义历史观的统一，创立了历史唯物主义。历史唯物主义因此构成了马克思主义哲学的又一个理论特征。

唯物主义历史观是马克思主义哲学对人类思想史的独特贡献，意义极其重大。从空间上看，自然和社会相距很近，唯物主义自然观和唯物主义历史观似乎近在咫尺；从时间上看，唯物主义自然观和唯物主义历史观又相距遥远，二者之间存在着两千多年的时间距离。人类是从自然观开始自己的唯物主义历程的，在古希腊时期就创立了唯物主义自然观，可是，一直到 19 世纪中叶才创立唯物主义历史观。这就是说，从唯物主义自然观到唯物主义历史观，人类整整走了两千多年的心路历程，用中国的成语来形容，那就是"咫尺天涯"。恩格斯说过，自从历史也得到唯物主义的解释以后，一条新的哲学发展道路在这里就开辟出来了。的确如此。没有对社会与自然关系的科学理解，就不可能产生马克思主义的自然观、辩证法和认识论，这也就是说，没有历史唯物主义，也就没有辩证唯物主义。

"辩证唯物主义""历史唯物主义"不是像普列汉诺夫所说的那样，"辩证唯物主义"表明的是马克思主义哲学的本质特征，是世界观，而"历史唯物主义"表明的是马克思主义哲学所涉及、所解释的领域之一，即历史领域，是历史观；"辩证唯物主义""历史唯物主义"也不像斯大林所说的那样，辩证唯物主义仅仅涉及、解释自然界，是自然观，历史唯物主义仅仅涉及、解释人类社会，是历史观。在马克思主义哲学中，不存在一个独立的、仅仅作为理论基础的辩证唯物主义，也不存在一个独立的、仅仅具有应用性质的历史唯物主义。辩证唯物主义和历史唯物主义不是马克思主义哲学的两个部分，而是马克思主义哲学在对同一个领域，即人与世界总体关系的研究中呈现出来的两个理论特征；辩证唯物主义和历史唯物主义不是两个"主义"，而是同一个"主义"，即马克思的"新唯物主义"的两个不同表述。

第四，马克思主义哲学是实践、辩证、历史的唯物主义。在哲学史上，马克思第一次把实践提升为哲学的根本原则，转化为哲学思维方式，从而创立一种实践、辩证、历史的唯物主义。

实践唯物主义、辩证唯物主义、历史唯物主义也不是三个"主义",而是同一个"主义",即马克思的新唯物主义的三个基本理论特征。其中,实践唯物主义是本质特征或根本特征,辩证唯物主义、历史唯物主义这两个基本特征都是从实践唯物主义这一本质特征引申出来的,是这一本质特征必然展开的内在逻辑和理论表现。实践唯物主义、辩证唯物主义、历史唯物主义是对马克思的新唯物主义的三个不同表述,是对马克思主义哲学的不同称谓。

用"实践唯物主义"称谓马克思主义哲学,是为了凸显新唯物主义所内含的实践性维度及其首要性和根本性,因为以往的哲学家只是用不同的方式解释世界,问题在于改变世界,而"对实践的唯物主义者,即共产主义者说来,全部问题都在于使现存世界革命化,实际地反对和改变事物的现状"①。

用"辩证唯物主义"称谓马克思主义哲学,是为了凸显新唯物主义所内含的辩证法维度及其批判性和革命性,因为"辩证法在对现存事物的肯定的理解中同时包含对现存事物的否定的理解",按其本质来说,辩证法"是批判的和革命的"②。

用"历史唯物主义"称谓马克思主义哲学,是为了凸显新唯物主义所内含的历史性维度及其彻底性和完备性,因为新唯物主义的彻底性、完备性集中体现在历史唯物主义中,自从历史也得到唯物主义的解释以后,一条新的哲学发展道路也就在这里开辟出来了。

我们不能因为马克思一生只使用过一次"实践唯物主义"而认为这一概念不成熟,我们不能因为西方马克思主义、东欧新马克思主义倡导"实践唯物主义"而忌讳这一概念,我们也不能因为苏联的"辩证唯物主义和历史唯物主义"教科书的局限性而"废"辩证唯物主义、历史唯物主义之"名"。

三、马克思的哲学批判与资本批判的关系

马克思主义哲学不是"学院派",更不是以往哲学主题延伸的产物。马克思主义哲学的创立是同对时代课题的解答密切相关、融为一体的,反过来说,

---

① 《马克思恩格斯全集》第 3 卷,第 48 页。
② 《马克思恩格斯全集》第 23 卷,第 24 页。

马克思对时代课题的解答始终贯穿着哲学批判。马克思说过,德国人是一个哲学民族。的确如此。在英国,社会运动首先表现为经济运动;在法国,社会运动首先表现为政治运动;而在德国,社会运动首先表现为理论活动、哲学运动。"即使从历史的观点来看,理论的解放对德国也有特别实际的意义。德国的革命的过去就是理论性的,这就是宗教改革。正像当时的革命是从僧侣的头脑开始一样,现在的革命则从哲学家的头脑开始。"①

马克思所走的道路就是一条典型的德国人的道路。具体地说,马克思不是直接从现实出发去解答时代课题的,而是通过对哲学的批判返归现实,从而解答时代课题的。正如马克思所说,"德国的法哲学和国家哲学是唯一站在正统的当代现实 al pari〔水平〕上的德国历史"。"正像古代各族是在幻想中、神话中经历了自己的史前时期一样,我们德意志人是在思想中、哲学中经历自己的未来的历史的。我们是本世纪的哲学同时代人,而不是本世纪的历史同时代人。德国的哲学是德国历史在观念上的继续。因此,当我们不去批判我们现实历史的 oe uvres incomplètes〔未完成的著作〕,而来批判我们观念历史的 oe uvres posthumes〔遗著〕——哲学的时候,我们的批判恰恰接触到了本世纪所谓的 that is the question!〔问题所在!〕的那些问题的中心。"②

可以说,马克思每前进一步都是通过哲学批判取得的:1843 年的"黑格尔法哲学批判",1844 年的"对黑格尔的辩证法和整个哲学的批判",1845 年的"对批判的批判所作的批判"以及"对法国唯物主义的批判",1846 年的"对费尔巴哈、布·鲍威尔和施蒂纳为代表的现代德国哲学形式的批判"……这一系列的哲学批判使马克思得到了严格的理论锻炼,对现实的社会矛盾、"问题的中心"有了更深刻的认识,对历史学、经济学、政治学以及哲学本身有了更透彻的理解,从而创立了实践、辩证、历史的唯物主义,科学地解答了时代课题。

马克思的哲学批判首先体现为形而上学批判。从历史上看,"形而上学"在对终极存在的探究中确立了一种严格的逻辑规则,标志着作为理论形态的哲学的形成。但是,形而上学中的存在又是脱离了现实的人及其活动的存在。无论是近代唯心主义哲学中的"绝对理念",还是近代唯物主义哲学中的"抽象物质",从根本上说,都是一种与现实的人和现实的社会无关的抽象的存在、抽

---

① 《马克思恩格斯全集》第 1 卷,第 461 页。
② 《马克思恩格斯全集》第 1 卷,第 458 页。

象的本体。因此，马克思在《神圣家族》中明确提出"反对一切形而上学"①，并认为批判形而上学之后，哲学应趋向人的世界和人的存在，对人的异化了的生存状态给予深刻批判，对人的解放和全面发展给予深切关注，从而使哲学成为无产阶级的"精神武器"和人类解放的"头脑"。

我们应当注意，马克思对形而上学的批判并没有停留在"纯粹哲学"的层面上，而是将形而上学批判同意识形态批判结合起来了。在资本主义社会，形而上学就是资产阶级的意识形态，或者说，是以意识形态的方式发挥其政治功能，从而为资产阶级政治统治辩护和服务的。问题是，形而上学这样一种抽象的哲学形态为什么能够成为资产阶级的意识形态？从理论上看，形而上学之所以能够成为资产阶级意识形态，是因为形而上学中的抽象存在与资本主义社会中的"抽象统治"具有同一性。

按照马克思的观点，在资本主义社会，个人受抽象统治，而抽象或观念无非是那些统治个人的物质关系的理论表现。这就是说，资本主义社会中抽象关系的统治与形而上学中抽象存在的统治具有必然关联性及同一性。用阿多诺的话来说就是，形而上学的同一性原则与资本主义社会中的同一性原则不仅对应，而且同源，正是在商品交换中，同一性原则获得了它的社会形式，离开了同一性原则，这种社会形式便不能存在，所以，形而上学就是资产阶级意识形态，或者说，形而上学是以意识形态的方式在资本主义社会发挥其政治功能的。

阿尔都塞说过，哲学只有通过作用于现存的意识形态，并通过意识形态作用于全部社会实践，作用于阶级斗争的背景之上，才能获得自我满足。阿尔都塞的这一见解是正确的。哲学总是以抽象的概念体系反映着特定的社会关系，体现着特定的阶级利益和价值诉求，追求的既是真理，又是某种信念。换言之，哲学既是知识体系，又是意识形态。马克思自觉地意识到这一点，所以，在马克思那里，形而上学批判进行到一定程度必然展开意识形态批判。在这种双重批判中建立起来的马克思主义哲学，不仅是客观认知某种规律的知识体系，而且是批判资本主义的意识形态。我们不能从西方传统哲学、"学院哲学"的视角去理解马克思主义哲学，而应当从形而上学批判与意识形态批判双重批判的视野，从无产阶级和人类解放这一新的实践出发去理解马克思主义

---

① 《马克思恩格斯全集》第 2 卷，第 159 页。

哲学。

马克思的哲学批判不仅与意识形态批判密切相关、融为一体,而且同资本批判密切相关、融为一体。在马克思看来,无论是对形而上学的批判,还是对意识形态的批判,都应延伸到对现实生活过程的批判。在《德意志意识形态》中,马克思说过这样一段形象而又深刻的话:"意识在任何时候都只能是被意识到了的存在,而人们的存在就是他们的实际生活过程。如果在全部意识形态中,人们和他们的关系就像在照像机中一样是倒现着的,那末这种现象也是从人们生活的历史过程中产生的,正如物象在眼网膜上的倒影是直接从人们生活的物理过程中产生的一样。"①在马克思的时代,对现实生活过程的批判首先是对资本主义生产方式的批判,也就是资本批判。

按照马克思的观点,资本不是物,而是一定的社会关系,它体现在物上,并赋予这个物以特有的社会性质;资本不仅是物与物之间的关系,而且是人与物和人与人之间的关系;更重要的是,资本使人与人的关系采取了一种物的形式,以致人与人的关系表现为物与物的关系,表现为物对人的支配关系。资本又是一个不断自我建构和自我扩张的过程。在这个过程中,资本不仅改变了人与自然的关系,而且改变了人与人的关系,资本家不过是资本的人格化,而雇佣工人只是资本增殖的工具;资本不仅改变了与人相关的自然界的存在属性,而且改变了人类社会的存在形态,创造了"社会、历史所创造的因素占优势"的资本主义社会;资本本身就是一种有机体制,按照马克思的观点,这种有机体制向总体发展的过程就在于,使社会的一切要素从属于自己,或者把自己还缺乏的器官从社会中创造出来。这就是说,正是资本使资本主义社会总体化了。

在《共产党宣言》中,马克思极为明确地指出:"资产阶级生存和统治的根本条件,是财富在私人手里的积累,是资本的形成和增殖。"②这就是说,资本是资本主义社会的根本规定、存在形式和建构原则,并构成了资本主义社会的基本建制。在资本主义社会,资本具有支配一切的权力,是最基本和最高的社会存在物。一言以蔽之,资本本身就是一种独特的社会存在。在我看来,马克思以商品为起点范畴,以资本为核心范畴展开的对资本主义社会的批判,本质上

① 《马克思恩格斯全集》第 3 卷,第 29—30 页。
② 《马克思恩格斯选集》第 1 卷,第 284 页。

是一种存在论意义上的批判。

这就是说，马克思的哲学批判、意识形态批判是通过资本批判实现的，是通过商品拜物教批判、货币拜物教批判和资本拜物教批判实现的。正是在这种批判过程中，马克思扬弃了抽象的存在，发现了现实的社会存在的秘密，发现了人与人的关系以物化方式而存在的秘密，并透视出人的自我异化的秘密所在，从而把本体论与人间的苦难和幸福结合起来了，使无产阶级和人类解放得到了本体论证明。卢卡奇对此做出高度评价，认为马克思开辟了从本体论认识现实的道路。

马克思的资本批判不仅开辟了"从本体论认识现实的道路"，而且开辟了从本体论认识历史的道路。在《1857—1858 年经济学手稿》《〈政治经济学批判〉导言》中，马克思指出，以往的社会关系或者以"发展的形式"，或者以"萎缩的形式"，或者以"歪曲的形式"存在于现实社会中。资本主义社会是发达的社会形式，以往社会形式的一部分东西作为"还未克服的遗物"，在这里继续存留着；一部分东西"原来只是征兆的东西"，在这里发展到具有充分意义。所以，现实的生产方式，也就是资本主义生产方式，包含着对历史上的生产方式的"说明之点"，这些"说明之点"连同对现代的正确理解，为人们提供了理解过去的钥匙。马克思正是从现实的社会存在透视出已往社会的社会结构和生产关系，发现历史运动的一般规律。

在马克思看来，不懂地租，完全可以懂资本，而不懂资本，便不能懂地租。更重要的是，较不发达的社会关系只有在较发达的社会形式中才能得到充分发展，才能充分展示其意义，才能被充分认识。在《〈政治经济学批判〉导言》中，马克思形象地指出："人体解剖对于猴体解剖是一把钥匙。反过来说，低等动物身上表露的高等动物的征兆，只有在高等动物本身已被认识之后才能理解。因此，资产阶级经济为古代经济等等提供了钥匙。"①正因为如此，马克思在《资本论》中提出了认识历史的根本方法，即"从后思索"法："对人类生活形式的思索，从而对它的科学分析，总是采取同实际发展相反的道路。这种思索是从事后开始的，就是说，是从发展过程的完成的结果开始的。"②

总之，马克思的资本批判不仅开辟了从本体论认识现实的道路，而且开辟

---

① 《马克思恩格斯选集》第 2 卷，第 23 页。
② 《马克思恩格斯全集》第 23 卷，第 92 页。

了从本体论认识历史的道路;不仅深化了本体论革命,而且推进了认识论革命;不仅造成了经济学的革命,而且巩固了哲学革命。我们应当从一个新视角深刻理解《资本论》的副标题"政治经济学批判"的内涵和意义,这就是,马克思的资本批判不仅具有重大的经济学意义,而且具有重大的哲学意义,是经济学与哲学的高度统一。

我们既不能从西方传统哲学、"学院哲学"的视角去认识马克思的资本批判,也不能从西方传统经济学、"学院经济学"的视角去认识马克思的资本批判。实际上,马克思的资本批判已经超出了经济学的边界,走过了政治学的领土,并到达了哲学的"首府"——存在论或本体论。阿尔都塞认为,马克思的资本批判不仅存在着哲学的维度,而且意味着政治经济学理论的严格表述所不可缺少的哲学概念的产生。阿尔都塞的这一见解是正确而深刻的。马克思的资本批判理论只有在马克思主义哲学这一更大的概念背景下才能得到真正理解;反之,马克思主义哲学的意义只有在同马克思资本批判的关联中才能显示出来;而无论是哲学批判,还是资本批判,都只有在无产阶级和人类解放这一更大的意识形态背景下才能得到真正理解。

在我看来,哲学批判、意识形态批判和资本批判高度关联、融为一体,这是马克思的独特的思维方式,是马克思主义的独特的存在方式。科学社会主义正是以哲学批判为前提,以资本批判为中心发展起来的。用恩格斯的话来说就是,科学社会主义是从剩余价值开始,是以剩余价值理论为中心发展起来的。

四、科学社会主义的"科学"所在

在否定科学社会主义的种种观点中,有一种观点值得我们特别注意,那就是,以否定历史规律的存在来否定科学社会主义。波普尔认为,科学社会主义是马克思根据历史规律对未来的历史所做的预言,而历史不可预言,因为历史规律根本不存在,历史本身是事件的堆积;科学社会主义的"大错",就是相信历史规律,只要"清除"历史规律,就能摧毁科学社会主义。波普尔的确看到了一个合理的事实,那就是,科学社会主义是以历史规律,包括资本主义生产方式的运动规律为其理论前提和客观依据的,但他又把这个合理的事实溶解于一种不合理的理解之中。究其实质,是力图釜底抽薪,否定科学社会主义的科学性。

可是,波普尔是在否定一个无法否定的客观事实,即历史的确有其内在规律,不管他如何诅咒,也无法"清除"历史规律。从历史上看,每一代封建君主都被反复教导如何进行统治,甚至编写了《资治通鉴》之类的书供他们阅读,以希图封建王朝万世一系。可是,历史上照样发生农民起义,照样发生改朝换代,照样发生资产阶级革命。1640年的英国革命,1789年的法国革命,1911年的中国辛亥革命……这一个一个不可重复的历史事件的出现,体现的正是资产阶级革命的规律。

这表明,在认识历史时,我们应当区分三个概念,即历史事件、历史现象和历史规律。任何历史事件的产生都是必然性和偶然性共同作用的结果,正是其中的偶然性使历史事件各具特色、不可重复,历史事件因此都是"一";历史现象则是"多",明治维新是"一",戊戌变法是"一",罗斯福新政也是"一",可改革或改良作为一种历史现象在历史上并不罕见,是"多";在这多种多样的历史现象的背后,就是只要具备一定的条件就能重复起作用的历史规律。

正是在生产力与生产关系矛盾运动规律的支配下,社会发展呈现为原始社会、奴隶社会、封建社会、资本主义社会和社会主义社会五种社会形态的依次更替。从人类总体历史看,社会主义社会的产生没有,也不可能早于资本主义社会,英国的资本主义制度形成于1640年,法国的资本主义制度形成于1789年,俄国的社会主义制度则形成于1917年。同样,资本主义社会没有,也不可能早于封建社会,西欧的封建社会产生于公元476年西罗马帝国灭亡时期,中国的封建社会则形成于公元前403—前221年战国时期,如此等等。

在研究历史时,有的人总是不顾及历史的规律性而沉湎于"如果……就……"的假言判断中。在他们看来,如果戊戌变法成功了,中国今天就如何如何;如果中国在20世纪50年代选择了资本主义,中国今天就如何如何。可是,历史发展有其内在规律,并不以"如果……就……"的公式为转移。实际上,对于历史研究来说,"如果……就……"的论断是永远不能被验证的,因而是没有科学意义的。沉湎于这种研究方式中,我们得到的就不是真实的历史,而是虚幻的历史。这绝不是误认风车为妖魔的堂吉诃德式的战斗,而是实实在在的两种历史观,即唯物主义历史观与唯心主义历史观的对立。

科学社会主义以历史规律为前提,但它不是仅仅基于历史规律的推导,而是直接建立在资本批判的基础之上的。按照马克思的观点,资产阶级生存和统治的根本条件是资本的形成和增殖,而资本形成和增殖的过程实际上就是剩余价值不断生产和实现的过程,剩余价值规律因此成为资本主义社会的基本经济规律。问题在于,资本的增殖或剩余价值的实现依赖于生产过程向流通过程的转化,而资本离开生产过程重新进入流通过程时,立刻就受到两种限制:

一是资本作为生产出来的产品受到现有消费量的限制。一边是为数很少的人不断积累财富,一边是为数众多的人不断陷入相对贫困,必然造成生产能力与消费能力之间的巨大反差。

二是资本生产出来的产品作为新的价值受到货币量的限制。由于资本主义的生产都是以追求剩余价值为目的的,个别企业生产的组织性和整个社会生产的无政府状态的矛盾,必然导致使用价值的生产受到交换价值的限制,受到货币量的限制。

从根本上说,这两种限制就是资本对生产力无限发展趋势的限制。所以,马克思认为,"资本主义生产的真正限制是资本自身"①。这种限制以及由此造成的一系列经济危机体现出资本主义生产方式的内在矛盾在不断积累和加深,表明资本主义或迟或早、或这样或那样必然要被社会主义所代替。

由此产生的一个问题是,社会主义在什么时候能够全面代替资本主义?马克思主义是社会发展的"路线图",而不是"时间表";马克思主义者不是算命先生,马克思主义不是气象学,能准确预报历史的"天气"。我们应当注意预见与预报的关系。所谓预报,是对某一事物在较短的时间内、确定的空间范围内必然或可能出现的判断;预见则是以规律为依据的关于发展趋势的判断,或者说,是一种只涉及发展趋势的判断。预报以预见为前提,但它又不等于预见。预报不仅取决于对规律、趋势的把握,而且取决于对较短时间内、较小空间中具体条件的把握。

自然科学既能预见又能预报,社会科学只能预见而不能预报。社会的主体是人,人的活动的自觉能动性、社会生活的特殊性和历史条件的可变性,使得具体历史事件发生的时间、空间不可能被预报。但是,在人的活动和社会生活中,我们可以预见发展趋势,预见某一社会现象的最终结局和社会发展的未来走向。这种预见正是以发现和把握历史规律为前提的。

---

① 《马克思恩格斯全集》第 25 卷,第 278 页。

正是依据社会发展的一般规律,依据资本主义生产方式矛盾运动的规律及其发展趋势,马克思主义科学地预见到未来社会的基本特征,科学地制定了社会主义社会的基本规定。

第一,在经济上实现生产力的巨大增长和高度发展。

创造出高于资本主义社会的生产力是社会主义最终战胜资本主义的物质前提。在《共产党宣言》中,马克思指出,无产阶级夺取政权后应"尽可能快地增加生产力的总量"。在《德意志意识形态》中,马克思指出,生产力的巨大增长和高度发展是社会主义社会"绝对必需的实际前提",并认为没有生产力的巨大增长和高度发展,"那就只会有贫穷的普遍化;而在极端贫困的情况下,就必须重新开始争取必需品的斗争,也就是说,全部陈腐的东西又要死灰复燃"①。社会主义的实践完全证实了马克思这一观点的真理性、预见性。

第二,在生产关系上建立公有制,实现共同富裕。

按照马克思的观点,社会主义制度同资本主义制度之间具有决定意义的差别就在于,在实行生产资料公有制的基础上组织生产,实现人民共同富裕。如果说高度发展的生产力是共同富裕的物质前提,那么,社会主义公有制就是共同富裕的制度基础。在《政治经济学批判大纲》中,马克思明确指出,在新的社会制度中,"生产将以所有人的富裕为目的"②。

对社会主义制度来说,公有制绝不是可有可无的,否定公有制就等于否定社会主义制度存在的客观基础。我们只能根据现实的生产力选择、创造公有制的内容、范围和实现形式,而不能否定公有制。当然,公有制不能成为脱离社会成员的抽象物,在公有制中,每个社会成员都是生产资料所有者的一员。但是,每个社会成员只有同其他社会成员联合成一个整体,才能获得生产资料所有者的地位。占有主体的这种整体性、社会性决定了公共所有的财产权不能在个人之间任意分割、自由交易,任何试图把公共所有的财产权量化到个人身上的做法都必然会对社会主义公有制构成侵犯。

由此引发一个不可回避的问题,那就是如何看待和理解马克思所说的"重建个人所有制"。马克思的确在《资本论》中说过"重建个人所有制":"从资本主义生产方式产生的资本主义占有方式,从而资本主义的私有制,是对个人、

---

① 《马克思恩格斯全集》第 3 卷,第 39 页。
② 《马克思恩格斯全集》第 46 卷下,第 222 页。

以自己劳动为基础的私有制的第一个否定。但资本主义生产由于自然过程的必然性,造成了对自身的否定。这是否定的否定。这种否定不是重新建立私有制,而是在资本主义时代的成就的基础上,也就是说,在协作和对土地及靠劳动本身生产的生产资料的共同占有的基础上,重新建立个人所有制。"①

但是,这绝不是指重建私有制。联系《德意志意识形态》中的有关观点可以更加明确这一点。在《德意志意识形态》中,马克思指出,共产主义社会就是以"对生产资料的共同占有"为基础,实现"联合起来的个人对全部生产力总和的占有"。"联合起来的个人对全部生产力总和的占有,消灭着私有制。"②这就是说,马克思所说的"重建个人所有制"与建立公有制是一致的,与重建私有制是不同的。

第三,在分配方式上实行按劳分配。

按劳分配的实质,就是以劳动作为占有产品、获得收入的根据和尺度。这一根据和尺度是以承认劳动者个人能力和个人利益的差别为前提的,它能够为社会主义经济提供有效的激励机制和约束机制。在社会主义初级阶段,我们只能坚持而不能改变按劳分配这一基本原则。但是,按劳分配的实现形式应该也必须随着公有制实现形式的变化而改变。社会主义市场经济的建立必然使社会范围内的按劳分配只能通过市场机制和价值形式,以迂回曲折的形式间接地加以完成。因此,我们应当寻找一种既符合市场经济要求又体现按劳分配本质的劳动计量方式,从而使按劳分配与市场机制有机结合起来。这才是问题的关键所在。

第四,在政治上实行无产阶级专政,实现社会主义民主。民主是社会主义的生命,同时,社会主义民主的实现又离不开无产阶级专政。这是因为,阶级斗争在国内一定范围仍然存在,在国际范围仍然整体存在;在一个经济文化较为落后的国家,在资本主义世界的包围中进行社会主义建设,没有强大的无产阶级专政是无法立足的。我们应该明白,无产阶级专政是无产阶级的"政治统治形式",是从阶级社会到无阶级社会之间的"政治上的过渡时期"。在我看来,我们仍然处在这个"政治上的过渡时期"!

第五,在人本身的发展上,确立"有个性的个人",实现每个人的全面而自

---

① 《马克思恩格斯全集》第 23 卷,第 832 页。
② 《马克思恩格斯全集》第 3 卷,第 77 页。

由的发展。

从《德意志意识形态》提出确立"有个性的个人",到《共产党宣言》提出"每个人的自由发展""一切人的自由发展",再到《资本论》重申"自由个性",贯穿其中的一条红线就是每个人的全面而自由发展。马克思指出,共产主义社会就是"以每个人的全面而自由的发展为基本原则的社会形式"①。1894年,意大利社会党人卡内帕请恩格斯为《新纪元》周刊找一段话来表述共产主义社会的基本特征。对此,恩格斯从《共产党宣言》中找出这样一段话,即"代替那存在着阶级和阶级对立的资产阶级旧社会的,将是这样一个联合体,在那里,每个人的自由发展是一切人的自由发展的条件"②,并认为除了这一段话,"再也找不出合适的了"③。这表明,实现每个人的全面而自由的发展不仅是马克思主义哲学的最高命题,而且是科学社会主义的最高命题。

我们应当注意,马克思主义依据资本主义生产方式矛盾运动的规律制定了社会主义社会的基本规定,但并没有对建设社会主义的具体方案提供"预定看法"。在致纽文胡斯的信中,马克思明确指出:"在将来某个特定的时刻应该做些什么,应该马上做些什么,这当然完全取决于人们将不得不在其中活动的那个既定的历史环境。但是,现在提出这个问题是不着边际的,因而实际上是一个幻想的问题。"④这种态度本身就是科学社会主义不同于空想社会主义的一个重要标志。马克思主义是科学,不是启示录,它没有,也不想"教条式地预料未来",没有,也不可能提供有关未来社会一切问题的答案。从马克思主义创始人那里找不到有关当代问题的现成答案,这不能责怪马克思,要责怪的只能是自己对马克思主义科学"本性"的无知。任何一门科学都以发现和把握某种规律为己任。任何一种学说要成为科学,就必须揭示研究对象的规律性。由于科学社会主义深刻把握了资本主义社会的运动规律及其发展趋势,因而成为一门科学,一门成熟的科学。以人类社会发展的一般规律为前提,以资本主义社会的基本规律和社会主义社会的基本规定为内容,这正是科学社会主义的"科学"之所在。

行文至此,我想概括一下马克思主义哲学、马克思主义经济学、科学社会

① 《马克思恩格斯全集》第 23 卷,第 649 页。
② 《马克思恩格斯选集》第 1 卷,第 294 页。
③ 《马克思恩格斯选集》第 4 卷,第 730 页。
④ 《马克思恩格斯选集》第 4 卷,第 643 页。

主义这三者之间的关系。在我看来,马克思主义哲学不仅是在批判德国古典哲学,而且是在批判英国古典经济学、法国空想社会主义的过程中生成的;在批判德国古典哲学、英国古典经济学和法国空想社会主义过程中形成的马克思主义哲学,又反过来成为马克思主义经济学的"研究方法"和"叙述方法",成为科学社会主义的理论前提;马克思主义经济学不仅是关于资本的理论,而且是对资本的理论批判或批判理论,具有哲学、政治学的内涵和意义,科学社会主义是以剩余价值理论为中心发展起来的,科学社会主义的根本原则又蕴含在马克思主义哲学中;把马克思主义哲学、马克思主义经济学和科学社会主义联系起来、贯通起来,形成一个理论整体、"艺术整体"的红线,就是无产阶级和人类解放。无产阶级和人类解放不仅是马克思主义哲学的理论主题,而且是整个马克思主义的理论主题。

五、马克思主义中国化的内涵与实质

马克思主义的故乡是德国,但我们无需"乡愁"或"乡恋",因为马克思主义是在民族历史转变为世界历史的基础上产生的世界性的精神产品,并非仅仅属于德国和西欧。这里所说的世界历史,不是通常的历史学意义上的世界史,即整个人类历史,而是指各民族、各国家进入全面相互影响、相互制约、相互渗透,使世界"一体化"以来的历史。用今天时髦的话来说,就是全球化。世界历史或全球化在今天已经是一个可经验到的事实了,但它却形成于 19 世纪中叶。马克思以其惊人的洞察力注意到这一历史趋势,并用"历史向世界历史的转变"这一命题表征了这一历史趋势。

在《德意志意识形态》中,马克思明确指出,资产阶级"首次开创了世界历史,因为它使每个文明国家以及这些国家中的每一个人的需要的满足都依赖于整个世界,因为它消灭了以往自然形成的各国的孤立状态"①。在《共产党宣言》中,马克思再次明确指出:"资产阶级,由于开拓了世界市场,使一切国家的生产和消费都成为世界性的了。"②在马克思看来,物质生产和精神生产都是如此,不仅形成了世界市场,而且形成了"世界文学",即世界性的精神产品。

---

① 《马克思恩格斯全集》第 3 卷,第 68 页。
② 《马克思恩格斯选集》第 1 卷,第 276 页。

马克思主义本身就是这样一种世界性的精神产品。

同时,我们应当注意,马克思在《共产党宣言》《资本论》中提出的这样一种思想,那就是,资产阶级在开拓世界市场、开创世界历史的过程中,实际上造就了资本主义的世界体系。正是在资本主义世界体系中,"未开化和半开化的国家从属于文明的国家","农民的民族从属于资产阶级的民族","东方从属于西方"①;发达国家的资产阶级进行着双重剥削,不仅剥削本国的工人阶级,而且剥削他国的"农民的民族",不发达国家则遭受着双重苦难,即"不仅苦于资本主义生产的发展,而且苦于资本主义生产的不发展"②。

这就是说,西方资产阶级开创世界历史的过程实际上是把资本主义生产方式及其内在矛盾世界化了,外化为"农民的民族"与"资产阶级的民族"、不发达国家与发达国家之间的矛盾,并使不发达国家产生了同发达国家"类似的矛盾",即无产阶级与资产阶级的矛盾。正如马克思所说,"一切历史冲突都根源于生产力和交往形式之间的矛盾。此外,对于其一国家内冲突的发生来说,完全没有必要等这种矛盾在这个国家本身中发展到极端的地步。由于同工业比较发达的国家进行广泛的国际交往所引起的竞争,就足以使工业比较不发达的国家内产生类似的矛盾(例如,英国工业的竞争使德国潜在的无产阶级显露出来了)"③。正是在这个意义上,马克思认为,"中国的社会主义跟欧洲的社会主义象中国哲学跟黑格尔哲学一样具有共同之点"④。

可是,我们又要看到,马克思主义产生时主要是反映了西欧的传统文化,马克思主义哲学主要反映了德国古典哲学的传统,马克思主义经济学主要反映了英国古典经济学的传统,科学社会主义则更多地吸收了法国社会主义的传统。因此,马克思主义要在不同的民族、不同的国家生根发芽、开花结果,就必然产生一个民族化的问题。恩格斯清醒地看到这一点,并在《美国工人运动》中提出了工人阶级纲领"美国化"的问题:"美国工人阶级的最终纲领,应该而且一定会基本上同整个战斗的欧洲工人阶级现在所采用的纲领一样,同德美社会主义工人党的纲领一样。在这方面,这个党必须在运动中起非常重要的作用。但是要做到这一点,它必须完全脱下它的外国服装,必须成为彻底美

---

① 《马克思恩格斯选集》第 1 卷,第 276—277 页。
② 《马克思恩格斯全集》第 23 卷,第 8—9 页。
③ 《马克思恩格斯全集》第 3 卷,第 83 页。
④ 《马克思恩格斯全集》第 7 卷,第 265 页。

国化的党。它不能期待美国人向自己靠拢。它是少数,又是移自域外,因此,应当向绝大多数本地的美国人靠拢。要做到这一点,首先必须学习英语。"①这就是说,马克思主义民族化是马克思主义的内在要求。马克思主义只有同不同国家的具体实际、不同民族的具体特点相结合,转化为民族文化的一部分,才能真正发挥改造世界的功能。

就中国而言,马克思主义必须同中国的具体实际相结合,而要做到这一点,又必须"学习汉语",使马克思主义这一"移自外域"的理论"取得民族形式","带着必须有的中国特性",成为中国人民认识历史、改造现实的思想武器。因此,马克思主义同中国具体实际相结合必然包含着同中国传统文化相结合的内涵。马克思主义必须同中国传统文化相结合,否则,就难以中国化。在我看来,马克思主义同中国具体实际相结合的过程,同时就是马克思主义同中国传统文化相结合的过程。

但是,我们必须明白,马克思主义中国化绝不是使马克思主义去迎合中国传统文化,用中国传统文化"化"马克思主义的结果只能使马克思主义"空心化",成为所谓的"儒学马克思主义";马克思主义中国化也不是范畴的简单转换,把物质变为"气",把矛盾变为"阴阳",把规律变为"理"或"道",把共产主义社会变成"大同社会"……这些只能是文字游戏。马克思主义中国化的内涵和实质,就是使马克思主义与中国面临的实际问题相结合,使现实的问题上升为理论的问题,并用中国式的问题及其科学解答丰富和发展马克思主义。同时,在这个过程中用马克思主义来分析、批判中国传统文化,吸取其精华,并对其进行创造性转换,使之融入马克思主义理论体系之中,从而使马克思主义"取得民族形式",具有"中国特性、中国作风和中国气派"。

观念系统具有可解析性、可重构性,观念要素之间具有可分离性、可相容性。一种文化形态所包含的观念要素,有些是不能脱离原系统而存在的,有些则可以经过改造而容纳到别的文化形态中。因此,马克思主义对中国传统文化的批判继承,从理论上说是可行的。问题的关键在于,在马克思主义中国化的过程中,我们对传统文化要批判什么、拒绝什么? 继承什么、转换什么?

传统文化是在历史中形成、在现实中仍然起作用的那些思维方式、价值观念和风俗习惯,它是古老的,可又在一定程度上为当代的人所认同。继承传统

---

① 《马克思恩格斯选集》第 4 卷,第 394 页。

文化,就是要把传统中与当代所契合的要素在实际生活中加以弘扬,使其成为当代人的思维方式、价值观念、行为规范的组成部分。继承传统文化不是"返本",不是简单地"恢复"传统文化,更不是奉行文化保守主义。我们的确具有悠久而丰富的传统文化,但这不等于我们一定能强国富民。负载着同样的传统文化,我们造就过雄汉盛唐,创造过令世界叹为观止的文明,可是,我们也有过国弱民穷,出现过"历史的倒转"的现象。实际上,传统文化是一把"双刃剑"。传统文化中的优秀方面凝聚了一个民族的创造和智慧,是一个民族得以生存和发展的精神力量,民族的复兴必然包含着对传统文化中优秀方面的继承与发展;传统文化中的保守方面是社会进步、民族复兴的重负,所以,社会进步、民族复兴必然表现为对传统文化中保守方面的突破与革新。

继承、转换传统文化,必须把握时代的脉搏,与时代精神相结合,从而引导民族与时代同行。这是判断传统文化的价值以及它能否存在和发展的关键。任何一个民族都不能轻视自己的传统文化,但也不能囿于传统文化,沉湎于传统文化之中。继承传统文化不是从钱罐里面取钱,发展传统文化也不是往钱罐里面塞钱。马克思主义中国化是面向时代的一种创造,是在创造中继承,在推陈中出新:一方面,为中国传统文化注入新的内容,古为今用;另一方面,着眼于世界文化发展的前沿进行创新,推陈出新。这是同一过程的两个方面。历史已经证明,任何一种背对时代和时代精神的文化形态或理论形态无一不走向衰落,最多成为思想博物馆的标本陈列于世,而不可能兴盛于世。

我们不能忽视这样一个问题,这就是,马克思主义是现代工业文明的产物,中国传统文化则是古代农业文明的产物,这是两种截然不同的文化形态。以儒家学说为核心的中国传统文化,毕竟是在古代农业文明的土壤上生成的,是封建社会官方的意识形态,其否定个人利益、否定个人独立性、否定人的个性的观念,是与社会主义格格不入的。我们应当明白,不是儒家学说、传统文化挽救了中国,而是中国革命的胜利使儒家学说、传统文化避免了同近代中国的衰败一道走向没落;不是儒家学说、传统文化把一个满目疮痍、贫穷落后的中国推向世界,而是当代中国的改革开放和现代化建设把中国传统文化推向世界,使孔夫子名扬四海,并使中国传统文化重振雄风成为可能。

因此,马克思主义中国化绝不是用中国传统文化去"化"马克思主义,更不是尊孔、读经、复古。我们不能期望在以高科技为基础的工业文明之上,嫁接一个田园风味、宁静安详、人际关系淳朴的社会形式;我们不能期望依靠"返本开新"，重新诠释传统文化来解决社会主义市场经济条件下的人口、资源和环境问题，以及义与利、个人与集体的关系问题；我们不可能在经济、政治现代化的进程中，仍然恪守以儒家学说为核心的传统文化，以中国传统文化为"体"，以马克思主义为"用"。马克思主义中国化既是马克思主义的内在要求，又是中国革命、建设和改革的实际需要，而不是一个简单的"体"与"用"的问题。在我看来，无论是以中国传统文化为"体"、马克思主义为"用"，还是以马克思主义为"体"、中国传统文化为"用"，都是形而上学的思维方式，都没有真正理解马克思主义中国化的实质。

面对传统文化，每一代人都会遇到继承什么或拒绝什么的问题。继承什么或拒绝什么并不取决于传统文化本身，而是取决于实践需要，取决于具体实际。马克思主义中国化必须立足当代中国的具体实际，而不是立足中国的传统文化。当代中国的最大实际就是改革开放。这一实践活动的最突出特征和最重要意义就在于，它把现代化、市场化和社会主义改革这三项重大社会变革浓缩在同一个时空中进行了，构成了一场前无古人、极其特殊、空前复杂的宏大的社会实践，它必然引起一系列重大而深刻的理论问题，必然为马克思主义中国化提供一个更广阔的社会空间和思维空间。对我们来说，马克思主义中国化仍然是一个艰难的理论创造、文化创新，仍然任重而道远。

载《南京大学学报》2014 年第 4 期

标题原为《当前马克思主义研究中的五个重大问题》

《新华文摘》2014 年第 20 期转载

关于价值、价值观与核心价值观的再思考

　　培育和践行社会主义核心价值观需要从理论上把握价值关系、价值观的特征，需要在现实中以社会主义本质特征为基础。本文拟就价值关系、价值观的特征，以及社会主义核心价值观与社会主义本质特征的关系做一考察和审视，以期深化我们对社会主义核心价值观的研究。

一、价值关系本质上是利益关系

　　在《1844 年经济学哲学手稿》中，马克思提出了三个著名的论断：一是"贩卖矿物的商人只看到矿物的商业价值，而看不到矿物的美和特性"；二是"忧心忡忡的穷人甚至对最美丽的景色都没有什么感觉"；三是"对于没有音乐感的耳朵来说，最美的音乐也毫无意义，不是对象"[①]。有的学者以此为依据，认为客体依存于主体，没有主体就没有客体。

　　实际上，这是一种误读，也是误解。这是因为，马克思的上述论断涉及的不是事实判断，即"是什么"，而是价值判断，即"应如何"。音乐，对有没有音乐素养以及不同素养的人来说，领悟、诠释和评价显然是不一样的。对没有音乐素养的人

[①]《马克思恩格斯全集》第 42 卷，第 125 页。

来说,音乐没有意义;对有音乐素养的人来说,有意义;对职业音乐家和爱乐者来说,意义又不一样,而有没有意义、有什么意义,属于价值范畴。这就是说,马克思的上述论断是关于客体对主体的意义和价值的判断。

所谓价值,从哲学的视角看,就是主体与客体之间一种特定的关系,即主体与客体之间的意义关系。在实践活动和日常生活中,主体总是根据自己的需要掌握和占有客体,利用客体的属性满足自己的需要。因此,主体与客体之间存在着一种特定的关系,那就是,主体按照自己的需要对客体及其属性进行选择、利用和改造的关系,或者说,是客体属性对主体需要满足的关系。这种特定的关系就是价值关系,也就是人们通常所说的意义关系。某事、某物能够满足主体的需要,就是有意义、有价值的;不能满足主体的需要,就是没有意义、没有价值的。

我们不能仅仅从客体自身的属性来规定价值,认为价值是事物本身所固有的某种东西,与人无关;我们也不能仅仅从人自身出发来规定价值,认为价值就是人的兴趣、欲望、情感的表达,与事物无关。价值不是实体,既不能仅仅归结为客体,也不能仅仅归结为主体。价值是一种关系,是主体与客体之间的一种特殊关系,即意义关系。

具体地说,物及其属性是价值关系形成的客体依据。价值离不开客体及其属性,价值总是客体对主体的价值,具有特定属性的事物因此成为价值客体,没有客体,不可能形成价值关系;人及其需要是价值关系形成的主体依据。只有人才是价值的创造者、实现者和享有者,才是价值的主体。客观事物本身并没有好与坏、善与恶、有用与无用、有利与无利、有益与有害之分,好与坏、善与恶、有用与无用、有利与无利、有益与有害,都是相对于人、相对于主体而言的。所谓环境危机实际上是"人的危机",所谓益虫与害虫、水利与水灾,都是相对于人而言的。

价值关系生成于人对自然的改造过程中。没有人与自然之间的实践关系和认识关系,也就没有价值关系,价值关系就存在于人的实践活动和认识活动之中,并与实践关系和认识关系交织在一起。价值观念的形成既离不开实践活动,也离不开认识活动,价值判断是直接建立在对对象认识的基础上的。这就是说,有了人和人的活动,才产生了自然界原本不具有的价值现象,才形成了物与人之间的价值关系。

客体及其属性是在人的活动中被发现、规定和改造的。人在需要的推动下从事实践活动,把自身之外的存在变成自己活动的对象,变成自己的价值客体。事物能否成为价值客体,不仅依赖于事物自身的属性,而且取决于人的本质力量、实践水平。正如马克思所说,"对象如何对他来说成为他的对象,这取决于对象的性质以及与之相适应的本质力量的性质;因为正是这种关系的规定性形成一种特殊的、现实的肯定方式","因为我的对象只能是我的一种本质力量的确证,也就是说,它只能象我的本质力量作为一种主体能力自为地存在着那样对我存在"①。

同时,主体及其需要也是在人的活动中不断被改造,不断变化发展的。人的需要不是纯粹的动物性的需要,而是"从社会生产和交换中产生的需要"②,是随着实践活动的发展而不断变化的。正如马克思所说,"已经得到满足的第一个需要本身、满足需要的活动和已经获得的为满足需要用的工具又引起新的需要"③。"人以其需要的无限性和广泛性区别于其他一切动物。"④

单纯的生理需要都是有限的,动物是这样,人也是如此。中国有句古话,"日食三餐,夜眠八尺"。但是,人的需要实际上是无限的。这是因为,人的需要是在物质生产活动中不断被改造,不断变化发展的。生产越发展,需要就越丰富;生产不仅满足需要,而且生产需要。所以,人的需要日益多样化、广泛化、无限化。更重要的是,人与人的需要不是同一的。在阶级社会,剥削者与被剥削者、统治者与被统治者的需要甚至迥然不同。马克思指出,在资本主义社会,"一方面所发生的需要和满足需要的资料的精致化,在另一方面产生着需要的牲畜般的野蛮化和最彻底的、粗糙的、抽象的简单化"。对住在地下室的工人来说,光、空气等,"都不再成为人的需要了","人不仅失去了人的需要,甚至失去了动物的需要"⑤。

在马克思看来,问题在于,两极分化不仅带来了工人需要的异化,而且导致了人的需要本身也发生了异化,这就是,人的需要分化为人的需要与非人的需要,即正常需要与非正常需要,后者导致奢侈、畸形消费。在资本主义社会,"每个人都千方百计在别人身上唤起某种新的需要,以便迫使他作出新的牺

---

① 《马克思恩格斯全集》第 42 卷,第 125、126 页。
② 《马克思恩格斯全集》第 46 卷下,第 19 页。
③ 《马克思恩格斯全集》第 3 卷,第 32 页。
④ 《马克思恩格斯全集》第 49 卷,人民出版社 1982 年版,第 130 页。
⑤ 《马克思恩格斯全集》第 42 卷,第 133、134 页。

牲,使他处于一种新的依赖地位,诱使他追求新的享受方式"①。

这表明,需要的内容和满足,就是利益。从根本上说,为利益而斗争就是为满足需要而斗争。价值关系的核心是利益,价值关系本质上是利益关系。问题在于,尽管人人都有需要,但并不是每个人的需要都能得到满足。需要的内容及其满足方式、满足程度,取决于个人在社会关系,尤其是生产关系中的地位。所以,恩格斯指出:"每一个社会的经济关系首先是作为利益表现出来。"②作为利益的主体,可以是个体,可以是集体,也可以是社会。实际上,任何一个现实的个人必然同时具有这三层关系:既是个体,又属于某个集体(包括阶级),是集体的一员,同时,还是社会的成员。因此,利益是多层次的,既有个人利益,又有集体利益,还有社会利益,仅仅以个人利益作为价值评价的依据,显然会失之片面。

二、价值观:价值关系应然状态的期盼与展示

在现实生活中,人们不断地追求和创造价值,同时也在不断地认识和评价价值。在这个过程中,人们逐步形成了价值观。何谓价值观? 价值观就是人们基于生存和发展的需要,对事物的价值的根本看法,是关于如何区分好与坏、善与恶、符合意愿与违背意愿的总体观念,是关于应该做什么和不应该做什么的基本原则。

同世界观、人生观一样,价值观具有广泛性,涉及社会生活的各个领域:在人与自然的关系中,有对实践活动和认识活动成果的评价;在人与社会的关系中,有对社会政策和社会制度的评价;在人与自我的关系中,有对自我发展和自我价值的评价;如此等等。各种价值评价都有自己独特的标准和原则。

就内容而言,价值观的根本是价值原则。有什么样的价值原则,就会有什么样的价值规范和价值理想,价值原则规定价值观的性质。基督教的价值观以上帝为价值原则,并将之作为衡量一切价值大小的标准。个人主义的价值观以个人的权利和利益为价值原则,并将之作为其他一切价值的根据。历史唯物主义价值观以个人与社会的辩证统一为价值原则,以人的自由全面发展

---

① 《马克思恩格斯全集》第 42 卷,第 132 页。
② 《马克思恩格斯全集》第 18 卷,人民出版社 1964 年版,第 307 页。

为最高价值。

价值原则总是渗透在价值规范中。规范的本意就是规则、标准或尺度,明确规定人应该怎样,不应该怎样。价值规范包括风俗习惯、伦理道德、政治法律等,价值观需要通过价值规范,具体化为在具体情景中如何行动的规范,才能引导人们的活动。有什么样的价值原则,就有什么样的价值规范。

确定的价值原则、价值规范必然导致确定的价值理想。价值理想是人们所追求的、具有现实可能性和合乎自己愿望的目标,它以对未来应然状态的把握和规定为内容,具有强烈的感召力和凝聚力。价值理想、价值信念、价值信仰属于同一序列的范畴。价值信念是关于价值理想的信念,是人们对价值理想抱有深刻信任感的精神状态;价值信仰不仅表示人们对价值理想的认同和确信,而且意味着感情的皈依、真诚的信奉,表现了主体的最高价值追求。价值原则、价值规范、价值理想都是价值观的内容。

价值观与价值关系既有联系又有区别。价值关系是一种客观的社会关系,是人与物、人与人之间实际的利益关系。利与害、好与坏、得与失等都不是单纯的主体的自我感受,而是实际的利益关系。比如,一个奴隶可以满足于自己的奴隶地位,但并不能因此改变奴隶与奴隶主的价值关系,改变奴隶与奴隶制的价值关系。价值观则是在一定的历史条件和文化背景下,不同的人对价值关系的理解和把握。换句话说,价值观念不同于价值关系,价值关系是客观的社会关系,价值观念则是人们对客观的价值关系的观念把握。

价值关系之所以是客观的,关键在于这种关系依存的对象的客观性。比如,水对人的价值是不言而喻的,没有水,人就不可能生存,水资源的危机实际上是"人的危机"。这是因为,水具有满足人的需要的物理、化学特性,如果没有水,人就会以死亡为代价表明人与水之间价值关系的客观性。同时,只有对象的客观属性还不能构成价值关系,人与事物之间要构成价值关系,还必须有人的特定的需要。没有人对水的需要,人与水之间就不可能形成价值关系。没有资本对劳动力的需要,没有工人就业的需要,资本家与工人之间的价值关系同样不能成立。人们的价值观的形成恰恰依赖于对自身需要的把握。

人的需要是价值关系形成的主体依据。人们正是基于意识到的需要对各种价值关系进行判断、反思和整合,才形成了价值观。不同的人有不同的需要和自我意识,从而形成不同的价值观。人的需要的多层次性,决定了价值观的多层次性;人的需要的社会性,决定了价值观的社会性;人的需要的历史性,决定了价值观的历史性。不存在一个抽象的、永恒不变的、适应于任何时代、任何民族、任何阶级的价值观。不同的价值观,体现着不同的民族、阶级、社会集团对价值关系应然状态的期盼与展示。

价值观与价值评价密切相关。所谓评价,就是主体在对客体认识的基础上,把自身需要的内在尺度运用于客体,对主体与客体之间的价值关系进行评判。这种评判反映的是主体需要与客体属性之间的关系,表现为人们对客体能否满足主体的需要所做的肯定或否定的判断。现存事物既是人们认识的对象,又是人们评价的对象。人们通过认识现存事物而真实地面对现实,通过评价现存事物合目的地改变现实,从而不断创造属人的世界。

就主体对客体的观念把握而言,价值评价仍然是一种认识活动。但是,价值评价又不同于对客体“是什么”的认识,而是一种特殊的认识。这种认识活动之所以“特殊”,就在于它是对某种事物能否满足人们需要的一种认识,是对客体“应当是什么”的认识,其着眼点是主体与客体之间的效用关系。所以,价值评价必须考虑主体的需要和利益,必须把主体的需要和利益作为内在尺度运用于评价的客体。如果说事实性认识追求的是对客体“是什么”或“是怎样”的认识,那么评价性认识追求的则是“应该怎样”和“不应该怎样”的认识,表达的是主体肯定或否定什么的价值要求。

这就是说,价值评价必然包含着主体的意向、愿望和要求。用时髦的话来说就是,价值评价体现的是主体的“愿景”,而且不同主体有不同的“愿景”。任何一个个体、群体的评价方式都受到他们的需要和利益的制约,都受到反映这种需要、利益的立场和观点的制约,因此,价值评价必然具有多元性、多样化。面对同一客体,不同的主体从不同的需要和利益、意向和愿望出发,必然会得出不同的价值评价。

我们应当明白,事实与评价不能等同,历史事实与历史评价也不能等同。事实属于客观进程,评价属于关于事实价值的主体判断;事实属于“彼时彼地”,评价属于“此时此地”。从来不存在一个没有立场和观点的价值评价,价值评价总是依据评价者的立场和观点的不同而不同,包括对历史事件、历史人物及其意义的评价。所有的历史学家都宣称自己是客观的、公正的,尤其是那些所谓的纯粹学者更是如此。除非是御用的历史学家,有意歪曲历史的历史学家是极少的。但是,这并不能保证对历史事件、历史人物的评价都是客观的、公正的。

对同一历史事件、历史人物的价值评价出现多样化,甚至矛盾性,的确有不同主体的学术水平问题,但在我看来,更多的是学术水平背后的利益问题。价值评价的主体总是自觉不自觉地代表着某种利益。"人们奋斗所争取的一切,都同他们的利益有关。"①"利益是如此强大有力,以至顺利地征服了马拉的笔、恐怖党的断头台、拿破仑的剑,以及教会的十字架和波旁王朝的纯血统。"②在历史研究,以至整个社会科学研究中,现实的利益关系以及政治立场,犹如一只"看不见的手"牵引着研究的方向,从而使不同的主体对同一个历史事件、历史人物形成了不同的评价。例如,对秦皇汉武、唐宗宋祖、成吉思汗,毛泽东的评价显然不同于其他人的评价。在毛泽东看来,"惜秦皇汉武,略输文采。唐宗宋祖,稍逊风骚。一代天骄,成吉思汗,只识弯弓射大雕"。这是以词的形式评价历史人物。

实际上,只叙述而不解释的历史学是不存在的,只摆事实而不讲道理的"历史学"不是历史学,而是史料学,可问题在于,纯粹史料的编排也必然渗透着史料编排者的价值观。抛弃价值判断去追求历史的真相,去理解和解释历史事件、历史人物,是不可能的。历史研究不可能排除价值观,而特定的价值观是传统文化、政治立场、阶级状况、现实利益长期浸润和濡染的结果。历史学家如何评价历史事件、历史人物,形式上是自主的,实际上是由他的价值观、历史观和政治立场决定的。例如,有的学者站在特定的政治立场上,仅仅依据曾国藩的道德文章而片面夸大,甚至无限放大他在历史中的实际作用,并做出了不恰当的评价。问题在于,历史人物的实际作用是客观的,而对历史人物实际作用的评价并不是都能同客观历史相吻合。这种背离实际上就是价值评价的失衡或混乱。在我看来,曾国藩可能是清王朝的中兴名臣,但绝不是中华民族救亡的中兴名臣。

对同一个客体,不同的主体会有不同的价值评价,但这并不是说所有的价值评价都是合理的。要使价值评价具有合理性,一要正确认识主体的实际需要,二要正确认识客体的实际状况,三要正确认识和把握主体实际需要与客体实际状况的关系。合理的、真正具有价值并富有教育意义的价值评价,必须尊

①《马克思恩格斯全集》第 1 卷,第 82 页。
②《马克思恩格斯全集》第 2 卷,第 103 页。

重事实,以事实为基础。任何建立在歪曲事实,甚至伪造事实基础上的价值评价,实际上是没有价值的价值评价。在这种价值评价中,历史事实变成了飘浮不定的泡沫。在我看来,历史研究应该追求事实与价值的统一。事实必须求真,理解必须求理,在此基础上,使价值评价趋向合理,使价值评价真正具有价值。

三、社会主义核心价值观需体现社会主义本质特征

价值观是人们在实际需要的驱动下,在自我意识的引导下,在实践活动的基础上形成的。每一个时代的价值观都是当时的物质生活方式、政治法律制度、观念文化传统等因素濡染、熏陶和塑造的结果。任何一个社会都是一方面通过法律、舆论和教育,有目的、有计划地把主导价值观或核心价值观灌输给每个社会成员;另一方面通过文化传统,将主导价值观或核心价值观在潜移默化中传递给每个社会成员,从而促使他们形成共同的价值观。个人接受社会主导价值观或核心价值观的过程,实际上就是通过自己的实践活动和人生经验对之加以选择和内化的过程。没有这种体会、理解、选择、接受、认同和内化,社会所提供的主导价值观或核心价值观就只能成为外在的规范,而不能成为人们自觉的价值意识。

价值观与日常生活的联系最为密切、最为直接。在日常生活中,人们每时每刻都在选择,都在评价,都在习惯性地按自己的行为标准进行活动;人们对事物这样看,而不是那样看,这样选择,而不是那样选择,实际上都包含着对事物的评价,都体现着这样或那样的价值观。在日常生活中,价值观构成了个人的心理定势。

正因为如此,任何一个社会总是通过主导价值观、核心价值观告诉人们能做什么,不能做什么,从而为人们的社会活动、日常生活提供规则、标准和模式。通过主导价值观、核心价值观,特定的社会不仅为自身提供了价值理想和奋斗目标,引领社会发展方向,而且影响个人的价值取向,引导个体的价值选择和活动方向。所以,每一个社会都要确立自己独特的主导价值观、核心价值观,从而造就一种氛围,形成一种力量,并通过多种渠道使这种价值观转化成为社会成员的个人价值观,形成社会的共同价值观,使社会成员形成共同的价值追求。

现实的价值观主要决定于不同人的不同的社会地位,这种社会地位同时就是人们在价值关系中的地位。所以,任何一个社会都存在着多种价值观,它们反映了人们多样的生存条件、活动方式和利益关系。这种种不同的价值观之间存在着矛盾和冲突。价值观的冲突表现为个人与个人、个人与群体,以及群体与群体之间的价值观冲突,在效率与公平、自由与平等、利益与道义等一系列重要问题上,不同的民族、阶级、阶层,以至个人往往有不同的,乃至相反的看法。即使同一个民族、阶级、阶层,以至个人,在不同领域、不同方面的价值取向上也往往呈现出多变性和矛盾性。

但是,即使社会地位相同,价值观也不一定相同。同样是处于被剥削地位的工人,有起来反抗雇佣劳动制度的工人,有满足自己雇佣劳动地位的工人,也有赞美雇佣劳动的工人,他们的社会地位相同,但价值观念不一定相同。在阶级社会中,被剥削者接受剥削阶级的价值观念是普遍现象,在这种社会制度下利益受损的人反而赞美这种社会制度的现象也不罕见。之所以如此,是因为价值观与价值关系既有联系,又有区别。价值观是人们对事物进行价值判断的尺度,属于主观的思想领域,价值关系是人们之间实际的利益关系,属于客观的社会关系。人们的价值观可能正确地反映了价值关系,也可能歪曲地反映了价值关系,二者并不是绝对一致的。实际上,价值观的形成是包括价值关系、经济关系、传统文化和社会教育积淀在内的复杂过程。

价值观的多样性及其冲突,往往带来价值失序的问题。因此,面对不同价值观之间的冲突,社会需要积极地进行核心价值观、主导价值观、共同价值观的建设。任何社会都有自己的核心价值观。在一个存在着多种价值观的社会,必须建设一个同经济基础以及政治制度相适应,并能促成广泛社会共识的核心价值观,从而提供共同的思想道德基础,凝聚社会的意志和力量,引领社会发展的方向。一句话,核心价值观集中体现了特定社会的精神气质,构成了特定社会的精神支柱。

任何社会都要提倡共同的价值观,这个共同的价值观实际上就是统治阶级的价值观。"统治阶级的思想在每一时代都是占统治地位的思想。这就是说,一个阶级是社会上占统治地位的物质力量,同时也是社会上占统治地位的精神力量。支配着物质生产资料的阶级,同时也支配着精神生产的资料,因此,那些没有精神生产资料的人的思想,一般地是受统治阶级支配的。占统治地位的思想不过是占统治地位的物质关系在观念上的表现,不过是表现为思想的占统治地位的物质关系。"①处于统治地位的阶级利用自己掌握的教育、舆论、宣传工具,进行日积月累、代代相传的有形和无形的思想灌输,从而使自己的思想成为该社会占统治地位的思想,使自己的价值观成为社会的主导价值观,并力图使之成为社会的共同价值观。儒家价值观在中国封建社会中长期处于主导地位,就与长期以来封建社会统治者的倡导,与整个封建社会的教育,尤其是与科举制度和官吏任用的标准密不可分。

任何社会都有自己的核心价值观,同时,又存在着多种价值观。社会主义初级阶段存在着多种价值观,它们都有自己存在的根据与合法性,我们不能把社会主义价值观当作唯一的价值观。但是,我们又要注意,其他价值观存在着与社会主义核心价值观对立和冲突的可能性。价值观本身就有好与坏、境界的高与低的问题,好的、境界高的价值观既是对价值关系实际状态的正确反映,又是对价值关系应然状态的展示和期盼,社会主义核心价值更是如此。因此,我们应当积极培育和践行社会主义核心价值观,并以社会主义核心价值观引领社会思潮,并为多元价值观之间的关系及其作用规定一个合理的空间。

任何社会的核心价值观反映的都是该社会的本质特征和核心利益。中国封建社会的核心价值观,就是儒家的忠孝仁爱礼义廉耻。资本主义社会的核心价值观,就是私有财产神圣不可侵犯,以及以此为基础的个人本位。维护资本主义私有制既是资本主义国家机器、资本主义法律体系的核心,也是资本主义价值观的核心。社会形态的变化同时也是核心价值、核心价值观的变化。由资本主义转变为社会主义是社会形态的根本变革,这一变革在价值观上的标志,就是核心价值的变化。培育社会主义核心价值观,必须反映社会主义的本质特征和核心利益。

我们必须明白,社会主义社会的核心价值与以往社会的核心价值不存在继承的问题。这是因为,社会主义对资本主义的变革同时也是对资本主义以及封建主义核心价值的变革;在培育和践行社会主义核心价值观的过程中,我们应当注意,既不能移用西方资本主义社会的核心价值观,也不能移用中国封建社会的核心价值观,因为它们不能反映社会主义的本质特征和核心利益。离开了社会主义的本质特征和核心利益,是无法培育和践行社会主义核心价值观的。"社会主义的本质,是解放生产力,发展生产力,消灭剥削,消除两极

---

① 《马克思恩格斯全集》第3卷,第52页。

分化,最终达到共同富裕"①,不断促进人的全面发展。社会主义核心价值观应当也必须反映社会主义的这一本质特征和核心利益,应当也必须是社会主义社会价值关系应然状态的期盼与展示。

任何社会大变动时期都会发生价值重估的问题,主要表现为对传统价值观念的重估。西方的启蒙运动,是对古希腊罗马时期关于人的思想的一次重估,是被中世纪神学所压抑的古代人文思想的一次重生。中国的五四运动,是对中国传统文化的一次重估,是科学和民主思想在中国的一次再生。当代新儒家关于五四运动的评价则是一次对重估的重估。价值重估具有双重作用:或者纠正人们对传统价值观念的片面认识,或者促使传统价值体系的崩溃,从而使社会在思想观念上处于无序状态。信仰危机的实质是价值观的危机。

当代中国正处在一个大变革时期,其中,最重要的变革就是从"以阶级斗争为纲"转向以经济建设、现代化建设为中心,从计划经济体制转向市场经济体制,从封闭半封闭型社会转向开放型社会,而且,这种现代化、市场化、开放化是同社会主义改革浓缩在同一个时空中进行的,因而构成了一场前无古人、艰难而又极其复杂的社会转型,它必然引发价值重估的问题,也必然为重建社会主义价值观开辟广阔的思维空间和社会空间。

载《北京师范大学学报》2015 年第 1 期

《新华文摘》2015 年第 12 期转载

---

① 《邓小平文选》第三卷,人民出版社 1993 年版,第 373 页。

第四编

2016—2020 年

关于中国马克思主义哲学体系的再思考

要正确理解和把握中国马克思主义哲学体系及其特征，就要深入考察和分析中国马克思主义哲学体系的形成、确立和演变的历史进程。这是一个重要的理论问题和历史问题。本文拟就中国马克思主义哲学体系的形成、确立和演变做一历史的考察和审视，以深化我们对马克思主义哲学的研究。

一、从《社会哲学概论》《现代社会学》到《社会学大纲》

中国学者建构马克思主义哲学体系始于 20 世纪 20 年代。从总体上看，这种建构是沿着两个方向展开的：一是以瞿秋白的《社会哲学概论》为代表，以辩证唯物主义为主导建构马克思主义哲学体系；二是以李达的《现代社会学》为代表，以唯物主义历史观，即历史唯物主义为主导建构马克思主义哲学体系。《社会哲学概论》和《现代社会学》的出版，标志着中国马克思主义哲学体系初步形成，并表明中国的马克思主义哲学体系从一开始就是以辩证唯物主义和历史唯物主义体系的形式出现的。

1919 年，李大钊发表了《我的马克思主义观》，首先向中国人介绍了唯物主义历史观，即历史唯物主义。1924 年，瞿秋白出版了《社会哲学概论》，首先向中国人介绍了辩证唯物主义。

按照瞿秋白的观点，马克思主义哲学就是"互辩法的唯物论"，即辩证唯物主义，辩证唯物主义是马克思主义的理论基础。"马克思主义是对宇宙、自然界、人类社会之统一的观点，统一的方法。何以马克思主义的宇宙观及社会观是统一的呢？因为他对于现实世界里的一切现象都以'现代的'或互辩法的（dialectical）——即第亚力克谛的唯物论观点去解释。这是马克思主义的最根本的基础，就是所谓的马克思的哲学。""马克思的哲学学说决不能以唯物史观概括得了"，"马克思的唯物论是唯物论与互辩法的综合。"①正因为如此，瞿秋白写下了《社会哲学概论》，初步阐述了辩证唯物主义，并自觉不自觉地建构了一种马克思主义哲学体系。

与李大钊的《我的马克思主义观》不同，瞿秋白的《社会哲学概论》是教科书，是以教科书的形式来阐述马克思主义哲学原理、建构马克思主义哲学体系的。研读《社会哲学概论》可以看出，《社会哲学概论》展示了这样一条逻辑线索，即"（一）先从哲学上之宇宙根本问题研究起；（二）继之社会现象的秘密之分析；（三）再进于社会主义之解说"②；制定了这样一个理论框架，即哲学中之唯心唯物论，唯物哲学与社会现象，宇宙之起源，生命之发展，细胞——生命之历程，实质与意识，永久的真理——善与恶，平等，自由与必然，互变律，数与质——否定之否定，社会的物质——经济，原始的共产主义及私产之起源，阶级之发生及发展，分工，价值的理论，简单的与复杂的劳动，资本及剩余价值。

从体系的原典依据看，《社会哲学概论》主要是依据恩格斯的《路德维希·费尔巴哈和德国古典哲学的终结》、普列汉诺夫的《马克思主义的基本问题》、布哈林的《历史唯物主义理论》，以及戈列夫编写、瞿秋白翻译的《新哲学——唯物论》来阐述马克思主义哲学内容的；从体系的内容结构上看，《社会哲学概论》主要是依据辩证唯物主义是宇宙观，历史唯物主义是历史观这一基本原则来展示马克思主义哲学的。按照瞿秋白的观点，哲学的任务不仅是研究人类社会，更重要的，是"求宇宙根底"，从而成为"统率精神物质各方面的智识而求得一整个儿的宇宙观"③。"唯物主义的、互辩律的哲学"，即辩证唯物主义就是宇宙观，"是一切社会科学的方法论"，而"唯物哲学之历史观"，即历史唯物

①《瞿秋白文集》政治理论编第四卷，人民出版社 1993 年版，第 18、21、1 页。
②《瞿秋白文集》政治理论编第二卷，第 340 页。
③《瞿秋白文集》政治理论编第二卷，第 310 页。

主义只是研究人类社会以及社会形式变迁之规律的科学。

正因为如此,《社会哲学概论》在第一部分阐述了辩证唯物主义,在第二部分阐述了历史唯物主义。换言之,辩证唯物主义和历史唯物主义的"二分结构"在《社会哲学概论》中已初见端倪。这标志着中国马克思主义哲学体系的建构从一开始就是沿着辩证唯物主义和历史唯物主义"二分结构"这个方向展开的。

如果说瞿秋白在20世纪20年代是以辩证唯物主义为主导阐述马克思主义哲学原理,建构马克思主义哲学体系的,那么,李达在20世纪20年代就是以唯物主义历史观,即历史唯物主义为主导阐述马克思主义哲学原理,建构马克思主义哲学体系的。实际上,马克思主义哲学在中国的传播,一开始就是以唯物主义历史观为主导的。无论是李大钊,还是陈独秀,都把宣传和阐释唯物主义历史观作为自己的主要任务。按照李大钊的观点,哲学是关于世界原理的整体和根本的说明,历史哲学既与历史学相联系,又属于哲学的一部分,"是依哲学的考察,就人生及为其产物的文化为根本的说明、深透的解释者"①。唯物主义历史观就是"马克思的历史哲学"②,其基本要点就是"关于人类文化的经验说明"和"社会组织进化论"③。在陈独秀看来,哲学有两种类型:一是"本体论、宇宙论的玄学,即所谓形而上的哲学";二是"实验主义的及唯物史观的人生哲学"。"相信只有客观的物质原因可以变动社会,可以解释历史,可以支配人生观,这便是'唯物的历史观'。"④

无论是李大钊,还是陈独秀,都是马克思主义哲学在中国的最初传播者、阐释者,但他们理解的马克思主义哲学又存在着较大的历史局限性:一是对唯物主义历史观与马克思主义哲学的关系的理解存在着局限性,甚至误认为唯物主义历史观就是马克思主义哲学;二是对唯物主义历史观与科学的关系的理解存在着局限性,具有把唯物主义历史观经验化、实证化、科学化的倾向,甚至用社会进化论来理解唯物主义历史观;三是对唯物主义历史观的原理和体系的理解存在着局限性,并没有全面阐述唯物主义历史观的基本原理,也没有系统展示唯物主义历史观的理论体系。

---

① 《李大钊文集》第4卷,人民出版社1999年版,第417页。
② 《李大钊文集》第3卷,人民出版社1999年版,第303页。
③ 《李大钊文集》第3卷,第27页。
④ 《陈独秀著作选》第二卷,上海人民出版社1993年版,第548、554页。

如果说瞿秋白看到了当时把唯物主义历史观与马克思主义哲学"等同化"的局限性，那么，李达则看到了当时对唯物主义历史观原理阐述和体系展示"片段化"的局限性。所以，李达在1926年出版了《现代社会学》。《现代社会学》也是一部教科书，是以教科书的形式阐述唯物主义历史观的原理、建构唯物主义历史观体系的。按照李达的观点，唯物主义历史观就是"历史的唯物论"。"历史的唯物论之社会说，在应用历史的唯物论说明社会之本质"①，不仅发现了"社会组织之核心"，而且说明了"社会进化之方向"，提供了"社会改造之方针"。这实际上说明了唯物主义历史观的对象、性质和职能。

以此为建构原则，在同历史学、经济学、政治学、法学、人类学的比较研究中，《现代社会学》向我们建构了这样一个唯物主义历史观的体系结构：社会之本质，社会之构造，社会之起源，社会之发达，家族，民族，国家，社会意识，社会之变革，社会之进化，社会阶级，社会问题，社会思想，社会运动，帝国主义，世界革命。

和同一时期的同类著作相比，《现代社会学》对唯物主义历史观基本原理的阐述更加准确，更加深入，更加全面。更重要的是，《现代社会学》不仅阐述了经济关系的决定作用，而且强调了上层建筑的反作用，并提出了"阶级意识"理论，认为"自私有制度发生，社会裂成阶级以后，已无能代表全社会人员之社会意识，所有者唯阶级意识耳"②，无产阶级也将产生自己的"阶级意识"；不仅阐述了社会对个人的决定作用，而且强调个人创造社会历史的作用，并阐述了"历史合力论"，认为历史的结果"常由多数个人意识之冲突而生"③。

这就是说，《现代社会学》不仅阐述了历史的"唯物论"，而且阐述了历史的"辩证法"，更重要的是，使唯物论和辩证法在历史观中高度统一、融为一体了。正是以唯物论和辩证法的高度统一为基本原则，《现代社会学》系统地阐述了唯物主义历史观的基本原理，自觉地建构起唯物主义历史观的理论体系。

当然，我注意到，《现代社会学》虽然自觉地建构起唯物主义历史观的理论体系，但没有说明唯物主义历史观，即历史唯物主义与辩证唯物主义的关系，没有说明唯物主义历史观在马克思主义哲学中的地位和作用，因而也就没有阐述马克思主义哲学的其他观点。因此，《现代社会学》只是标志着中国马克

---

① 《李达文集》第一卷，人民出版社1980年版，第237页。
② 《李达文集》第一卷，第289页。
③ 《李达文集》第一卷，第284页。

思主义哲学体系的初步形成。换言之,瞿秋白的《社会哲学概论》和李达的《现代社会学》标志着中国马克思主义哲学体系初步形成。

20世纪20—30年代,中国学者对马克思主义哲学的研究、阐释和体系建构的成果,集中体现在1937年出版的李达的《社会学大纲》这部哲学教科书中。研读《社会学大纲》可以看出,《社会学大纲》以哲学基本问题,即思维与存在的关系问题为基本线索,以辩证法、认识论和逻辑学三者同一为基本原则,建构了这样一个马克思主义哲学体系:唯物辩证法包括当作人类认识史的综合看的唯物辩证法,当作哲学的科学看的唯物辩证法,唯物辩证法的诸法则,当作认识论和伦理学看的唯物辩证法;当作科学看的历史唯物论,包括历史唯物论序说;布尔乔亚社会学及历史哲学批判;社会的经济构造,包括生产力与生产关系,经济构造之历史的形态;社会的政治建筑,包括阶级,国家;社会的意识形态,包括意识形态的一般概念,意识形态的发展。

可以看出,《社会学大纲》在体系安排上仍然实行辩证唯物主义和历史唯物主义的"二分结构",在整体结构和理论体系上,《社会学大纲》没有超出同一时期苏联马克思主义哲学教科书及其所建构的马克思主义哲学体系。但是,和同一时期的苏联马克思主义哲学教科书相比,《社会学大纲》不仅具有列宁、恩格斯的"元素",而且具有更多的马克思的"元素",尤其是阐述了《1844年经济学哲学手稿》《德意志意识形态》的重要观点。

《社会学大纲》高度评价了《1844年经济学哲学手稿》,认为《1844年经济学哲学手稿》为"马克思的彻底的哲学唯物论"奠定了基础,其根本契机就是把黑格尔辩证法中的实践概念"放在唯物论的基础上展开出来,引入唯物论之中,给唯物论以新的内容、新的性质"[1]。正是基于对实践的正确理解,马克思"建立了实践的唯物论",达到唯物辩证法这一"统一的世界观"。因此,《社会学大纲》明确提出了"当作实践的唯物论看的唯物辩证法"[2]这一重要命题。

以此为前提,《社会学大纲》明确提出了三个重要观点:

一是"辩证法的唯物论,以劳动的概念为媒介,由自然认识的领域扩张于历史认识的领域,使唯物论发生了本质的变化,变成了实践的唯物论"。

二是"实践唯物论,把实践当作历史的——社会的范畴,解释为感性的现

---

① 《李达文集》第二卷,第57页。
② 《李达文集》第二卷,第60页。

实的人类的活动……所以能够在其与社会生活的关联上去理解人类认识的全部发展史,因而克服观念论哲学的抽象性与思辨性,而到达于唯物辩证法"。

三是实践的唯物论,"主张实践是认识的源泉、认识发展的契机和真理性的标准,阐明了认识过程的辩证法,因而克服了旧唯物论的缺陷。所以实践唯物论的认识论,实是辩证唯物论的认识论"。

由此,《社会学大纲》得出结论:"实践的唯物论,由于把实践的契机导入于唯物论,使从来的哲学的内容起了本质的变革。"①

显然,《社会学大纲》已经在一定程度上意识到实践的观点是马克思主义哲学的理论基础,意识到实践唯物主义和唯物辩证法存在着内在联系,意识到实践唯物主义的创立是哲学史上革命变革的契机。所以,在马克思主义哲学体系的安排上,《社会学大纲》力图用劳动—实践范畴连接辩证唯物主义和历史唯物主义。但是,《社会学大纲》并没有真正实现用实践范畴连接辩证唯物主义和历史唯物主义,并使二者"一体化"的意图,辩证唯物主义和历史唯物主义仍属于"二分结构"。

同时,《社会学大纲》对辩证唯物主义和历史唯物主义关系的理解也存在着明显的逻辑矛盾:一方面认为自然辩证法是唯物辩证法的基础,历史唯物主义是辩证唯物主义在历史领域的"应用"和"扩张","所谓辩证唯物论与历史唯物论的关联,这句话的本来的意义,就是彻底把辩证唯物论应用并扩张于历史的领域。只有彻底的把辩证唯物论扩张于人类社会或历史的领域,才能使辩证唯物论更趋于深化和发展"②;另一方面又认为,马克思"首先阐明了历史领域中的辩证法,其次由历史的辩证法进到自然辩证法,而在社会的实践上统一两者以创出科学的世界观的唯物辩证法"③。

实际上,在马克思主义哲学体系中,辩证唯物主义和历史唯物主义是"一体化"的,既不存在一个独立的、作为理论基础的辩证唯物主义,也不存在一个独立的、仅仅具有应用性质的历史唯物主义,更不存在一个超然于历史辩证法和自然辩证法之上的唯物辩证法。这表明,《社会学大纲》所建构的马克思主义哲学体系的确受到苏联马克思主义哲学教科书,尤其是西洛可夫和爱森堡

---

① 《李达文集》第二卷,第 56、60—61 页。
② 《李达文集》第二卷,第 285、283 页。
③ 《李达文集》第二卷,第 283 页。

等合著、李达和雷仲坚翻译的《辩证法唯物论教程》①的较大影响。

同时,《社会学大纲》又凝聚着中国学者对马克思主义哲学的独特理解,在一定程度上体现了中国学者的独创性。无论是对西方哲学史的分析,还是对马克思主义哲学史的考察,无论是对马克思主义哲学经典著作研究的广度,还是对马克思主义哲学基本观点阐述的深度,无论是对马克思主义哲学范畴界定的准确性,还是对马克思主义哲学体系建构的完整性,《社会学大纲》都比同一时期的国内马克思主义哲学教科书高出一筹,在一些重大问题和基本观点上,甚至超出了同一时期的苏联马克思主义哲学教科书。

应该说,《社会学大纲》是中国学者以自己的表述方式撰写的第一部系统阐述马克思主义哲学的教科书,标志着中国学者以一种自觉而独特的方式建构马克思主义哲学体系,同时,也标志着辩证唯物主义和历史唯物主义体系在中国基本形成。

二、从《辩证唯物主义　历史唯物主义》到《辩证唯物主义原理》《历史唯物主义原理》

在中国马克思主义哲学史上,1961 年,艾思奇主编的《辩证唯物主义　历史唯物主义》出版,无疑是一个"事件",它标志着辩证唯物主义和历史唯物主义体系在中国主导地位的确立。

《辩证唯物主义　历史唯物主义》明确提出,"辩证唯物主义和历史唯物主义是马克思主义哲学,是马克思主义的全部学说的哲学基础,是革命的工人阶级的世界观",而作为世界观的学问,"哲学观点就是人们对于世界上的一切事物、对于整个世界的最根本的观点"②。这是《辩证唯物主义　历史唯物主义》的指导思想。

以此为前提,《辩证唯物主义　历史唯物主义》对马克思主义哲学的对象、任务、性质,以及辩证唯物主义和历史唯物主义的关系都做出了明确规定:一是马克思主义哲学是科学的世界观和方法论,它在对"全部科学知识加以概括和总结"的基础上,研究自然、社会和思维运动的一般规律;二是马克思主义哲

① [苏]西洛可夫、爱森堡等:《辩证法唯物论教程》,李达、雷仲坚译,笔耕堂书店 1932 年版。
② 艾思奇:《辩证唯物主义　历史唯物主义》,第 1、2 页。

学是无产阶级的世界观,其主要任务是改变世界,因而是革命性和科学性的高度统一;三是"马克思主义哲学——辩证唯物主义和历史唯物主义","历史唯物主义和辩证唯物主义是不可分割的有机统一的整体",历史唯物主义就是"把辩证唯物主义推广到对人类社会的认识"①。

正是在这一思想的指导下,《辩证唯物主义 历史唯物主义》对马克思主义哲学体系做了这样的安排:辩证唯物主义,包括世界的物质性,物质和意识,对立统一规律,质量互变规律,否定之否定规律,唯物辩证法的基本范畴,认识和实践,真理;历史唯物主义,包括历史唯物主义和历史唯心主义的根本对立,生产力和生产关系,经济基础和上层建筑,阶级和国家,社会革命,社会意识及其形成,人民群众和个人在历史上的作用。

显然,《辩证唯物主义 历史唯物主义》深受米丁等的《辩证唯物论与历史唯物论》、康斯坦丁诺夫的《马克思主义哲学原理》的影响。从总体上看,《辩证唯物主义 历史唯物主义》在基本观点和理论体系上没有超出苏联马克思主义哲学模式。当然,《辩证唯物主义 历史唯物主义》并不是对苏联马克思主义哲学教科书的简单模仿,它具有"中国元素",在一定程度上具有独创性:一是结合了中国新民主主义革命和社会主义建设的实际来阐述马克思主义哲学的基本观点;二是结合了中国传统哲学,尤其是古代唯物主义和辩证法思想来阐述马克思主义哲学的基本观点;三是充分反映了毛泽东哲学思想对马克思主义哲学的丰富和发展,对对立统一规律、认识和实践的阐述,基本上采用了《矛盾论》《实践论》的体例。

《辩证唯物主义 历史唯物主义》是由中共中央书记处决定并组织编写的,同时,编写者都是国内一流专家、学者,因而无论是在政治上,还是在学术上,都具有极高的权威性,它标志着辩证唯物主义和历史唯物主义体系在中国主导地位的确立。作为全国高校、党校通用的马克思主义哲学教科书,《辩证唯物主义 历史唯物主义》的影响广泛而深远。从 1961 年到 2014 年,50 多年间,国内出版的各类马克思主义哲学教科书多达千余种,除极少数外,绝大多数教科书在基本内容、逻辑结构和理论体系上都没有超出《辩证唯物主义 历史唯物主义》。

1981 年、1983 年,肖前、李秀林、汪永祥主编,高等学校使用的哲学教科书

---

① 艾思奇:《辩证唯物主义 历史唯物主义》,第 19、200 页。

《辩证唯物主义原理》和《历史唯物主义原理》出版。《辩证唯物主义原理》和《历史唯物主义原理》进一步深化了《辩证唯物主义　历史唯物主义》所阐述的马克思主义哲学基本观点，进一步完善了《辩证唯物主义　历史唯物主义》所建构的马克思主义哲学理论体系，并从学理上进一步巩固了辩证唯物主义和历史唯物主义体系在中国的主导地位。

在关于马克思主义哲学的对象、性质和内容的规定，以及辩证唯物主义和历史唯物主义的关系上，《辩证唯物主义原理》和《历史唯物主义原理》从总体上继承了《辩证唯物主义　历史唯物主义》的观点，同时，又深化了这些观点。

其一，马克思主义哲学是科学的世界观和方法论，其任务就是"揭示贯穿于自然、社会和思维的一切领域中的最普遍的规律"①。

其二，马克思主义哲学是"唯物主义和辩证法高度统一、唯物辩证的自然观和唯物辩证的历史观高度统一的完整严密的理论体系"，其中，"辩证主义和辩证法的统一是普遍的原则"，"唯物辩证的自然观和唯物辩证的历史观的统一，具有特殊意义"②。

其三，"马克思主义哲学是辩证唯物主义和历史唯物主义"，辩证唯物主义是"一般宇宙观"，历史唯物主义是"社会历史观"，"只有当包括自然观在内的一般宇宙观体现为社会历史观，并且真正付诸实践的时候，一般宇宙观才能在实际生活中真正发生作用"③。

上述三点实际上构成了《辩证唯物主义原理》和《历史唯物主义原理》的基本原则。正是在这三条基本原则的指导下，《辩证唯物主义原理》和《历史唯物主义原理》建构了以"世界的物质性"为起点、辩证唯物主义和历史唯物主义"二分结构"的马克思主义哲学体系。辩证唯物主义原理：世界的物质性，意识的起源、本质和作用，唯物辩证法是关于联系和发展的科学，质量互变规律，对立统一规律，否定之否定规律，唯物辩证法诸范畴，实践及其在认识中的作用，认识的辩证运动，真理，辩证思维的形式和方法。历史唯物主义原理：历史唯物主义是科学的历史观，人类社会和自然界，生产力和生产关系，经济基础和上层建筑，阶级、国家、革命，社会意识，科学及其在社会历史中的地位和作

① 肖前、李秀林、汪永祥：《辩证唯物主义原理》，第40页。
② 肖前、李秀林、汪永祥：《辩证唯物主义原理》，第36页。
③ 肖前、李秀林、汪永祥：《历史唯物主义原理》，第8页。

用,人民群众和个人在历史中的作用,社会有机体及其发展和进步。

无疑,在概括自然科学的新成果,总结社会实践的新经验,吸收哲学研究的新思想,以及在解读马克思主义哲学文本的深度和广度上,《辩证唯物主义原理》和《历史唯物主义原理》远远超出了《辩证唯物主义 历史唯物主义》,达到了新的高度。但是,就基本观点、基本原则和基本结构而言,《辩证唯物主义原理》和《历史唯物主义原理》同《辩证唯物主义 历史唯物主义》本质一致、总体相同,并没有超出《辩证唯物主义 历史唯物主义》,也没有超出同一时期的苏联马克思主义哲学教科书,如康斯坦丁诺夫的《马克思列宁主义哲学原理》、斯坦尼斯的《辩证唯物主义概论》、苏联科学院哲学教研室编写的《历史唯物主义概论》,从总体上看,并没有超出苏联马克思主义哲学模式。即使是1991年出版的《辩证唯物主义原理(修订本)》和《历史唯物主义原理(修订本)》在总体上也是如此。

同1981年出版的《辩证唯物主义原理》和1983年出版的《历史唯物主义原理》相比,1991年出版的《辩证唯物主义原理(修订本)》和《历史唯物主义原理(修订本)》的确提出了一些具有重要意义的观点,其中,最重要的,就是实践唯物主义的观点。按照《辩证唯物主义原理(修订本)》和《历史唯物主义原理(修订本)》的观点,马克思主义哲学从实践出发,从主体和客体双重视角来理解"对象、现实、感性","从实践出发来理解人本身及人的全部社会生活",所以,实践的观点不仅是马克思主义认识论的首要的和基本的观点,而且是唯物主义历史观的首要的和基本的观点,是整个马克思主义哲学"赖以建立、赖以发展的首要的、基本的观点"。[①] 因此,"马克思主义哲学的新唯物主义,同时可以说是实践的唯物主义"[②]。

这不乏真知灼见。如果把这一精神彻底贯彻下去,必将从根本上、总体上突破苏联马克思主义哲学模式。然而,令人遗憾的是,这一精神又未能真正贯彻下去。《辩证唯物主义原理(修订本)》和《历史唯物主义原理(修订本)》只是在辩证唯物主义中的辩证法和认识论之间增加了专门阐述实践的一章,对实践的主要特征、内在结构和活动过程做了较为全面的阐述,在总体上仍然"保持原来的基本理论格局"[③],即仍然保持以"物质"为起点的辩证唯物主义

---

① 肖前、李秀林、汪永祥:《辩证唯物主义原理(修订本)》,第44页。
② 肖前、李秀林、汪永祥:《辩证唯物主义原理(修订本)》,第44页。
③ 肖前、李秀林、汪永祥:《辩证唯物主义原理(修订本)》,"修订版前言",第1页。

和历史唯物主义的"二分结构"。这就像太阳的单独运行轨道已经被指明，但整个天体运行理论仍然遵循着托勒密的理论一样。

1983 年，韩树英主编、党校系统使用的哲学教科书《马克思主义哲学纲要》出版。按照《马克思主义哲学纲要》的观点，马克思、恩格斯"在科学的基础上把唯物主义和辩证法统一起来，把唯物主义彻底贯彻到社会历史领域，创立了辩证唯物主义和历史唯物主义"。"辩证唯物主义和历史唯物主义一起构成了马克思主义哲学的严密的科学体系和完整的世界观"①，从而对自然界、人类社会和思维的本质及其发展的普遍规律做出科学的说明，对人类社会发展的最一般规律做出科学的说明。

据此，《马克思主义哲学纲要》建构了这样一种马克思主义哲学体系：辩证唯物主义，包括世界的物质性，意识的本质和作用，物质世界的联系和发展，对立统一规律，质量互变规律，否定之否定规律，唯物辩证法的基本范畴，认识和实践，认识的辩证过程；历史唯物主义，包括历史唯物主义是无产阶级的科学历史观，生产力和生产关系，经济基础和上层建筑，阶级、阶级斗争和社会革命，国家是阶级统治的工具，社会意识及其形式，科学及其在社会生活中的作用，人民群众和个人在历史上的作用。

可以看出，《马克思主义哲学纲要》所建构的马克思主义哲学体系，与《辩证唯物主义　历史唯物主义》所建构的马克思主义哲学体系，具有本质的相同性。从总体上看，也没有超出苏联马克思主义哲学教科书及其所建构的马克思主义哲学体系，即以自然、社会和思维运动的一般规律为研究对象，以思维与存在的关系问题为基本问题，以物质为逻辑起点的辩证唯物主义和历史唯物主义的"二分结构"体系。

作为教育部组织编写、高校使用的教科书和作为中共中央党校组织编写、党校使用的教科书，《辩证唯物主义原理》《历史唯物主义原理》和《马克思主义哲学纲要》产生了广泛的影响。如果说《辩证唯物主义　历史唯物主义》确立了辩证唯物主义和历史唯物主义体系在中国的主导地位，那么《辩证唯物主义原理》《历史唯物主义原理》和《马克思主义哲学纲要》则从学理上巩固了辩证唯物主义和历史唯物主义体系在中国的主导地位。

---

① 袁贵仁、杨耕、吴向东：《马克思主义哲学教学体系：历史与现状》下册，北京师范大学出版社 2011 年版，第 532、537 页。

三、从《马克思主义哲学基础》《马克思主义哲学导论》到《马克思主义哲学原理》

重建中国马克思主义哲学体系始于 20 世纪 80 年代。1985、1987 年出版、高清海主编的《马克思主义哲学基础》标志着中国学者开启了重建马克思主义哲学体系的历史进程。

《马克思主义哲学基础》明确提出"马克思主义哲学就是辩证唯物主义"①,"'辩证的'唯物主义,标示出了马克思主义唯物主义整个理论内容与旧唯物主义不同的性质"②;实践是马克思主义哲学全部理论内容的核心,马克思主义哲学"把实践的观点提到首要和基本观点的地位","并且把这一原则彻底贯彻到哲学全部内容之中,建立了以实践为基础、与实践内在统一的哲学体系"③。

为此,《马克思主义哲学基础》不仅把实践观点作为马克思主义哲学的首要的基本的观点,而且把实践原则作为马克思主义哲学体系的建构原则,力图建构以实践观点为理论基础和逻辑中介的马克思主义哲学体系:人类认识的基本矛盾及其历史发展;客体的规定性,客体的规律性,世界统一于运动着的物质;人作为主体的基本规定性,主体能力的自然基础,主体的社会规定性;主客体统一的规定性,实践,认识,自由。可见,《马克思主义哲学基础》已经在总体上突破了辩证唯物主义和历史唯物主义的"二分结构"。

但是,《马克思主义哲学基础》也留下了两个理论难题:

一是明确提出实践观点是马克思主义哲学的首要观点和理论核心,但在具体阐述马克思主义哲学基本观点时,并没有把这一首要观点、理论核心贯穿始终。相反,只是在阐述了客体规定性、主体规定性之后,才在第四篇第十章,即《主体与客体的统一》中对实践观点做出阐述。更重要的是,没有把实践的观点同客体的规定性、规律性有机结合起来,辩证法仍然游离于实践观之外。

二是强调历史唯物主义是辩证唯物主义得以形成的理论前提,"关于实践

---

① 高清海:《马克思主义哲学基础》上册,目录,第 2 页。
② 高清海:《马克思主义哲学基础》上册,第 95 页。
③ 高清海:《马克思主义哲学基础》上册,第 107 页。

的理论既是发现唯物史观的必然结果,又是唯物史观的基本内容"①,但又提出"不能由此就认为,马克思主义哲学主要就是历史唯物主义",在马克思主义哲学中,"基础理论""就是辩证唯物主义",历史唯物主义则是把辩证唯物主义运用于历史领域的"中介性理论",是体现在历史观上的辩证唯物主义。② 这是一个逻辑矛盾,也是一个理论误判。如前所述,在马克思主义哲学体系中,并不存在一个独立的、作为理论基础的辩证唯物主义,也不存在一个独立的、仅仅具有运用性质、作为"中介性理论"的历史唯物主义。在《德意志意识形态》中,马克思指出,历史唯物主义本身就是"唯物主义世界观",是"真正批判的世界观"③。我们应当高度重视、深刻领会马克思的这一观点,重新审视历史唯物主义的性质和职能。

1988 年,两个对重建中国马克思主义哲学体系具有极其重要意义的会议召开:一是"全国哲学体系改革讨论会",会议达成共识,即实践唯物主义应是重建马克思主义哲学体系的方向;二是"全国实践唯物主义讨论会",会议就实践唯物主义的理论内容和体系特征进行了深入而广泛的讨论。此后,以实践唯物主义为基本原则建构马克思主义哲学体系逐渐成为国内哲学界的主流。其中,辛敬良主编的《马克思主义哲学导论——实践的唯物主义》、肖前主编的《马克思主义哲学原理》具有代表性。

1991 年出版的《马克思主义哲学导论》,是一部极具特色的马克思主义哲学教科书,其副书名就是"实践的唯物主义"。按照《马克思主义哲学导论——实践的唯物主义》的观点,实践唯物主义不是把世界当作与人的活动无关的纯客观的存在,不是对世界本原的终极性思考,而是把世界作为人的实践活动的对象来把握,从而成为理论体系与价值体系的统一,唯物主义自然观与历史观的统一,辩证法与历史唯物主义的统一,辩证法、认识论与逻辑学的统一。

以此为基本原则,《马克思主义哲学导论——实践的唯物主义》建构了这样一种马克思主义哲学体系:以实践为中介的自然过程,即自然的客观性及对人的优先地位,自然界的对象性及向人的呈现,自然界的历史性及与人在社会中的统一;以实践为本质的社会历史过程,即社会有机体,历史的主客体和历

---

① 高清海:《马克思主义哲学基础》下册,第 260 页。
② 高清海:《马克思主义哲学基础》上册,第 101 页。
③《马克思恩格斯全集》第 3 卷,第 261 页。

史过程,社会物质生产,人自身生产和人群共同体,社会精神生产,精神产品的两大类型——意识形态和科学,社会形态及其演进序列,人、人性和人的全面发展;以实践为基础的意识和认识过程,即意识的发生和结构,认识过程,实践与真理,思维的规律和方法。

在这一新的马克思主义哲学体系中,实践观点的地位是基础性的,作用是全方位的:

一是在自然观中,强调以实践为基础和中介的"历史的自然和自然的历史",认为物质"是作为实践对象的一切事物的共同特性的抽象或概括",客观实在性是"事物在实践过程中唯一保持不变的属性","是实践活动的最后界限"①。

二是在历史观中,强调社会生活本质上是实践的,历史是人类实践活动在时间中的展开,意识形态和科学是人们在实践基础上掌握世界的精神样式。

三是在认识论中,强调意识与自我意识的内容和形式都取决于人的实践活动,认为"实践活动是主客体相互作用的过程,主体与客体的相互规定及双向运动的结构亦即对立统一的关系,就内化为辩证思维的规律也就是矛盾思维律"②。

在我看来,《马克思主义哲学导论——实践的唯物主义》所建构的理论体系体现了马克思主义哲学的本真精神,为重建中国马克思主义哲学开辟了广阔的思维空间。但是,《马克思主义哲学导论——实践的唯物主义》虽然提出事物的"辩证本性"是"由实践活动赋予的性质,而不是与人无关的所谓'自然界的辩证法'"③,却又回避了实践活动如何"赋予"事物的"辩证本性"这一重大理论问题。

1993年出版的《马克思主义哲学原理》,是由中国人民大学、北京大学、南开大学、吉林大学、武汉大学、复旦大学、北京师范大学、中山大学八个著名高校马克思主义哲学博士点编写的,其权威性不言而喻。《马克思主义哲学原理》明确指出,马克思主义哲学是实践的唯物主义哲学,"实践范畴是马克思主义哲学最为核心、最为基础的范畴。只是在实践范畴的基础上,马克思主义哲学才超越了以往的全部哲学,构成了唯物论与辩证法相统一、自然观与历史观

---

① 辛敬良:《马克思主义哲学导论——实践的唯物主义》,第132页。
② 辛敬良:《马克思主义哲学导论——实践的唯物主义》,第132页。
③ 辛敬良:《马克思主义哲学导论——实践的唯物主义》,第588页。

相统一、本体论与认识论相统一的完整严密的理论体系"。正是在这一思想的指导下,《马克思主义哲学原理》力图从一个新的视角阐释马克思主义哲学是唯物论与辩证法的统一、唯物主义自然观与历史观的统一、认识论与本体论的统一、世界观与方法论的统一、主体性原则与客观性原则的统一。

第一,"以实践概念为基础,唯物论和辩证法这两种哲学传统获得了统一"①。

按照《马克思主义哲学原理》的观点,实践既是人们在一定的物质条件下表现自己的活动,又是人们在自然物中实现自己目的的能动的活动,是人与外部自然之间的一种物质性的否定性关系,因而构成了人的本质和存在方式。当马克思主义哲学从实践活动来规定人的本质和存在方式时,黑格尔辩证法的主体,即绝对精神便被转换为"现实的人和现实的自然界",绝对精神的矛盾运动便被转化为"现实的人和现实的自然界"之间的矛盾运动。"这样,辩证法就被置于唯物主义的基础之上,成为唯物主义的辩证法或辩证的唯物主义"②。

第二,"马克思主义哲学运用实践的观点,揭示了自然史和人类史的相互制约关系,从而使自然观与历史观统一起来"③。

按照《马克思主义哲学原理》的观点,社会历史本质上是物质生产方式的历史,因此,当马克思主义哲学把实践理解为社会生活的本质,以实践的观点为基础去理解社会历史时,历史过程的客观性质、物质动因就被揭示出来了。这就创立了历史的唯物主义。

更重要的是,"马克思主义哲学对于社会历史的唯物主义理解,并不是脱离开对于自然的唯物主义理解的",这不仅在于马克思主义哲学肯定了自然界对人的先在性,而且在于马克思主义哲学把人与自然之间的物质变换关系作为人类历史的现实基础;同时,"马克思主义哲学对于自然的唯物主义理解也不是脱离开对社会历史的唯物主义理解的",相反,它"把历史的观念带进了自然领域"④,认为现存世界是社会历史的产物,是人的实践活动的结果。

因此,"实践概念不仅是唯物主义历史观的基础,也应是唯物主义自然观

① 肖前:《马克思主义哲学原理》上册,中国人民大学出版社 1994 年版,第 53 页。
② 肖前:《马克思主义哲学原理》上册,第 53 页。
③ 肖前:《马克思主义哲学原理》上册,第 55 页。
④ 肖前:《马克思主义哲学原理》上册,第 54、55 页。

的基础"①。换言之,在马克思主义哲学中,唯物主义历史观与唯物主义自然观是在实践范畴的基础上统一起来的。

第三,"在马克思主义哲学中,认识论与本体论也在实践概念的基础上达成了统一"②。

按照《马克思主义哲学原理》的观点,实践不仅是现存世界的基础,也是人类以观念的形式把握现存世界的基础。从本质上看,认识是实践活动在人脑中的"内化"和"升华"。因此,实践的观点不仅是马克思主义本体论的首要的基本的观点,而且是马克思主义认识论的首要的基本的观点。换言之,在马克思主义哲学中,本体论与认识论在实践范畴的基础上统一起来了。

第四,"马克思主义哲学把内含否定性、革命性规定的实践概念作为自身的基础,便从根本上决定了它的革命的批判的本质"③。

按照《马克思主义哲学原理》的观点,马克思主义哲学本身内在地包含着革命性、批判性的规定,这种革命性、批判性的规定又是内含于作为马克思主义哲学基石的实践范畴之中的。作为一种客观的、物质的否定性活动,实践构成了人的存在方式,因而成为人类一切否定性活动的原始形态,是人类一切革命性活动的源泉。因此,当马克思主义哲学把实践的观点作为自己首要的基本的观点时,它就必然内在地具有革命性、批判性的规定。

马克思主义哲学的革命性、批判性体现在方法论上就是辩证法。从实践出发,不仅从客体的形式,而且从主体的方面去理解现存事物,从而把握现存事物的历史性,就是辩证法。所以,"合理形态的辩证法"在对现存事物的肯定的理解中同时包含对现存事物的否定的理解。这表明,辩证法本质上"是批判的和革命的"。从实践出发,从主体方面去理解现存事物,"不仅是一个世界观或存在论的原则,而且也是一个根本的方法论原则"④。马克思主义的世界观与方法论因此在实践范畴的基础上统一起来了。

第五,马克思主义哲学的主体性原则与客观性原则及其统一,同样是由实践范畴所规定的。

按照《马克思主义哲学原理》的观点,人们以其目的为范型而进行实践活

---

① 肖前:《马克思主义哲学原理》上册,第55页。
② 肖前:《马克思主义哲学原理》上册,第55页。
③ 肖前:《马克思主义哲学原理》上册,第58页。
④ 肖前:《马克思主义哲学原理》上册,第58页。

动,把目的实现于外部世界,不断地使观念的东西转化为实在的东西,就是对现存事物的否定。这充分体现了人的主体性。所以,以内含否定性、批判性、革命性规定的实践范畴为基础的马克思主义哲学,必然高度尊重并弘扬人的主体性。"现实的而非抽象的主体性原则,是马克思主义哲学的一个基本原则。"①

同时,客观性原则是马克思主义哲学的又一基本原则,"这一客观性原则也同样是由作为马克思主义哲学的基础的实践概念所规定的"②。按照《马克思主义哲学原理》的观点,人的实践活动是有目的的活动,但实践活动的对象,即自然界具有自身的运动规律,客观的自然规律预先限制了实践活动可能达到的广度和深度,既定的社会条件直接制约着实践活动目的的实现,这在特定的时空条件下是一种确定的限制。因此,实践概念又内含着客观性的规定。正是实践范畴内含的这种客观性规定,决定了建立在实践范畴基础上的马克思主义哲学又具有客观性原则。

在 20 世纪 90 年代初,《马克思主义哲学原理》的这些观点具有振聋发聩、发人深省的作用。在我看来,这些观点体现了马克思主义哲学的本真精神,为重建中国马克思主义哲学体系开辟了新的天和地。然而,就在《马克思主义哲学原理》为重建中国马克思主义哲学体系展示一个新的地平线时,它却后退了一大步,提出"马克思主义哲学区别于其他一切哲学的根本之处,在于它解决哲学基本问题的独特方式"③,而哲学的基本问题就是思维与存在的关系问题。这实际上是说,马克思主义哲学同西方近代哲学,乃至整个传统哲学一样,关注的仍然是思维与存在的关系问题,仍然是宇宙的本体、世界的本原问题。一言以蔽之,马克思主义哲学本质上仍然是知识论形态的哲学,仍然是"形而上学"。

以上述思想为依据,《马克思主义哲学原理》向我们展示了这样一种马克思主义哲学体系:世界的物质统一性,物质世界的联系和发展,世界联系和发展的基本环节,世界联系和发展的基本规律,人类社会生活的实践本质,物质生产,物质生产基础上的社会有机系统,阶级斗争的历史地位,人民群众和个人在历史中的作用,科学及其社会功能,认识的本质和特征,认识的辩证过程,

---

① 肖前:《马克思主义哲学原理》上册,第 60 页。
② 肖前:《马克思主义哲学原理》上册,第 60 页。
③ 肖前:《马克思主义哲学原理》上册,第 50 页。

思维方法,真理和价值,文化、文明和社会进步,人的全面发展和人类的解放。

无疑,《马克思主义哲学原理》所建构的马克思主义哲学体系的确有创新之处,在基本理论格局上对辩证唯物主义和历史唯物主义"二分结构"体系的确有突破之处。但是,《马克思主义哲学原理》所建构的这种马克思主义哲学体系,并没有把实践的观点是马克思主义哲学的首要的和基本的观点这一根本精神真正贯彻下去,尤其是没有把实践的观点贯彻到本体论之中,没有贯彻到辩证法之中,因而也就没有真正实现自己的目标,即以实践范畴为基础建构自然观、历史观、认识论和价值论,从而建构马克思主义哲学的完整的理论体系。

从总体上看,《马克思主义哲学原理》仍然是以脱离人的活动和社会历史的"抽象物质"为理论起点,并以此为基础论述世界的物质统一性;仍然是以脱离人的活动和社会历史的"抽象联系"为起点,并以此为基础论述辩证法的基本规律和基本环节,辩证法仍然游离于实践观之外。究其根本原因,是《马克思主义哲学原理》没有真正理解实践是对象化活动这一观点的真实内涵,因而也就没有真正理解自然存在在人的实践活动中转化为社会存在,没有理解社会存在本质上是对象性存在,而唯物辩证法的原型就是实践辩证法。

四、简短的结语

在简短的结束语中,就马克思主义哲学体系建构中的三个重大问题做一简明扼要的说明。

一是建构马克思主义哲学体系是以思维与存在的关系问题作为基本线索,还是以无产阶级和人类解放作为理论主题?几乎所有的马克思主义哲学教科书在建构马克思主义哲学体系时,都是以思维与存在的关系问题作为基本线索,以物质为逻辑起点和建构原则的。马克思主义哲学当然也要解答思维与存在的关系问题,但它解答这一问题是为无产阶级和人类解放这一理论主题服务的。

与西方近代哲学,以至整个传统哲学不同,马克思主义哲学关注的并不是所谓的整个世界的"终极存在",而是如何消除人的生存的异化状态,实现人类解放和人的全面而自由发展。如果说西方传统哲学的理论主题是"世界何以可能",那么马克思主义哲学的理论主题就是"人类解放何以可能";如果说西方传统哲学重在解释世界,那么马克思主义哲学则重在改变世界。因此,建构马克思主义哲学体系必须以无产阶级和人类解放为理论主题,以实践为逻辑起点和建构原则。

二是建构马克思主义哲学体系是以辩证唯物主义和历史唯物主义"二分结构"为基本框架,还是以实践、辩证、历史的唯物主义"一体化"为基本框架?改革开放之前,中国学者建构马克思主义哲学体系是以辩证唯物主义和历史唯物主义"二分结构"为基本框架的;改革开放之后,中国学者建构马克思主义哲学体系是以实践观点为核心范畴和建构原则而展开的。

在我看来,实践唯物主义、辩证唯物主义、历史唯物主义不是三个主义,而是同一个主义,也就是马克思的新唯物主义的三个理论特征和三个不同称谓。用"实践唯物主义"称谓马克思主义哲学,是为了凸显马克思主义哲学所内含的实践维度及其首要性和基本性;用"辩证唯物主义"称谓马克思主义哲学,是为了凸显马克思主义哲学所内含的辩证法维度及其批判性和革命性;用"历史唯物主义"称谓马克思主义哲学,是为了凸显马克思主义哲学所内含的历史维度及其彻底性和完备性。

在哲学史上,马克思第一次把实践提升为哲学的根本原则,转化为哲学的思维方式,从而创立一种实践、辩证、历史的唯物主义。因此,我们应以实践唯物主义、辩证唯物主义、历史唯物主义的"一体化"作为马克思主义哲学体系的基本框架。

三是建构马克思主义哲学体系是把"纯粹"的哲学批判作为本质规定,还是把哲学批判、意识形态批判和资本批判的统一作为本质规定?几乎所有的马克思主义哲学教科书在建构马克思主义哲学体系时,都注意到了马克思主义哲学的批判性,但基本上是在"纯粹"哲学的层面上阐述这种批判性。实际上,马克思主义哲学的批判性是哲学批判、意识形态批判和资本批判的高度统一。我们应当明白,资本不仅改变了与人相关的自然界的存在属性,而且改变了人类社会的存在形态;不仅改变了人与自然的关系,而且改变了人与人的关系,并使人与人的关系转化为物与物的关系,表现为物对人的支配关系。在资本主义社会,资本具有支配一切的权利,是资本主义社会的根本规定、存在形式和建构原则,并构成了资本主义社会的基本建制。一言以蔽之,资本本身就是一种独特的社会存在,是资本主义社会最基本和最高的社会存在物。

正是在资本批判的过程中,马克思扬弃了抽象的存在,发现了现实的社会存在,发现了人与人的关系以物化方式而存在的秘密,并透视出人的自我异化的秘密所在,从而把存在论或本体论和人间的苦难与幸福结合起来了,使无产阶级和人类解放得到了本体论证明。这就是说,马克思的资本批判本质上是一种存在论或本体论意义上的批判。

在我看来,马克思哲学批判的力度只有在同马克思资本批判的高度关联中才能显示出来;马克思资本批判的深度只有在马克思哲学批判的概念背景下才能得到深刻理解;而无论是哲学批判,还是资本批判,都只有在无产阶级和人类解放这一更大的意识形态背景下才能得到真正的理解和把握。哲学批判、意识形态批判和资本批判的高度关联、融为一体,这是马克思的独特的思维方式,是马克思主义哲学的独特的存在方式。

载《哲学研究》2016 年第 1 期

《新华文摘》2016 年第 10 期转载

关于唯物主义的历史形态及其
革命性变革的再思考

传统的观点认为,唯物主义在其发展过程中经历了三个历史阶段,形成了三种历史形态,那就是：自发或朴素唯物主义、机械或形而上学唯物主义和辩证唯物主义,历史唯物主义是辩证唯物主义在历史领域中的"推广"与"应用"。对哲学史和马克思主义哲学的重新考察使我得知,这是一个误解、一种误判。在这种误解、误判中,唯物主义发展进程中的主题转换被遮蔽了,历史唯物主义的划时代的贡献在相当大的程度上被抛弃了。本文拟就法国唯物主义的两个派别、唯物主义的历史形态,以及历史唯物主义的基本特征做一新的考察和审视,以深化我们对马克思主义哲学的研究。

一、法国唯物主义的两个派别：机械唯物主义与现实人道主义

18 世纪的法国处在一个动荡不安、风云变幻的时代。康德断言,这是一个批判的时代。卡西尔认为,这是一个理性的时代。在我看来,这是一个理性载负着批判的时代。在这个时代产生的法国唯物主义以其独特的反思精神和批判态度充分展示了自己的理论风采,并在哲学史上留下了浓墨重彩的

一章。然而,18世纪法国唯物主义(简称"法国唯物主义")又受到来自不同方面的误解,在总体上,法国唯物主义一直被称作机械唯物主义或形而上学唯物主义。实际上,在法国唯物主义中存在着两个派别,即机械唯物主义和人本唯物主义。正如马克思所说,"法国唯物主义有两个派别:一派起源于笛卡儿,一派起源于洛克。后一派主要是法国有教养的分子,它直接导向社会主义。前一派是机械唯物主义,它成为真正的法国自然科学的财产"①。

就理论起源而言,机械唯物主义派有科学和哲学双重起源:从科学上看,起源于牛顿经典力学;从哲学上看,起源于笛卡尔哲学。换言之,在牛顿和笛卡尔,或者说在当时的科学和哲学的双重影响下,在法国唯物主义中形成了机械唯物主义派,其代表人物就是拉美特利。拉美特利极为推崇牛顿和笛卡尔,认为"如果哲学的领域里没有笛卡尔,那就和科学的领域里没有牛顿一样,也许还是一片荒原"②。

17—18世纪,牛顿经典力学取得了巨大的成功,并确立了成熟的自然科学的两大原则:一是重复性原则,即世界服从于力学规律体系,而重复性是力学规律以至全部自然规律的根本特征;二是精确性原则,即支配世界的规律不仅可以被认识,而且可以用精确的量的关系去把握。牛顿的信念为18世纪法国科学家所接受,同时,经法国哲学家伏尔泰的系统介绍,牛顿的科学思想和哲学观念在18世纪的法国已经享有盛誉,造就了一种强烈的科学主义和理性主义情绪,刺激着相当一部分思想家,包括法国唯物主义者把自然规律观念直接代入社会领域,并把社会和人还原为自然。一般来说,自然科学本无意向哲学献媚,但它又往往决定了哲学的面貌。牛顿经典力学的成功对法国哲学家来说既有诱力,又有压力,总之具有威力。正是科学的威力使一大批法国哲学家聚集在自然科学的大旗下,用机械论的观点去理解自然、社会和人本身,并形成了机械唯物主义派。

笛卡尔哲学体系包含着两个对立的部分,即物理学和形而上学,前者表达了一种自然观,这种自然观特点就在于,朝着用自然本身来解释自然现象的方向迈出了关键的一步。实际上,笛卡尔是以力学运动规律为基础,把由地上获得的力学原则应用于天体现象,以至整个世界,从而构造了一个具有反宗教神

---

① 《马克思恩格斯全集》第2卷,第160页。
② 〔法〕拉·梅特里:《人是机器》,顾寿观译,商务印书馆1959年版,第66页。

学意义的机械唯物主义世界图景。不是别人，正是笛卡尔把自然科学中的机械论观念移植到哲学中并造就了机械论的时代精神。如果说笛卡尔的泛神论的形而上学成为法国唯物主义批判的对象，那么他的物理学，即唯物主义自然观，则开启了近代反宗教神学的先河，为法国唯物主义的发展奠定了哲学基础，深刻地影响了拉美特利，同时，又使拉美特利停留在机械论的水平上。

"拉美特利利用了笛卡儿的物理学，甚至利用了它的每一个细节。他的"人是机器"一书是模仿笛卡儿的动物是机器写成的。"①的确如此。笛卡尔的"世界是机器""动物是机器"观念引导着拉美特利走进"人是机器"的观念。在拉美特利看来，人有"感觉、思想、辨别善恶"，"生而具有智慧和一种敏锐的道德本能"，但感觉本身就是物质的一种潜在的属性，同广延和运动一样，构成了物质的本性，所以，人"又是一个动物"②。这是其一。

其二，和动物一样，人也是由原子结构组成的，人和动物在生理构造上"完全相似"，只不过人"比最完善的动物再多几个齿轮，再多几条弹簧，脑子和心脏的距离成比例地更接近一些，因此所接受的血液更充足一些，于是那个理性就产生了"③。"正像提琴的一根弦或钢琴的一个键受到震动而发出一个声响一样，被声浪所打击的脑弦也被激动起来，发出或重新发出那些触动它们的话语。"④

其三，人与人在生理构造上也"完全相似"，只是由于"黑胆，苦胆，痰汁和血液这些体液按照其性质、多寡和不同方式的配合，使每一个人不同于另一个人"⑤。拉美特利极为强调"自然界的齐一性"，强调"自然禀赋这种一切后天品质的资源"，并得出"结论"："人是一架机器；在整个宇宙里只存在着一个实体，只是它的形式有各种变化"⑥。

显然，这是一种纯粹的自然的人。正是借助这种自然的人，拉美特利把人从宗教神学的纠缠中解放出来，使人获得了自然的独立性，并要求承认人的天赋权力；同时，由于机械论的束缚，刚从神权的重压下解放出来的人，在拉美特利这里又变成了一台"机器"，人的能动性、创造性、主体性被遮蔽了。拉美特

---

① 《马克思恩格斯全集》第 2 卷，第 166 页。
② ［法］拉·梅特里：《人是机器》，第 67 页。
③ ［法］拉·梅特里：《人是机器》，第 52 页。
④ ［法］拉·梅特里：《人是机器》，第 32 页。
⑤ ［法］拉·梅特里：《人是机器》，第 18 页。
⑥ ［法］拉·梅特里：《人是机器》，第 69、73 页。

利力图建构一种"人体的哲学"①,这种"人体的哲学"实际上是把笛卡尔的动物结构学运用到人体结构上,并完全是从生物学、机械论来考察人的。就其实质而言,机械唯物主义派属于费尔巴哈所说的那种"纯粹自然科学的唯物主义"。所以,就其理论归宿而言,以牛顿力学和笛卡尔哲学为基础的机械唯物主义"成为真正的法国自然科学的财产"②。

法国唯物主义中的另一派是现实人道主义。从理论上看,现实的人道主义起源于洛克哲学,其代表人物是爱尔维修。

如前所述,机械唯物主义派起源于本土的笛卡尔哲学。笛卡尔哲学的确具有一种批判精神,它崇尚理性,并把个人的理性作为审视事物的尺度。隐寓在这种思想中的,是人的自我意识的独立和觉醒,这为法国唯物主义对个人的研究开辟了思想道路。但是,笛卡尔哲学又有明显的局限性,这种局限性不仅体现在二元论的体系上,而且体现在反神学的不彻底性上。笛卡尔运用演绎的方法编织神话之网,上帝则在这个网上占据中心地位。"神的真实性就被设定为绝对认识与被绝对认识者的实在性之间的绝对纽带。"③黑格尔的这一评价可谓一语中的、一针见血。

更重要的是,笛卡尔把反封建的斗争限制在思想范围内。笛卡尔明确指出,他"始终只求克服自己,不求克服命运,只求改变自己的欲望,不求改变世界的秩序"④。显然,这种观念和作为法国政治变革先导的启蒙哲学是不相容的。"启蒙哲学的基本倾向和主要努力,不是反映和描绘生活",而是"塑造生活本身",其"任务不仅在于分析和解剖它视为必然的那种事物的秩序,而且在于产生这种秩序,从而证明自己的现实性和真理"⑤。这就是说,以笛卡尔哲学和牛顿力学为理论基础的机械唯物主义派无法全面完成启蒙哲学的任务。

因此,另一部分法国哲学家希望找到一个能够作为法国革命哲学依据的学说。"除了否定神学和 17 世纪形而上学之外,还需要有肯定的、反形而上学的体系。人们感到需要一部能够把当时的生活实践归纳为一个体系并从理论

---

① [法]拉·梅特里:《人是机器》,第 74 页。
② 《马克思恩格斯全集》第 2 卷,第 160 页。
③ [德]黑格尔:《哲学史讲演录》第四卷,第 83 页。
④ 北京大学哲学系外国哲学史教研室编译:《十六—十八世纪西欧各国哲学》,第 146 页。
⑤ [德]E.卡西勒:《启蒙哲学》,顾伟铭等译,山东人民出版社 1988 年版,序,第 4 页。

上加以论证的书。这时,洛克关于人类理性的起源的著作很凑巧地在英吉利海峡那边出现了。"①于是,他们便把视线转向海峡彼岸的英国,转向洛克哲学。在这一部分法国哲学家看来,从洛克的唯物主义经验论出发可以得出改造环境、变革社会的结论,因此,应当把洛克的唯物主义经验论作为法国革命的哲学基础。

洛克哲学全面探讨了认识的起源、界限和知识的确定性,并从认识活动和道德实践两个方面集中而系统地批判了"天赋观念论"。按照洛克的观点,思辨理性没有天赋观念,实践理性同样没有天赋观念,道德观念是由教育和社会环境造成的;社会不是天然的,而是人们自己创造的;人的趋乐避苦的自然倾向指向人的利益,而人的利益的实现需要社会以及作为维系社会纽带的道德原则。所以,人是根据利益创造社会和道德原则的。

可以看出,反对宗教神学,肯定人的利益,提高个人的地位,这是洛克对"天赋观念论"批判的意义所在。显然,洛克的唯物主义经验论既有重要的认识论意义,又有重要的政治内涵。洛克唯物主义经验论的双重含义,即认识论性质和政治内涵深深地触动了爱尔维修的心灵,直接成为爱尔维修哲学的出发点和先导。马克思指出:"爱尔维修也是以洛克的学说为出发点的,他的唯物主义具有真正法国的性质。"②

爱尔维修哲学"以洛克的学说为出发点",体现在爱尔维修从洛克的唯物主义经验论中提取出"感觉"这一概念,并把感觉看作人的存在方式,看作连接意识与客观外界的桥梁。由此,爱尔维修认为,通过感觉,人一方面不断地认识外在世界,形成和发展自己的认识;另一方面,把存在于内心的关于自由的欲望和要求变为外在的争取自由的活动。换言之,通过唯物主义感觉论,自由不再诉诸内在精神,而是诉诸外在环境,诉诸改变外在环境的活动。

根据第一方面,爱尔维修提出了"人是环境的产物"的命题;根据第二方面,爱尔维修又提出了"意见支配环境"的命题。与孟德斯鸠强调自然环境不同,爱尔维修强调的是社会环境,他提出这两个命题的宗旨是证明这样一个道理,即人的智力天然平等,人的性格受制于社会环境,所以,要改变人,首先必

① 《马克思恩格斯全集》第 2 卷,第 162 页。
② 《马克思恩格斯全集》第 2 卷,第 165 页。

须改变社会环境。正如马克思所说，"既然人的性格是由环境造成的，那就必须使环境成为合乎人性的环境"①。

爱尔维修哲学所具有的"真正法国的性质"，体现在人成了爱尔维修特别关注和精心研究的课题，其哲学问题的提出和解决都是围绕着人而展开的，中心就是要解决人如何享有幸福生活的问题。正如爱尔维修自己所说，"哲学家研究人，对象是人的幸福。这种幸福既取决于支配人们生活的法律，也取决于人们所接受的教育"②。

围绕着个人利益，爱尔维修展开了对人和社会问题的探讨。在爱尔维修看来，人生来既不"好"，也不"坏"，人性既可以为"善"，也可以为"恶"，是利益把人们结合起来或分离开来，使人成为"好"的或"坏"的。"如果说自然界是服从运动的规律的，那么精神界就是不折不扣地服从利益的规律的。利益在世界上是一个强有力的巫师，它在一切生灵的眼前改变了一切事物的形式。""无论在任何时候，任何地方，无论在道德问题上，还是在认识问题上，都是个人的利益支配着个人的判断。"③

爱尔维修高度重视个人利益，同时，并没有否定社会利益，相反，他谋求利益的和谐，并认为社会利益是一切美德的原则，是一切立法的基础，"公共的福利——最高的法律"④。因此，应以社会利益为"永恒不变"的原则变革政体，创建合理的社会制度，谋求利益的和谐。

可以看出，爱尔维修实际上是把认识论中的经验主义引入到伦理学的范围，并力图建立一种实证科学的伦理学。正如爱尔维修本人所说，"我们应当象研究其他各种科学一样来研究道德学，应当象建立一种实验物理学一样来建立一种道德学"⑤。爱尔维修实际上是把唯物主义、功利主义和伦理学结合起来了，其批判的锋芒直指封建制度，即不合理的社会环境。在这一思想的背后，就是18世纪法国生活实践和文化氛围的变换，就是资本主义生产方式的发展及其所要求的个人的自主性、独立性。

这样，经过爱尔维修的改造，洛克的唯物主义经验论这阵从英国吹来的哲

① 《马克思恩格斯全集》第2卷，第167页。
② 北京大学哲学系外国哲学史教研室编译：《十八世纪法国哲学》，第478页。
③ 北京大学哲学系外国哲学史教研室编译：《十八世纪法国哲学》，第460、458页。
④ 北京大学哲学系外国哲学史教研室编译：《十八世纪法国哲学》，第550页。
⑤ 北京大学哲学系外国哲学史教研室编译：《十八世纪法国哲学》，第430页。

学微风又夹杂着政治雨丝,而爱尔维修的唯物主义本身简直是风雨交织,在法国引起了巨大的思想风暴。爱尔维修把"唯物主义运用到社会生活方面"①,初步实现了唯物主义和人道主义的结合,从而为法国革命找到了哲学依据,并为后来的空想社会主义奠定了"逻辑基础"。

通常认为,爱尔维修同时提出这两个命题,即"人是环境的产物"和"意见支配环境",是一种逻辑矛盾、循环论证,陷入"二律背反"之中。实际上,这是一种误读。人与环境的确处在一种相互作用之中,"人创造环境,同样环境也创造人"②。在我看来,"人是环境的产物"和"意见支配环境"这两个命题实际上揭示了人与环境之间的相互作用,是一种朴素的相互作用观点。

相互作用存在于社会生活的一切方面。"只有从这种普遍的相互作用出发,我们才能达到现实的因果关系。"③历史唯物主义绝不排除相互作用,而是要求对相互作用做出合理的解释;绝不取消相互作用,而是要求发现引起相互作用的基础。"合理形态"的相互作用观点是历史唯物主义的一个内在原则,是历史唯物主义所要求的辩证逻辑。实际上,爱尔维修的失误并不在于他同时提出"人是环境的产物"和"意志支配环境"这两个命题,而在于他仅仅停留在人与环境的相互作用上,没有去进一步探寻人与环境相互作用的基础。在马克思那里,这个基础就是实践。"环境的改变和人的活动或自我改变的一致,只能被看作是并合理地理解为革命的实践。"④

就理论归宿而言,以爱尔维修为代表的"现实的人道主义",即人本唯物主义"直接导向社会主义"⑤。这是因为,"既然人是从感性世界和感性世界中的经验中汲取自己的一切知识、感觉等等,那就必须这样安排周围的世界,使人在其中能认识和领会真正合乎人性的东西,使他能认识到自己是人。既然正确理解的利益是整个道德的基础,那就必须使个别人的私人利益符合于全人类的利益。既然从唯物主义意义上来说人是不自由的,就是说,既然人不是由于有逃避某种事物的消极力量,而是由于有表现本身的真正个性的积极力量才得到自由,那就不应当惩罚个别人的犯罪行为,而应当消灭犯罪行为的反社

①《马克思恩格斯全集》第2卷,第165页。
②《马克思恩格斯全集》第3卷,第43页。
③《马克思恩格斯选集》第4卷,第328页。
④《马克思恩格斯选集》第1卷,第55页。
⑤《马克思恩格斯全集》第2卷,第160页。

会的根源,并使每个人都有必要的社会活动场所来显露他的重要的生命力。既然人的性格是由环境造成的,那就必须使环境成为合乎人性的环境"①。因此,"并不需要多大的聪明就可以看出,关于人性本善和人们智力平等,关于经验、习惯、教育的万能,关于外部环境对人的影响,关于工业的重大意义,关于享乐的合理性等等的唯物主义学说,同共产主义和社会主义之间有着必然的联系"②。

爱尔维修的人本唯物主义在当时产生了重大的影响,它不仅漂流到意大利,影响了意大利的思想领域,而且折回到英国,深刻地影响了英国的功利主义。更重要的是,爱尔维修的人本唯物主义又返身于法国,在社会主义者、共产主义者那里产生了重大影响,成为社会主义和共产主义思想的"逻辑基础"。爱尔维修本人因此被誉为"道德界的培根"。在唯物主义发展史上,爱尔维修是一个转折点,以其"现实的人道主义"为标志,自然唯物主义开始衰落,人本唯物主义开始兴起,并由此启示我们重新考察唯物主义的历史形态。

二、唯物主义的历史形态:自然唯物主义、人本唯物主义和历史唯物主义

传统的观点把唯物主义划分为三种历史形态,即朴素或自发唯物主义、机械或形而上学唯物主义和辩证唯物主义,并认为这三种形态的唯物主义在理论主题或观察世界的理论视角上并没有什么根本性的变化,即三者都以"整个世界"为研究对象,只不过朴素或自发唯物主义把世界看成一个混沌的整体,机械或形而上学唯物主义把世界理解为一个孤立、静止、不变的事物;辩证唯物主义则把世界理解为普遍联系和永恒发展的物质体系,而历史唯物主义不过是辩证唯物主义在历史领域中的"推广"与"应用"。这种传统观点有其合理因素,但它又把这种合理因素溶解于不合理的理解之中。这种不合理的理解集中体现在忽视了唯物主义发展进程中的理论主题转换,没有真正理解历史唯物主义的划时代的贡献。

从理论主题的历史转换这一根本点来看,唯物主义具有三种历史形态,即自然唯物主义、人本唯物主义和历史唯物主义。

---

① 《马克思恩格斯全集》第 2 卷,第 166 页。
② 《马克思恩格斯全集》第 2 卷,第 166 页。

自然唯物主义始自古希腊哲学,后在霍布斯那里达到了系统化的程度,并一直延伸到法国唯物主义中的机械唯物主义派。自然唯物主义或者在直接断言世界本身的意义上去寻求"万物的统一性",把万物的本原归结为自然物质的某种形态,或者在"认识论转向"过程中去探讨思维与存在、精神与自然界的统一性,并以实证科学对自然现象的研究为基础,把物质世界以及人本身归结为自然物质的某种属性。

从总体上看,自然唯物主义根据"时间在先"的原则,把整个世界还原为自然物质,并认为人们可以自然而然地认识物质世界,而无须先行地对自己认识的前结构进行反思与批判;人们认识的不是自然物质向他们显现出来的现象,而是自然物质本身。更重要的是,自然唯物主义所理解的物质,是一种脱离人、与人的活动和社会历史无关的"抽象的自然""抽象的物质"。在自然唯物主义那里,这种"抽象的物质"成了"一切变化的主体",人仅仅成了自然物质的一种表现形态,人的能动性、创造性、主体性统统不见了。正是在这个意义上,马克思认为,到了霍布斯那里,唯物主义变得片面了,"变得敌视人了"①。

正因为自然唯物主义是脱离人的实践活动、排除了历史过程来考察自然物质的,才制造了"物质的自然"与"精神的历史"对立的神话,并在历史观上陷入唯心主义。"那种排除历史过程的、抽象的自然科学的唯物主义的缺点,每当它的代表越出自己的专业范围时,就在他们的抽象的和唯心主义的观念中立刻显露出来。"②可见,这种以"抽象的物质"为基础的唯物主义与以"抽象的思维"为基础的唯心主义是殊途同归,正如马克思所说,"抽象的唯灵论是抽象的唯物主义;抽象的唯物主义是物质的抽象的唯灵论"③。

人本唯物主义起源于法国唯物主义中的另一派,即"现实的人道主义",并在费尔巴哈那里达到了典型的形态。尽管费尔巴哈本人对唯物主义概念持一种保留态度,但他实际上以一种自然主义的方式把人本主义或人道主义和唯物主义结合起来了,从而建构了人本唯物主义。正如马克思所说,"费尔巴哈在理论方面体现了和人道主义相吻合的唯物主义"④。如果说爱尔维修的人本唯物主义是法国资产阶级的革命理论,那么费尔巴哈的人本唯物主义则是德

---

① 《马克思恩格斯全集》第 2 卷,第 163、164 页。
② 《马克思恩格斯全集》第 23 卷,第 410 页。
③ 《马克思恩格斯全集》第 1 卷,第 355 页。
④ 《马克思恩格斯全集》第 2 卷,第 160 页。

国资产阶级的革命理论。与爱尔维修相同的是,费尔巴哈也是"以人为本",强调人是哲学研究的对象;与爱尔维修不同的是,费尔巴哈力图"借助人,把一切超自然的东西归结为自然,又借助自然,把一切超人的东西归结为人"①。同时,费尔巴哈在一定程度上意识到了自然唯物主义所理解的物质的抽象性,因而指出:"斯宾诺莎虽然将物质当作实体的一种属性,却没有将物质当作感受痛苦的原则,这正是因为物质并不感受痛苦,因为物质是单一的、不可分的、无限的,因为物质和与它相对立的思维属性具有相同的特质,简言之,因为物质是一种抽象的物质,是一种无物质的物质。"②为了与以"抽象的物质"为基础的自然唯物主义划清界限,费尔巴哈"将人连同作为人的基础的自然当作哲学的唯一的、普遍的、最高的对象"③,并力图以"现实的自然"和"现实的人"为基本原则来理解世界并构造哲学体系。

"费尔巴哈比'纯粹的'唯物主义者有巨大的优越性:他也承认人是'感性的对象'。但是,毋庸讳言,他把人只看作是'感性的对象',而不是'感性的活动'。"④换言之,费尔巴哈不理解实践是人的存在方式,一当人们自己开始生产他们所必需的生活资料的时候,"他们就开始把自己和动物区别开来"。"个人怎样表现自己的生活,他们自己也就怎样。因此,他们是什么样的,这同他们的生产是一致的——既和他们生产什么一致,又和他们怎样生产一致。因而,个人是什么样的,这取决于他们进行生产的物质条件。"⑤同时,现实的人是在一定的社会形式中从事实践活动的人,人的本质在其现实性上是社会关系的总和。"黑人就是黑人。只有在一定的关系下,他才成为奴隶。纺纱机是纺棉花的机器。只有在一定的关系下,它才成为资本。脱离了这种关系,它也就不是资本了。"⑥同样,脱离了一定的社会关系,黑人就不是奴隶了。这就是说,使黑人成为奴隶的,不是黑人的"人的本性",而是黑人生活其中的社会关系。费尔巴哈恰恰不理解实践是人的特殊的生命活动形式,没有从社会关系去把握人的本质,所以,费尔巴哈力图从现实的人出发,可最终得到的人仍然是"抽象的人"。

---

① 《费尔巴哈哲学著作选集》上卷,第249页。
② 《费尔巴哈哲学著作选集》上卷,第110—111页。
③ 《费尔巴哈哲学著作选集》上卷,第54页。
④ 《马克思恩格斯全集》第3卷,第50页。
⑤ 《马克思恩格斯全集》第3卷,第24页。
⑥ 《马克思恩格斯选集》第1卷,第344页。

同时,费尔巴哈不理解人的实践活动是现存世界的基础,只有在人的实践活动中形成的"历史的自然"才是人的现实的自然界,而那个先于人类历史存在的自然界,是"不存在的自然界"。"他没有看到,他周围的感性世界决不是某种开天辟地以来就直接存在的、始终如一的东西,而是工业和社会状况的产物,是历史的产物,是世世代代活动的结果,其中每一代都立足于前一代所达到的基础上,继续发展前一代的工业和交往,并随着需要的改变而改变它的社会制度。甚至连最简单的'感性确定性'的对象也只是由于社会发展、由于工业和商业交往才提供给他的。"①因此,费尔巴哈力图从现实的自然出发,可最终得到的自然仍然是"抽象的自然",最终仍然陷入他所批判的"抽象的物质"之中。

费尔巴哈唯物主义的不彻底性实际上是双重意义上的不彻底性:

一是在自然观上没有从人与自然的实践关系去理解自然,陷入"抽象的自然"之中。以这样一种"抽象的自然"或"抽象的物质"为基础,实际上是悄悄地踏上了"唯心主义的方向"②。

二是在历史观上没有从人与人的社会关系去理解人,陷入"抽象的人"之中。以这样一种"抽象的人"为基础,必然直接踏上了唯心主义的道路。由于费尔巴哈"从来没有把感性世界理解为构成这一世界的个人的共同的、活生生的、感性的活动",因此,"正是在共产主义的唯物主义者看到改造工业和社会制度的必要性和条件的地方,他却重新陷入唯心主义"③。

费尔巴哈根本不理解"历史的自然和自然的历史"④及其深刻的内涵,"历史的自然和自然的历史"都在他的视野之外。"当费尔巴哈是一个唯物主义者的时候,历史在他的视野之外;当他去探讨历史的时候,他决不是一个唯物主义者。在他那里,唯物主义和历史是彼此完全脱离的。"⑤因此,超越人本唯物主义,建立和"历史"相结合的唯物主义,即历史唯物主义,是理论和历史的双重要求。

我不能同意普列汉诺夫的观点,即马克思的唯物主义和费尔巴哈的唯物

---

① 《马克思恩格斯选集》第 1 卷,第 76 页。
② 《马克思恩格斯全集》第 42 卷,第 128 页。
③ 《马克思恩格斯全集》第 3 卷,第 50、50—51 页。
④ 《马克思恩格斯全集》第 3 卷,第 49 页。
⑤ 《马克思恩格斯全集》第 3 卷,第 51 页。

主义都属于"最新的唯物主义",马克思的"唯物主义观点是在费尔巴哈哲学的内在逻辑所指示的同一方向上发展起来的","马克思的认识论实际就是费尔巴哈的认识论"①。这是一种无原则的糊涂观念。它表明,普列汉诺夫从根本上混淆了费尔巴哈的唯物主义与马克思的唯物主义的区别,不理解费尔巴哈的唯物主义是人本唯物主义,而马克思的唯物主义是历史唯物主义,前者仅仅把人看作"感性对象",后者则把人看作"感性活动"。由于费尔巴哈的唯物主义不理解"革命的、实践批判的活动的意义",因此,它仍然"只是从客体或者直观的形式"去理解"对象、现实、感性"。正是在这个意义上,马克思把费尔巴哈的唯物主义"包括"在"从前的一切唯物主义",即"旧唯物主义"的范畴之中,而把自己的唯物主义称为"新唯物主义"。

按照马克思的观点,旧唯物主义的主要缺点是,"对对象、现实、感性,只是从客体的或者直观的形式去理解,而不是把它们当作感性的人的活动,当作实践去理解,不是从主体方面去理解"②;新唯物主义的根本特征则在于,从人的实践活动出发去理解"对象、现实、感性",并认为"对象、现实、感性"是人的实践活动的对象化,是"工业和社会状况的产物,是历史的产物"。新唯物主义就是历史唯物主义。

按照历史唯物主义的观点,人们为了生存和生活,必须进行物质生产活动,实现人与自然之间的物质交换;为了实现人与自然之间的物质交换,人与人之间必须进行活动互换,并结成一定的社会关系。"人们在生产中不仅仅影响自然界,而且也相互影响。他们只有以一定的方式共同活动和互相交换其活动,才能进行生产。为了进行生产,人们相互之间便发生一定的联系和关系;只有在这些社会联系和社会关系的范围内,才会有他们对自然界的影响,才会有生产。"③

正是在这种人与自然"物质变换"和人与人"活动互换"的双重运动中,在这种人与自然关系和人与人关系的双重关系下,自然物质被打上了人的活动和社会关系的烙印,自然转化为"人化自然""历史的自然",物质转变为"社会的物"。历史唯物主义关注的正是这种"人化自然""历史的自然",关注的正是这种"社会的物"。葛兰西正确指出:"物质本身并不是我们的主题,成为主

① 《普列汉诺夫哲学著作选集》第三卷,第148、154—155、146—147页。
② 《马克思恩格斯选集》第1卷,第54页。
③ 《马克思恩格斯选集》第1卷,第344页。

题的是如何为了生产而把它社会地历史地组织起来。"①

从形式上看,历史唯物主义研究的仅仅是人与人之间的关系,与自然或人与自然的关系无关。可问题在于,社会是在人与自然之间的物质变换过程中形成和发展起来的,人与自然之间的物质变换构成了社会存在和发展的"永恒的自然必然性"。因此,"把人对自然界的关系从历史中排除出去",必然造成"物质的自然"和"精神的历史"对立的神话,从而走向唯心主义。②

人与自然的关系和人与人的关系又是相互制约的。这种相互制约的人与自然的关系和人与人的关系体现在"对象、现实、感性"中,体现在"可感觉而又超感觉的社会的物"中。因此,历史唯物主义正是把人与自然的实践关系作为"历史的现实基础",力图通过对人与自然的关系的改变来改变人与人的关系,通过人对物的占有关系(私有制)的扬弃来改变人与人的关系。历史唯物主义"是人和自然界之间、人和人之间的矛盾的真正解决,是存在和本质、对象化和自我确证、自由和必然、个体和类之间的斗争的真正解决。它是历史之谜的解答,而且知道自己就是这种解答"③。

这就是说,历史唯物主义所关注、所要解决的基本问题,就是人的实践活动所包含、展现出来的人与自然、人与人或人与社会的关系,即人与世界的关系问题。以实践为出发点范畴解答人与世界的关系,使历史唯物主义展现出一个新的哲学空间,即一个自足而又完整、唯物而又辩证的世界图景。历史唯物主义不仅仅是一种历史观,更重要的是一种"唯物主义世界观",一种内含着"否定性的辩证法"的"真正批判的世界观"④。

由此,我们遇到了一个无法回避的重大问题,这就是历史唯物主义与辩证唯物主义的关系问题。

按照传统的观点,马克思主义哲学就是辩证唯物主义和历史唯物主义,其中,辩证唯物主义是唯物辩证的自然观,历史唯物主义是辩证唯物主义在历史领域的"推广"与"应用",是唯物辩证的历史观。这一观点集中体现在斯大林的《论辩证唯物主义和历史唯物主义》中。在这本小册子中,斯大林明确指出:"辩证唯物主义是马克思列宁主义党的世界观。它之所以叫做辩证唯物主义,

① [意]葛兰西:《实践哲学》,徐崇温译,重庆出版社 1990 年版,第 162 页。
② 《马克思恩格斯选集》第 1 卷,第 93 页。
③ 《马克思恩格斯全集》第 42 卷,第 120 页。
④ 《马克思恩格斯全集》第 3 卷,第 261 页。

是因为它对自然界现象的看法、它研究自然界现象的方法、它认识这些现象的方法是辩证的,而它对自然界现象的解释、它对自然界现象的了解、它的理论是唯物主义的。""历史唯物主义就是把辩证唯物主义的原理推广去研究社会生活,把辩证唯物主义的原理应用于社会生活现象,应用于研究社会,应用于研究社会历史。"①

以此为前提,斯大林论证了"马克思主义哲学唯物主义的基本特征":一是世界按其本质来说是物质的,世界是按物质运动规律发展的;二是意识是物质的反映,思维是发展到高度完善的物质,即人脑的产物;三是世界及其规律是可以认识的。实际上,这三个特征在近代唯物主义那里都已经具备了。这表明,斯大林也是脱离人的活动和社会历史来谈论自然、物质的。

以这样一种"抽象的自然""抽象的物质"为基础来理解辩证唯物主义,实际上是在用近代唯物主义来理解辩证唯物主义,抹平了马克思的新唯物主义与旧唯物主义的本质区别。正因为如此,在《论辩证唯物主义与历史唯物主义》中,斯大林把霍布斯的话,即"物质是一切变化的主体",当作马克思本人的话加以引用,把马克思所批判的观点当作马克思本人所赞赏的观点加以阐述。

把这样一种"辩证唯物主义""推广""应用"到历史领域中所形成的"历史唯物主义",必然使马克思的历史唯物主义发生"变形"。在谈到社会物质生活条件与社会发展的关系时,斯大林指出,自然环境,即"地理环境的稍微重大一些的变化都需要几百万年,而人们的社会制度的变化,甚至是极其重大的变化,只需要几百年或一两千年也就够了"。"由此应该得出结论:地理环境不可能成为社会发展的主要的原因、决定的原因,因为在几万年间几乎保持不变的现象,决不能成为在几百年间就发生根本变化的现象发展的主要原因。"②决定社会发展的主要力量是物质资料的生产方式,归根到底是生产力,而生产力"不是人们有意的、自觉的活动的结果,而是自发地、不自觉地、不以人们意志为转移地发生的"③。

在我看来,斯大林这一论述存在着双重缺陷:

一是脱离人的活动和社会历史孤立地考察自然环境。斯大林没有从人与自然的实践关系去考察自然环境,没有意识到在人的实践活动中形成的自然

---

① 《斯大林选集》下卷,第424页。
② 《斯大林选集》下卷,第440页。
③ 《斯大林选集》下卷,第450—451页。

界才是人的现实的自然界,因而在他那里,自然环境成了脱离人的活动和社会历史的单独的发展系列。斯大林视野中的自然环境,即地理环境,只是纯粹地理学意义上的地理环境,而不是历史唯物主义视野中的地理环境。在《德意志意识形态》中,马克思明确指出:"只要有人存在,自然史和人类史就彼此相互制约。""任何历史记载都应当从这些自然基础以及它们在历史进程中由于人们的活动而发生的变更出发。"①

二是脱离自然环境孤立地考察生产方式和社会发展。由于脱离人的活动和社会历史去考察自然环境,斯大林必然脱离自然环境考察生产方式和社会发展。换言之,生产方式、社会发展成了脱离人与自然关系的另一个单独的发展系列。这里,马克思所关注的人与自然之间的"物质变换"、人与人之间的"活动互换"不见了,生产方式、社会发展似乎成了一种与自然环境、人的活动无关的运动过程。

实际上,历史唯物主义是从人对自然的实践关系去理解自然环境对社会发展的意义的,并认为自然环境的特殊性质直接影响着人与自然的特殊的统一关系,直接影响着生产力的发展,从而影响着社会发展。马克思指出:"资本的祖国不是草木繁茂的热带,而是温带。不是土壤的绝对肥力,而是它的差异性和它的自然产品的多样性,形成社会分工的自然基础,并且通过人所处的自然环境的变化,促使他们自己的需要、能力、劳动资料和劳动方式趋于多样化。"②

在我看来,辩证唯物主义与历史唯物主义不是两种"观",即辩证唯物主义是自然观,历史唯物主义是历史观,而是同一个"观",即马克思的世界观的不同表述;不是两个"主义",即辩证唯物主义是自然主义,历史唯物主义是历史主义,而是同一个"主义",即马克思的新唯物主义的不同表述,确切地说,辩证唯物主义是历史唯物主义的代名词。当马克思从实践出发,科学地解答了人与自然、人与社会的矛盾,即人与世界的关系问题,创立历史唯物主义时,也就同时创立了辩证唯物主义。这是一种以物质实践为基础、主体与客体相互作用的辩证唯物主义。

与动物不同,人总是在不断制造与自然的对立关系中获得与自然的统一

①《马克思恩格斯全集》第 3 卷,第 20、23—24 页。
②《马克思恩格斯全集》第 23 卷,第 561 页。

关系的,对自然客体的否定正是对主体自身的肯定。实践不断地改造、创造着现存世界,同时又不断地改造、创造着人本身,包括他的肉体组织、思维结构和社会关系。正是在这个过程中,自然成为"历史的自然","自在之物"成为"为我之物",人与自然的关系成为"为我而存在"的关系。①

这种"为我而存在"的矛盾关系是最深刻、最复杂的矛盾关系。正是这种矛盾关系构成了马克思之前众多哲学大师的"滑铁卢",致使唯物主义自然观与唯物主义历史观"咫尺天涯",唯物主义对辩证法"望洋兴叹"。马克思高出一筹的地方就在于,通过对人的实践活动及其意义深刻剖析,科学地解答了人与自然、人与人的矛盾关系问题,从而消除了"物质的自然"与"精神的历史"对立的神话,把唯物主义自然观和唯物主义历史观统一起来了,同时,也把唯物主义和辩证法统一起来了。历史唯物主义中的"历史"是人的实践活动的内在矛盾,即人与自然、人与社会的矛盾得以展开的境域,是辩证法得以展开的空间。

"辩证法在对现存事物的肯定的理解中同时包含对现存事物的否定的理解,即对现存事物的必然灭亡的理解。"按其本质来说,辩证法"是批判的和革命的"②。以实践的观点为基础的历史唯物主义,本身就内含着辩证法的这种否定性、批判性和革命性,本身就是一种"否定性的辩证法"。历史唯物主义不仅从实践出发去理解、解释现存事物,而且从实践出发去否定、改变现存事物,并确认"在历史上进步表现为现存事物的否定"③。"从资本主义生产方式产生的资本主义占有方式,从而资本主义的私有制,是对个人的、以自己劳动为基础的私有制的第一个否定。但资本主义生产由于自然过程的必然性,造成了对自身的否定。这是否定的否定。这种否定不是重新建立私有制,而是在资本主义时代成就的基础上,也就是说,在协作和对土地及靠劳动本身生产的生产资料的共同占有的基础上,重新建立个人所有制。"④

马尔库塞由此认为,在历史唯物主义中,"现实的否定变成了一个历史条件,一个不能被作为形而上学关系状态的而具体化的历史条件。换句话说,它变成一个与社会的特定历史形式相联系的社会条件"。"马克思的辩证法的历

① 《马克思恩格斯全集》第 3 卷,第 34 页。
② 《马克思恩格斯全集》第 23 卷,第 24 页。
③ 《马克思恩格斯选集》第 4 卷,第 317 页。
④ 《马克思恩格斯全集》第 23 卷,第 832 页。

史特征包含着普遍的否定性,也包含着自身的否定。特定的关系状态就意味着否定,否定之否定伴随着事物新秩序的建立。"①马尔库塞的这一评价合理而中肯。历史唯物主义内含着辩证法的否定性、批判性、革命性,是与辩证唯物主义融为一体的理论体系。

可以看出,在马克思的哲学体系中,并不存在一个独立的、作为理论基础的辩证唯物主义,也不存在一个独立的、仅仅具有应用性质的历史唯物主义。历史唯物主义所内含的实践的观点、否定性的辩证法和广义的历史境域,使唯物主义,以至整个哲学发生了革命性变革。在我看来,辩证唯物主义是历史唯物主义的代名词,体现的是历史唯物主义的辩证法维度及其批判性、革命性。

三、历史唯物主义的创立:终结以抽象本体论为基础的形而上学

在《路德维希·费尔巴哈和德国古典哲学的终结》中,恩格斯指出:"随着自然科学领域中每一个划时代的发现,唯物主义也必然要改变自己的形式;而自从历史也得到唯物主义的解释以后,一条新的发展道路也在这里开辟出来了。"②"这条新的发展道路",就是从人的存在方式——实践——出发去理解和把握人与自然的关系和人与社会的关系,即人与世界的关系,从社会存在出发去理解自然存在,从人的存在出发去解读存在的意义。这样,历史唯物主义便终结了形而上学,并使西方哲学从传统形态转向现代形态。

这里所说的形而上学,不是指它的转义,即与辩证法相对立意义上的思维方法,而是指其本义,即关于超验存在之本性的哲学形态。"形而上学就是一种超出存在者之外的追问,以求回过头来获得对存在者之为存在者以及存在者整体的理解。"③海德格尔的这一见解正确而深刻。形而上学产生之初,研究的就是超感觉的、经验以外的对象,关注的就是存在物作为存在的那种本质,追求的就是一切实在对象背后的那种"初始本原""终极存在",并把这种存在看作具体事物和特殊存在的"最基本依据",即本体,然后据此推论出其他一切。正是在这个意义上,亚里士多德认为,哲学以"寻求最高原因的基本原理"

---

① [美]马尔库塞:《理性和革命——黑格尔和社会理论的兴起》,程志民等译,重庆出版社1993年版,第284、285页。
② 《马克思恩格斯选集》第4卷,第228页。
③ [德]海德格尔:《路标》,第137页。

第四编　2016—2020年　**５３５**

为宗旨,因而是一切智慧中的"最高的智慧"。

形而上学在对存在的存在和世界终极根据的探究中,确立了一种严格遵循逻辑的推理规则,即从公理、定理出发,按照推理规则得出必然结论。这无疑具有积极意义,标志着理论形态的哲学的诞生。然而,从柏拉图、亚里士多德一直到黑格尔,形而上学中的存在日益脱离现实的事物和现实的人,成为一种抽象的存在、抽象的本体,甚至成为一种君临人与世界之上的神秘的主宰力量。"形而上学响应作为逻各斯的存在,并因此在其主要形态上看,形而上学就是逻辑学,但却是思考存在者之存在逻辑学,因而就是从差异之有差异者方面被规定的逻辑学:存在—神—逻辑学。"①这里,存在和存在者被混淆了,人的存在被遮蔽了,人的能动性和主体性,人的自由和价值都被消解在这种抽象的本体之中,不管这种抽象的本体是"绝对理性",还是"抽象物质"。

同时,形而上学又逐步演变成一种凌驾于一切科学之上的"科学的科学",它自视发现了最普遍、绝对可靠、自明的理性概念和原则,从而能够推演出全部知识体系。换言之,哲学成了全部知识和科学的基础。实际上,这是一种虚妄。用海德格尔的话来说,就是"对哲学的能力的本质做这样的期望和要求未免过于奢求"②。无论是作为"知识的总结",还是作为"科学的科学",形而上学这种哲学形态实际上既充当了科学的"运动员",又充当了科学的"裁判员",与现代科学的发展已处于一种对立的状态,成为一种"多余"的"科学"。正如恩格斯在《反杜林论》中所说,"一旦对每一门科学都提出要求,要它们弄清它们自己在事物以及关于事物的知识的总联系中的地位,关于总联系的任何特殊科学就是多余的了。于是,在以往的全部哲学中仍然独立存在的,就只有关于思维及其规律的学说——形式逻辑和辩证法。其他一切都归到关于自然和历史的实证科学中去了"③。在《路德维希·费尔巴哈和德国古典哲学的终结》中,恩格斯重申:"对于已经从自然界和历史中被驱逐出去的哲学来说,要是还留下什么的话,那就只留下一个纯粹思想的领域:关于思维过程本身的规律的学说,即逻辑和辩证法。"④

从历史上看,近代唯物主义一开始具有反对形而上学的倾向。在培根那

---

① 《海德格尔选集》下卷,第840页。
② [德]海德格尔:《形而上学导论》,第12页。
③ 《马克思恩格斯选集》第3卷,第364页。
④ 《马克思恩格斯选集》第4卷,第257页。

里,唯物主义"还在朴素的形式下包含着全面发展的萌芽。物质带着诗意的感性光辉对人的全身心发出微笑"①。在孔狄亚克眼中,"形而上学不是科学",而是"幻想和神学的偏见"。然而,近代唯物主义的发展却使它事与愿违,即从提出以人为中心并倡导人道主义转到以物质为主体并"漠视人",刚从神权的重压下解放出来的人在近代唯物主义那里又变成了一台"机器",那种脱离现实的人及其活动的"抽象的物质"成了"一切变化的主体"。近代唯物主义把哲学变成了一个庞大的"自然体系",这种"自然体系"成了消融一切的"盐酸池",人和人的存在都被消融在这种"抽象的自然""抽象的物质"之中。

这就势必导致哲学的转向,即探讨人及其认识活动的能动性,并突出自我意识作用。执行、完成这一"转向"并因此声名显赫的是康德和黑格尔,而且黑格尔又建立起一个庞大的、包罗万象的形而上学王国。正如马克思所说,"黑格尔天才地把17世纪的形而上学同后来的一切形而上学以及德国唯心主义结合起来并建立了一个形而上学的包罗万象的王国",从而使形而上学"在德国哲学中,特别是在19世纪的德国思辨哲学中,曾有过胜利的和富有内容的复辟"②。

之所以是一次"胜利的复辟",是因为黑格尔的"思辨的形而上学"以最宏伟的方式概括了全部形而上学的发展,"这是一次胜利进军,它延续了几十年,而且决没有随着黑格尔的逝世而停止。相反,正是从1830年到1840年,'黑格尔主义'取得了独占的统治,它甚至或多或少地感染了自己的敌手;正是在这个时期,黑格尔的观点自觉地或不自觉地大量渗入了各种科学,也渗透了通俗读物和日报,而普通的'有教养的意识'就是从这些通俗读物和日报中汲取自己的思想材料的"③。

之所以是一次"富有内容的复辟",是因为黑格尔的"思辨的形而上学"是同概念辩证法融为一体的,这种辩证法的实质就是作为推动原则和创造原则的"否定性的辩证法"。"黑格尔的《现象学》及其最后成果——辩证法,作为推动原则和创造原则的否定性——的伟大之处首先在于,黑格尔把人的自我产生看作一个过程,把对象化看作失去对象,看作外化和这种外化的扬弃;因

---

① 《马克思恩格斯全集》第2卷,第163页。
② 《马克思恩格斯全集》第2卷,第159页。
③ 《马克思恩格斯选集》第4卷,第220页。

而,他抓住了劳动的本质,把对象性的人、现实的因而是真正的人理解为人自己的劳动的结果。"①尽管黑格尔的"否定性的辩证法"只是人类历史运动的"抽象的、逻辑的、思辨的表达",但它毕竟"第一个全面地有意识地叙述了辩证法的一般运动形式"②,因而使形而上学实现了"富有内容的复辟"。这种发展了人的能动方面的"否定性的辩证法",像一条永恒的金带贯穿在黑格尔的"思辨的形而上学"中。

黑格尔注意到,主宰历史的绝对理性本身只是一种抽象的普遍性,这种抽象的普遍性只有通过人的活动才能实现。"假如没有热情,世界上一切伟大事业都不会成功。""第一是那个'观念',第二是人类的热情交织成为世界历史的经纬线。"③人作为人自在地就是自由的,"人的真正的存在就是他的行为"④。这无疑具有历史辩证法的色彩。

然而,黑格尔只是在形式上肯定了人的能动性,由于他把人仅仅看作"绝对理性"自我实现的工具,至多是一种"活的工具",因此,又从根本上彻底地剥夺了人的能动方面。这就是说,在黑格尔哲学中,不仅本体成为一种抽象的存在,人也成为一种抽象的存在,消失在"绝对理性"的阴影之中。"绝对理性"成为一种新的迷信,高高地耸立在祭坛上,让人们顶礼膜拜。如果说柏拉图哲学是全部形而上学的真正滥觞,那么黑格尔哲学就是全部形而上学的巨大渊薮。一句话,黑格尔哲学是形而上学的集大成者和发展顶峰。因此,哲学的进一步发展必然从批判黑格尔哲学开始,对黑格尔哲学的批判则意味着对"一切形而上学"的批判。

到了19世纪中叶,随着自然科学的独立化并"给自己划定了单独的活动范围",随着社会生活的发展并凸显了人的异化了的生存状态,人们开始把"全部注意力集中到自己身上",那种脱离了实证科学,脱离了人的存在的形而上学便失去了自身的神圣光环,"变得枯燥乏味了"。随着时间的推进,形而上学不仅"在理论上威信扫地",而且"在实践上已经威信扫地"⑤。反对形而上学因此成为一种潮流、一种时代精神。马克思以其敏锐的观察力注意到这一趋

---

① 《马克思恩格斯全集》第 42 卷,第 163 页。
② 《马克思恩格斯全集》第 23 卷,第 24 页。
③ [德] 黑格尔:《历史哲学》,第 62 页。
④ [德] 黑格尔:《精神现象学》上卷,贺麟、王玖兴译,商务印书馆 1979 年版,第 213 页。
⑤ 《马克思恩格斯全集》第 2 卷,第 161 页。

势,明确提出"反对一切形而上学",并断言:"形而上学将永远屈服于现在为思辨本身的活动所完善化并和人道主义相吻合的唯物主义。"①

在《神圣家族》中,马克思认为,费尔巴哈的唯物主义在理论方面体现了这种唯物主义。"只有费尔巴哈才是从黑格尔的观点出发而结束和批判了黑格尔的哲学。费尔巴哈把形而上学的绝对精神归结为'以自然为基础的现实的人',从而完成了对宗教的批判。同时也巧妙地拟定了对黑格尔的思辨以及一切形而上学的批判的基本要点。"②实际上,费尔巴哈并未完成"结束"黑格尔哲学和"消解"形而上学的任务。完成这一历史任务,并真正创立"为思辨本身的活动所完善化并和人道主义相吻合的唯物主义"的,不是费尔巴哈,而是马克思本人。

在哲学史上,马克思和孔德同时举起了批判形而上学的大旗。在时代性上,马克思的反对形而上学与孔德的拒斥形而上学具有一致性,二者对形而上学的批判实际上是对近代哲学以及整个传统哲学的批判,这是现代精神对近代和古代精神的批判。在指向性上,马克思的反对形而上学与孔德的拒斥形而上学却有本质的不同:孔德从自然科学的可证实和精确性原则出发批判形而上学,力图用实证科学精神来改造和超越传统哲学,并把哲学局限于现象、知识以及可证实的范围内;马克思则从人的存在出发去批判形而上学,认为反对形而上学之后,哲学应转换自己的理论主题,聚焦人的世界,对人的异化了的生存状态给予深刻批判,对人的价值、自由和解放给予深切关注。

形而上学的基础是本体论。从根本上说,马克思批判并终结形而上学的工作就是从本体论层面上发动并展开的。按照马克思的观点,人类的第一个历史活动,也是每日每时必须进行的基本活动,就是生产满足人的生存所需要资料,即"生产物质生活本身","而人们的存在就是他们的实际生活过程"③。人正是在这种"生产物质生活"的实践活动中得以生存和发展的,自然正是在这种"生产物质生活"的实践活动中转化为"人化自然"、人的存在的,"土地只有通过劳动、耕种才对人存在"④。实践是对象化的活动,在人的实践活动中生成的存在是对象性的存在。"工业的历史和工业的已经产生的对象

---

① 《马克思恩格斯全集》第 2 卷,第 159—160 页。
② 《马克思恩格斯全集》第 2 卷,第 177 页。
③ 《马克思恩格斯全集》第 3 卷,第 31、29 页。
④ 《马克思恩格斯全集》第 42 卷,第 114 页。

性的存在,是一本打开了的关于人的本质力量的书,是感性地摆在我们面前的人的心理学。"①

与形而上学不同,历史唯物主义关注的不是与人无关的"抽象的自然""抽象的存在",而是人的现实存在;关注的不是所谓的"终极存在""原初物质",而是"对象、现实、感性"何以成为这样的存在,自然的物何以成为"可感觉而又超感觉"的"社会的物"。"被抽象地孤立地理解的、被固定为与人分离的自然界,对人说来也是无"②,或者说,是一种"不存在的自然界"③。在历史唯物主义体系中,存在是人的存在,是在人的实践活动中生成的对象性的存在。"非对象性的存在物是非存在物","是一种非现实的、非感性的、只是思想上的即只是虚构出来的存在物,是抽象的东西"④。

可见,历史唯物主义并不是以一种抽象的、超时空的方式谈论存在问题的,而是从人的实践活动出发"询问并回答关于存在的问题"。用海德格尔的话来说就是,"这种唯物主义的本质不在于一切只是物质的主张中,而是在于一种形而上学的规定中,按照这种规定,一切存在者都显现为劳动的材料"⑤。这是其一。

其二,人们总是在一定的社会形式中并借助这种社会形式而实现对自然的占有,"自然界的人的本质只有对社会的人说来才是存在的;因为只有在社会中,自然界对人来说才是人与人联系的纽带,才是他为别人的存在和别人为他的存在……只有在社会中,自然界才是人自己的人的存在的基础。只有在社会中,人的自然的存在对他来说才是人的存在,而自然界对他说来才成为人"⑥。

这就是说,人是通过实践并在一定的社会形式中创造自己的存在的,在这个过程中自然存在被赋予新的尺度——社会性或历史性,从而使自然存在转化为人的存在即社会存在。"实物是为人的存在,是人的实物存在,同时也就是人为他人的定在,是他对他人的人的关系,是人对人的社会关系。"⑦

---

① 《马克思恩格斯全集》第 42 卷,第 127 页。
② 《马克思恩格斯全集》第 42 卷,第 178 页。
③ 《马克思恩格斯全集》第 3 卷,第 50 页。
④ 《马克思恩格斯全集》第 42 卷,第 168、169 页。
⑤ Martin Heidegger: *On Humanism*, Frankfurt: Suhrkamp Verlag, 1972, p. 27.
⑥ 《马克思恩格斯全集》第 42 卷,第 122 页。
⑦ 《马克思恩格斯全集》第 2 卷,第 52 页。

这样,历史唯物主义不仅肯定了存在物和存在的差异,而且阐明了自然存在和社会存在的关系,并认为"人们的意识,随着人们的生活条件、人们的社会关系、人们的社会存在的改变而改变"①。这就凸现了存在的根本特征——社会性或历史性。

其三,在资本主义社会,资本是最基本和最高的社会存在。按照历史唯物主义的观点,"资本不是物,而是一定的、社会的、属于一定历史社会形态的生产关系,它体现在一个物上,并赋予这个物以特有的社会性质"②。这就是说,资本不是物本身,但又是通过物并在物中而存在。同时,作为一种特定的社会关系,资本又赋予物以特定的社会性质,使物成为"社会的物"。

更重要的是,资本使人与人的关系"不是表现为人们在自己劳动中的直接的社会关系,而是表现为人们之间的物的关系和物之间的社会关系"③,使人与人的关系转化为物与物的关系。这种物化的根本特征,就是物主体化、人客体化,物具有"巨大的权力",成为统治人、支配人的"物质力量"。换言之,资本不仅使人与人的关系物化了,而且使人与物、人与人的关系异化了。

这就是说,资本在资本主义社会中具有支配一切的权力,它不仅改变了人与物的关系,而且改变了人与人的关系;不仅改变了与人相关的自然界的存在属性,而且改变了人类社会的存在形态。这表明,资本本身就是一种独特的社会存在,是现代社会的根本规定和建构原则,构成了资本主义社会的基本建制。

由此可见,历史唯物主义以资本为核心范畴而展开的对资本主义社会的批判,本质上是存在论意义上的批判。正是在这个批判过程中,历史唯物主义扬弃了抽象的存在,发现了现实的存在,并揭示了资本主义社会的秘密。"历史唯物主义最重要的任务是,对资本主义社会制度做出准确的判断,揭露资本主义制度的本质。"④

正因为对资本主义制度的本质做出了"准确的判断",历史唯物主义透视出"一切已经覆灭的社会形式的结构"⑤。人体解剖对于猴体解剖是一把钥

① 《马克思恩格斯选集》第 1 卷,第 291 页。
② 《马克思恩格斯选集》第 2 卷,第 577 页。
③ 《马克思恩格斯选集》第 2 卷,第 139 页。
④ 〔匈〕卢卡奇:《历史与阶级意识》,第 318 页。
⑤ 《马克思恩格斯选集》第 2 卷,第 23 页。

匙。低等动物身上表露的高等动物的征兆，反而只有在高等动物被认识以后才能理解。在人类历史上存在着和古生物学中一样的情形。"资产阶级社会是最发达的和最多样性的历史的生产组织。因此，那些表现它的各种关系的范畴以及对于它的结构的理解，同时也能使我们透视一切已经覆灭的社会形式的结构和生产关系。"①正是在这里，蕴含着历史唯物主义认识论的根本原则，即"从后思索"法。在《资本论》中，马克思明确指出："对人类生活形式的思索，从而对它的科学分析，总是采取同实际发展相反的道路。这种思索是从事后开始的，就是说，是从发展过程的完成的结果开始的。"②

同时，在这个批判过程中，历史唯物主义发现了人与人的关系以物与物的关系而存在的秘密，并透视出人的自我异化的逻辑。按照历史唯物主义的观点，人与人关系的物化、异化与商品生产、生产资料私有制密切相关，甚至融为一体。商品"充满形而上学的微妙和神学的怪诞"，任何物品一旦作为商品，就转换为一个"可感觉而又超感觉的物"③。其秘密就在于，"商品形式在人们面前把人们本身劳动的社会性质反映成劳动产品本身的物的性质，反映成这些物的天然的社会属性，从而把生产者同总劳动的社会关系反映成存在于生产者之外的物与物之间的社会关系"④；"活动和产品的普遍交换已成为每一单个人的生存条件，这种普遍交换，他们的互相联系，表现为对他们本身来说是异己的、无关的东西，表现为一种物。在交换价值上，人的社会关系转化为物的社会关系；人的能力转化为物的能力"⑤。

问题的关键在于，这种由商品生产占据统治地位、由生产资料私有制导致的异化使巨大的物的权力"不归工人所有，而归人格化的生产条件即资本所有，这种物的权力把社会劳动本身当作自身的一个要素而置于同自己相对立的地位"⑥。海德格尔不自觉地意识到这一点，因而认为："马克思在体会到异化的时候深入历史的本质性维度中去了，所以马克思主义关于历史的观点比其余的历史学优越。但因为胡塞尔没有，据我看来萨特也没有在存在中认识到历史事物的本质性，所以现象学没有，存在主义也没有达到这样的一度中，

① 《马克思恩格斯选集》第 2 卷，第 23 页。
② 《马克思恩格斯全集》第 23 卷，第 92 页。
③ 《马克思恩格斯全集》第 23 卷，第 87 页。
④ 《马克思恩格斯全集》第 23 卷，第 88—89 页。
⑤ 《马克思恩格斯全集》第 46 卷上，第 103—104 页。
⑥ 《马克思恩格斯全集》第 46 卷下，人民出版社 1980 年版，第 360 页。

在此一度中才有可能有资格和马克思主义交谈。"①

由于把实践作为人的存在方式，把人的存在看作在实践活动中生成的对象性的存在、社会存在，把资本看作现实的社会存在，历史唯物主义便"使存在从存在者中显露出来"，从而使隐蔽着的存在的意义显现出来了。这样，历史唯物主义便终结了"抽象的存在""抽象的本体"。也正因为如此，历史唯物主义把本体论与人间的苦难和幸福结合起来了，开辟了从本体论认识现实的道路，并由此终结了以抽象的本体论为基础的形而上学。

海德格尔把柏拉图以来的形而上学时代称为"存在的遗忘的时代"，并认为"形而上学不断以各种不同的方式说到存在。形而上学表示并似乎确定，它询问并回答了关于存在的问题。实际上形而上学从来没有解答过这种问题，因为它从来没有追问到这个问题。当它涉及存在时，只是把存在想象为存在者。虽然它涉及存在，指的却是一切存在者。自始至终，形而上学的各种命题总是把存在者和存在相互混淆……由于这种永久的混淆，所谓形而上学提出存在的说法使我们陷入完全错误的境地"②。历史唯物主义的创立结束了这一"存在的遗忘的时代"，并使哲学走出了这种"完全错误的境地"。正是在这个意义上，海德格尔认为，"马克思完成了的对形而上学的颠倒"，哲学由此"达到了最极端的可能性，并进入其终结阶段了"③。应该说，海德格尔的这一评价是公正的。

问题在于，在"完成了对形而上学的颠倒"之后，历史唯物主义并不是像海德格尔所理解的那样，在"颠倒"形而上学之后又建构一种形而上学，而是告别了形而上学，终结了传统哲学。与"那种排除历史过程的、抽象的自然科学的唯物主义"不同，历史唯物主义不是从"抽象的自然""抽象的物质""抽象的存在"出发，以一种超时空的方式抽象地谈论世界的物质统一性，而是从人的实践活动出发去理解人与自然的关系、人与社会的关系，去理解自然存在与社会存在的关系，去"询问并回答关于存在的问题"，从而揭示出"社会的物"是"可感觉而又超感觉的物"④，并认为社会存在的本质不在其可感觉的实体性，而在其超感觉的社会内涵、历史内涵。所以，马克思指出："分析经济形式，既不能

① 《海德格尔选集》上卷，第 383 页。
② ［德］海德格尔：《存在与时间》，第 13 页。
③ ［德］海德格尔：《面向思的事情》，第 59—60 页。
④ 《马克思恩格斯全集》第 23 卷，第 89 页。

用显微镜,也不能用化学试剂。二者都必须用抽象力来代替。"①

　　"费尔巴哈从来不谈人类世界,而是每次都求救于外部自然界,而且是那个尚未置于人的统治之下的自然界。"②与费尔巴哈不同,马克思关注的恰恰是人类世界。历史唯物主义的创立使哲学的聚焦点从"整个世界"转向人类世界,从宇宙本体转向人的生存本体,从自然存在转向社会存在。这一转换标志着西方哲学的转轨,即从传统哲学转向现代哲学。就内容而不就表现形式,就总体而不就个别派别而言,现代西方哲学关注的就是人类的生活世界和生存状态。用雅斯贝尔斯的话来说就是:哲学所力求的目标在于领悟人的现实境况下的那个实在。"历史唯物主义是我们这个时代唯一不可超越的哲学。"萨特的这一名言表明,历史唯物主义不仅是现代西方哲学进程中的奠基者和创造性的对话者,而且是现代西方哲学进程中的参与者和强有力的推动者。

载《中国社会科学》2016 年第 11 期

《新华文摘》2017 年第 6 期转载

---

① 《马克思恩格斯全集》第 23 卷,第 8 页。
② 《马克思恩格斯全集》第 42 卷,第 369 页。

关于马克思交往理论的再思考

在马克思主义哲学的范畴体系中,"交往"是一个与物质生产、人的发展和社会发展密切相关的基础性范畴。脱离了马克思的交往理论,我们就无法理解马克思的物质生产理论、人的发展理论和社会发展理论。这是一个具有重要而特殊意义的范畴。然而,马克思的交往理论至今仍未引起我们的高度重视,在关键问题上仍未达成共识。同时,"交往"却引起了当代西方哲学的高度重视。胡塞尔、维特根斯坦、海德格尔、雅斯贝尔斯,尤其是尤尔根·哈贝马斯等,都把目光投向"交往",有的学者甚至把这一现象称为哲学的"交往转向"。因此,以当代实践和哲学成果为基础,重新思考马克思的交往理论的作用,是一个具有重要理论意义和现实意义的课题。

一、马克思交往范畴的厘定

就文本而言,马克思唯一一次较为明确地说明他所使用的交往范畴的内涵,是在 1846 年 12 月 28 日致安年柯夫的信中。在这封信中,马克思指出:"为了不致丧失已经取得的成果,为了不致失掉文明的果实,人们在他们的交往〔commerce〕方式不再适合于既得的生产力时,就不得不改变他们继承下来的一切社会形式。——我在这里使用《commerce》一词是就它的最广泛的意义而言,就象在德文中使用《Verkehr》一词那样。例如:各种特权、行会和公会的制度、中世纪的全部规则,曾是唯一适合于既得的生产力和产生这些制度的先前存在的社会状况的社会关系……人们借以进行生产、消费和交换的经济形式是暂时的和历史性的形式。随着新的生产力的获得,人们便改变自己的生产方式,而随着生产方式的改变,他们便改变所有不过是这一特定生产方式的必然关系的经济关系。"①

研读马克思的这一论述时,我们应当注意三个问题:

一是马克思使用的"交往",即 commerce,与德文中的 Verkehr 一词具有相同的内涵,是指社会生活中的交通、交换或交易,日常生活中的交际、交流等,马克思甚至认为,"战争本身还是一种经常的交往形式"②。

二是马克思使用的"交往"与生产力密切相关,是人们适应生产力的一定状况而建立的生产、消费和交换的经济形式,是作为"特定生产方式的必然关系的经济关系"。

三是马克思使用的"交往"与社会关系、社会制度密切相关,"社会——不管其形式如何——究竟是什么呢?是人们交互作用的产物……在人们的生产力发展的一定状况下,就会有一定的交换〔commerce〕和消费形式。在生产、交换和消费发展的一定阶段上,就会有一定的社会制度、一定的家庭、等级或阶级组织"③。

可见,马克思所使用的"交往"指向的是人与人之间的关系。交往不可避免地涉及物,甚至以物为中介,但交往的实质是人们之间的"交互作用",是人们之间的相互交流、相互沟通、相互作用和相互影响。用现代西方哲学的话语来说,交往就是"主体际"的互动,是"主体间"的关系。将马克思的交往范畴限定在人与人关系的范围内,是准确理解马克思交往理论的第一步。

马克思不仅在"最广泛的意义上"使用交往范畴,更重要的是,又从中提升出两个具有哲学内涵的概念,那就是交往形式(Verkehrsform)和交往关系(Verkehrsverhältnis)。这两个概念是马克思交往理论的核心构件。

交往形式是指人们进行交往的具体方式,所以,马克思有时又把交往形式称为"交往方式"。研读马克思的文本可以看出,马克思从三个方面对交往形

---

① 《马克思恩格斯全集》第 27 卷,第 478—479 页。
② 《马克思恩格斯全集》第 3 卷,第 26 页。
③ 《马克思恩格斯全集》第 27 卷,第 477 页。

式做了规定：

一是从交往属性的视角,把交往形式分为"物质交往"与"精神交往",并认为精神交往起初是物质交往的"直接产物",尔后又成为物质交往的"必然升华物"。

二是从交往主体的视角,把交往形式分为"个人交往"与"国家交往"或"民族交往",并认为"不仅一个民族与其他民族的关系,而且一个民族本身的整个内部结构都取决于它的生产以及内部和外部的交往的发展程度"①,而未来共产主义社会将实现"所有个人作为真正个人参加的交往"②。

三是从交往地域范围的视角把交往形式分为"区域交往"和"世界交往",并认为共产主义是一种世界历史性的存在,是"以生产力的普遍发展和与此有关的世界交往的普遍发展为前提的"③。

交往关系是指人们在具体的交往活动中结成的关系。交往关系与交往形式是内在相关的。人们通过一定的方式进行交往,形成一定的交往关系;交往关系形成后又反过来规定着人们采取何种方式进行交往。交往活动产生于生产活动,生产活动、交往活动又必须借助一定的规范才能进行,这就需要交往关系"固定化"、结构化、制度化。社会结构、社会制度就是人们之间交往关系的"固定化",它规范着人们之间的交往。正如马克思所说,"在生产、交换和消费发展的一定阶段上,就会有一定的社会制度"④。

从文本看,交往形式与生产方式、交往关系与生产关系这四个概念同时出现在《德意志意识形态》中。在《德意志意识形态》中,马克思把生产方式与交往形式并列、有区别地加以使用,如"生活的生产方式以及与之相联系的交往形式","在革命中一方面旧生产方式和旧交往方式的权力以及旧社会结构的权力被打倒"⑤。同时,马克思又是把生产关系与交往关系并列、有区别地加以使用的,如"银行家的财富只有在现存的生产关系和交往关系的范围以内才是财富","共产主义和所有过去的运动不同的地方在于:它推翻了一切旧的生产和交往的关系的基础"⑥。可见,交往形式不等于生产方式,交往关系不等于

① 《马克思恩格斯全集》第 3 卷,第 24 页。
② 《马克思恩格斯全集》第 3 卷,第 77 页。
③ 《马克思恩格斯全集》第 3 卷,第 39 页。
④ 《马克思恩格斯全集》第 27 卷,第 477 页。
⑤ 《马克思恩格斯全集》第 3 卷,第 36、76—77 页。
⑥ 《马克思恩格斯全集》第 3 卷,第 446、79 页。

生产关系,交往形式、交往关系并非生产关系不成熟的表达形式,它们之间也并非是替代与被替代的关系。

当然,我注意到,在《德意志意识形态》中,生产关系概念的内涵还未得到精准的表述,生产关系与生产力的关系还未得到直接的表述,生产关系与交往形式、生产关系与交往关系的关系也未得到深入的阐述。直到《哲学的贫困》,生产关系概念的内涵、生产关系与生产力关系的观点才得到"科学的阐述"。马克思指出:"人们是在一定的生产关系范围内制造呢绒、麻布和丝织品的⋯⋯这些一定的社会关系同麻布、亚麻等一样,也是人们生产出来的。社会关系和生产力密切相联。随着新生产力的获得,人们改变自己的生产方式,随着生产方式即保证自己生活的方式的改变,人们也就会改变自己的一切社会关系。""人们生产力的一切变化必然引起他们的生产关系的变化。"①

但是,《哲学的贫困》也未谈及生产方式与交往形式、生产关系与交往关系的关系。这是一个有待解决的问题。正因为如此,马克思在《〈政治经济学批判〉导言》所列出的"不该忘记的各点",就包括"生产关系和交往关系""国家形式和意识形式同生产关系和交往关系的关系""生产力(生产资料)的概念和生产关系的概念的辩证法"②。

研读马克思的文本可以看出,马克思所说的生产方式就是人们"保证自己生活的方式",主要是指人们以什么样的生产工具改造自然,体现的是人与自然的关系;交往形式则是说明人们以什么样的方式结合起来进行物质生产,体现的是人与人之间的关系。在交往活动中,基础性的是物质交往。人们在物质交往中形成的是"物质的生活关系"。在《德意志意识形态》中,马克思按照黑格尔的"概括",把这种"物质的生活关系"称为"市民社会","在过去一切历史阶段上受生产力所制约、同时也制约生产力的交往形式,就是市民社会","市民社会包括各个个人在生产力发展的一定阶段上的一切物质交往"③。

马克思所说的交往关系体现的同样是人与人之间的关系,是人们在交往活动中形成的经济关系、政治关系和思想关系等社会关系,其中,物质交往产生的是作为"特定生产方式的必然关系的经济关系"。这就是说,交往关系在内涵上与社会关系是相同的,但二者的侧重点不同:交往关系的侧重点是人们

① 《马克思恩格斯全集》第 4 卷,第 143—144、155 页。
② 《马克思恩格斯全集》第 46 卷上,第 47 页。
③ 《马克思恩格斯全集》第 3 卷,第 40、41 页。

的"交互作用",是动态的社会关系;社会关系的侧重点是人们交互作用的"产物",是静态的交往关系。交往关系包括经济关系,即生产关系,但不等于生产关系。

在《德意志意识形态》中,马克思的确没有直接论及生产力与生产关系的关系,但马克思关于生产力与交往形式的关系、生产力与交往关系的关系的论述,的确又包含着关于生产力与生产关系的关系的论述。更重要的是,马克思关于生产力与交往形式关系、生产力与交往关系关系的观点,同生产力与生产关系的观点,具有内在的一致性。

正因为如此,《哲学的贫困》之后,随着生产关系的内涵、生产力与生产关系的关系得到"科学的阐述",马克思便把理论重心转移到生产力与生产关系的关系上了。但是,这并不意味着马克思放弃了交往形式、交往关系的概念;相反,马克思仍然关注着人们之间的交往活动、交往形式和交往关系。在《资本论》第一版序言中,马克思明确指出:"我要在本书研究的,是资本主义生产方式以及和它相适应的生产关系和交换关系。"①

在我看来,"生产力—交往形式"命题关注的是生产与交往这两个领域之间的关系。这里的生产是指作为人类生存前提的"直接生活的物质生产",是暂时撇开了社会形式的人对自然占有的活动。在这个意义上,是"生产一般",是一种"古老而适用于一切社会形式"的"抽象的生产"。但是,这是一个"合理的抽象"。正如马克思所说,"生产的一切时代有某些共同标志,共同规定。生产一般是一个抽象,但是只要它真正把共同点提出来,定下来,免得我们重复,它就是一个合理的抽象"②。

"生产力—生产关系"命题则是对"生产力—交往形式"命题的深化,关注的是"一切生产都是个人在一定社会形式中并借这种社会形式而进行的对自然的占有"③,关注的是"一定社会发展阶段上"的生产,尤其是资本主义社会的生产,关注的是现实的、具体的物质生产内部的关系。正如马克思所说,"决定生产本身的分配究竟和生产处于怎样的关系,这显然是属于生产本身内部的问题"。"一般历史条件在生产上是怎样起作用的,生产和一般历史运动的

---

① 《马克思恩格斯全集》第 23 卷,第 8 页。
② 《马克思恩格斯全集》第 46 卷上,第 22 页。
③ 《马克思恩格斯全集》第 46 卷上,第 24 页。

关系又是怎样的。这个问题显然属于对生产本身的讨论和分析。"①

这里,生产力决定生产关系,即人们之间的物质联系或经济关系,生产关系制约着生产力;生产关系决定着其他的交往关系,交往关系又制约着"生产力—生产关系"这一整体。可见,随着生产力与生产关系矛盾运动机制的澄清,"生产力—交往形式"命题才真正清晰了,马克思也正是在这一情况中将交往关系和生产关系并置的。

二、交往与物质生产活动

交往与生产是互为条件的。一方面,交往内生于生产,直接生产过程中的交往是生产的内在要素,生产决定交往形式;另一方面,交往是生产的前提条件,没有交往就没有生产,生产只有在人们之间的交往以及由此形成的联系中才能进行。正如马克思所说,"生产本身又是以个人之间的交往为前提的。这种交往的形式又是由生产决定的"②。从根本上说,一部人类史就是生产和交往相互作用、相互制约的历史。正因为如此,"必须把'人类的历史'同工业和交换的历史联系起来研究和探讨"③。

人类生存的第一个前提,人类的第一个历史活动,也是人类每时每刻必须进行的基本活动,就是物质生产活动。物质生产活动从一开始就包含着人与自然的关系和人与人的关系,包含着主体与客体关系和主体间的关系。按照马克思的观点,物质生产"首先是人和自然之间的过程,是人以自身的活动来引起、调整和控制人和自然之间的物质变换的过程"④;为了实现人和自然之间的物质变换,人和人之间必须进行交往,进行活动互换,并结成一定的社会联系和社会关系。人们"如果不以一定方式结合起来共同活动和互相交换其活动,便不能进行生产。为了进行生产,人们便发生一定的联系和关系;只有在这些社会联系和社会关系的范围内,才会有他们对自然界的影响,才会有生产"⑤。

---

① 《马克思恩格斯全集》第 46 卷上,第 34 页。
② 《马克思恩格斯全集》第 3 卷,第 24 页。
③ 《马克思恩格斯全集》第 3 卷,第 33—34 页。
④ 《马克思恩格斯全集》第 23 卷,第 201—202 页。
⑤ 《马克思恩格斯全集》第 6 卷,人民出版社 1961 年版,第 486 页。

这就是说，人们一旦开始物质生产，便必然同时进行交往，并发生一定的社会联系和社会关系。在物质生产活动中，既存在着人与自然之间的物质变换，又存在着人与人之间的活动互换；既存在着人与自然的关系，又存在着人与人的关系；既存在着主体与客体的关系，又存在着主体间的关系。在物质生产中，人与自然的关系和人与人的关系同时产生，人与自然的关系制约着人与人的关系，人与人的关系又制约着人与自然的关系；主体与客体之间的关系制约着主体间的关系，主体间的关系又制约着主体与客体的关系。

正因为如此，物质生产本身包含并体现着历史尺度和人的尺度的统一。

所谓历史尺度，是指生产体现的客观必然性，这是一种事实性维度。按照马克思的观点，物质生产所实现的人与自然之间的物质变换体现着"人类生活得以实现的永恒的自然必然性"①。这是一种特殊的自然必然性，因为在这种"永恒的自然必然性"中内含着人与自然的价值关系，包含着社会价值性。物质生产是"人类生存的第一个前提"。人的需要不同于动物的需要，人的需要是"从社会生产和交换中产生的需要"②，而且"已经得到满足的第一个需要本身、满足需要的活动和已经获得的为满足需要用的工具又引起新的需要"③。因此，物质生产的历史尺度又内蕴着人的尺度。

人的尺度所表征的不是单个的人，而是"生存于一定关系中的一定的个人"④，是受到一定的社会关系、社会制度规范的人。"人们是受他们的物质生活的生产方式，他们的物质交往和这种交往在社会结构和政治结构中的进一步发展所制约的。"⑤这就是说，政治结构、社会结构、社会制度构成了进行物质生产活动的"主体间"或"主体际"的规范性维度。

物质生产所具有的这种双重关系、双重尺度，使得交往形式与生产力密切相关，与"个人本身力量的发展"密切相关。"交往形式的联系就在于：已成为桎梏的旧交往形式被适应于比较发达的生产力，因而也适应于进步的个人自主活动方式的新交往形式所代替；新的交往形式又会成为桎梏，然后又为别的交往形式所代替。由于这些条件在历史发展的每一阶段都是与同一时期的生

① 《马克思恩格斯全集》第 23 卷，第 56 页。
② 《马克思恩格斯全集》第 46 卷下，第 19 页。
③ 《马克思恩格斯全集》第 3 卷，第 32 页。
④ 《马克思恩格斯全集》第 3 卷，第 80 页。
⑤ 《马克思恩格斯选集》第 3 卷，第 72 页。

产力的发展相适应的,所以它们的历史同时也是发展着的、由每一个新的一代承受下来的生产力的历史,从而也是个人本身力量发展的历史。"①因此,与生产力的发展水平相适应,不同时代有不同的交往形式。

在前资本主义时期,低下的生产力、落后的交通工具以及自给自足的自然经济,使得人们的交往局限在共同体内部,以血缘关系或宗法关系为基本形式,因而形成了"人的依赖关系"。"我们越往前追溯历史,个人,从而也是进行生产的个人,就越表现为不独立,从属于一个较大的整体:最初还是十分自然地在家庭和扩大成为氏族的家庭中;后来是在由氏族间的冲突和融合而产生的各种形式的公社中。"②

在资本主义时期,先进的生产力、发达的交通工具以及以交换价值为枢纽的商品经济,使人们的交往突破了血缘关系或宗法关系以及血缘共同体的限制。在这里,"个人很容易从一种劳动转到另一种劳动,一定种类的劳动对他们说来是偶然的,因而是无差别的"。劳动"不再是在一种特殊性上同个人结合在一起的规定了",个人由此获得了"独立性"③。但是,人的这种"独立性"又是"以物的依赖性为基础的"。资本主义生产的主要形式是商品生产,而在商品经济活动中,人与人的交往是以物为中介的,并表现为物与物的交换,"活动和产品的普遍交换已成为每一单个人的生存条件"④,"个人的或国家的一切交往,都被溶化在商业交往中"⑤,"个人之间彼此结成的最基本关系是商品所有者之间的关系"⑥。

资本主义时代就是"以物的依赖性"为基础的"人的独立性"的时代,是以商品的交换价值为枢纽的交往普遍化的时代,也是交往全面物化、异化的时代。这种物化、异化就表现在,"商品形式在人们面前把人们本身劳动的社会性质反映成劳动产品本身的物的性质,反映成这些物的天然的社会属性,从而把生产者同总劳动的社会关系反映成存在于生产者之外的物与物之间的社会关系"⑦。

---

① 《马克思恩格斯选集》第 1 卷,第 124 页。
② 《马克思恩格斯全集》第 46 卷上,第 21 页。
③ 《马克思恩格斯全集》第 46 卷上,第 42 页。
④ 《马克思恩格斯全集》第 46 卷上,第 103 页。
⑤ 《马克思恩格斯选集》第 1 卷,第 35 页。
⑥ 《马克思恩格斯全集》第 47 卷,第 115 页。
⑦ 《马克思恩格斯全集》第 23 卷,第 88—89 页。

由此，"人本身的活动对人说来就成为一种异己的、与他对立的力量,这种力量驱使着人,而不是人驾驭着这种力量"①;这种物化、异化的原因就在于,"每个个人行使支配别人的活动或支配社会财富的权力,就在于他是交换价值或货币的所有者。他在衣袋里装着自己的社会权力和自己同社会的联系"②,而货币则使人与人之间的活动互换似乎变成了一种抽象的数量运动,"货币使任何交往形式和交往本身成为对个人来说是偶然的东西"③。

按照马克思的观点,个人的生存条件就是物质生产和物质交往。生产又是以个人之间的交往为前提的,只有在交往中,个人的生产能力才能转化为社会生产力。"生产力与交往形式的关系就是交往形式与个人的行动或活动的关系","一定的生产方式或一定的工业阶段始终是与一定的共同活动的方式或一定的社会阶段联系着的,而这种共同活动方式本身就是'生产力'"④。"受分工制约的不同个人的共同活动产生了一种社会力量,即扩大了的生产力。"⑤因此,生产力是人们在交往活动中形成的一种社会力量。也正因为如此,马克思一般把生产力称为"社会生产力"。没有个人之间的交往,个人的生产能力就不可能转化为社会生产力。

按照马克思的观点,交往形成了人类积累、传递、继承和发展生产力的社会机制,形成了一种不同于动物生物遗传机制的社会遗传机制,从而使生产力处在不断的发展过程中。只有在交往中,才能实现生产力的世代继承和不断发展。没有代际交往,前一代人创造出来的生产力就不可能传给后一代人,就会"断代",一切就要"从头开始""重新开始";没有民族交往、"国家交往",某一地域创造出来的生产力就不可能转移到其他地域,生产力的发展就只能在各个地域"单独进行",甚至失传。正如马克思所说,"某一个地方创造出来的生产力,特别是发明,在往后的发展中是否会失传,取决于交往扩展的情况。当交往只限于毗邻地区的时候,每一种发明在每一个地方都必须重新开始;一些纯粹偶然的事件,例如蛮族的入侵,甚至是通常的战争,都足以使一个具有发达生产力和有高度需求的国家处于一切都必须从头开始的境地。在历史发

---

① 《马克思恩格斯全集》第 3 卷,第 37 页。
② 《马克思恩格斯全集》第 46 卷上,第 103 页。
③ 《马克思恩格斯全集》第 3 卷,第 74 页。
④ 《马克思恩格斯全集》第 3 卷,第 80、33 页。
⑤ 《马克思恩格斯全集》第 3 卷,第 38 页。

展的最初阶段,每天都在重新发明,而且每个地方都是单独进行的"①。"只有在交往具有世界性质,并以大工业为基础的时候,只有在一切民族都卷入竞争的时候,保存住已创造出来的生产力才有了保障。"②

当交往具有世界性质时,各个民族、国家的生产力发展就避免了"单独进行""从头开始""重新发明"的时间耗费,就可以用自身优势部分换取对自己不足部分的弥补,或者以其他民族、国家的先进生产力为起点,创造出更先进的生产力。这就是交往行为的相加效应。而闭关自守行为之所以导致落后,则是因为存在着封闭行为的重复效应和衰减规律,即处于闭关自守的民族、国家一切都是"单独进行"的,一切都要"从头开始""重新开始",往往在重复着其他民族、国家已经做过的事情,其"创新"也往往是把别人走过的艰辛之路重走一遍,表面上看是在前进,实际上仍然是历史的落伍者。

三、交往与社会发展道路

"不仅一个民族与其他民族的关系,而且一个民族本身的整个内部结构都取决于它的生产以及内部和外部的交往的发展程度。"③正是基于民族本身的内部结构与生产、交往的关系,马克思提出了社会发展中原生形态、派生形态和跨越形态的问题。

人类首先是在几个彼此隔绝的古老民族那里开始自己的历史进程的。由于地理条件的限制、生产力的落后,各民族或共同体之间几乎没有交往,其转变和发展都是自然发生的。正如马克思所说,远古时期的人们是"原始的、通过……自然发生……的途径产生的人们"④,"人的依赖关系(起初完全是自然发生的),是最初的社会形态"⑤。在马克思看来,这种自然发生的社会形态就是社会发展中的"原生形态"。

当交往发展到区域交往,当战争成为一种"经常的交往形式"时,社会发展便产生了"派生形态"。在考察社会发展时,马克思提出一个极其重要的思想,

---

① 《马克思恩格斯全集》第 3 卷,第 61 页。
② 《马克思恩格斯全集》第 3 卷,第 61—62 页。
③ 《马克思恩格斯全集》第 3 卷,第 24 页。
④ 《马克思恩格斯全集》第 3 卷,第 50 页。
⑤ 《马克思恩格斯全集》第 46 卷上,第 104 页。

即"第二级的和第三级的东西,总之,派生的、转移来的、非原生的生产关系",并认为应研究"国际关系在这里的影响"①。

按照马克思的观点,在某一民族、国家内部自然发生的生产关系是原生的生产关系,即第一级的关系,而派生的、转移来的生产关系则是非原生的生产关系,即第二级、第三级的关系。第二级、第三级的关系不是在这些民族、国家的内部自然发生的,而是由民族、国家之间的交往造成的,是由外来民族"导入""带去"的。

这里,存在着三种情况:一是处于较高社会形态、作为征服者的民族带给处于较低社会形态、被征服者的民族的;二是处于较低社会形态、作为征服者的民族带给处于较高社会形态、被征服者的民族的;三是征服者民族和被征服者民族处于相同的社会形态的不同发展阶段。

这三种情况对"派生形态"有着不同影响,它或者使"原生形态""有所变形;直到发展成对立物"②,或者使"原生形态""较为完备"。例如,"导入英国的封建主义,按其形式来说,要比在法兰西自然形成的封建主义较为完备"③。之所以如此,是因为"这种交往形式在自己的祖国还受到过去遗留下来的利益和关系的牵累,而它在新的地方就完全能够而且应当毫无阻碍地确立起来,尽管这是为了保证征服者的长期统治(英国和那不勒斯在被诺曼人征服之后,获得了最完善的封建组织形式)"④。反过来,也有大量的"古老文明被蛮族破坏,接着就重新形成另一种社会结构(罗马和野蛮人,封建主义和高卢人,东罗马帝国和土耳其人)"⑤。这些社会形态都属于外来民族"导入的和带去的派生形式"⑥。

当交往从区域交往发展到世界交往时,历史便转变为世界历史。"历史向世界历史的转变"是以生产力"普遍发展"和民族的"普遍交往"为基础的,它伴随着资本主义生产方式的确立而形成。生产的商品化、社会化以及需求的扩大,驱使资产阶级奔走于全球各地建立世界市场,"创造世界市场的趋势已

① 《马克思恩格斯全集》第 46 卷上,第 47 页。
② 《马克思恩格斯全集》第 46 卷上,第 498 页。
③ 《马克思恩格斯全集》第 46 卷上,第 489—490 页。
④ 《马克思恩格斯全集》第 3 卷,第 82 页。
⑤ 《马克思恩格斯全集》第 3 卷,第 26 页。
⑥ 《马克思恩格斯全集》第 46 卷上,第 489 页。

经直接包含在资本的概念本身中"①;世界市场的形成使一切国家的生产和消费都成为世界性的了,"世界市场不仅是同存在于国内市场以外的一切外国市场相联系的国内市场,而且同时也是作为本国市场的构成部分的一切外国市场的国内市场"②;通过交往,尤其是战争交往,资产阶级"迫使一切民族都在惟恐灭亡的忧惧之下采用资产阶级的生产方式",从而"按照自己的形象,为自己创造出一个世界"③,即创造了资本主义的世界体系。

正因为如此,马克思指出,资产阶级"首次开创了世界历史,因为它使每个文明国家以及这些国家中的每一个人的需要的满足都依赖于整个世界,因为它消灭了以往自然形成的各国的孤立状态"④;因为它使"过去那种地方的和民族的闭关自守和自给自足状态已经消逝,现在代之而起的已经是各个民族各方面互相往来和各方面互相依赖了"⑤;因为"它使野蛮的和半开化的国家依赖于文明的国家,使农民的民族依赖于资产阶级的民族,使东方依赖于西方"⑥。

在世界交往形成之前,人类总体历史和具体民族历史之间的关系是一般与个别、普遍与特殊的关系,在具体民族的"个别"之中存在着人类历史的"一般",不同民族以其个别的、特殊的发展形态体现出人类历史发展的一般规律;世界交往形成之后,人类总体历史和具体民族历史之间不仅具有一般与个别的关系,还具有整体与部分的关系。更重要的是,世界交往使生产力与交往形式的矛盾运动越出了民族的狭隘地域,进入世界的"运动场",成为民族性和世界性的统一。

所谓的生产力与交往形式矛盾运动的民族性,是指生产力与交往形式的矛盾运动在不同民族、国家内具有不同的性质、结构和运行机制;生产力与交往形式矛盾运动的世界性是指,随着世界交往的形成,各民族、国家的生产力与交往形式矛盾运动便在世界历史的背景中进行全面相互作用的整体运动。

历史越是往前追溯,生产力与交往形式矛盾运动的民族性就越突出。在

① 《马克思恩格斯全集》第 46 卷上,第 391 页。
② 《马克思恩格斯全集》第 46 卷上,第 238 页。
③ 《马克思恩格斯全集》第 4 卷,第 470 页。
④ 《马克思恩格斯全集》第 3 卷,第 68 页。
⑤ 《马克思恩格斯全集》第 4 卷,第 470 页。
⑥ 《马克思恩格斯全集》第 4 卷,第 470 页。

古代,由于交通不便和信息传递的困难,生产力与交往形式的矛盾运动一般是在民族、国家的狭隘地域内"单独进行"的,其显著特点就是,每一种生产方式的形成在每个民族那里都必须"从头开始"或"重新开始"。

当交往发展到区域交往时,原来"单独进行"的生产力与交往形式的矛盾运动之间便会产生相互作用,从而造成个别跨越现象。例如,日耳曼民族征服罗马帝国之后,被征服者的较高生产力与征服者原来的交往形式产生交互作用,结果使日耳曼民族跨越了奴隶制度而直接建立了封建制度。正如马克思所说,"封建主义决不是现成地从德国搬去的;它起源于蛮人在进行侵略时的军事组织中,而且这种组织只是在征服之后,由于被征服国家内遇到的生产力的影响才发展为现在的封建主义的"。"定居下来的征服者所采纳的社会制度形式,应当适应于他们面临的生产力发展水平,如果起初没有这种适应,那末社会制度形式就应当按照生产力而发生变化。"①

当交往发展到世界交往时,某些较为落后民族、国家内的生产力与交往形式的矛盾就会较快地达到激化状态,并产生同较为发达国家"类似的矛盾"。马克思指出,"一切历史冲突都根源于生产力和交往形式之间的矛盾",但是,"对于其一国家内冲突的发生来说,完全没有必要等这种矛盾在这个国家本身中发展到极端的地步。由于同工业比较发达的国家进行广泛的国际交往所引起的竞争,就足以使工业比较不发达的国家内产生类似的矛盾"②。正是在这种"类似的矛盾"的支配下,在较为发达国家的"历史启示"下,某些较为落后的民族、国家就会自觉或不自觉地缩短矛盾的解决过程,从而跨越某种社会形态,直接走向先进的社会形态。

在概括资本主义制度产生的道路时,马克思指出:"在现实的历史上,雇佣劳动是从奴隶制和农奴制的解体中产生的,或者象在东方和斯拉夫各民族中那样是从公有制的崩溃中产生的,而在其最恰当的、划时代的、囊括了劳动的全部社会存在的形式中,雇佣劳动是从行会制度、等级制度、劳役和实物收入、作为农村副业的工业、仍为封建的小农业等等的衰亡中产生的。"③马克思的这一论述实际上指出了资本主义制度产生的三条道路:一是从奴隶制或农奴制的"解体"中产生;二是从公有制的"崩溃"中产生;三是从封建制度的"衰亡"

---

① 《马克思恩格斯全集》第3卷,第83页。
② 《马克思恩格斯全集》第3卷,第83页。
③ 《马克思恩格斯全集》第46卷上,第14页。

中产生。第三条道路是西欧资本主义产生的道路,也是资本主义自然发生的道路,而第一条、二条道路则是在世界交往的过程中形成的。

如果说在区域交往的条件下,某个民族跨越某种社会形态的现象是个别的、偶然的现象,那么在世界交往的条件下,这种跨越现象则成为普遍的、常规的现象。这样一来,具体民族发展便呈现出各自的特殊性,社会发展道路便呈现出多样性。纵览人类历史可以看出,正是在交往的作用下,西欧的日耳曼民族在征服罗马帝国之后,越过奴隶社会,从原始社会直接走向封建社会,东欧的一些斯拉夫民族以及亚洲的蒙古族走着类似的道路;北美洲在欧洲移民到来之前还处于原始社会,随着欧洲移民的到来,北美洲迅速建立起资本主义制度,所以,马克思认为,美国的"资产阶级社会不是在封建制度的基础上发展起来的,而是从自身开始的"[1],大洋洲也走着类似的道路;而一些东方国家或者缩短了资本主义的历史进程,或者跨越了资本主义的历史阶段,直接走上了社会主义道路。

正是基于对生产力与交往形式矛盾运动的民族性和世界性关系的思考,马克思提出了跨越资本主义"卡夫丁峡谷"的设想,并对世界交往寄予极大的希望。在马克思看来,共产主义就是以"生产力的普遍发展和与此有关的世界交往的普遍发展为前提的","无产阶级只有在世界历史意义上才能存在,就像它的事业——共产主义一般只有作为'世界历史性的'存在才有可能实现一样。而各个个人的世界历史性的存在就意味着他们的存在是与世界历史直接联系的"[2]。

四、对哈贝马斯"批判"的批判

历史常常出现这样一种奇特的现象,那就是,一个伟大思想家的某个理论往往在其身后,在经历了较长时间的历史运动后,才显示出它的内在价值,重新引起人们的关注。马克思交往理论的历史命运也是如此。在马克思生前和逝世后的较长时间内,马克思的交往理论并未得到应有的重视,发展更是无从谈起。20世纪的历史运动以及哲学发展的困境,使马克思交往理论的内在价

---

[1]《马克思恩格斯全集》第46卷上,第4页。
[2]《马克思恩格斯全集》第3卷,第39、40页。

值凸显出来了,哲学家们把目光再次转向马克思,交往问题在马克思主义的语境中重新出现。从马克思主义史上看,哈贝马斯是在马克思主义的语境中研究马克思交往理论的第一人。在《作为"意识形态"的技术与科学》《交往与社会进化》《交往行为理论》《重建历史唯物主义》等著作中,哈贝马斯一方面批判了马克思的交往理论,另一方面又力图在这种批判的基础上"补充"马克思的交往理论。

研读马克思的文本可以看出,马克思的交往理论关注的重心是物质交往及其对精神交往的基础性、决定性,重心是批判唯心主义的抽象思辨性和旧唯物主义的抽象直观性。当然,马克思注意到精神交往的特殊性问题,认为精神交往最初是物质交往的"直接产物",尔后成为物质交往的"升华物",并具有"独立性的外观";注意到精神交往的中介,即语言问题,认为精神交往是"与现实生活的语言交织在一起的";注意到交往的规范化问题,认为交往是"在社会结构和政治结构中发展"的,社会制度、社会结构、政治结构制约、规范交往活动。

但是,对精神交往及其中介——语言问题,对交往活动中的规范化问题,马克思只是"点到为止",并没有对这些问题做深入研究、系统阐述,而这恰恰是马克思交往理论的局限性。哈贝马斯注意到马克思交往理论的这一局限性,并深入而全面研究了精神交往及其语言、规范问题,力图弥补马克思交往理论的不足,重建历史唯物主义。

首先,哈贝马斯以劳动与互动的区分作为思考交往问题的出发点,并由此凸显精神交往的独立性。

按照哈贝马斯的观点,在马克思的理论中,劳动是"一切范畴产生的范式;一切都溶化在生产的自我活动中"[①],互动被归结为劳动。因此,马克思虽然在生产力与生产关系的辩证法中发现了劳动与互动的联系,但没有真正理解劳动与互动的区别,没有深入考察精神交往。为此,哈贝马斯从行为类型的角度,对劳动与互动做出定义:劳动,即物质生产是"工具的活动,或者合理的选择,或者两者的结合"[②],它遵循的是技术规则和以分析性知识为基础的策略;互动,即精神交往是以语言为媒介,遵守的是得到主体间承认的规范。

---

① [德]尤尔根·哈贝马斯:《作为"意识形态"的技术与科学》,李黎、郭官义译,学林出版社1999年版,第33页。
② [德]尤尔根·哈贝马斯:《作为"意识形态"的技术与科学》,第49页。

在哈贝马斯看来,劳动与互动这两类活动的性质存在着根本的差异。劳动体现的是主体与客体关系的工具性或目的性,它的核心就是人对自然的改造利用,因而不过是"比一个简单的自然过程更复杂的自然过程"①;互动体现的则是主体间关系的规范性,这种行为是以互相承认对方为平等的行为主体为前提的,是在一定的互动规范的约束下完成的。因此,"劳动和互动之间并不存在一种自动发展的联系","把互动归结为劳动或者从互动中推论劳动,都是不可能的"②。

其次,哈贝马斯从语言哲学角度,分析了精神交往的基本结构。

语言是精神交往的媒介,如何理解语言在交往中的作用,也就成为哈贝马斯探究精神交往结构的首要问题。为此,哈贝马斯系统地借鉴吸收了当代西方语言哲学成果,提出了"普遍语用学"。在哈贝马斯看来,"普遍语用学"的任务,就是确定"交往行为的一般假设前提"③,即交往行为者为了达成沟通与共识必须提出的有效性要求。通过对日常交往行为进行语用学分析,哈贝马斯得出了四个基本的有效性要求,即表达形式的可理解性、表达内容的真实性、表达意图的真诚性和表达方式的正当性。

按照哈贝马斯的观点,在这四个基本的有效性要求中,表达形式的可理解性是一种逻辑要求或"底线",如果不能满足这一要求,精神交往就根本不可能发生;表达内容的真实性、表达意图的真诚性和表达方式的正当性这三种有效性要求得不到满足,精神交往行为依然能够进行,但交往的目标——达成沟通与共识则不能实现。因此,从语言哲学角度来看,对表达内容的真实性、表达意图的真诚性和表达方式的正当性这三种有效性要求的争辩就构成了精神交往的核心内容,由此形成了三种具体的精神交往形式。这三种具体的精神交往形式就是"商谈"类型或关于有效性要求的论证形式:理论商谈是真实性要求的论证形式,实践商谈是正当性要求的论证形式,审美批判是真诚性的论证形式。

再次,哈贝马斯针对交往活动中的规范问题,提出了商谈伦理学和协商民主理论。

在哈贝马斯看来,劳动这种工具行为所遵循的技术规则同互动的交往规范没有关系,相应地,马克思的以劳动为基石的生产方式理论只能"解释社会

---

① [德]尤尔根·哈贝马斯:《作为"意识形态"的技术与科学》,第23页。
② [德]尤尔根·哈贝马斯:《作为"意识形态"的技术与科学》,第23、33页。
③ [德]尤尔根·哈贝马斯:《交往与社会进化》,张博树译,重庆出版社1989年版,第1页。

制度与外界自然的自我控制的交换问题",也就是生产与社会之间的关系问题,而对于"社会制度同人的内部自然的自我控制的交换问题"①,即人与人之间以及人与社会之间的关系则显得乏善可陈。因此,在马克思的受限于生产范式的交往理论中,规范问题不可能得到充分讨论,克服交往异化这种规范性要求也难以实现。为了实现这种规范性要求,哈贝马斯建构了商谈伦理学,并提出了两种具体的商谈形式,即道德商谈与伦理商谈:前者指向的是具有普遍有效性的道德规范,后者指向的是具有相对有效性的伦理规范。同时,哈贝马斯又提出了旨在使规范制度化的协商民主理论,以使规范既具有人人必须遵守的强制性,又具有人人愿意遵守的合理性。

哈贝马斯所探讨的精神交往及其语言、规范问题,的确是马克思没有深入研究、详尽探讨的问题,的确是马克思交往理论的局限性。就这一意义而言,哈贝马斯交往理论的确是对马克思交往理论的一种"补充"。但是,问题在于,哈贝马斯对精神交往及其语言、规范的阐述是在批判马克思交往理论的前提下进行的,更重要的是,这种批判从根本上来说是一种在误读前提下的批判,是一种"误批"。同时,哈贝马斯在研究精神交往及其语言、规范的过程中,存在着偏离历史唯物主义根本原则的倾向。因此,对哈贝马斯"重建"的历史唯物主义,我持一种审慎的、有保留的态度。

如前所述,马克思的物质生产,即劳动概念,包含人与自然关系和人与人关系的双重关系。从理论上说,这双重关系是可区分的;从现实上说,这双重关系是不可分割的。这双重关系同时产生于劳动过程中,形成于人与自然之间物质变换和人与人之间活动互换的过程中,没有人与人之间的活动互换,就不可能有人与自然之间的物质变换;人与自然的关系制约着人与人的关系,人与人的关系又制约着人与自然的关系。劳动与互动的内在关系由此才能得到合理的理解。这正是马克思的交往理论,以至整个历史唯物主义的根本原则。

哈贝马斯则仅仅把劳动看作一种工具行为,认为劳动只体现了人与自然的关系,只体现了主体与客体的关系。由此,哈贝马斯也就否认了劳动过程中存在着互动,存在着人与人之间的交往,这实际上也就否定了物质交往。就实质而言,哈贝马斯所谓的互动或交往行为就是精神交往。这不仅是对交往的

---

① [德]尤尔根·哈贝马斯:《重建历史唯物主义》,郭官义译,社会科学文献出版社2000年版,第179页。

狭隘理解,而且割裂了劳动与互动、生产活动与交往活动、物质交往与精神交往之间的内在关系。精神交往当然有其相对独立性,但归根到底依存于物质交往,精神交往是物质交往的"升华物";作为物质交往的"升华物",精神交往又反过来制约物质交往,并贯穿在物质交往中,贯穿在物质生产即劳动过程中。可以说,哈贝马斯关于交往问题的思考,在出发点上就偏离了历史唯物主义,在根本原则上同样偏离了历史唯物主义。

由于否定了物质交往及其对精神交往的决定作用,哈贝马斯必然走向否定物质生产对精神生产的决定作用,并具有把语言独立化、先验化的倾向。按照哈贝马斯的观点,交往行为的本质特征是语言的主体间运用,语言是作为一种稳定的、有效的精神文化因素包含在主体间的交往活动中,"互动取决于大家都熟悉的语言交往"①,"被扭曲的交往结构不是最终的东西,它植根于没有被扭曲的语言交往的逻辑中"②。似乎是为了避免语言先验主义的指责,哈贝马斯后来又补充道,"交往行为表现了一种互动相关,这种互动可以用言语行为来加以协调,但不能把它们混为一谈"③,对交往的理解不能仅限于语言中介,必须落到具体现实当中。

但是,哈贝马斯所谓的"现实"是排除了物质生产、物质交往的"现实",实际上是指道德—伦理、法律—政治等精神交往领域。哈贝马斯虽然承认劳动造就的经济系统为人类的生存提供了基本保障,但他同时又认为,"人类特有的生活方式"不是由劳动决定的,而是由互动即精神交往决定的。这就是说,生活方式不是由物质生产、物质交往决定的,而是由精神交往决定的,是由独立的道德、法律和语言决定的。

马克思仿佛预见到这种把语言独立化、先验化的倾向似的,明确指出:"正像哲学家们把思维变成一种独立的力量那样,他们也一定要把语言变成某种独立的特殊的王国。"④实际上,语言"只是由于需要,由于和他人交往的迫切需要才产生的"⑤,"无论思想或语言都不能独自组成特殊的王国,它们只是现

---

① [德] 尤尔根·哈贝马斯:《重建历史唯物主义》,第 22 页。
② [德] 尤尔根·哈贝马斯:《理论与实践》,郭官义、李黎译,社会科学文献出版社 2010 年版,第 13 页。
③ [德] 尤尔根·哈贝马斯:《交往行为理论》第一卷,曹卫东译,上海人民出版社 2004 年版,第 101 页。
④《马克思恩格斯全集》第 3 卷,第 525 页。
⑤《马克思恩格斯全集》第 3 卷,第 34 页。

实生活的表现"①。无疑,在研究精神交往及其语言的过程中,哈贝马斯已经悄悄地踏上了历史唯心主义的道路。

正是由于执着于精神交往的"独立性的外观",在哈贝马斯的交往理论中,对交往异化的消除只能通过商谈伦理、协商民主等精神交往形式来实现。在哈贝马斯看来,当代交往危机的根源是经济系统对生活世界的"殖民",也就是劳动"越界"渗入互动,并以工具性的主客逻辑取代规范性的主体间逻辑。这种对劳动狭隘的、工具化的理解,使得哈贝马斯不得不将劳动应有的规范性内涵祛除掉,也就是使劳动与交往的规范性要求彻底脱钩,从而寄希望于伦理、协商民主等"合理的"精神交往行为来消除精神交往的异化。

但是,问题的关键在于,既然精神交往已经异化,那么这些所谓"合理的"精神交往形式得以进行的动力何在? 即使精神交往本身能够产生这种动力,那么它最初又因何异化? 对此,哈贝马斯显然是力不从心,甚至无能为力了。实际上,马克思早就指出:"迄今为止的一切交往都只是一定条件下的个人的交往,而不是单纯的个人的交往。这些条件可以归结为两点:积累起来的劳动,或者说私有制,以及现实的劳动。""那些发展着自己的物质生产和物质交往的人们,在改变自己的这个现实的同时也改变着自己的思维和思维的产物。"②

因此,精神交往及其规范并不具有全然独立的形成与发展逻辑,而是由物质生产和物质交往决定的,是由特定的历史条件决定的。交往异化的根源不在交往本身中,更不在精神交往中,而是在资本主义的生产方式中,在生产资料私有制中,在雇佣劳动中。消除交往异化的前提,就是消除资本主义生产方式,消除生产资料私有制,消除雇佣劳动,从而使"过去的被迫交往转化为所有个人作为真正个人参加的交往"③。只有在这个前提下,才能建立起合理的主体间规范,并以这些规范规约人们的交往行为。在交往异化的问题上,哈贝马斯找错了"病因",开错了"药方",更不可能"妙手回春"。在我看来,哈贝马斯给出的解决交往异化的方案本质上是一种乌托邦,也许"可爱",但绝不"可信"。

载《哲学研究》2018 年第 7 期

① 《马克思恩格斯全集》第 3 卷,第 525 页。
② 《马克思恩格斯全集》第 3 卷,第 74、30 页。
③ 《马克思恩格斯全集》第 3 卷,第 77 页。

关于恩格斯辩证法思想的再思考

马克思一直高度重视辩证法，不仅提出了一系列重要的辩证法观点，而且明确提出了"否定性的辩证法""科学辩证法""合理形态"的辩证法这三个重要概念①。然而，由于种种原因，马克思并没有充分展开、系统论证这些重要观点，且使之体系化、形态化，也没有留下专门阐述辩证法的著作。正因为如此，如何理解和把握马克思主义的辩证法，即唯物主义辩证法成为一个"世纪难题"，甚至成为马克思主义哲学研究中的"哥德巴赫猜想"。对马克思主义哲学，以至整个马克思主义来说，如何理解和把握辩证法是一个"牵一发而动全身"的重大问题。因此，本文拟就马克思主义辩证法的创立者之一和第一个解释者恩格斯关于辩证法的重要论述做一新的考察和审视，以深化我们对马克思主义辩证法，以至整个马克思主义的研究。

一、恩格斯关于辩证法的三个定义及其关系

在马克思主义的历史上，恩格斯占有特殊的地位：不仅

① 《马克思恩格斯全集》第 42 卷，第 163 页；《马克思恩格斯选集》第 2 卷，第 616 页；《马克思恩格斯全集》第 23 卷，第 24 页。

是马克思主义哲学的创立者之一，而且是马克思主义哲学，尤其是唯物主义辩证法的第一个解释者；不仅首次明确提出了"唯物主义历史观"这一概念，而且首次明确提出了"唯物主义辩证法"这一概念①；不仅在《反杜林论》《路德维希·费尔巴哈和德国古典哲学的终结》中以较大的篇幅阐述了辩证法的观点，而且写下了《自然辩证法》这样专门阐述辩证法的著作。考茨基说过，"在恩格斯的《反杜林论》出版以后，我们才开始比较深入地探究了马克思主义的思维方式，开始系统地按马克思主义来思考和工作了。从那时起才开始出现了一个马克思主义的学派"②。莱文认为，对马克思主义的理论来说，"如果说马克思是原稿，恩格斯就是神圣的注解"。"恩格斯开创了马克思主义思想的一个重要的解释学派。"③考茨基、莱文的观点都有较大的合理性。可以说，没有恩格斯，也就没有马克思主义历史上那些传奇的故事，恩格斯的辩证法思想是唯物主义辩证法，以至整个马克思主义研究绕不过去的思想要塞。

在《反杜林论》《路德维希·费尔巴哈和德国古典哲学的终结》《自然辩证法》中，恩格斯从不同方面、不同层次阐述了唯物主义辩证法，但从总体上看，恩格斯的辩证法思想集中在三个命题上：一是辩证法是关于普遍联系的科学；二是辩证法是关于自然、社会和思维运动的普遍规律的科学；三是辩证法是关于外部世界和人类思维运动的一般规律的科学。

"辩证法是关于普遍联系的科学。"④这一定义是针对"形而上学的思维方式"而言的。在恩格斯看来，撇开宏大的总联系去考察事物和过程，"这种考察事物的方法被培根和洛克从自然科学中移到哲学中以后，就造成了最近几个世纪所特有的局限性，即形而上学的思维方式"⑤。这种形而上学的思维方式看到一个一个的事物，忘记它们之间的联系；看到它们的存在，忘记它们的生成和消失；看到它们的静止，忘记它们的运动。实际上，"当我们深思熟虑地考察自然界或人类历史或我们自己的精神活动的时候，首先呈现在我们眼前的，

① 《马克思恩格斯选集》第 2 卷，第 38 页；《马克思恩格斯全集》第 21 卷，第 337 页。
② ［德］曼·克利姆：《恩格斯文献传记》，中央编译局译，湖南人民出版社 1986 年版，第 477 页。
③ ［美］诺曼·莱文：《辩证法内部对话》，张翼星等译，云南人民出版社 1997 年版，第 8 页；［美］诺曼·莱文：《马克思主义与恩格斯主义中的黑格尔》，臧峰宇译，北京师范大学出版社 2018 年版，第 20 页。
④ 《马克思恩格斯全集》第 20 卷，第 357 页。
⑤ 《马克思恩格斯全集》第 20 卷，第 24 页。

是一幅由种种联系和相互作用无穷无尽地交织起来的画面,其中没有任何东西是不动的和不变的,而是一切都在运动、变化、产生和消失"①。

因此,应当自觉地"回到辩证法"②,"阐明辩证法这门和形而上学相对立的、关于联系的科学的一般性质"③,那就是,"辩证法在考察事物及其在头脑中的反映时,本质上是从它们的联系、它们的连结、它们的运动、它们的产生和消失方面去考察的"④。

同时,恩格斯又敏锐地看到,现代自然科学的发展不仅能够说明自然界各个领域内的联系,而且能够说明各个领域间的联系,从而使科学本身成为"关于过程、关于这些事物的发生和发展以及关于把这些自然过程结合为一个伟大整体的联系的科学"⑤。"一旦对每一门科学都提出了要求,要它弄清它在事物以及关于事物的知识的总联系中的地位,关于总联系的任何特殊科学就是多余的了。于是,在以往的全部哲学中还仍旧独立存在的,就只有关于思维及其规律的学说——形式逻辑和辩证法。其他一切都归到关于自然和历史的实证科学中去了。"⑥

显然,恩格斯的这两个观点,即辩证法是关于普遍联系的科学和关于总联系,即普遍联系的"特殊科学"是"多余"的,存在着逻辑矛盾。为了消除这种逻辑矛盾,恩格斯又提出,辩证法是关于自然、社会和思维运动的普遍规律的科学。

"辩证法不过是关于自然、人类社会和思维的运动和发展的普遍规律的科学。"⑦这一定义是对"辩证法是关于普遍联系的科学"定义的深化。这是因为,规律是本质的联系、必然的联系和稳定的联系,把握住了自然、社会和思维运动的"普遍规律",也就从根本上把握了世界的"普遍联系"。更重要的是,任何一门科学都以发现和把握某种规律为己任,任何一种学说要成为科学,就必须发现和把握某种规律。在恩格斯看来,达尔文的进化论之所以是科学,是因为达尔文发现了有机界的发展规律;马克思的历史理论之所以是科学,是因为

① 《马克思恩格斯全集》第 20 卷,第 23 页。
② 《马克思恩格斯选集》第 4 卷,第 259 页。
③ 《马克思恩格斯全集》第 20 卷,第 401 页。
④ 《马克思恩格斯全集》第 20 卷,第 25 页。
⑤ 《马克思恩格斯全集》第 21 卷,第 339 页。
⑥ 《马克思恩格斯全集》第 20 卷,第 28 页。
⑦ 《马克思恩格斯全集》第 20 卷,第 154 页。

马克思发现了人类历史的发展规律;马克思的剩余价值理论之所以是科学,是因为马克思发现了资本主义社会的特殊运动规律;如此等等。因此,辩证法要成为科学,或者说要具有科学性,就必须以发现和把握某种规律为己任。相对于"自然和历史的实证科学"来说,辩证法所要研究和把握的规律,就是自然、社会和思维运动的"普遍规律"或"一般规律"。

在恩格斯看来,辩证法的规律"实质"上可以归结为三个"主要规律",即量变质变的规律、对立统一规律和否定之否定规律。这三个主要规律都被黑格尔按照其唯心主义的方式、当作纯粹的思维规律阐述过,实际上,这三个主要规律都是从自然界和人类历史中抽象出来的。因此,在唯物主义的基础上阐明这三个主要规律之间的联系,就是一个重要的任务了。

然而,恩格斯并没有阐明这三个主要规律之间的联系,而主要是以实例的形式说明这三个主要规律的客观性、普遍性。正如恩格斯本人所说,"我们在这里不打算写辩证法的手册,而只想表明辩证法的规律是自然界的实在的发展规律,因而对于理论自然科学也是有效的。因此,我们不能详细地考察这些规律的相互的内部联系"[1]。更重要的是,仅仅从"最普遍规律""最一般规律"并具有"最大适用性"来理解辩证法与科学的区别,是远远不够的,并没有真正理解和把握作为"辩证哲学"的辩证法的本质特征。所以,恩格斯又提出一个重要命题,即辩证法是"关于外部世界和人类思维的运动的一般规律的科学"[2]。

"辩证法是关于外部世界和人类思维的运动的一般规律的科学",这一定义是对上述两个定义的综合和深化,实际上是从哲学基本问题,即思维和存在关系问题的视角规定辩证法的,突出的是辩证法的哲学性质,即"辩证的哲学"。按照恩格斯的观点,思维和存在的关系问题是全部哲学,特别是近代哲学的"基本问题"和"最高问题",因此,哲学既不是脱离存在去研究思维,也不是脱离思维去研究存在,而是从总体上研究思维和存在的"关系"问题。因此,作为"辩证的哲学",辩证法不仅要关注客观辩证法,而且要研究主观辩证法,更重要的是,要发现和把握主观辩证法与客观辩证法的关系。

在黑格尔哲学中,辩证法是概念的自我发展;在马克思哲学中,概念辩证

① 《马克思恩格斯全集》第 20 卷,第 402 页。
② 《马克思恩格斯全集》第 21 卷,第 337 页。

法是现实世界辩证运动的自觉反映。因此,"我们重新唯物地把我们头脑中的概念看做现实事物的反映,而不是把现实事物看做绝对概念的某一阶段的反映。这样,辩证法就归结为关于外部世界和人类思维的运动的一般规律的科学,这两个系列的规律在本质上是同一的,但是在表现上是不同的"①。在恩格斯看来,"唯物主义辩证法"所关注、所要解答的,就是这两个系列规律的"关系"问题,就是人们关于外部世界的思想对这个世界本身的"关系"问题,就是主观辩证法和客观辩证法的"关系"问题。从思维和存在、外部世界和人类思维的关系问题的视角去阐述辩证法,这是恩格斯辩证法思想的显性的主线。

我不能同意这样一种观点,即恩格斯的辩证法就是客观辩证法或自然辩证法,关注的是辩证法的实证性,而不是批判性。这是一种误读和误判。无疑,恩格斯高度重视辩证法的唯物主义基础,并认为脱离了客观辩证法的主观辩证法、概念辩证法只能是思辨辩证法。但是,恩格斯又敏锐地观察到,现代自然科学本身已经在进行"辩证综合"了,已经使关于总联系的任何特殊科学成为"多余"的了。"这样,对于已经从自然界和历史中被驱逐出去的哲学来说,要是还留下什么的话,那就只留下一个纯粹思想的领域:关于思维过程本身的规律的学说,即逻辑和辩证法。"②这就是说,作为"辩证的哲学",辩证法并不是脱离主观辩证法去研究客观辩证法,而是研究主观辩证法和客观辩证法的"关系"问题,并用"概念的辩证运动"自觉地反映外部世界的辩证运动。

因此,恩格斯不仅从人的认识本性上阐述了认识的有限性与无限性的关系,而且从认识的个体和类的关系上阐述了思维的至上性与非至上性的关系;不仅分析了真理与谬误的关系,而且阐述了理论与经验、哲学与常识的关系;不仅分析了知性思维与理性思维的关系,而且阐述了形式逻辑与辩证逻辑的关系,并认为"辩证逻辑和旧的纯粹的形式逻辑相反,不象后者满足于把各种思维运动形式,即各种不同的判断和推理的形式列举出来和毫无关联地排列起来。相反地,辩证逻辑由此及彼地推出这些形式,不把它们互相平列起来,而使它们互相隶属,从低级形式发展出高级形式"③。也正因为如此,恩格斯极为重视"辩证思维的主要形式""辩证思维的基本规律",以及"辩证逻辑和认识论"问题,并把辩证法"归结为"关于外部世界和人类思维运动的一般规律的

---

① 《马克思恩格斯全集》第 21 卷,第 337 页。
② 《马克思恩格斯全集》第 21 卷,第 352 页。
③ 《马克思恩格斯全集》第 20 卷,第 566 页。

科学。

更重要的是,在恩格斯的视野中,作为"辩证的哲学",辩证法是对理论思维的前提批判。恩格斯自觉地意识到:"我们的主观的思维和客观的世界服从于同样的规律,因而两者在自己的结果中不能互相矛盾,而必须彼此一致,这个事实绝对地统治着我们的整个理论思维。它是我们的理论思维的不自觉的和无条件的前提。"①科学,无论是自然科学,还是历史科学,都"不自觉"地把"主观的思维"和"客观的世界"具有同一性作为理论思维的"无条件的前提",去研究客观世界的不同领域。但是,科学,无论是自然科学,还是历史科学,都不反思理论思维的这个"不自觉的和无条件的前提",相反,把这个前提当作不言而喻、不证自明的东西。

作为"认识的认识""思想的思想",哲学恰恰是把理论思维的这个"不自觉的和无条件的前提"作为自己的反思的对象,去反思"主观的思维"与"客观的世界",即思维和存在统一的根据。"自觉的辩证法"正是在这一反思的过程中产生的。"没有对思维和存在关系问题的批判反思,不把这种批判反思指向理论思维的'前提',就无法揭示出蕴含在人类全部活动之中的这个'不自觉的和无条件'的前提,也就没有作为世界观理论的辩证法的理论思维方式,因而也就没有辩证法。"概而言之,作为"辩证的哲学",辩证法就是理论思维的前提批判,"这种理论思维的前提批判构成了辩证法的批判本性"②。

正是由于深刻地把握了辩证法的批判本性,恩格斯得出一个重要结论,即"每一时代的理论思维,从而我们时代的理论思维,都是一种历史的产物,在不同的时代具有非常不同的形式,并因而具有非常不同的内容。因此,关于思维的科学,和其他任何科学一样,是一种历史的科学,关于人的思维的历史发展的科学"。"从历史的观点来看,这件事也许有某种意义:我们只能在我们时代的条件下进行认识,而且这些条件达到什么程度,我们便认识到什么程度。"③这里,恩格斯的辩证思维和历史性思维跃然纸上。恩格斯的理论思维的前提批判思想,犹如要放在传统哲学阵营中的"特洛伊木马",从内部、从根本上摧毁了形而上学的思维方式,使人们自觉地"回到辩证法"。

---

① 《马克思恩格斯全集》第 20 卷,第 610 页。
② 孙正聿:《理论思维的前提批判——论辩证法的批判本性》,北京师范大学出版社 2017 年版,第 55—56 页。
③ 《马克思恩格斯全集》第 20 卷,第 382、585 页。

二、恩格斯辩证法思想中的主体与客体的辩证法

从马克思主义的历史上看,首先指责恩格斯脱离了主体和客体相互作用、脱离了实践谈论辩证法的,是卢卡奇。在"西方马克思主义的圣经"《历史与阶级意识》中,卢卡奇明确指出,恩格斯"对最根本的相互作用,即历史过程中的主体和客体之间的辩证关系连提都没提到,更不要说把它置于与它相称的方法论的中心地位了"①。卢卡奇实际上为西方马克思主义预设了一条误读恩格斯辩证法思想的"不归路"。卢卡奇之后,几乎所有的西方马克思主义者都沿着这条"不归路"一路狂奔,"慷慨赴死",施密特、萨特、列斐伏尔、哈贝马斯、布洛赫等,都从辩证法起源于、存在于主体与客体相互作用的视角否定恩格斯的辩证法思想。实际上,这是一种误读和误判。认真研读恩格斯的著作可以看出,恩格斯是以实践为基础,以人与自然的关系为核心,并结合社会制度阐述了主体和客体的辩证关系。

人与自然的现实关系建立在劳动的基础上,并受制于社会关系。恩格斯指出:"动物仅仅利用外部自然界,单纯地以自己的存在来使自然界改变;而人则通过他所作出的改变来使自然界为自己的目的服务,来支配自然界。这便是人同其他动物的最后的本质的区别,而造成这一区别的还是劳动。"②同时,需要建立一种新的社会组织,从而"在社会关系方面把人从其余的动物中提升出来,正象一般生产曾经在物种关系方面把人从其余动物中提升出来一样"③。

"自在之物"在人的实践活动中转化为"为我之物"。恩格斯认为,在实践活动中,"既然我们自己能够制造出某一自然过程,使它按照它的条件产生出来,并使它为我们的目的服务,从而证明我们对这一过程的理解是正确的,那么康德的不可捉摸的'自在之物'就完结了","'自在之物'就变成为我之物了"④。这实际上说明了"自在之物"与"为我之物"的辩证关系,并以一种新的形式重申了恩格斯和马克思在《德意志意识形态》中共同确认的观点,即在实践活动过程中,人与自然的关系转化为"为我而存在"的关系。

---

① 〔匈〕卢卡奇:《历史与阶级意识》,第51页。
② 《马克思恩格斯全集》第20卷,第518页。
③ 《马克思恩格斯全集》第20卷,第375页。
④ 《马克思恩格斯全集》第21卷,第317页。

人存在于自然之中，但又能超越自然。恩格斯指出："我们统治自然界，决不象征服者统治异民族那样，决不象站在自然界之外的人一样，——相反地，我们连同我们的肉、血和头脑都是属于自然界，存在于自然界的。"①这就是说，人是在自然之中改造自然的。因此，要合理地改造自然，就必须认识和正确运用自然规律。"我们对自然界的整个统治，是在于我们比其他一切动物强，能够认识和正确运用自然规律。"②"自由是在于根据对自然界的必然性的认识来支配我们自己和外部自然界；因此它必然是历史发展的产物。"③这里，恩格斯既强调了自然规律的客观性，也指出了主体的能动性，即"认识和正确运用自然规律"，从而超越自然；同时，又说明了人与自然关系的特殊性，并把历史性作为主体和客体关系的规定性。

人是在自然中征服自然的，人在征服自然的同时会产生自然对人的"报复"问题。在《论权威》中，恩格斯指出："如果说人靠科学和创造性天才征服了自然力，那么自然力也对人进行报复，按人利用自然力的程度使人服从一种真正的专制，而不管社会组织怎样。"④在《自然辩证法》中，恩格斯重申："我们不要过分陶醉于我们对自然界的胜利。对于每一次这样的胜利，自然界都报复了我们。每一次胜利，在第一步都确实取得了我们预期的结果，但是在第二步和第三步却有了完全不同的、出乎预料的影响，常常把第一个结果又取消了。"⑤这实际上说明了人的实践活动中的自然的"退缩"与自然的"进攻"的辩证法，说明了主体与客体相互作用的辩证法，说明了主体及其活动存在着确定的界限。

人与自然的关系影响社会状态，同时又受制于社会制度。按照恩格斯的观点，人不仅是在自然之中改造自然的，而且是在特定的社会中改造自然的，因此，生产活动既会产生自然影响，又会产生社会影响，而且这两种影响又相互影响。"当哥伦布发现美洲的时候，他也不知道，他因此复活了在欧洲久已绝迹的奴隶制度，并奠定了贩卖黑奴的基础。十七世纪和十八世纪从事创造蒸汽机的人们也没有料到，他们所造成的工具，比其他任何东西都更会使全世界的社会状态革命化。"⑥劳动和自然科学的发展使我们学会估计生产活动的

① 《马克思恩格斯全集》第 20 卷，第 519 页。
② 《马克思恩格斯全集》第 20 卷，第 519 页。
③ 《马克思恩格斯全集》第 20 卷，第 125—126 页。
④ 《马克思恩格斯选集》第 3 卷，第 225 页。
⑤ 《马克思恩格斯全集》第 20 卷，第 519 页。
⑥ 《马克思恩格斯全集》第 20 卷，第 520 页。

直接的、比较远的自然影响，"经过长期的常常是痛苦的经验，经过对历史材料的比较和分析，我们在这一领域中，也渐渐学会了认清我们的生产活动的间接的、比较远的社会影响"①，这就使我们有可能控制和调节这些影响。

"但是要实行这种调节，单是依靠认识是不够的。这还需要对我们现有的生产方式，以及和这种生产方式连在一起的我们今天的整个社会制度实行完全的变革。"②在恩格斯看来，只有改变资本主义的生产方式和社会制度，人们才能"从动物的生存条件进入真正人的生存条件"，才能支配和控制"周围的、至今统治着人们的生活条件"，才能"成为自然界的自觉的和真正的主人，因为他们已经成为自身的社会结合的主人了"③。这就是说，人与自然的关系不是纯粹的自然关系，而是打上了社会关系烙印、具有社会关系内涵的自然关系。正因为如此，要变革人与自然的关系，就要变革生产方式，变革人与人之间的社会关系，变革社会制度。这是对主体和客体辩证关系的深刻阐明。

以实践为基础去理解人与自然的相互作用、主观辩证法与客观辩证法的辩证关系。按照恩格斯的观点，"自然主义历史观"只看到"自然界作用于人，只是自然条件到处在决定人的历史发展，它忘记了人也反作用于自然界，改变自然界，为自己创造新的生存条件"④；"自然科学和哲学一样"忽视了人的活动对人的思维的决定性影响，实际上，"人的思维的最本质和最切近的基础，正是人所引起的自然界的变化，而不单独是自然界本身；人的智力是按照人如何学会改变自然界而发展的"⑤；"所谓客观辩证法是支配着整个自然界的，而所谓主观辩证法，即辩证的思维，不过是自然界中到处盛行的对立中的运动的反映而已，这些对立，以其不断的斗争和最后的互相转变或向更高形式的转变，来决定自然界的生活"⑥。在恩格斯看来，这就是"矛盾辩证法"。这就是说，实践是人与自然相互作用的基础和中介，是客观辩证法反映到人的头脑、转化为主观辩证法的基础和中介。在恩格斯的视野中，辩证法对理论思维前提批判的出发点、根据和标准，就是人的实践活动。

由此可见，恩格斯并非像卢卡奇所说的那样，"连提都没提到"主体与客体

①《马克思恩格斯全集》第20卷，第520页。
②《马克思恩格斯全集》第20卷，第521页。
③《马克思恩格斯选集》第3卷，第757、758页。
④《马克思恩格斯全集》第20卷，第574页。
⑤《马克思恩格斯全集》第20卷，第573—574页。
⑥《马克思恩格斯全集》第20卷，第553页。

的辩证关系,相反,恩格斯多次提到并以实践为基础,结合社会历史阐述了人与自然的辩证关系,即主体与客体的辩证关系;恩格斯也并非像莱文所说的那样,仅仅是"把黑格尔的辩证法形式与启蒙运动的科学进展结合起来",仅仅把辩证法与自然科学"进行综合",相反,恩格斯关注着人与自然关系的实践性质和社会内涵,注意到马克思的辩证法结构是"社会结构"。

实际上,在《德意志意识形态》中,恩格斯就和马克思一起,共同确认了辩证法的唯物主义前提,即自然界对人的活动、人类社会具有"优先地位",共同确认了自然史与人类史的"相互制约",共同确认了人对自然的实践关系和理论关系,以及"人对自然以及个人之间历史地形成的关系",共同确认了"历史的自然"与"自然的历史"的辩证关系。从根本上说,恩格斯的辩证法思想和马克思的辩证法思想是一致的。

当然,我注意到,恩格斯的确没有明确提出、全面阐述主体与客体的辩证法。如果说从思维与存在关系的视角阐述辩证法是恩格斯辩证法思想显性的主线,那么,主体与客体的辩证法就是恩格斯辩证法思想隐性的辅线。我还注意到,恩格斯虽然提出以实践为基础考察主观辩证法与客观辩证法的关系问题,但他并没有全面考察、分析和阐述主观辩证法是如何在理论体系中自觉反映客观辩证法的,没有深入考察、分析和阐述实践活动本身的辩证法,以及主观辩证法、客观辩证法与实践辩证法的关系,自然辩证法、历史辩证法与实践辩证法的关系,而只是把实践概括为"实验和工业","实践的历史尺度,在恩格斯当时的表述中却常常被忽略了,为的是让唯实主义的认识论观点连同反映论居于首位"①。这是其一。

其二,恩格斯同马克思一样,高度重视辩证法的"唯物主义基础",但恩格斯更为关注的似乎是一种特定的"旧唯物主义的永久性基础"。在恩格斯看来,马克思的新唯物主义,即现代唯物主义之所以是"现代"唯物主义,就是因为它"把两千年来哲学和自然科学发展的全部思想内容以及这两千年的历史本身的全部思想内容加到旧唯物主义的永久性基础上"②。而在马克思看来,"从前的一切唯物主义(包括费尔巴哈的唯物主义)的主要缺点是:对对象、现实、感性,只是从客体的或者直观的形式去理解,而不是把它们当作感性的人

① [南]普雷德腊格·弗兰尼茨基:《马克思主义史》Ⅰ,第240页。
② 《马克思恩格斯全集》第21卷,第151页。

的活动,当作实践去理解,不是从主体方面去理解"。"旧唯物主义的立脚点是市民社会,新唯物主义的立脚点则是人类社会或社会的人类。"①

我断然拒绝这样一种观点,即"马克思反对恩格斯:可悲的骗局"。但是,我又不能不指出,这里确实存在着理论关注点、理论视角的不同,存在着一定的思想的差异。我赞同并欣赏弗兰尼茨基的观点,即"实践的观点不仅克服了沉思的观点,而且带来了根本的历史尺度,而这一点恩格斯在这些著作中没有充分强调。但他从来没有完全忽略掉"。恩格斯"毕竟本着马克思的精神"强调了人对自然的能动关系,"恩格斯当时在解释主体和客体关系时所依据的基本观点,仍然是实践的观点"②。

恩格斯的长处与短处、成就与局限,共同证明这样一个基本道理,那就是,必须深入探讨实践本身的辩证法,探讨实践活动所造成的自在自然与人化自然的矛盾关系、自然对人的本原性与人对自然的超越性的矛盾关系、历史运动的规律性与人的活动的能动性的矛盾关系、人的活动的合规律性与合目的性的矛盾关系……以实践辩证法为基础探讨主体与客体的辩证关系,探讨主观辩证法与客观辩证法、自然辩证法与历史辩证法的关系,这是建构"合理形态"辩证法、建构唯物主义辩证法理论体系的"绝对命令",或者用列宁的话来说,这是马克思主义辩证法的"绝对要求"。

三、重新理解恩格斯的《自然辩证法》

我注意到这样一种现象,那就是,恩格斯的辩证法思想在苏联马克思主义中得到了充分的肯定,但在西方马克思主义中却遭到了彻底的否定,这种否定又集中体现在对恩格斯的《自然辩证法》的否定上。因此,要真正理解和把握恩格斯的辩证法思想,真正理解和把握唯物主义辩证法,还需要了解和把握《自然辩证法》的性质和特点。

"自然辩证法"这一概念不是恩格斯首创和首先使用的。从历史上看,首先提出并使用"自然辩证法"的是康德。在《纯粹理性批判》《实践理性批判》《判断力批判》这三大批判中,康德多次使用了"自然辩证法"这一概念,并认为人的理

①《马克思恩格斯选集》第 1 卷,第 54、57 页。
② [南] 普雷德腊格·弗兰尼茨基:《马克思主义史》Ⅰ,第 244、240—241、240 页。

性在其本性的驱使下自然而然、不可避免地"陷入迷乱"的倾向和过程,就是自然辩证法。显然,恩格斯所使用的"自然辩证法"根本不同于康德所说的"自然辩证法"。

首先以"自然辩证法"为名阐述自然界运动的是杜林。1865 年,杜林出版了《自然辩证法:科学和哲学的新的逻辑基础》。马克思注意到杜林的《自然辩证法》,并认为杜林的《自然辩证法》是"反对黑格尔的'非自然'辩证法"①的。这无疑激发了恩格斯关注杜林的《自然辩证法》,并自觉意识到应当批判杜林的《自然辩证法》。从内容上看,恩格斯的《自然辩证法》与杜林的《自然辩证法》有相似之处。但是,相似不等于相同。研读恩格斯的《自然辩证法》可以看出,恩格斯实际上是在"自然辩证法"的名下,力图阐述"辩证法的一般问题""辩证法的基本规律",以及"辩证逻辑和认识论",力图阐述唯物主义辩证法。因此,恩格斯写作《自然辩证法》并不是仅仅为了批判杜林的《自然辩证法》,而是有着广阔的思想背景。

恩格斯写《自然辩证法》是现代自然科学发展的需要。19 世纪中叶,在西方科学界、哲学界出现了一种奇怪的现象,那就是,正当自然科学的发展使得"最顽固的经验主义者也日益意识到自然过程的辩证性质",使得人们再也不能回避"辩证综合"的时候,人们却抛弃了辩证法,陷入形而上学的思维方式。实际上,"辩证法对今天的自然科学来说是最重要的思维形式,因为只有它才能为自然界中所发生的发展过程,为自然界中的普遍联系,为从一个研究领域到另一个研究领域过渡提供类比,并从而提供说明方法"②。因此,应当从形而上学的思维方式"反转"到辩证的思维方式,"回到辩证法"。恩格斯写作《自然辩证法》,就是想"表明辩证法的规律是自然界的实在的发展规律,因而对于理论自然科学也是有效的"③。

恩格斯写《自然辩证法》是阐明现代唯物主义本质特征的需要。在恩格斯看来,"马克思和我,可以说是从德国唯心主义哲学中拯救了自觉的辩证法并且把它转化为唯物主义的自然观和历史观的唯一的人"④。而无论是在自然观上,还是在历史观上,"现代唯物主义都是本质上辩证的"⑤。既然如此,这种

① 《马克思恩格斯全集》第 32 卷,第 18 页。
② 《马克思恩格斯全集》第 20 卷,第 383 页。
③ 《马克思恩格斯全集》第 20 卷,第 402 页。
④ 《马克思恩格斯全集》第 20 卷,第 13 页。
⑤ 《马克思恩格斯全集》第 20 卷,第 28 页。

本质上辩证的现代唯物主义与黑格尔辩证法的关系就需要阐明。

　　按照马克思的观点，黑格尔"第一个全面地有意识地叙述了辩证法的一般运动形式"，但是，在黑格尔那里，"辩证法是倒立着的。必须把它倒过来，以便发现神秘外壳中的合理内核"，使辩证法奠基于"唯物主义基础"之上，成为"合理形态"的辩证法①。恩格斯熟知马克思的这一观点，并力图阐明"黑格尔的辩证法同合理的辩证法的关系"②。在恩格斯看来，要把黑格尔的辩证法"倒过来"，首先就要把它"倒"在自然界上，"倒"在现代自然科学上。这是因为，"自然界是检验辩证法的试金石，而且我们必须说，现代自然科学为这种检验提供了极其丰富的、与日俱增的材料，并从而证明了，自然界的一切归根到底是辩证地而不是形而上学地发生的"③。正因为如此，恩格斯较为系统地进行了"自然科学研究工作"，探讨了"自然科学的辩证法"，并认为只要把黑格尔的辩证法"倒过来"，"在唯心主义哲学中显得极端神秘的辩证法规律也立刻就会变成简单而明白的了"④。

　　恩格斯写《自然辩证法》是深入阐释马克思政治经济学和科学社会主义的需要。恩格斯注意到马克思在《资本论》中所运用的"一系列的辩证方法"，并认为马克思的功绩就在于，"第一个把已经被遗忘的辩证方法、它和黑格尔辩证法的联系以及它和黑格尔辩证法的差别重新提到显著的地位，并且同时在《资本论》中把这个方法应用到一种经验科学的事实，即政治经济学的事实上去。他获得了很大的成功"⑤。

　　同时，科学社会主义与辩证法也具有内在的关联。在恩格斯看来，科学社会主义的产生，除了必须有英国和法国发达的经济关系和政治关系，还"必须有德国的辩证法"。"科学社会主义本质上就是德国的产物，而且也只能产生在古典哲学还生气勃勃地保存着自觉的辩证法传统的国家，即在德国。唯物主义历史观及其在现代的无产阶级和资产阶级之间的阶级斗争上的特别应用，只有借助于辩证法才有可能。德国资产阶级的学究们已经把关于德国伟大的哲学家及其创立的辩证法的记忆淹没在一种无聊的折衷主义的泥沼里，这甚

---

① 《马克思恩格斯全集》第 23 卷，第 24 页。
② 《马克思恩格斯全集》第 20 卷，第 388 页。
③ 《马克思恩格斯全集》第 20 卷，第 25 页。
④ 《马克思恩格斯全集》第 20 卷，第 401 页。
⑤ 《马克思恩格斯全集》第 20 卷，第 387 页。

至使我们不得不援引现代自然科学来证明辩证法在现实中已得到证实。"①

我们应该注意这样一个事实，那就是，马克思在致恩格斯的信中对达尔文进化论的评价，即达尔文的进化论"为我们的观点提供了自然史的基础"，"可以用来当作历史上的阶级斗争的自然科学根据"②。在我看来，恩格斯写《自然辩证法》，并以"自然科学的辩证法"为形式阐述辩证法，实际上是为了落实马克思的"指示"，为科学社会主义提供"自然史的基础""自然科学的根据"。正因为如此，在《自然辩证法》中，恩格斯起初"只想说明辩证法的规律是自然界的实在的发展规律"，最后则从天体、地球、生命和人类四大起源及其演化的全方位视角，描绘了一幅既是自然界的发展过程，又超出自然界本身的范围而达到人类社会领域的辩证图景。

凯德洛夫指出，恩格斯"力求把《自然辩证法》从自然界的客观辩证发展一直写到作为人类社会基础的经济的发展。但是，因为政治经济学研究了理论计划中的这个基础，还因为卡尔·马克思的经济著作，他的《政治经济学批判》，特别是《资本论》对恩格斯当时（即资本主义的）社会的发生、实质和进一步变化的前途给予了马克思主义的批判分析，于是恩格斯的构思就形成了更加具体的轮廓：就是要写出某种类似《Vor-Kapital》（《前资本论》的东西），也就是人类社会的某种 Vorgeschichte（史前史），并且要揭示自然界发展的客观过程怎样有规律地越出自然界本身的范围而达到人类社会历史领域的辩证法"③。

凯德洛夫的这一评价合理而深刻。如果说恩格斯写《家庭、私有制和国家的起源》是为了执行马克思的"遗言"④，那么写《自然辩证法》则是为了落实马克思的"指示"；如果说《家庭、私有制和国家的起源》为科学社会主义提供了人类原始社会史的基础、"原始历史学"的依据，那么《自然辩证法》则为科学社会主义提供了"自然史的基础""自然科学的依据"。尽管莱文从总体上否定恩格斯的《自然辩证法》，但他敏锐地观察到，在《自然辩证法》中，"恩格斯通过证明变化是一切事物所固有的，寻求从理论上使工人主张合法化，即资本主义必

① 《马克思恩格斯选集》第 3 卷，第 691—692 页。
② 《马克思恩格斯全集》第 30 卷，人民出版社 1975 年版，第 131、574 页。
③ ［苏］凯德洛夫：《论恩格斯〈自然辩证法〉》，殷登祥等译，生活·读书·新知三联书店 1980 年版，第 35—36 页。
④ 《马克思恩格斯全集》第 21 卷，第 29 页。

定变化,并被社会主义所代替"①。

由此产生一个难以回避的问题,那就是,恩格斯的《自然辩证法》是属于自然科学,还是属于自然哲学。在我看来,《自然辩证法》是恩格斯"自然科学研究工作"的草案、札记和片段的集结,是恩格斯"自然科学研究工作"的存底,是恩格斯构想"自然科学的辩证法"②以至唯物主义辩证法的印迹,同时也是一种重建自然哲学的努力和心灵记录。恩格斯的《自然辩证法》确实有不少突破自然哲学体系的新思想,但它本身又的确具有凝重的自然哲学色彩,以至于马克思把它称为"关于自然哲学的著作"③。

按照恩格斯的观点,自然哲学产生于古代,并同当时的自然知识融为一体,其特点就在于:一是通过直观、猜测、想象甚至幻想的形式描述自然界的总联系,"描绘这样一幅总的图画,在以前是所谓自然哲学的任务"④;二是把握了自然界"现象的总画面的一般性质,却不足以说明构成这幅总画面的各个细节;而我们要是不知道这些细节,就看不清楚总画面",研究这些细节"首先是自然科学和历史研究的任务"⑤。问题在于,随着自然科学的独立化并从自然哲学中分化出去,随着现代自然科学本身就能以"系统的形式"描绘出一幅关于自然界总联系的"总的图画",自然哲学又演变成一种在自然科学之外和之上的"特殊科学",实际上成了一无所有的"李尔王"。

同时,恩格斯又认为辩证法是"最高的思维形式",只有辩证法才能为自然界的发展过程和普遍联系"提供说明方法",只有辩证法才能"为理论自然科学本身所建立起来的理论提供了一个准则"⑥。因此,应当"沿着实证科学和利用辩证思维对这些科学成果进行概括的途径"⑦重建自然哲学,从而既"摆脱"

---

① [美]诺曼·莱文:《辩证法内部对话》,第 124 页。

② 在 1876 年 5 月 28 日致马克思的信中,恩格斯提到了他的"自然科学研究工作",以及正在构思的关于"自然科学研究"的著作;在 1882 年 12 月 8 日致马克思的信中,恩格斯告知马克思,他将"重新从事自然科学的研究"。恩格斯把这种研究的结果概括为"自然科学的辩证思想""自然科学的辩证法"。(参见《马克思恩格斯全集》第 21 卷,第 311 页;《马克思恩格斯全集》第 34 卷,人民出版社 1972 年版,第 20 页;《马克思恩格斯全集》第 35 卷,人民出版社 1971 年版,第 121 页;《马克思恩格斯全集》第 33 卷,第 82 页;《马克思恩格斯全集》第 20 卷,第 591 页)

③ 《马克思恩格斯全集》第 34 卷,第 229 页。

④ 《马克思恩格斯全集》第 21 卷,第 340 页。

⑤ 《马克思恩格斯全集》第 20 卷,第 23 页。

⑥ 《马克思恩格斯全集》第 20 卷,第 383 页。

⑦ 《马克思恩格斯全集》第 21 卷,第 311 页。

与自然知识融为一体的自然哲学，又"摆脱"与自然科学分离的、处在自然科学之外和之上的自然哲学。正因为如此，恩格斯在《自然辩证法》中力图阐述"各种科学的联系""各门科学及其辩证内容"，从而说明"一切运动的最普遍的规律"①。显然，这是一种以现代自然科学为依据、具有凝重的自然哲学色彩的自然辩证法。

然而，随着对现代自然科学、黑格尔的自然哲学和辩证法研究的不断深化，恩格斯对自然哲学以及自然辩证法本身的认识发生了重大变化，即"关于总联系的任何特殊科学都是多余的"。这是因为，描绘自然界普遍联系的总画面曾是自然哲学的任务，而在现代则是自然科学本身的任务了。现代自然科学不仅研究各个领域、各种过程内部的"各个细节"、内部联系，而且研究各个领域、各种过程之间的"各种联系"、系统联系，"关于自然界的所有过程都处于一种系统联系中这一认识，推动科学到处从个别部分和整体上去证明这种系统联系"②，自然科学本身也因此成为把这些自然领域、自然过程及其普遍联系结合为一个大的整体的科学。"自然界中整个运动的统一，现在已经不再是哲学的论断，而是自然科学的事实了。"③

这就是说，自然科学本身已经能够描绘出自然界联系的总画面，已经从理论上呈现出"自然过程的辩证性质"，因而自然科学本身已经成为关于普遍联系，即总联系的科学。这样，"自然哲学就最终被清除了。任何使它复活的企图不仅是多余的，而且是一种退步"④。

随着自然科学研究的不断深化，恩格斯清醒地认识到并反复重申这一点。在1885年写的《反杜林论》第二版序言中，恩格斯明确指出："也许理论自然科学的进步，会使我的工作的绝大部分或全部成为多余的。"⑤正因为如此，恩格斯放弃了通过对自然科学成果进行"辩证综合"描绘自然界普遍联系的计划，终止了《自然辩证法》的写作，《自然辩证法》因此成为一部"未完成的交响乐"。认识到恩格斯思想的这一重要转变，我们就既不会固执地坚守"自然辩证法是马克思主义的自然哲学"，并力图重建自然辩证法，也不会简单地判定

① 《马克思恩格斯全集》第20卷，第611页。
② 《马克思恩格斯全集》第20卷，第40页。
③ 《马克思恩格斯全集》第20卷，第537页。
④ 《马克思恩格斯全集》第21卷，第340页。
⑤ 《马克思恩格斯全集》第20卷，第15页。

恩格斯的辩证法思想存在着逻辑矛盾,即既认为辩证法是关于普遍联系的科学,又认为现代科学的发展使这种关于总联系的特殊科学成为"多余"的。

但是,我们应当明白,恩格斯否定了自然哲学,终止了《自然辩证法》的写作,绝不意味着恩格斯放弃了贯穿《自然辩证法》始终的辩证思维、辩证方法。当代自然科学的发展表明,《自然辩证法》中的一些具体观点、具体论断已经"没有特殊的重要性"[1],但同时又表明,贯穿《自然辩证法》始终的辩证思维、辩证方法仍然具有"普遍有效性",具有当代价值。

在我看来,判断恩格斯的《自然辩证法》是否具有当代价值,不能仅仅以《自然辩证法》与当代西方科学哲学是否具有所谓的共同"问题域"为依据,而应以当代实践为基础,以《自然辩证法》的基本方法对于当代自然科学研究是否仍然有效为依据[2]。当爱因斯坦认为恩格斯的《自然辩证法》在物理学上已经"没有特殊的重要性"时,他忽视的正是贯穿《自然辩证法》始终的辩证的思维方式,更未自觉地意识到他本人在研究相对论时所使用的辩证方法。当卢卡奇否定恩格斯的《自然辩证法》时,他所忽视的也是贯穿《自然辩证法》始终的辩证思维、辩证方法,所忘掉的恰恰是他自己的重要观点,即"马克思主义问题中的正统仅仅是指方法。它是这样一种科学信念,即辩证的马克思主义是正确的研究方法",即使"新的研究完全驳倒了马克思的每一个个别的论点",即使"放弃马克思的所有全部论点",而没有放弃辩证的方法,就仍然是"正统马克思主义者"[3]。

四、结束语

在简短的结束语中,简要地概述马克思对自然辩证法的态度,因为几乎所有的西方马克思主义者都认为马克思否定自然辩证法。

---

[1] 1924 年,伯恩德坦请爱因斯坦鉴定恩格斯《自然辩证法》中的物理学部分。爱因斯坦的回复是:"要是这篇手稿出自一位并非作为一个历史人物而引人注意的作者,那末我就不会建议把它付印,因为不论从当代物理学的观点来看,还是从物理学史方面来说,这篇手稿的内容都没有特殊的重要性。但是,我可以这样设想:如果考虑到这部著作对于阐明恩格斯的思想的意义是一个有趣的文献,那是可以出版的。"(引自凯德诺夫:《论恩格斯的〈自然辩证法〉》,第 132 页)
[2] 恩格斯指出,写作《自然辩证法》是为了"表明辩证法的规律是自然界的实在的发展规律,因而对于理论自然科学也是有效的"(《马克思恩格斯全集》第 20 卷,第 402 页)。
[3] 〔匈〕卢卡奇:《历史与阶级意识》,第 48、49 页。

的确，马克思一生都没有在肯定的意义上使用"自然辩证法"这一概念①。但是，我们不能由此就认为马克思否定自然辩证法，即自然界本身的矛盾运动，相反，马克思以明确的表述肯定了自然界本身的矛盾运动。

在《哲学的贫困》中，马克思指出，"一切存在物，一切生活在地上和水中的东西，只是由于某种运动才得以存在、生活"，而"两个矛盾方面的共存、斗争以及融合为一个新范畴，就是辩证运动的实质"②。

在《中国革命和欧洲革命》中，马克思指出，"自然界的基本奥秘之一"，就是黑格尔"所说的对立统一[contact of extremes]规律。在他看来，'两极相逢'这个习俗用话是伟大而不可移易的适用于生活一切方面的真理，是哲学家不能漠视的定理，就像天文学家不能漠视刻卜勒的定律或牛顿的伟大发现一样"③。

在《资本论》中，马克思指出："在这里，也象在自然科学上一样，证明了黑格尔在他的《逻辑学》中所发现的下列规律的正确性，即单纯的量的变化到一定点时就会转化为质的差别。"④胡克认为："马克思本人从未谈到一种自然辩证法，虽然他十分知道在物理学和化学的基本单位中，量的渐变产生出质变。"⑤胡克看到了一个合理的事实，即马克思从未在肯定的意义上使用过"自然辩证法"，但他却把这个合理的事实溶解于不合理的理解之中了。马克思没有使用"自然辩证法"的术语，并不等于没有谈过自然辩证法的内容，"量的渐变产生出质变"不正是自然辩证法吗？

这表明，马克思虽然关注着历史辩证法，但他并没有否定自然辩证法，相反，肯定了自然辩证法的存在；马克思虽然关注着历史科学，但他并没有忽略自然科学，相反，马克思既反对自然科学对哲学的"疏远"，也反对哲学对自然科学的"疏远"，因而较为系统地研究过自然科学，并认为"自然科学是一切知

---

① 研读马克思的著作可以看出，马克思一生只有两次在否定的意义上提到"自然辩证法"：一次是在 1868 年 1 月 11 日致恩格斯的信中，马克思以嘲讽的口气提到，杜林"写了一本《自然辩证法》来反对黑格尔的'非自然'辩证法"（《马克思恩格斯全集》第 32 卷，第 18 页）；另一次是在 1868 年 3 月 6 日致库格曼的信中，马克思再次提到杜林的《自然辩证法》，并指出杜林"出版过一本（以凯里的观点为出发点）《国民经济学说批判基础》（约五百页），和一本新《自然辩证法》（反对黑格尔辩证法的）。我的书（指《资本论》第一卷，编者注）在这两方面都把他埋葬了"（《马克思恩格斯全集》第 32 卷，第 525 页）。
② 《马克思恩格斯全集》第 4 卷，第 141、146 页。
③ 《马克思恩格斯全集》第 9 卷，第 109 页。
④ 《马克思恩格斯全集》第 20 卷，第 137 页。
⑤ [美]悉尼·胡克：《对卡尔·马克思的理解》，第 330 页。

识的基础"①。"在马克思看来,科学是一种在历史上起推动作用的、革命的力量。任何一门理论科学中的每一个新发现——它的实际应用也许还根本无法预见——都使马克思感到衷心喜悦。"②

我无意否定恩格斯的辩证法思想与马克思的辩证法思想之间存在着差别,不同的人生经历、理论道路、知识结构必然使恩格斯和马克思在理论研究、理论关注、理论表述上各具自己的特色和风格。但是,这种差别并未构成本质的不同、根本的对立。"马克思认为,之所以存在自然辩证法,是因为独立于思想之外的领域被纳入了思想之中;恩格斯则认为,自然辩证法之所以存在,是因为独立于思想之外的领域本身按照辩证规律运转"③,这是莱文制造的"骗局";恩格斯的自然辩证法是"自然主义进化论"、马克思的历史辩证法是"人类中心说"④,这是科拉科夫斯基的虚构,二者都是以新的形式制造马克思和恩格斯对立的神话⑤。我断然拒绝马克思和恩格斯"对立论"。恩格斯和马克思既是两个人,又是"一个人",即同为马克思主义哲学的创始人,在辩证法的问题上具有高度的一致性。看不到这一点,那是理论近视。

恩格斯辩证法思想与马克思辩证法思想的关系问题,是一个具有根本性的重大的理论问题,理应得到详尽的论述。然而,由于篇幅的关系,我只好把这一重大议题留给以后的论文了。

载《哲学研究》2019 年第 12 期

---

① 《马克思恩格斯全集》第 47 卷,第 572 页。
② 《马克思恩格斯选集》第 3 卷,第 777 页。
③ [美] 诺曼·莱文:《辩证法内部对话》,第 14 页。
④ [波] 莱泽克·科拉科夫斯基:《马克思主义的主要流派》第一卷,唐少杰等译,黑龙江大学出版社 2015 年版,第 410 页。
⑤ 关于马克思和恩格斯对立的神话,并非西方马克思主义的首创和"专利",实际上,早在马克思主义诞生之日起就已经被制造出来了。恩格斯指出:"1844 年以来,关于凶恶的恩格斯诱骗善良的马克思的小品文,多得不胜枚举。它们与另一类关于阿利曼—马克思把奥尔穆兹德—恩格斯诱离正路的小品文交替出现。"(《马克思恩格斯全集》第 36 卷,人民出版社 1974 年版,第 14 页)无论是 19 世纪的马克思和恩格斯的"对立论",还是 20 世纪的马克思和恩格斯的"对立论",都意在"肢解"马克思主义。

关于理论思维、辩证思维与否定性思维的再思考

　　"一个民族想要站在科学的最高峰,就一刻也不能没有理论思维",而辩证法是"最重要的思维形式"①。恩格斯的这一观点不仅具有深刻的哲学内涵,而且具有普遍的历史意义。历史已经并正在证明,一个民族要走在时代的前列,同样一刻也不能没有理论思维。本文拟就理论思维的两种形式、辩证思维的本质特征及其与否定性思维的关系做一新的考察和审视,以深化我们对马克思主义认识论的研究。

一、理论思维的两种基本形式及其关系

　　理论思维有两种基本形式,那就是科学思维和哲学思维。恩格斯在这里所说的"理论思维"是指哲学思维,即辩证思维。如果说日常思维是经验性思维,那么理论思维就是抽象性思维。正如马克思所说,"分析经济形式,既不能用显微镜,也不能用化学试剂。二者都必须用抽象力来代替"②。无论是科学思维,还是哲学思维,都是通过抽象思维从经验表象而

---

① 《马克思恩格斯全集》第 20 卷,第 384、383 页。
② 《马克思恩格斯全集》第 23 卷,第 28 页。

达到本质,并形成关于事物的规律性的认识,形成具有严谨的逻辑性、普遍的解释性的概念体系。卡西尔认为,科学是一种"强有力的符号体系",而科学之所以是"强有力的符号体系",就是因为科学思维"向我们展示了一种清晰而明确的结构法则",从而"把我们的观察资料归属到一个秩序井然的符号系统中去,以便使它们相互间系统连贯起来并能用科学的概念来解释"①。卡西尔对科学的这一评价正确而深刻,而且同样适合于哲学。

但是,哲学思维又不同于科学思维。科学思维是以思维与存在的统一为前提、对存在本身的规律性的思考,正如爱因斯坦所说,"相信独立于我们感知主体的外部世界,是所有自然科学的基础"②。哲学思维则是对科学思维的前提,即思维与存在"关系"的思考,是对思维如何把握存在的规律性的思考。如果说科学思维是对存在的直接抽象,那么哲学思维就是间接抽象,是对科学思维抽象的再抽象,是对科学思想的再思考。

在我看来,哲学之所以是哲学,就在于它是对科学中已经存在、且已习以为常的问题进行反思。正如黑格尔所说,哲学的认识方式就是反思,从而"力求思想自觉其为思想"。在沃尔什看来,"即使哲学家不能以任何方式增加我们对于自然界知识的总量,或者增加我们对自然过程的理解,他还是对于科学思维的特点和前提,对于科学观念的确切分析和科学的某一分支与另一分支的关系,可以说出某种有用的东西,他对逻辑技巧的掌握可想而知是会有助于澄清科学工作中的实际困难的"③。

不仅如此,哲学思维对存在的思考不是止于其规律,而是进入到对存在的意义和价值的思考;不仅要知道存在是什么,而且要知道存在对人本身的意义和价值是什么。这就是说,哲学思维又是对人的尺度与物的尺度"关系"的思考。一句话,哲学思维是从思维与存在的"关系"、人的尺度与物的尺度的"关系"双重关系的视角思考和把握人与世界"关系"的。作为一种哲学思维方式,辩证思维既不是对人身外的客观存在的实证分析,也不是对人本身的存在状况的情感表达,而是着力反思思维与存在的"关系"、人的尺度与物的尺度的"关系",从而把握人与世界的"关系"。辩证思维方式凝聚着马克思、恩格斯用

---

① [德]恩斯特·卡西尔:《人论》,甘阳译,上海译文出版社1985年版,第263、275页。
② 《爱因斯坦文集》第一卷,许良真、范岱年编译,商务印书馆1976年版,第292页。
③ [英]W.H.沃尔什:《历史哲学导论》,何兆武、张文杰译,北京大学出版社2008年版,第15页。

以说明人与世界关系的独特的科学精神,熔铸着马克思、恩格斯用以观照人与世界关系的独特的价值观念,内蕴着马克思、恩格斯所确立的把握人的尺度与物的尺度关系的基本原则。

二、辩证思维的本质特征及其实践基础

"认识矛盾并且认识对象的这种矛盾特性是哲学思考的本质。"①作为一种哲学思维方式,辩证思维的本质特征就是矛盾思维。从历史上看,科学本无意向哲学献媚,但科学的发展往往决定了哲学的面貌,决定了哲学的思维方式;同时,哲学思维往往把科学研究成果、科学思维方式作为自己反思的对象和内容,而现代科学思维的一个重要特征,就是自觉承认"悖论"的合理性和矛盾的客观性。"罗素悖论"实际上表明了"悖论"的合理性,表明从一个真实的前提出发,经过合逻辑的推论而得出的"矛盾"的结论,即等价为真。"罗素悖论"以及由此引发的一系列"悖论"如山崩海啸一样,猛烈地冲击着传统的科学思维方式,促使现代科学思维自觉地把"矛盾"作为自身活动的原则。恩格斯早就指出,现代科学的发展必然导致辩证思维的"复归"。

按照恩格斯的观点,辩证思维的"复归"可以通过两条道路:一是通过自然科学本身的发展自然而然地实现,但这是一个旷日持久、步履艰难的过程;二是通过研究辩证哲学及其在历史上的不同形态,大大缩短上述过程。前者属于自发的实现,后者属于自觉的实现。因此,要自觉地确立辩证思维方式,就要学习哲学,把握辩证法。辩证法是"最重要的思维形式"。

正因为如此,马克思、恩格斯始终关注着"辩证方法",关注着主观辩证法与客观辩证法的关系:不仅分析了思维的"客观的真理性",而且阐述了思维的现实性与非现实性的关系;不仅从人的认识本性上分析了认识的有限性与无限性的关系,而且从认识的个体和类的关系上阐述了思维的至上性与非至上性的关系;不仅分析了知性思维与理性思维的关系,而且阐述了形式逻辑与辩证逻辑的关系;不仅分析了"认识的两条道路",而且阐述了"从抽象上升到具体的方法";不仅分析了认识的批判性,而且阐述了自我批判与"客观的理解"的关系;不仅分析了科学抽象法,而且阐述了"典型"分析法与"从后思索"

——————————
① [德]黑格尔:《小逻辑》,第132页。

法的关系;不仅分析了"叙述方法与研究方法的不同",而且阐述了"材料的生命"与"先验的结构"的关系;不仅分析了"辩证逻辑和认识论",而且阐述了"辩证思维的主要形式""辩证思维的基本规律",等等。

辩证思维有其科学前提,同时具有实践基础、哲学性质。辩证的思维方式不是科学思维方式的"推广和运用",也不仅仅是科学思维方式的"概括和总结",而是通过对科学思维方式的反思,从哲学的视角深刻反思人的实践活动和现实生活中矛盾关系的产物。从历史上看,当哲学与生活直接联系时,哲学往往具有哲学家个人体悟性的特点,可缺乏科学论证,并因此往往变成道德律令和生活格言;当哲学与科学直接结合时,哲学具有了科学性,可离人的生活越来越远。西方社会在相当长的时期,远离人世而处于"天堂"的宗教却离人的生活最近,而应离人的生活最近的哲学由于理性被绝对化,反而离人的生活最远。正因为如此,现代西方哲学的发展日趋"回归生活世界"。马克思主义哲学既关注科学,又关注生活,并力图使二者在实践观点中统一起来。深入研读马克思、恩格斯的著作可以看出,马克思关注的是"自然科学却通过工业日益在实践上进入人的生活,改造人的生活","成了真正人的生活的基础"[1];恩格斯关注的是"人的思维的最本质和最切近的基础",这就是,"人所引起的自然界的变化,而不单独是自然界本身"[2]。

实践是人们为了自己的生存和发展而进行的改造世界的对象化活动,正是实践活动生成和发展着人与世界的全部矛盾关系:自然对人的本原性与人对自然的超越性的矛盾、社会对人的规范性与人对社会的引导性的矛盾、存在的客观性与人的思维的能动性的矛盾、客体的规律性与主体的选择性的矛盾、"人的独立性"与"对物的依赖性"的矛盾、人的理想追求与现实的客观存在的矛盾、真理与价值的矛盾、自由与必然的矛盾……

因此,以矛盾思维为核心的辩证思维方式不仅是对科学思维方式反思的产物,更重要的,是对人的实践活动和现实生活中的矛盾关系哲学反思的产物。正是由于内含着这种辩证的思维方式,马克思认为,共产主义"是人和自然界之间、人和人之间的矛盾的真正解决,是存在和本质、对象化和自我确证、自由和必然、个体和类之间的斗争的真正解决"[3]。

―――――――――――

① 《马克思恩格斯全集》第 42 卷,第 128 页。
② 《马克思恩格斯全集》第 20 卷,第 573—574 页。
③ 《马克思恩格斯全集》第 42 卷,第 120 页。

在辩证思维方式中,矛盾思维和系统思维是相辅相成、相互补充的。作为一门现代科学,系统论是"对整体和整体性进行科学探索"①,向人们展示的"不是'实物的世界',而是'系统的世界',并且是发展着的系统的世界"②。问题在于,系统论在凸显系统世界、提供系统思维的同时,其本身就体现着整体与部分、系统与要素、系统与环境、结构与功能的矛盾关系。矛盾必然造成相互作用,"相互作用是事物的真正的终极原因。我们不能追溯到比对这个相互作用的认识更远的地方,因为正是在它背后没有什么要认识的了"。"只有从这个普遍的相互作用出发,我们才能了解现实的因果关系。"③实际上,系统思维就是从事物的相互作用出发,确认在相互作用过程中产生了不属于事物本身、只在相互作用中存在的"关系质",确认相互作用形成了事物的"序"和"整体性"或"总体性"。

"两个相互矛盾方面的共存、斗争以及融合成一个新范畴,就是辩证运动。"④马克思、恩格斯在确认矛盾论的同时,就提出了系统思想。在恩格斯看来,"关于自然界的所有过程都处于一种系统联系中这一认识,推动科学到处从个别部分和整体去证明这种系统联系"⑤。按照马克思的观点,"每一个社会中的生产关系都形成一个统一的整体",社会就是一个"一切关系在其中同时存在而又互相依存"的有机整体⑥。"这种有机体制本身作为一个总体有自己的各种前提,而它向总体的发展过程就在于:使社会的一切要素从属于自己,或者把自己还缺乏的器官从社会中创造出来。"⑦

"以总体性概念为基础,基于整体和部分的辩证法,马克思将社会规定为有机的系统。"⑧就这一点而言,莱文的评价是正确而深刻的。也正因为如此,贝塔朗菲在追溯系统思想的起源时,特别强调了"马克思和黑格尔的辩证法"的重要作用,并认为马克思是系统论的先驱。卢卡奇甚至认为,正是"总体的

① [奥]路德维希·冯·贝塔兰菲:《一般系统论》,秋同、袁嘉新译,社会科学文献出版社1987年版,第9页。
② [苏]B.Π.库兹明:《马克思理论和方法论中的系统性原则》,王炳文、贾泽林译,生活·读书·新知三联书店1980年版,第232页。
③《马克思恩格斯全集》第20卷,第574、575页。
④《马克思恩格斯选集》第1卷,第144页。
⑤《马克思恩格斯全集》第20卷,第40页。
⑥《马克思恩格斯选集》第1卷,第142、143页。
⑦《马克思恩格斯全集》第46卷上,第235—236页。
⑧ [美]诺曼·莱文:《马克思主义与恩格斯主义中的黑格尔》,第6页。

观点,使马克思主义和资产阶级科学有决定性的区别。总体范畴,整体对各个部分的全面的、决定性的统治地位,是马克思取自黑格尔并独创性地改造成为一门全新科学的基础的方法的本质"①。

由此可见,系统论并没有否定矛盾论,而是深化和拓展了"矛盾"的内涵。"系统悖论"这一概念表明,矛盾本身就是一种系统存在。如同矛盾思维一样,系统思维也是辩证思维方式的题中应有之义。实际上,矛盾思维和系统思维都属于辩证思维。正因为如此,恩格斯多次强调系统思维的重要性。

三、辩证思维的否定性及其客观依据

辩证思维又是一种内含着否定性的理论思维形式。马克思曾把黑格尔的辩证法称为"否定性的辩证法",并认为"黑格尔的《现象学》及其最后成果——作为推动原则和创造原则的否定性的辩证法——的伟大之处首先在于,黑格尔把人的自我产生看作一个过程,把对象化看作失去对象,看作外化和这种外化的扬弃;因而,他抓住了劳动的本质,把对象性的人、现实的因而是真正的人理解为他自己的劳动的结果"②。

正是由于对劳动进行了相当深刻的哲学思考,并用劳动来理解否定,"根据否定的否定所包含的肯定方面把否定的否定看成真正的和唯一的肯定的东西,而根据它所包含的否定方面把它看成一切存在的唯一真正的活动和自我实现的活动"③,黑格尔创立了"否定性的辩证法"。黑格尔的"否定性的辩证法"实际上是在唯心主义的基础上,以一种"抽象的、逻辑的、思辨的"形式表达了人类的实践活动和历史运动的辩证法。

人的实践活动内含着否定性,或者说,否定性是实践活动的本质属性。具体地说,人要肯定自身,就要对自然界进行否定性的活动,即通过实践使自己的本质力量对象化,使自在自然成为"人化自然""为我之物",使人与自然的关系成为一种具有社会关系内涵的"为我而存在"的关系。与动物不同,人总要在不断制造与自然的对立关系中去获得与自然的统一关系,对自然的现存状态的否定正是对人自身的肯定。问题在于,在现实社会中,这种对象化同时就

---

① [匈]卢卡奇:《历史与阶级意识》,第79页。
② 《马克思恩格斯全集》第42卷,第163页。
③ 《马克思恩格斯全集》第42卷,第159页。

意味着异化,即"失去对象",在对自然界进行否定性的同时否定了人自身,人、人的活动和人的对象世界都异化了。正是在这个意义上,黑格尔的"否定性的辩证法"是以"最抽象"的形式表达了人类"最现实"的生存状态。

可以说,在实践活动中生成的人与自然的"为我而存在"的关系,是一种最复杂、最深刻的矛盾关系。正是这种特殊而复杂的矛盾关系成为马克思、恩格斯之前众多哲学大师的"滑铁卢",致使旧唯物主义"只是"从客体的形式去理解"对象、现实、感性",而唯心主义则"抽象"地发展了主体的能动性,唯物主义因此成为"直观的唯物主义",辩证法因此成为"思辨的辩证法""神秘形式"的辩证法。究其根本原因,是旧唯物主义"没有把人的活动本身理解为对象性的[gegenständliche]活动","不了解'革命的'、'实践批判的'活动的意义",而唯心主义"不知道现实的、感性的活动本身"①。

与旧唯物主义和唯心主义都不同,马克思、恩格斯把实践理解为人的存在方式和社会生活的本质,把"物质实践"理解为人与世界关系的基础,把"革命的实践"理解为环境的改变和人的自我改变相一致的基础,从而找到了把能动性、自主性、创造性与现实性、客观性、物质性统一起来的基础,使"否定性的辩证法"获得了现实的基础,转变为"唯物主义辩证法""合理形态"的辩证法,并转化为一种辩证的思维方式。在马克思看来,这种"合理形态"的"辩证法在对现存事物的肯定的理解中同时包含对现存事物的否定的理解,即对现存事物的必然灭亡的理解;辩证法对每一种既成的形式都是从不断的运动中,因而也是从它的暂时性方面去理解;辩证法从不崇拜任何东西,按其本质来说,它是批判的和革命的"②。

否定性构成了一切活动的源泉,是辩证法的"灵魂"和"最重要的要素"。辩证的思维方式就是从肯定与否定、生成与灭亡的矛盾关系中去理解和对待现存事物,就是要从根本上改变不符合发展规律的现存事物。正因为如此,"对实践的唯物主义,即共产主义者说来,全部问题都在于使现存世界革命化,实际地反对和改变事物的现状"③。在马克思主义哲学中,辩证思维方式是与实践的思维方式高度统一、融为一体的,是与唯物主义历史观有机结合、高度统一的。马尔库塞由此认为,在马克思主义哲学中,"现实的否定变成了一个

---

① 《马克思恩格斯选集》第 1 卷,第 58 页。
② 《马克思恩格斯全集》第 23 卷,第 24 页。
③ 《马克思恩格斯全集》第 3 卷,第 48 页。

历史条件,一个不能作为形而上学关系状态的而具体化的历史条件。换句话说,它变成了一个与社会的特定历史形式相联系的社会条件"。"马克思的辩证法的历史特征包含着普遍的否定性,也包含着自身的否定。特定关系状态就意味着否定,否定之否定伴随着事物新秩序的建立。"①马尔库塞的这一评价正确而深刻。

辩证思维总是"在对现存事物的肯定的理解中同时包含对现存事物的否定的理解",总是"从不断的运动中""从暂时性方面"去理解"每一种既成的形式",所以,辩证思维同时就是历史性思维,而且辩证思维,以至整个理论思维本身都具有历史性。"历史唯物主义"中的"历史",就是人的实践活动及其内在矛盾在时间中的展开,是人的思维活动及其内在矛盾得以展开的境域。因此,"每一时代的理论思维,从而我们时代的理论思维,都是一种历史的产物,在不同的时代具有非常不同的形式,并因而具有非常不同的内容。因此,关于思维的科学,和其他任何科学一样,是一种历史的科学,关于人的思维的历史发展的科学"。正因为如此,"从历史的观点来看","我们只能在我们时代的条件下进行认识,而且这些条件达到什么程度,我们便认识到什么程度"②。可以说,辩证思维是否定性和历史性高度统一的理论思维形式。

正是由于内含着辩证思维,而辩证法本质上是批判的和革命的,马克思主义不仅以批判的精神对待资本主义,而且以批判的精神看待社会主义。"凡是现实的都是合理的",并不是马克思哲学的思维方式,而是黑格尔哲学的思维方式。马克思主义并不认为社会主义社会存在的一切都属于社会主义,相反,认为社会主义社会在"各方面"都还带着它脱胎出来的那个旧社会的"痕迹";并不认为社会主义社会是一个一成不变的社会,相反,认为社会主义社会应是一个"经常变化和改革的社会"。当代中国正处于改革的实践活动中,这一实践活动的最重要特征和最重要意义就在于,它把现代化、市场化和社会主义改革这三重重大的社会变革浓缩在同一时空中进行了,构成了一场特殊而又极其复杂的社会转型,它必然生成一系列特殊而又极其复杂的矛盾和问题,需要我们去认识和解决。

我们应当明白,问题并不是直接存在于对象,即认识客体中,而是存在于

①［德］马尔库塞:《理性和革命——黑格尔和社会理论的兴起》,第284、285页。
②《马克思恩格斯全集》第20卷,第585页。

认识主体的意识中。客观存在的只是对象及其内在矛盾,要真正认识现实的矛盾所在,把现实中的矛盾变成意识中的问题,就需要辩证思维,从而"阐幽发微而示之以人所未见,率先垂范而示之以人所未行"。恩格斯关于理论思维的观点不仅具有重要的理论意义,而且具有重要的现实意义。中华民族要想站在科学的最高峰,就一刻也不能没有理论思维;中华民族要实现伟大复兴,同样一刻也不能没有理论思维。

载《天津社会科学》2020 年第 6 期
《新华文摘》2021 年第 7 期转载

占据真理和道义制高点的马克思主义

马克思主义的创立是人类思想史上的壮丽日出,照亮了人类探索历史规律和寻求自身解放的道路。当今的科学进步、社会发展和时代变迁表明,马克思主义仍然是我们时代的真理和良心,依然占据着真理和道义的制高点。今天,我准备从马克思主义的理论主题、理论结构、哲学批判与资本批判、科学尺度与价值尺度这四个方面阐述马克思主义的本质特征,以深化我们对马克思主义依然占据着真理和道义的制高点这一重要命题的理解。

一、马克思主义:关于无产阶级和人类解放的学说

理论体系往往以理论家个人的名字命名,但它并非仅仅属于理论家个人。不管理论家个人多么有才华,多么清高,多么"超凡入圣",他都不能不食人间烟火,不能不生活在特定的时代,并围绕时代提出的问题创立某种理论。亚里士多德思想、黑格尔哲学、李嘉图经济学、圣西门学说、凯恩斯主义……任何一种理论的出现,都和它所处的时代密切相关,从根本上说,都是一定时代的产物。马克思主义也是如此。要真正理解和把握马克思主义,就要理解和把握马克思生活其中的那个时代。

如果用一句话来概括马克思生活的时代,那就是资本主义时代。"资产阶级在它的不到一百年的阶级统治中所创造的生产力,比过去一切世代创造的全部生产力还要多,还要大。""资产阶级在历史上曾经起过非常革命的作用。"①但是,资产阶级在取得巨大的历史性成就的同时,也给自己带来了巨大的社会性问题,那就是,生产社会化与生产资料私有制之间存在着无法解决的矛盾,这一矛盾不仅导致经济危机、阶级对抗,而且导致人的活动、人的关系异化,即人所创造的物质财富、社会关系反过来统治人、支配人,人的生存状态因此成为一种异化的状态,国家也不过是"虚幻的共同体"。19 世纪中叶的西方社会,是一个由资本关系所造成的人的活动、社会关系全面异化的社会。由此产生了一个时代课题,这就是:如何消除资本主义的弊病,人类社会向何处去;如何消除人的异化,实现人类解放? 这是同一个问题的两个方面。马克思正是在解答这一时代课题的过程中创立马克思主义的,换句话说,马克思主义是对资本主义向何处去、如何实现人类解放这一时代课题的科学解答。

我们应当明白,马克思主义不是抽象的人道主义,关注的不是抽象的人的命运,按照马克思的观点,如果不能给工人、劳动者这些占人口绝大多数、被剥削、被压迫的人以真实的利益和自由,人类解放就是空话,甚至沦为一种欺骗。马克思主义也不是"伦理的社会主义",仅仅出于对工人、劳动者的同情而重建社会主义学说。马克思对工人、劳动者这些受难者当然怀有真挚的同情,但他并不以此作为立论根据,正像妙手回春的圣医并不以对病人的同情代替诊断、开出药方一样。马克思不是以抽象的人道主义为基础,而是以人类社会发展的一般规律、资本主义生产方式的运动规律为基础创立了马克思主义,从而用科学的理论揭示了无产阶级、人民群众的真实处境和解放道路。

马克思不是心怀济世的救世主,而是思想家和革命家的完美结合;马克思主义不是劝世箴言,而是科学理论和意识形态的高度统一。马克思首要的和主要的工作,就是探讨无产阶级和人类解放的目标与途径;马克思主义就是关于无产阶级和人类解放的学说,重在解答"人类解放何以可能"。马克思主义博大精深,归根到底就是一句话,为人类求解放。

我断然拒绝这样一种观点,即马克思主义"见物不见人"。对马克思主义的深入研究可以看出,马克思毕生关注的都是现实的人及其历史发展,强调的

① 《马克思恩格斯选集》第 1 卷,第 277、274 页。

都是消除人的生存的异化状况,实现无产阶级和人类解放。无产阶级和人类解放,让马克思一生魂牵梦萦,从精神上和方向上决定了马克思一生的理论活动,构成了马克思主义的理论主题。正是在马克思主义中,我们看到了一种对资本主义制度的彻底的批判精神,透视出一种对人类生存异化状态的深切的关注之情,领悟到一种旨在实现无产阶级和人类解放的强烈的使命意识。马克思主义就是为无产阶级改变世界的实践活动而创立的,其目的就是通过改变资本主义私有制条件下人对物的占有关系来消除人与人的异化关系,从而建立以生产资料公有制为基础的"联合体","在那里,每个人的自由发展是一切人的自由发展的条件"①。由此,马克思主义实现了对人的现实关怀和终极关怀的统一。这是一种双重关怀,是全部人类思想史上对人的生存和价值的最激动人心的关怀。

我同样断然拒绝这样一种观点,即马克思主义具有宗教的性质,发挥了宗教的作用。这是一种理论无知。宗教是人的自我意识的丧失,是关于人的死的观念,是讲人生如何痛苦、死后如何升天堂的,是"出世"的幻想,马克思主义是人的自我意识的觉醒,是关于人的生的智慧,是教人如何生活得有价值和有意义的,是"入世"的理论;宗教所要解决的是个人灵魂失衡的问题,马克思主义所要解决的是社会不公的问题,其旨在改变现存世界,建立一个消灭阶级、消除异化的公平正义的社会,共产主义绝不是"千年王国";宗教只要求人们"信",而不追问也不回答"为什么可信",马克思主义不仅让人们"信",而且追问"为什么可信",回答"可信"的事实依据和科学依据是什么。这就是说,马克思主义的信仰不同于宗教的信仰。马克思主义是建立在历史规律基础上的,是关于资本主义生产方式运动规律、人类社会发展一般规律的科学。这种科学性一旦转化为个人内心的价值目标、理想追求和行为准则,就转化为马克思主义的信仰。

二、马克思主义:批判资本主义和建设社会主义的理论

围绕着无产阶级和人类解放的学说,马克思主义展开了哲学批判和政治经济学批判,即资本批判,并以这种双重批判为理论基础创立了科学社会主

①《马克思恩格斯选集》第 1 卷,第 294 页。

义。在马克思主义理论体系中,哲学批判和资本批判是高度统一的。在这种双重批判中建立起来的马克思主义,不仅是客观认知某种规律的科学体系,而且是批判资本主义的意识形态,是科学体系和意识形态的高度统一。

马克思主义对无产阶级和人类解放的探讨始终贯穿着哲学批判。具体地说,马克思不是直接从现实出发去解答时代课题,而是通过哲学批判返归现实,从而解答时代课题的。为此,马克思进行了一系列哲学批判:"黑格尔法哲学批判""对黑格尔的辩证法和整个哲学的批判""对批判的批判所作的批判""对费尔巴哈、布·鲍威尔和施蒂纳所代表的现代德国哲学的批判"……这一系列哲学批判使马克思站得更高,看得更远,对哲学以及其他理论形式有了更透彻的理解,对时代精神有了更深刻的把握。

马克思主义的哲学批判并没有停留在"纯粹哲学"的层面上,而是把哲学批判和政治批判结合起来了。哲学不等于政治,但政治需要哲学,没有经过哲学论证的政治,缺乏理念、逻辑力量和精神支柱,缺乏说服力、凝聚力和引导力,很难得到人们的认同和拥护;哲学不等于政治,但哲学也不可能脱离政治,哲学总是以自己特殊的方式蕴含着政治,并具有这样或那样的政治效应,哲学和时代的统一性首先就是通过它的政治效应实现并体现出来的。正因为如此,马克思一再强调哲学批判和政治批判相结合。在马克思主义创立之初,马克思就明确指出:"彼岸世界的真理消逝以后,历史的任务就是确立此岸世界的真理。人的自我异化的神圣形象被揭穿以后,揭露非神圣形象中的自我异化,就成了为历史服务的哲学的迫切任务。于是对天国的批判就变成对尘世的批判,对宗教的批判就变成对法的批判,对神学的批判就变成对政治的批判。"①

更重要的是,马克思主义的哲学批判是和资本批判密切相关、高度统一的。在马克思看来,无论是哲学批判,还是政治批判,应当也必须延伸到对资本的批判。这是因为,"资产阶级生存和统治的根本条件,是财富在私人手里的积累,是资本的形成和增殖"②。在这个过程中,资本不仅改变了人与自然的关系,而且改变了人与人的关系;不仅改变了与人相关的自然界的存在属性,而且改变了人类社会的存在形态;不仅使"社会的一切要素从属于自己",而且

① 《马克思恩格斯全集》第 1 卷,第 453 页。
② 《马克思恩格斯选集》第 1 卷,第 284 页。

"把自己还缺乏的器官从社会中创造出来"①,从而使资本主义社会总体化。

这就是说,资本是资本主义社会的根本规定、存在形式和建构原则,并构成了资本主义社会的基本建制。在资本主义社会,资本具有支配一切的权力,是最基本和最高的社会存在。一言以蔽之,资本本身就是一种独特的社会存在。正是在哲学批判和资本批判双重批判的过程中,马克思主义扬弃了抽象的存在,发现了现实的社会存在,发现了人的自我异化的秘密,发现了社会主义必然代替资本主义的历史规律。马克思主义之所以是科学,从根本上说,就在于马克思主义以事实为依据,以规律为对象,如实地揭示了资本主义生产方式的内在矛盾、运行机制和发展规律,并由此透视出人类社会发展的一般规律。在马克思主义理论体系中,哲学批判和资本批判是高度统一的。

正是依据社会发展的一般规律、资本主义生产方式矛盾运动的规律,马克思主义科学地预见了资本主义社会的发展趋势,并科学地制定了社会主义社会的基本规定:一是在经济上实现生产力的"巨大增长和高度发展",这是"绝对必需的实际前提";二是在生产关系上建立生产资料公有制,"生产将以所有人的富裕为目的"②;三是在分配方式上实行按劳分配,实现平等;四是在政治上建立"新的真正民主的国家政权",实现最广泛、最真实的民主;五是在人本身的发展上不断促进人的全面发展,实现每个人的全面而自由发展。这些基本规定是建设社会主义必须遵循的基本原则。因此,马克思主义是由马克思、恩格斯所创立、为他们的后继者所发展的关于批判资本主义和建设社会主义的学说。

三、马克思主义:哲学、政治经济学和科学社会主义高度统一的理论体系

我在前面所讲的内容实际上隐含着一个重要问题,那就是马克思主义理论体系的内在结构问题。在马克思主义的历史上,明确提出马克思主义理论体系构成问题的,是列宁。在《马克思主义的三个来源和三个组成部分》中,列宁明确地把哲学、政治经济学和社会主义学说列为马克思主义的"三个组成部分"。列宁的这一划分是正确的,其立足点是既成的事实,而不是抽象的可能,

①《马克思恩格斯全集》第 46 卷上,第 236 页。
②《马克思恩格斯全集》第 46 卷下,第 222 页。

即马克思主义应当包括什么，可能包括什么。马克思主义是理论体系，而不是言论汇集。我们不能因为马克思的言论涉及某种理论或某一学科，就认为马克思主义包含着类似的理论或某一学科，或者去建构马克思主义的某某学。马克思是科学家，不是神学家；马克思主义是科学理论，不是神学大全；马克思主义为我们解答历史问题和现实问题提供了至关重要的见解，而不是提供了全能的解释。我们不能因为马克思主义博大精深，就把马克思主义理解为、建构成包罗万象、全能解释的思想体系。历史已经证明，凡是以包罗万象、全能解释自诩的思想体系，就像希图万世一系的封建王朝一样，无一不走向没落。

在我看来，哲学、政治经济学和科学社会主义这三个部分构成了马克思主义理论体系的内在结构，是由无产阶级和人类解放这一理论主题决定的。无产阶级需要自己的哲学，因为哲学是无产阶级的"精神武器"，是人类解放的"头脑"①，只有马克思主义哲学才发现了人类社会发展的一般规律；无产阶级需要自己的经济学，因为对资本主义社会经济结构的解剖需要到政治经济学中去寻求，只有马克思主义政治经济学才发现了资本主义生产方式的运动规律；正是依据这两个规律，马克思、恩格斯创立了科学社会主义。就这样，马克思主义科学地解答了资本主义向何处去这一时代课题。这就是马克思主义理论体系的内在逻辑。

无疑，在马克思主义理论体系中，哲学、政治经济学、科学社会主义都有各自的相对独立性，在今天的学科建制中属于不同的学科。但是，在马克思主义理论体系中，哲学、政治经济学、科学社会主义不仅相互依存，更重要的，是相互渗透，构成了一个完整的理论体系，把其中任何一个部分同整体割裂开来，都会使其丧失原有的性质，并会导致对作为一个整体的马克思主义的误解、曲解，甚至"肢解"。

从马克思创立马克思主义的历史进程来看，马克思主义哲学不仅是在批判德国古典哲学，而且是在批判英国古典经济学、法国空想社会主义的过程中生成的；在批判英国古典经济学、法国空想社会主义过程中生成的马克思主义哲学，反过来又成为马克思主义政治经济学的"研究方法"和"叙述方法"，成为科学社会主义的理论前提。无疑马克思主义的哲学、政治经济学、科学社会主义这三个组成部分分别来源于德国古典哲学、英国古典政治经济学、法国空想

① 《马克思恩格斯全集》第 1 卷，第 467 页。

社会主义。但是,这三个理论来源最终升华为马克思主义的根本原因,是马克思对所处的时代和世界的深入考察,是马克思对资本主义生产方式运动规律、人类社会发展规律的深刻把握。

从马克思主义的哲学、政治经济学、科学社会主义的逻辑关系来看,马克思主义政治经济学不仅是一种关于资本的理论,而且是对资本的理论批判,即"政治经济学批判",因而具有哲学的内涵和意义。马克思主义以商品为起点范畴,以资本为核心范畴而展开的对资本主义的批判,本质上是一种具有存在论或本体论意义上的批判,而马克思主义哲学正是在资本批判中发现了现实的社会存在,透视出社会发展的一般规律,马克思主义"在政治经济学的基础上揭示了一个全新的话语实践"①。科学社会主义是以马克思主义政治经济学为中心发展起来的,《资本论》就是"叙述科学社会主义的主要的和基本的著作"②,同时,科学社会主义的基本原则又蕴含在马克思主义哲学中,每个人的全面而自由发展既是马克思主义哲学的最高命题,又是科学社会主义的最高命题。

因此,马克思主义哲学批判的意义只有在同资本批判的关联中,才能显示出来;马克思主义资本批判只有在哲学批判这一更大的概念背景中,才能得到深刻理解;而马克思主义哲学批判、资本批判只有在无产阶级和人类解放这一更重要的政治背景中,才能得到真正的理解。哲学、政治经济学、科学社会主义的相互依存、相互渗透、高度统一,是马克思主义独特的存在方式。在后现代主义思想家杰姆逊看来,正是这样一个理论结构提供了一个"整体社会的视界"。

四、马克思主义:科学尺度和价值尺度高度统一的理论体系

马克思主义是以历史规律为其客观依据和理论前提的。英国哲学家波普尔看到了这一事实,认为社会主义是马克思依据历史规律对未来所做的预言。可是,波普尔又把这一合理的事实溶解于不合理的理解之中,即认为不存在历史规律,只要"清除"历史规律,就能摧毁马克思主义。波普尔力图釜底抽薪,

---

① Michel Foucoult, The Order of Things, The Archacology of the Humem Sciences, Neu York, Pantheon Books, 1970, p. 21.
② 《列宁全集》第 1 卷,第 154 页。

从根本上否定马克思主义的科学性。可是,波普尔是在否定一个无法否定的事实,这就是,历史的确有其内在规律,不管你如何诅咒,也无法"清除"历史规律。

从历史上看,每一代封建君主都被反复教导如何进行统治,甚至编写了《资治通鉴》之类的书供他们阅读,以希图封建王朝万世一系。可是,历史上照样发生农民起义,照样发生改朝换代,照样发生资产阶级革命。1566 年的尼德兰革命,1640 年的英国革命,1775 年的美国革命战争,1789 年的法国革命,1911 年的中国辛亥革命……这一个个不可重复的历史事件的出现,体现的正是资产阶级革命的历史规律。就资本主义社会而言,资产阶级生存和统治的根本条件是资本的形成和增殖,而资本形成和增殖的过程实际上就是剩余价值不断生产和实现的过程,剩余价值规律因此成为资本主义社会的基本经济规律。这一基本经济规律必然导致资本主义或迟或早、或这样或那样被社会主义所代替。资本主义生产方式的运动规律和人类社会发展的一般规律,是马克思一生的两大发现,是马克思主义揭示的真理。

我不能同意这样一种观点,即马克思主义产生于"维多利亚时代",距今已经 170 年,因而已经过时。这是一种"傲慢与偏见"。我们不能以某种学说创立时间的近和远来判断它是否是真理,是否有价值,是否有意义。新的未必就是真的,老的未必就是假的。既有最新的、时髦的谬论,也有古老的、千年的真理。真理只能发展,而不可能被推翻。阿基米德定理创立的时间尽管很久远了,但今天的造船业无论多么发达,也不能违背这一定理。如果违背了阿基米德定理,那么,造出的船无论材料多么先进,形式多么豪华,多么"人性化",都不可能航行。如航行,必沉无疑。

实际上,时间只是真理与谬误的"过滤器",而不是真理与谬误的"检验器"。一种学说是不是真理,不在于它创立的时间,而在于它是否发现、把握了研究对象的规律。任何一门科学都以发现、把握某种规律为己任,任何一种学说要成为科学,就必须发现、把握某种规律,其价值和意义取决于它提出、解答了什么样的问题及其广度和深度。正是由于马克思主义深刻把握人类社会发展的一般规律,深刻把握了资本主义生产方式的运动规律,产生于 19 世纪中叶的马克思主义才超越了 19 世纪中叶这个特定的时代,依然是我们这个时代的真理,依然占据着真理的制高点。在当代,无论是对世界市场体系、国际政治结构和主流意识形态的研究,还是对科学技术、政治制度和价值观念的研究,抑或是对个人生存方式、社会生产方式和国际交往方式的研究,我们都必须以马克思主义为理论指南。否则,任何理论"创新"都将成为无根的浮萍。

马克思主义不仅"为真理而斗争",而且为"全世界受苦的人"的利益而斗争。《共产党宣言》指出:"过去的一切运动都是少数人的或者为少数人谋利益的运动。无产阶级的运动是绝大多数人的、为绝大多数人谋利益的独立的运动。"①正因为如此,马克思主义在解答资本主义向何处去、人类解放何以可能时,不仅探讨、强调历史规律,确立了科学尺度、历史尺度,而且关注、探讨被统治阶级、被压迫民族的利益和愿望,确立了价值尺度、道德尺度,强调"人是人的最高本质","必须推翻那些使人受屈辱、被奴役、被遗弃和被蔑视的东西的一切关系"②。马克思主义不仅关注现实社会及其历史演变,而且关注现实的人及其历史发展;不仅考察了资本主义的社会形态,而且考察了资本主义条件下人的生存状态;不仅提出共产主义是对生产资料私有制的积极扬弃,而且提出共产主义是"通过人并且为了人而对人的本质的真正占有"③;不仅强调共产主义是集体财富的源泉"充分涌流"的社会形式,而且更为强调共产主义是"以每个人的全面而自由的发展为基本原则的社会形式"④。

在考察东方"农民的民族"的历史命运时,马克思就提出了两个相关的观点,即"从历史观点来看"和"从人的感情上来说"。马克思指出:"从人的感情上来说,亲眼看到这无数辛勤经营的宗法制的祥和无害的社会组织一个个土崩瓦解,被投入苦海,亲眼看到它们的每个成员既丧失自己的古老形式的文明又丧失祖传的谋生手段,是会感到难过的。"⑤这表明,马克思主义在确立科学尺度、历史尺度时,并没有否定价值尺度、道德尺度。"从历史观点看"和"从人的感情上来说",实际上就是历史尺度和道德尺度、科学尺度和价值尺度的统一。

马克思主义始终是运用科学尺度和价值尺度的辩证法来解答资本主义向何处去、人类解放何以可能这一时代课题的;更重要的是,马克思主义并没有停留在对资本主义的"道德抗议"上,而是把道德尺度、价值尺度置于科学尺

① 《马克思恩格斯选集》第 1 卷,第 283 页。
② 《马克思恩格斯全集》第 1 卷,第 461 页。
③ 《马克思恩格斯全集》第 42 卷,第 120 页。
④ 《马克思恩格斯全集》第 23 卷,第 649 页。
⑤ 《马克思恩格斯选集》第 1 卷,第 765 页。

度、历史尺度的基础之上。正如恩格斯所说,"科学越是毫无顾忌和大公无私,它就越符合工人的利益和愿望"①。正因为如此,马克思主义代表着一切被统治阶级、被压迫民族的利益和愿望,代表着人类的未来,即实现每个人的全面而自由发展,因而依然是我们这个时代的良心,依然占据着道义的制高点。

"居高声自远,非是藉秋风。"(虞世南)正是由于马克思主义依然占据着真理和道义的制高点,每当世界发生重大问题和重大事件时,人们都不由自主地把目光再次转向马克思主义。后现代主义大师德里达甚至发出这样的感叹:"不去阅读且反复阅读马克思……而且是超越学者式的'阅读'和'讨论',将永远是一个错误,而且越来越成为一个错误,一个理论的、哲学的和政治责任方面的错误。""不能没有马克思,没有马克思,没有对马克思的记忆,没有马克思的遗产,也就没有未来。"②一言以蔽之,马克思主义仍然是当代历史进程的参与者和强有力的推进者。

讲到这里,我想起了一个问题,这就是,人们对马克思主义的认识并非一致,存在着较大的分歧,而且,马克思离我们的时代越远,对他的认识的分歧也就越大,就像行人远去,越远越难以辨认一样。有人据此把马克思与哈姆雷特进行类比,认为犹如一千个观众的眼中有一千个哈姆雷特一样,一千个读者心中有一千个马克思,不存在一个本来意义上的马克思主义。

在我看来,这是一个似是而非、"不靠谱"的类比。问题的关键就在于,哈姆雷特是莎士比亚塑造的艺术形象,马克思主义是由马克思创立的科学理论;艺术形象可以有不同的解读,而科学理论揭示的是客观规律,这种认识正确与否要靠实践检验,而不是依赖认识主体的解读。实际上,不管如何解读,合理的解读,包括艺术作品的解读总是有限度的,总是有客观的"底线"的。举个例子吧。同一首小提琴曲《流浪者之歌》,德国小提琴演奏家穆特把它诠释得悲伤、悲凉、悲戚,美国小提琴演奏家弗雷德里曼把它诠释得悲愤、悲壮、悲怆,但不管是悲伤、悲凉、悲戚,还是悲愤、悲壮、悲怆,都具有"悲"的内涵,而没有"喜"的意蕴。

从认识论的角度看,对马克思主义认识的分歧,是由认识者的历史环境和"理解的前结构"决定的。特定的历史环境和"理解的前结构"支配着认识者理

---

① 《马克思恩格斯选集》第 4 卷,第 258 页。
② 〔法〕德里达:《马克思的幽灵——债务国家、哀悼活动和新国际》,第 21 页。

解的维度、广度和深度，即使是最没"定见"的认识者也不可能"毫无偏见"，不可能完全恢复和再现被认识者思想的"本来面目"。但是，我们又能以当代实践和科学为基础，通过对马克思主义产生的历史背景的考察，通过对马克思主义文本的分析，通过对马克思主义历史的梳理，使作为认识者的我们的视界和作为被认识者的马克思的视界融合起来，从而不断走近马克思，走进马克思思想的深处，认识和把握马克思主义的本质特征，从而认识和把握本来意义上的马克思主义。

对我们来说，重要的，是要以认识和把握本来意义上的马克思主义为理论前提，不断深化对共产党执政规律、社会主义建设规律、人类社会发展规律的认识，从而坚持和发展马克思主义。中国特色社会主义已经进入新时代。中国共产党人作为马克思主义的忠诚信奉者、坚定实践者，正在为坚持和发展马克思主义而执着努力！

载《光明日报》2022 年 6 月 11 日

《新华文摘》2022 年第 17 期转载

附

录

一般和个别与共性和个性

在关于哲学范畴的讨论中,有的学者认为,一般和个别的关系就是共性和个性的关系,这两对范畴是相同的范畴。在我看来,这是一种误解。尽管一般和共性含义的区别不大,但是个别和个性是不能等同的。个别是指单个的、特殊的、有别于其他事物的个体,即具体事物;个性则是指一事物之所以区别于他事物的特殊性质,是一事物所独有而他事物不具有的特殊属性。

首先,从范畴的分类看,个别属于实体范畴,个性属于属性范畴。实体是指实际存在的独立客体,而属性则是指事物本身所固有的各种性质。亚里士多德把"个体",即客观存在的个别事物,"如某一个个别的人或某匹马"叫做"第一实体",而把事物的数量、性质、关系等归为属性范畴,并认为"第一实体"是数量、性质、关系等属性的基础。"如果没有第一性实体存在,就不可能有其他的东西存在。"①斯宾诺莎认为,实体是"在自身内并通过自身而被认识的东西",而属性则"是构成实体的本质的东西"②。可见,实体是独立的客观存在,是属性的基础或承担者,而属性则依附于实体,是实体的不同侧面、特征或本质的表现。因此,个别不能等同于个性,个别是个性的基础或承担者,个性则是从属于个别的。

其次,个别是相对于一般来说的,它和一般构成一对矛盾,而个性则是相对于共性来说的,它和共性构成一对矛盾。诚然,个别和个性存在交叉情况和共同点。个别内在地包含了个性,同时,作为概念,个别和个性相对于现实中形形色色的具体事物和千差万别的个性来说,二者都具有一般的特性,都是舍弃了具体事物和各种个性的差异,抽象出它们的共同的、本质的东西之后形成

---

① 北京大学哲学系外国哲学史教研室编译:《古希腊罗马哲学》,商务印书馆 1961 年版,第309、310 页。
② 北京大学哲学系外国哲学史教研室编译:《十六—十八世纪西欧各国哲学》,第164 页。

的概念。但是,二者内在的差异则是无疑的。个别是指独立存在的具体事物,是共性与个性的矛盾统一体,而个性则是一事物所独自具有的特性。个别相对于一定的范围、过程是个别,相对于另外一定的范围、过程则是一般,在普遍联系中则是特殊。同样,个性相对于一定的范围、过程是个性,相对于另外一定的范围、过程则是共性,在普遍联系中,则是特殊性。总之,个别与个性,前者既是对具体事物本身的抽象,又是对事物特性的抽象,后者则是对事物的性质、特性的抽象,这两个范畴逻辑层次是不同的。

再次,马克思认为一般是具体事物的"共同的东西",个性则是具体事物的"不同特点",而个别则是指现实中存在千差万别的具体事物,如一个个苹果、梨、桃等①。列宁也认为,个别是具体的事物、现象、过程,并指出:"从任何一个命题开始,如树叶是绿的,伊万是人,茹奇卡是狗等等。在这里(正如黑格尔天才地指出过的)就已经有辩证法:个别就是一般。"②这里,即"树叶""伊万""茹奇卡"都是个别,是具体事物,"绿""人""狗"是一般。列宁特别注明:"个别(事物、现象、过程)"③,而不是事物的特殊属性,即个性。列宁特别强调:"一般只能在个别中存在,只能通过个别而存在。"④这就是说,个别是一般的基础。

由此可见,个别包含个性,个性从属于个别,但个别不等于个性。明确了这点后,一般和个别的关系是否等同于共性和个性的关系便好理解了。

共性与个性的关系是辩证的统一。任何事物都有它的质的规定性。事物的质,是通过事物的属性表现出来的。个性,是指区别于其他事物而为这个事物所特有的那一部分属性。共性,则是指与其他事物所共有的那一部分属性。个性不等于共性,共性不等于个性。二者又是互相依存的:没有不具有共性而独立存在的事物,同样,也没有不具有个性的事物。世界上的事物若不具有共性,世界就不是统一的物质世界,共性是联系的环节;世界上的事物若不具有个性,世界也就不成其为多样性的世界,个性是事物相互区别的关键。因此,共性和个性既有区别又有联系,共存于具体事物即个别之中。

可以看出,一般和个别与共性和个性是两对不同的范畴。一般和个别是

---

① 参见《马克思恩格斯全集》第 2 卷,第 71—75 页。
② 《列宁全集》第 55 卷,第 307 页。
③ 《列宁全集》第 55 卷,第 307 页。
④ 《列宁全集》第 55 卷,第 307 页。

反映一类事物和单一事物相互关系的一对范畴,而共性和个性则是反映单一的、特殊的事物内部各属性之间相互关系的一对范畴,在一般和个别的关系中,个别是一般的基础或承担者。一般和个别是不同层次的范畴,共性与个性是同一层次的范畴,而共性和个性谁也不是对方的基础或承担者,二者的基础或承担者都是具体事物即个别;在一般和个别的关系中,个别是认识的起点,然后上升到一般,而共性和个性的关系则是从个别到一般的过渡环节,因为人们只有在具体事物的联系、比较中,才能区别共性和个性,从而发现一般。因此,如果混淆这两对范畴,无论在理论上还是在实践上必然造成一系列的混乱。

有人会问:如何认识事物的共性?不是通过具体事物的个性去认识共性的吗?所谓通过个性来认识共性,这里所说的"个性",是指具体事物的一个一个的属性,而事物所具有的个性,则是指某事物所特有的属性,二者不能混同。我们认识共性,必须在具体事物的联系中,将各事物的属性加以比较、区别,找出相同属性,这就认识了共性,同时,这也就认识了各具体事物的个性。

综上所述,我认为,个性不等于个别,一般和个别的关系与共性和个性的关系不能等同,不能依据一般和个别的关系简单地推出共性和个性的关系。

载《江淮论坛》1982 年第 4 期

论邓小平的哲学思想及其特色

一

邓小平创立了中国特色社会主义理论,这已为众所公认。但是,如何理解中国特色社会主义理论的哲学基础却众说纷纭,观点不一。从根源上看,中国特色社会主义理论的哲学基础当然是马克思主义哲学,正如邓小平所说,"搞社会主义一定要遵循马克思主义的辩证唯物主义和历史唯物主义"①。但是,中国特色社会主义理论毕竟是当代中国的马克思主义,有其特定的时代背景和思考侧重点,因而也就有其特定的哲学基础。从直接性上看,中国特色社会主义理论的哲学基础就是邓小平的哲学思想。我断然拒绝这样一种观点,即中国特色社会主义理论"没有界定明确的哲学深度"。实际上,在邓小平关于中国特色社会主义的总体构想中,深藏于背后并渗透于每一个具体构想中的,就是邓小平的哲学思想。

的确,邓小平没有写过哲学专著或哲学论文直接阐发他的哲学思想,而且《邓小平文选》中的文章大多是谈话、对话,使用的语言也大多是普通语言,较少涉及专门的哲学术语。但是,由此否定邓小平的哲学思想,却是一种理论近视。就哲学思想的表述来说,专著、论文是一种形式,谈话、对话也是一种形式。辩证法的本意就是谈话,通过谈话或对话揭示真理。苏格拉底、贝克莱、狄德罗、伽达默尔、哈贝马斯等西方哲学家无不认为谈话或对话是表达哲学思想的一种有效方式,而作为中国传统文化源头的《论语》,实际上就是孔子的谈话录。当然,邓小平谈话的内容与他们的看法不同。但是,邓小平正是通过谈论中国和世界的一系列重大问题直接或间接地涉及一系列重大的哲学问题,

① 《邓小平文选》第三卷,第118页。

从而表述了自己独特的哲学思想,如实事求是与解放思想的关系问题,科学技术是第一生产力的问题,社会发展及其标准问题,现时代的主题问题,社会主义的发展模式问题,等等。

研读邓小平的著作可以看出,邓小平关注的焦点是中华民族,以至全人类的生存和发展方式问题,并明确指出,"中国的主要目标是发展","应当把发展问题提到全人类的高度来认识,要从这个高度去观察问题和解决问题"①。人类生存和发展方式,包括科学技术的地位和作用问题,正是当代哲学家关注的问题。这一点,看看海德格尔、哈贝马斯等人的著作便一目了然。在邓小平的谈话、对话及其所使用的普通语言中包含着深邃的理论见解和重要的哲学内涵。

二

实际上,哲学从其一诞生,就表现为两种形态:一种是以各种特定的范畴、规律出现的逻辑化了的哲学,这种哲学更多的是一种"死"的哲学知识;另一种则是深悟哲学的精神实质,并能将哲学的观点和方法艺术地渗透到现实的社会活动中,形成一种辩证的思维方式以及工作方法,这种哲学是一种"活"的哲学智慧。邓小平的哲学思想无疑属于后者。在我看来,邓小平的哲学思想根源于马克思主义哲学,孕育于毛泽东哲学思想,直接产生于邓小平独特的实践活动之中,并通过他的具体的思考过程和活动过程显示出来。这是一种与当代中国实践交织在一起的"活"的哲学智慧,一种高超的哲学智慧。

邓小平明确指出:"现在我们的干部中很多人不懂哲学,很需要从思维方法、工作方法上提高一步。"②这就是说,哲学的主要功能是方法论,为人们提供正确的思维方法和工作方法。正因为如此,邓小平又指出:"马克思主义理论从来不是教条,而是行动的指南。它要求人们根据它的基本原则和基本方法,不断结合变化着的实际,探索解决新问题的答案,从而也发展马克思主义理论本身。"③邓小平的这一观点是深刻的。马克思主义哲学不仅是一种世界观,更重要的,是一种方法论,或者说,提供科学的方法论是马克思主义哲学安身立

---

① 《邓小平文选》第三卷,第 244、282 页。
② 《邓小平文选》第二卷,第 303 页。
③ 《邓小平文选》第三卷,第 146 页。

命之本。恩格斯以其远见卓识早就向人们宣布："马克思的整个世界观不是教义，而是方法。它提供的不是现成的教条，而是进一步研究的出发点和供这种研究使用的方法。"①

的确如此。马克思是普罗米修斯，而不是上帝；马克思主义哲学是方法论，而不是启示录。我们只能按照马克思主义哲学的科学"本性"期待它做它所能做的事，而不能要求它做它不能做或做不到的事。从根本上说，马克思主义哲学提供的是一种科学的方法论，即揭示了思维向真理运动的途径和实践改造世界的方法。所谓方法，就是人们用来认识、把握和改造世界的手段、程序。世界观和方法论达到一致的过程，本质上就是人们自觉认识到客观规律和关系，并把它们转化为认识手段、程序，转化为主体行动规则的过程。邓小平深深地理解这一点，他"尊重生活和历史的辩证法"，并把它们转化为哲学方法论贯彻到自己的思维活动和实践活动中，以此来全面认识、把握和指导中国现代化的社会运动。

三

邓小平首先是一个唯物主义者。和毛泽东一样，邓小平也认为实事求是是唯物主义，是马克思主义的基本原则。不同的是，邓小平把实事求是与生产力标准联系起来并融为一体了，形成了以"生产力标准"为根本原则的彻底的唯物主义。邓小平多次提到"彻底的唯物主义"这一概念。从形式上看，彻底的唯物主义就是"实事求是地肯定应当肯定的东西，否定应当否定的东西"②；从内容上看，彻底的唯物主义就是要以是否有利于发展生产力作为检验路线、方针、政策是否正确的根本标准，作为检验某种社会制度或体制是否值得肯定的根本标准。一句话，彻底的唯物主义就是以生产力为根本标准"肯定应当肯定的东西，否定应当否定的东西"。

以"生产力标准"为根本原则之所以是彻底的唯物主义，是因为生产力的发展是实现社会发展多种目标的根本条件，只有以生产力为根本标准，才能正确处理社会矛盾。没有生产力的高度发展，"那就只会有贫穷的普遍化；而在

---

① 《马克思恩格斯全集》第 39 卷，人民出版社 1974 年版，第 406 页。
② 《邓小平文选》第三卷，第 334 页。

极端贫困的情况下,必须重新开始争取必需品的斗争,也就是说,全部陈腐的东西又要死灰复燃"①。

同时,生产力本身就是人们的"实践能力",生产力发展的历史也就是"个人本身力量发展的历史"②。因此,"真正的财富就是所有个人的发达的生产力"③,发展生产力"也就是发展人类天性的财富这种目的本身"④。生产力既体现着人的本质力量,又是一种物质力量。从本质上说,生产力就是在人们的物质实践活动,即人与自然的物质变换过程中形成的物质力量。因此,以"生产力标准"为根本原则既与马克思主义的人的发展理论相一致,又是一种彻底的唯物主义。

四

生产力的发展具有整体性,但这种整体性并不意味着其中每一个要素的发展都是绝对平衡的。相反,其各个要素的发展往往显示出一定程度的不平衡性,在一定的历史时期,生产力的发展主要依靠某一要素。从生产力发展的历史来看,一定历史时期相对突出的要素就是这一时期生产力发展的生长点、突破口,即第一生产力。

不同的时代有不同的第一生产力。在古代,第一生产力就是自然力;在近代,生产力的变革是以劳动资料为起点的,工作机、动力机以及电力在能源中的使用,先后成为近代生产力发展的三个生长点、突破口,即第一生产力;现代,随着科学技术的发展,科学技术与生产实践之间的关系发生了根本变化,形成了科学——技术——生产的发展机制。换言之,科学技术成为生产力在现代发展的生长点、突破口,即第一生产力。邓小平敏锐地抓住了这一点,明确指出:"科学技术是第一生产力。"⑤

生产力范畴是马克思主义实践范畴序列上的一个重要纽结,是揭示人类实践结构的根本范畴。邓小平关于科学技术是"第一"生产力这一观点的哲学

①《马克思恩格斯全集》第3卷,第39页。
②《马克思恩格斯全集》第3卷,第81页。
③《马克思恩格斯全集》第46卷下,第222页。
④《马克思恩格斯全集》第26卷Ⅱ,第124页。
⑤《邓小平文选》第三卷,第377页。

底蕴就在于,不仅揭示和概括了科学技术的社会价值,而且揭示和体现着一种新型的实践观,体现了当代实践活动的根本特征。从科学技术是"一般"生产力到科学技术是"第一"生产力,展示的正是实践框架的时代转换。科学技术是"第一"生产力的观点体现着当代的实践精神,是马克思主义的生产力理论和实践理论在当代的深化和发展。

五

一代辩证法大师毛泽东多次赞誉邓小平善于"照辩证法办事"。的确如此。善于"照辩证法办事"构成了邓小平理论和实践的特色。不过,邓小平并没有去简单地重复辩证法的经典术语,并没有去构建一个从概念到概念的辩证法的理论体系,也没有仅仅从世界观的层次上看待辩证法,而是把辩证法推进到工作方法的实践层次上,形成了一种全面运筹的社会活动辩证法。从总体上看,这种全面运筹的社会活动辩证法体现在四个方面:

一是"两手抓、两手硬"的辩证法。在邓小平看来,"两手抓、两手硬"就是要实实在在地使现实社会中的各种矛盾,使各项工作相互制约、对照、配合,达到相称,从而使社会良性运行。

二是发展与稳定的辩证法。按照邓小平的观点,稳定是发展的前提,而真正的稳定又是发展中的稳定,否则,稳定就会变成停滞。因此,"要注意经济稳定、协调地发展,但稳定和协调也是相对的,不是绝对的"①。

三是主体与补充的辩证法。邓小平认为,就社会结构而言,中国必须以公有制经济为主体,以个体、外资等非公有制经济为补充;补充什么、如何补充的前提条件,是有利于社会主义社会生产力的发展,同时,主体必须有效制约、控制补充部分,使非公有制经济成为社会主义经济的有益补充。

四是定型与修补的辩证法。在社会生活中,所谓定型,就是指使人的行为和社会活动规范化。定型的基础是社会实践,应随着实践以及社会关系的充分展开而定型,定型过早不仅经验不足,而且会限制社会发展。所以,邓小平认为,"恐怕再有三十年的时间,我们才会在各方面形成一整套更加成熟、更加

---

① 《邓小平文选》第三卷,第377页。

定型的制度"①。在这个过程中,应随着各种社会关系的展开,对"型"辅以修补,使其趋于完善。

可以看出,邓小平全面运筹的社会活动辩证法的主线,仍是矛盾。但是,这种全面运筹的社会活动辩证法关注的却是创造矛盾能在其中运动的形式。通常认为,解决矛盾有三种方法:矛盾一方克服另一方,矛盾双方同归于尽,矛盾通过对立面的融合形成一个新事物。实际上,还存在着一种解决矛盾的方法,即创造矛盾能在其中运动的形式。马克思指出:"商品的交换过程包含着矛盾的和相互排斥的关系。商品的发展并没有扬弃这些矛盾,而是创造这些矛盾能在其中运动的形式。一般说来,这就是解决实际矛盾的方法。"②邓小平注意到了这一"解决实际矛盾的方法",其全面运筹的社会活动辩证法就是为了创造社会矛盾能在其中良性运行的形式。

六

邓小平哲学思想的又一基本内容就是以"开放的世界"为基石的当代"世界观"。邓小平明确指出:"现在的世界是开放的世界。"③所谓开放的世界,是指各民族、国家全面的相互影响、相互制约、相互依存、相互渗透,世界已经"一体化"。"开放的世界"的形成增强了世界历史的整体性,以及各个民族、国家之间的共生性。这种共生性决定了任何一个民族、国家都不可能长久地孤立于世界历史的进程之外,如同人的肢体不能孤立于血液循环系统之外一样。

在当代,任何一个民族、国家只有同整个世界的生产发生实际联系,并利用先进的生产方式来发展自己,才能获得发展的"爆发力",从而以跳跃式的发展进入现代化的行列。历史已经证明,没有一个国家能够在孤立的状态下实现现代化。"中国的发展离不开世界。"④正因为如此,邓小平始终是"从世界的角度"来设计"中国式的现代化"的,并多次强调,中国要获得发展必须从封闭转向开放,把具有世界普遍意义的东西变为自己自主活动的条件,变为建设中国特色社会主义的现实基础。邓小平的这一观点具有深刻的内涵,它实际

---

① 《邓小平文选》第三卷,第 372 页。
② 《马克思恩格斯全集》第 23 卷,第 122 页。
③ 《邓小平文选》第三卷,第 64 页。
④ 《邓小平文选》第三卷,第 78 页。

上揭示了人类社会中的交往活动相加效应规律和封闭行为重复效应规律。

开放交往之所以能使较为落后的民族、国家以跳跃式的发展进入现代化的行列，是因为人类社会存在着交往活动或交换行为的相加效应规律，即进入交往活动中的民族、国家往往用自己富余的东西去换取自己短缺的东西，这就使较落后的民族、国家能够利用其他民族、国家的先进成果，并以此为起点去创造更先进的东西。

闭关自守之所以"把中国搞得贫穷落后，愚昧无知"①，是因为人类社会存在着封闭行为的重复效应规律，即处于闭关自守状态的民族、国家的一切活动都是"单独进行"的，一切都需要"从头开始""重新开始"，其"创新"往往是重复别人已经走过的艰辛之路，实际上处于重复劳动和社会停滞之中，并因此仍处于历史落伍者的地位。马克思在分析印度的历史时曾指出："孤立状态是它过去处于停滞状态的主要原因。"②中国的历史再次证明这一点。"中国长期处于停滞和落后状态的一个重要原因是闭关自守。"③

七

与以"开放的世界"为基石的"世界观"相对应的，是邓小平的当代意识理论。这种当代意识理论体现在四个方面。

其一，主体意识。这里所说的主体是相对于客体而言的，从层次上看，可分为个人主体、集团主体、民族或国家主体、人类主体。邓小平强调的主体，是作为一个整体的中华民族、中国人民。无论论是"发展自己"，还是"中国式的现代化"或中国特色社会主义，突出的就是中华民族、中国人民的主体意识。

其二，危机意识。邓小平多次强调，要承认落后，要忧国、忧民、忧党。处于落后状态实际上就是处于危机之中。危机意识的确立是把中国同周边一些国家和地区以及发达国家的经济发展进行横向比较的结果。危机意识具有一种历史感和责任感，它要求人们"换脑筋"，即打破旧的思维框架，建构新的思维方式，迈出改革的新步伐。

其三，时机意识。邓小平多次强调要抓住时机。这种时机意识是对不可

---

① 《邓小平文选》第三卷，第 90 页。
② 《马克思恩格斯选集》第 1 卷，第 768—769 页。
③ 《邓小平文选》第三卷，第 78 页。

逆的时间发展中产生的各种机遇的意识。作为一种历史范畴,时机意识是时间和机遇的统一,它要求人们审时度势,做出正确抉择,利用外部有利的时机发展自己。

其四,发展意识。邓小平多次强调,和平与发展是现时代的主题,发展才是"硬道理",中国的主要目标就是发展。因此,必须树立发展意识,并确立中国的发展路线,从而"抓住时机,发展自己"[1]。从更深的层次看,"抓住时机,发展自己"从动态上拓展了内因与外因的辩证法。具体地说,内因的发展离不开外因,但外因又有时效性,即特定的外因总是在特定的条件下和时间内存在,离开了特定的条件就没有特定的外因,而特定的条件又在一定的时间内存在。因此,内因要发展自己,必须主动、及时地抓住外因,即"抓住时机,发展自己"。

可见,邓小平的哲学思想的确具有自己的"个性"。从思想史上看,任何一种哲学思想,不管它们具有什么样的"个性",都和其创始人所处的时代密切相关。时代的差异自然会使不同时代的哲学观点、哲学思考方式、哲学方法,乃至哲学理念显现出差异性。邓小平的哲学思想同样是时代的产物,体现着当代中国的时代精神和民族精神。正是在邓小平的哲学思想中,我们把握到了时代发展的脉搏和契机,领悟到了中华民族何以复兴于当代的秘密。

载《前线》1996年第 1 期

《新华文摘》1996 年第 4 期转载

---

[1]《邓小平文选》第三卷,第 375 页。

论邓小平理论的主题和风格

❖

对每一位中国人来说,邓小平理论意味着当代中国的改革开放和现代化建设,并且是和社会主义的长远发展、中华民族的前途命运联系在一起的。正是在邓小平理论的引导下,"九死一生"的中国现代运动奇迹般地走出了历史沼泽地,社会主义由此在中华民族的复兴中再造辉煌,中华民族则在社会主义改革的基础上再造辉煌。社会主义的改革和中华民族的复兴就这样历史性地联结在一起了,而这正是邓小平理论所担负的崇高使命。邓小平理论是爱国主义和社会主义相统一的理论,它是在总结中国社会主义实践,尤其是"文化大革命"的历史经验的基础上,在当代中国改革开放和现代化建设的实践中,逐步形成和发展起来的。本文拟就邓小平理论形成的历史背景和主观条件、邓小平理论的主题和科学体系、邓小平理论的特征和风格,做一新的探讨和审视,以深化我们对邓小平理论的研究。

一、邓小平理论形成的历史背景和主观条件

理论体系往往以理论创立者个人的名字命名,但并非专属他个人。由理论家们创造的理论体系,不管其形式如何抽象,也不管它们具有什么样的"个性",都和理论家所处的历史背景密切相关。法国启蒙学说明快泼辣的个性,德国古典哲学艰涩隐晦的特征,离开了它们各自的历史背景都是无法理解的。邓小平理论也是如此。

1987 年,邓小平说过这样一段话:总的来说,中国"很长时间处于缓慢发展和停滞的状态,人民的生活还是贫困。'文化大革命'当中,'四人帮'更荒谬地提出,宁要贫穷的社会主义和共产主义,不要富裕的资本主义。不要富裕的资本主义还有道理,难道能够讲什么贫穷的社会主义和共产主义吗?结果中

国停滞了。这才迫使我们重新考虑问题。考虑的第一条就是要坚持社会主义,而坚持社会主义,首先要摆脱贫穷落后状态,大大发展生产力,体现社会主义优于资本主义的特点"①。这里,有两点值得注意:一是很长时间的"缓慢发展和停滞状态","迫使我们重新考虑问题";二是坚持社会主义"首先要摆脱贫穷落后状态",贫穷不是社会主义。这一论述实际上说明了邓小平理论形成的历史背景。

"我一生最痛苦的当然是'文化大革命'的时候。"②实际上,使邓小平感到最痛苦的不仅是他个人的遭遇,更重要的,是中国人民的历史灾难和中国社会主义事业的重大挫折。痛苦使人思索。邓小平这时不能不痛苦地思考:这一切错在哪里,错误从何而来,错误怎样才能得到纠正? 邓小平多次指出,"文化大革命""促使人们思考,促使人们认识我们的弊端在哪里"。"为什么我们能在七十年代末和八十年代提出了现行的一系列政策,就是总结了'文化大革命'的经验和教训。"③

值得注意的是,"中国社会从一九五八年到一九七八年二十年时间,实际上处于停滞和徘徊的状态,国家的经济和人民的生活没有得到多大的发展和提高"④。因此,由反思"文化大革命",邓小平进而反思了整个中国社会主义建设的经验教训。

这就是说,中国社会主义建设的经验教训,尤其是"文化大革命"给中华民族带来的深重灾难,构成了邓小平理论形成的历史背景。邓小平正是在这样一种特定的历史背景下进行理论思考的。这种理论思考是以"贫穷的社会主义"为反面教材,从分析社会主义制度的优越性开始的。

1978 年,邓小平就指出:"社会主义制度优越性的根本表现,就是能够允许社会生产力以旧社会所没有的速度迅速发展,使人民不断增长的物质文化生活需要能够逐步得到满足。"⑤这就是说,社会主义就是要在迅速发展生产力的基础上体现出其优于资本主义。"讲社会主义,首先就要使生产力发展,这是主要的。只有这样,才能表明社会主义的优越性。"⑥某种社会制度的优越性,

① 《邓小平文选》第三卷,第 223—224 页。
② 《邓小平文选》第三卷,第 54—55 页。
③ 《邓小平文选》第三卷,第 172 页。
④ 《邓小平文选》第三卷,第 237 页。
⑤ 《邓小平文选》第二卷,第 128 页。
⑥ 《邓小平文选》第二卷,第 314 页。

实际上就是这种社会制度内在本质的外部显现,由此,邓小平开始了对社会主义本质的理论思考。

这种理论思考使邓小平得出一个结论:我们过去对"什么是社会主义,怎样建设社会主义"这个问题并没有"完全搞清楚"。因此,"包括什么叫社会主义这个问题也要解放思想。经济长期处于停滞状态总不能叫社会主义。人民生活长期停止在很低的水平总不能叫社会主义"①。从批判"贫穷的社会主义"这一观念入手,以分析社会主义制度的优越性为起点,邓小平开始并展开他的理论创造活动,从而创立了邓小平理论,即中国特色社会主义理论。

特定的历史背景只是为某种理论的产生创造了客观条件和可能,但理论并不能自动地产生出来。要使这种理论的产生从可能转变为现实,还需要这种理论的创立者具备一定的特殊的主观条件,包括个人的社会经历、知识结构、思维方式和价值观念等。20世纪中国革命和建设的伟大实践造就了具备这种条件的邓小平,邓小平由此成为中国特色社会主义理论的创立者。

从邓小平接受马克思主义的环境看,他是在法国和俄国奠定马克思主义理论基础的。1920年,邓小平带着"工业救国"的朴素爱国主义理想来到法国勤工俭学。法国资本主义的现实"教育"了邓小平,使他认识到"工业救国"对当时的中国来说只能是一种幻想。同时,法国的社会主义运动又吸引了邓小平,使他很快接受了马克思主义。1926年,邓小平又赴苏联,就学于东方大学和中山大学,系统学习了马克思列宁主义的基本理论。这就是说,邓小平接受并把握马克思主义的环境与别人不同,他对马克思主义基本理论的把握是在法国和苏联这种特殊的环境中进行的。

从邓小平的个人经历看,"三落三起"的独特经历使他对马克思列宁主义、毛泽东思想产生了深刻而特殊的理解。邓小平的个人经历有着某种传奇色彩,这就是他政治生涯中的"三落三起"。人们常说"人生的道路是曲折的",但谁也没有像邓小平一生这样崎岖不平;"伟人一生都具有传奇色彩",但谁也没有像邓小平一生那样传奇色彩浓烈。经历本身就是一笔财富。邓小平"三落三起"的经历是极其宝贵的财富。人的一生可以"过五关",也可能"走麦城",所以,人不仅要适应顺境,而且要经受逆境的考验。

更为重要的是,邓小平每次陷入逆境,并不是因为他个人的失误造成的,

---

① 《邓小平文选》第二卷,第312页。

相反,是由于他坚持正确的意见而遭到错误的处理。正是由于坚持真理而"落",因此,当真理被人们普遍认识之后,邓小平就奇迹般地"起"。"落"与"起"之间的神奇性,根源于邓小平是正确的这一根本点之上。同时,这种大落大起的经历又造就了邓小平坚强的性格和意志,形成了他透过历史看未来的彻底的唯物主义精神,塑造了他在复杂的社会运动中,在同"左"、右各种思潮的斗争中,艺术地引导社会前进的特殊能力,并对马克思列宁主义、毛泽东思想产生了一种深刻而特殊的理解。

从邓小平在中国共产党历史上的地位看,他一直是一个把握全局问题的领导者,由此形成了一种宏观的战略式的辩证思维方式。邓小平是一位具有极其丰富的革命和建设经验的领导者,其革命经历之丰富、实践活动之多样,在中国共产党历史上并不多见。邓小平的活动领域涉及党、政、军以及经济、政治、思想文化的各个方面,更重要的是,他一直是一个处理全局的领导者。这样一种历史地位,加上丰富的革命和建设经验,使邓小平形成一种宏观的、战略式的辩证思维方式,是毫不奇怪的。

从邓小平的思维方式看,邓小平是一位具有高度辩证思维能力、善于进行宏观思考和战略设计的理论家。邓小平具有极其丰富的历史经验,但如果他仅仅停留在经验层次上,还不足以创立中国特色社会主义理论。邓小平以自己丰富的历史经验为基础,同时又利用自己高度的辩证思维能力对之进行综合,这才创立了中国特色社会主义理论。一代辩证法大师毛泽东多次赞扬邓小平善于"照辩证法办事"。这种善于"照辩证法办事"的特点集中体现在邓小平的宏观性、整体性和系统性的思维方式上。从认识论的视角看,在对历史、现实和未来的分析中,邓小平之所以能够形成比同时代人更深刻的见解,之所以能够创立中国特色社会主义理论,一个重要原因,就是他具有这种宏观性、整体性和系统性的思维方式,具有高度的辩证思维能力。

二、邓小平理论的主题和科学体系

1956 年,随着社会主义改造的基本完成,中国社会的主要矛盾再次发生了历史性转换,即从无产阶级和资产阶级、社会主义道路和资本主义道路的矛盾转换为人民日益增长的物质文化生活需要和落后的社会生产之间的矛盾。在当代中国,人民日益增长的物质文化生活需要和落后的社会生产这一矛盾的实质,就是社会主义制度和落后的社会生产力之间的矛盾。这是因为,中国是在资本主义世界体系的历史背景下,在半殖民地半封建社会这个特殊的国度中走向社会主义的。换言之,中国的社会主义制度是在特定的历史条件下,建立在落后的社会生产力这一基础上的。

然而,社会主义制度不可能长久地建立在落后的社会生产力这一基础之上。同时,社会主义制度优越性的根本表现,就是能够允许社会生产力以旧社会所没有的速度发展,使人民不断增长的物质文化生活需要能够逐步得到满足。于是,一个历史的课题就摆在中国共产党人的面前:在中国这样一个经济文化较为落后的国家如何建设社会主义,才能充分体现社会主义制度的优越性。

毛泽东已经意识到这一重大问题。在社会主义改造刚刚完成之际,毛泽东就开始探讨"中国工业化道路",并告诫全党:"特别值得注意的是,最近苏联方面暴露了他们在建设社会主义过程中的一些缺点和错误,他们走过的弯路,你还想走?"①这表明,毛泽东已经意识到苏联模式的社会主义和当代中国实际之间的矛盾,已经开始探讨在中国如何建设社会主义这一问题。

然而,历史的发展总是一条曲线,而不是直线。毛泽东提出了在当代中国如何建设社会主义的问题,但由于种种原因,并没有解决好这一问题。其中,主要的失误就在于:

一是在一定程度上误解了马克思主义的某些理论,形成一条"以阶级斗争为纲"的错误路线,力图通过"无产阶级专政下继续革命"的形式来解决巩固社会主义的问题,通过"抓革命,促生产"的形式来解决建设社会主义的问题。

二是在社会主义经济运行机制上不理解市场经济的作用,不理解市场经济是现代经济形式,是配置资源和提供激励的有效形式。

三是在社会主义的社会结构中,尤其在生产关系上盲目追求"一大二公",先是看中了政社合一的人民公社,后又提出"五·七指示"公式,力图把工、农、商、学、兵组成一个大公社,使之成为中国社会的基本单位,以实现"六亿神州尽舜尧"这一理想。

这表明,我们过去对"什么是社会主义,怎样建设社会主义"这个问题的认识不是"完全清醒"的。"多年来,存在一个对马克思主义、社会主义的理解问

① 《毛泽东著作选读》下册,人民出版社 1986 年版,第 720—721 页。

题。""马克思去世以后一百多年,究竟发生了什么变化,在变化的条件下,如何认识和发展马克思主义,没有搞清楚。"①这表明,毛泽东之后,"什么是社会主义,怎样建设社会主义",仍是一个有待解决的历史课题。历史把这一重大课题交给了邓小平。

1980年,邓小平就提出"包括什么叫社会主义这个问题也要解放思想",同时,"要充分研究如何搞社会主义建设的问题"②。为此,邓小平深刻反思了中国、苏联社会主义建设,以及非洲一些国家搞社会主义的经验教训,并得出了三个结论:

第一,社会主义制度并不等于建设社会主义的具体做法,搞社会主义必须根据中国的实际,必须发展生产力,贫穷不是社会主义。社会主义是什么,马克思主义是什么,我们过去对这个问题的认识不是"完全清醒"的,或者说,没有"完全搞清楚"。

第二,从总体上看,中国过去的社会主义体制是"学苏联的",问题在于,社会主义究竟是个什么样子,怎样搞社会主义,苏联"也并没有完全搞清楚",而且"后来苏联的模式僵化了"③。正因为如此,在苏联社会主义建设过程中出现了一系列失误,并最终导致国家解体。

第三,"好多非洲国家搞社会主义越搞越穷"④,因此,"确定走社会主义道路的方向是可以的,但首先要了解什么叫社会主义,贫穷绝不是社会主义。要讲社会主义,也只能是讲符合莫桑比克实际情况的社会主义"⑤。非洲一些国家搞社会主义的经验教训,也促使邓小平思考"什么是社会主义,怎样建设社会主义"。

由此,邓小平反复提出,要搞清楚"什么是社会主义,怎样建设社会主义"的问题,并认为这是最根本的一条经验教训。

邓小平这一概括准确而深刻。中国社会主义在改革开放前所经历的失误,改革开放以来在前进中遇到的一些困惑,归根到底,都在于对"什么是社会主义,怎样建设社会主义"这个问题没有"完全搞清楚"。拨乱反正,全面改革,

———————————
① 《邓小平文选》第三卷,第291页。
② 《邓小平文选》第二卷,第312页。
③ 《邓小平文选》第三卷,第139页。
④ 《邓小平文选》第二卷,第313页。
⑤ 《邓小平文选》第三卷,第261页。

党的十一届三中全会以来的历史进程，则是逐渐搞清楚"什么是社会主义，怎样建设社会主义"这个问题的过程。正是在这个过程中，当代中国实现了从"以阶级斗争为纲"转向以经济建设为中心，从传统的计划经济转向社会主义市场经济，从封闭半封闭型社会转向开放型社会，并寻找到一条适合中国实际的社会主义发展道路。

"什么是社会主义，怎样建设社会主义"的确是一个首要的基本的理论问题。社会主义初级阶段理论的提出，社会主义本质的探索，社会主义市场经济概念的制定，社会主义现代化建设总体布局的规划，"一个中心，两个基本点"基本路线的确定等，都是为了解决这个问题。"什么是社会主义，怎样建设社会主义"犹如一条红线贯穿邓小平理论的始终，并辐射到邓小平理论的方方面面。如果说邓小平理论是一部宏伟交响，那么"什么是社会主义，怎样建设社会主义"则构成了这一宏伟交响的主题。一句话，邓小平的全部理论活动都是围绕"什么是社会主义，怎样建设社会主义"这一主题展开的，并围绕着这一首要的基本的问题建构了一个科学体系。

判断一种理论是否形成体系，就看它是否系统地回答了所研究领域的一系列基本问题。只要是系统地回答，而不是零星地回答，是回答该领域的一系列基本问题，而不是回答个别问题，就意味着某种理论体系已经形成。

无疑，邓小平理论是一个科学体系。邓小平《建设有中国特色的社会主义》一书外文版的书名就叫《当代中国的基本问题》。从根本上说，邓小平理论之所以构成一个科学体系，之所以是当代中国的马克思主义，就是因为运用了马克思主义的立场、观点和方法，系统而科学地回答了当代中国的一系列基本问题，第一次系统地回答了在中国这样经济文化比较落后的国家如何建设、巩固和发展社会主义的一系列基本问题。

在当代中国的主要矛盾和历史方位问题上，邓小平指出，当代中国社会的主要矛盾仍然是人民日益增长的物质文化生活需要同落后的社会生产之间的矛盾，当代中国处在社会主义初级阶段，或者说，中国的社会主义是初级阶段的社会主义。

在当代中国的发展方向和发展道路问题上，邓小平指出，只有社会主义才能救中国，只有社会主义才能发展中国，而社会主义必须是符合中国实际的社会主义。所以，在社会主义发展道路问题上，要走"中国式的现代化道路"，建设中国特色社会主义。

在当代中国的根本问题和根本任务问题上,邓小平指出,当代中国面临的根本问题就是如何建设、巩固和发展社会主义,社会主义的本质就是解放和发展生产力,消灭剥削,消除两极分化,达到共同富裕。因此,当代中国的"首要任务""主要任务""根本任务"就是发展生产力,中国的主要目标是发展。

在当代中国的发展动力和政治保证问题上,邓小平指出,革命是解放生产力,改革也是解放生产力。在当代中国,以科学技术为第一生产力和改革经济体制是发展生产力的必由之路。经济体制改革的目标是建立社会主义市场经济体制,政治体制改革的目标是完善人民代表大会制度,并使社会主义民主法律化、制度化。与经济、政治体制改革相适应,要进行精神文明建设,提高中华民族的整体素质。同时,要坚持四项基本原则。四项基本原则是当代中国改革开放和现代化建设健康发展的保证,同时,又应从当代改革开放和现代化建设新的实践中获得新的时代内容。

在当代中国的国际环境和外交战略问题上,邓小平指出,和平与发展成为时代的主题,必须坚持独立自主的和平外交政策,维护世界和平,维护"国权",争取建立公正合理的国际政治经济新秩序;现在的世界是开放的世界,中国的发展离不开世界,必须对外开放,吸收、借鉴世界各国,包括发达资本主义国家的一切先进文化成果。

在当代中国的发展战略和战略重点问题上,邓小平指出,实行台阶式的发展战略;贫穷不是社会主义,同步富裕又不可能,所以,必须允许和鼓励一部分人、一部分地区先富起来,逐步实现共同富裕;战略重点一是农业,二是能源和交通,三是教育和科学,其中农业是根本,科教是关键,必须实施科教兴国战略。

如此等等。邓小平理论的确系统地回答了当代中国的一系列基本问题,围绕着什么是初级阶段的社会主义,在初级阶段怎样建设社会主义这个中心问题形成了一系列相互联系的基本观点,从而构成了一个科学的体系。

三、邓小平理论的特征和风格

历史已经证明,只有把马克思主义同各国具体实际相结合,才能取得社会主义革命和建设的胜利,要使马克思主义同各国具体实际相结合,又必须使马克思主义取得具体的民族形式。这就是说,马克思主义民族化是马克思主义的内在要求。马克思主义只有同各个民族的具体特点相结合并通过一定的民族形式,才可能在这个国家扎根并真正发挥其改造世界的功能。

就中国而言,必须把马克思主义同中国具体实际相结合,同中华优秀传统文化相结合。"从孔夫子到孙中山,我们应当给予总结,承继这一份珍贵的遗产。"①这就是说,在中国要实现马克思主义,就必须使马克思主义取得"民族形式","使之在其每一表现中带着必须有的中国的特性",具有"中国老百姓所喜闻乐见的中国作风和中国气派"②。这就是说,把马克思主义同中国具体实际相结合的过程,同时就是马克思主义中国化的过程。

在新民主主义革命时期,邓小平就提出,应该把党的事业完全放在"中国化的马列主义,即毛泽东思想"的指导之下。在社会主义改革的新时期,邓小平又指出:"马克思主义必须是同中国实际相结合的马克思主义,社会主义必须是切合中国实际的有中国特色的社会主义。"③实际上,邓小平理论就是"取得民族形式",具有"中国老百姓喜闻乐见的中国作风和中国气派"的"中国化的马克思主义",即当代中国的马克思主义。

从理论来源和本质属性看,邓小平理论根源于马克思列宁主义,孕育于毛泽东思想之中,是马克思主义同当代中国实践和时代特征相结合的产物,是毛泽东思想的继承和发展。如果说马克思列宁主义构成了邓小平理论的一般理论基础,那么毛泽东思想则构成了邓小平理论的特殊理论基础。邓小平一再强调"毛泽东思想教育了整整一代人",并指出:"从许多方面来说,现在我们还是把毛泽东同志已经提出、但是没有做的事情做起来,把他反对错了的改正过来,把他没有做好的事情做好。今后相当长的时期,还是做这件事。当然,我们也有发展,而且还要继续发展。"④这就是说,邓小平理论同毛泽东思想之间具有继承、纠正和发展的三重关系。

从根本观点和根本方法看,邓小平理论同马克思列宁主义、毛泽东思想是一脉相承的统一的科学体系。"解放思想,实事求是"是马克思列宁主义、毛泽东思想的精髓,也是邓小平理论的精髓,它像一条永恒的金带连接着马克思列宁主义、毛泽东思想和邓小平理论。牵住了这条金带就会从根本上把握从马

---

① 《毛泽东选集》第二卷,第534页。
② 《毛泽东选集》第二卷,第534页。
③ 《邓小平文选》第三卷,第63页。
④ 《邓小平文选》第二卷,第300页。

克思列宁主义到毛泽东思想,再到邓小平理论的历史轨迹,以及三者之间的真实关系。

从总体系和总范畴看,邓小平理论当然属于马克思主义。但是,邓小平理论毕竟是马克思主义与当代中国实践和时代特征相结合的产物,邓小平面临的历史条件毕竟不同于马克思、列宁和毛泽东。时代的不同,自然会使邓小平理论在思维方式、思考角度和理论风格上显现出自己的"个性"。新的实践呼唤着新的理论,这是历史的必然。

1978 年,党的十一届三中全会提出,党在理论战线上的崇高任务,就是把马克思列宁主义、毛泽东思想的普遍原理同社会主义现代化建设的具体实践结合起来,并在新的历史条件下加以发展。邓小平深知这一问题的重要性和艰巨性,认为用"新内容、新思想、新语言"写出马克思主义的"新版本","这是要费尽革命思想家心血的崇高的创造性的科学工作"。实际上,邓小平理论本身就是这一"费尽革命思想家心血的崇高的创造性的科学工作"的产物,它依据马克思主义的基本原则和基本方法,不断结合变化着的实际,解决新的矛盾和新的问题,从而发展了马克思主义理论本身。邓小平理论是一种具有独特风格和魅力的理论形态。

一谈到理论,人们便想起了符号、概念、逻辑以及大部头的著作,理论似乎就是概念群的深层运转,是至深至玄的思辨。在中国共产党的历史上也曾发生过"什么是理论,什么是理论家"的争论。时下被世人公认为理论家的毛泽东,当年被"左倾"教条主义者讥讽为"狭隘经验论"者;今天被人们盛赞为难得的理论著作的《论持久战》《新民主主义论》等,当年在"左倾"教条主义者眼中也不是理论。

那么,究竟什么是理论,什么是理论家? 按照马克思主义的观点,"真正的理论在世界上只有一种,就是从客观实际抽出来又在客观实际中得到了证明的理论,没有任何别的东西可以称得起我们所讲的理论";"我们所要的理论家……是要这样的理论家,他们能够依据马克思列宁主义的立场、观点和方法,正确地解释历史中和革命中所发生的实际问题,能够在中国的经济、政治、军事、文化种种问题上给予科学的解释,给予理论的说明"①。由此可见,邓小平理论就是"真正的理论""我们所讲的理论",邓小平本人就是"我们所要的

---

① 《毛泽东选集》第三卷,第 817、814 页。

理论家"。

以务实著称的邓小平,不仅重视实践,而且重视理论,深谙马克思主义的立场、观点和方法,并对全党郑重提出,要"熟悉马克思主义的基本理论,从而加强我们工作中的原则性、系统性、预见性和创造性"①,多次强调"要在理论上阐述什么是社会主义,讲清楚我们的改革是不是社会主义";"必须从理论上搞懂"计划和市场与资本主义和社会主义的关系;从"理论上讲清楚"人民民主专政的道理;对改革开放和现代化的"构想","要从理论上进行深刻、实际的阐述"。《邓小平文选》正是从理论上"正确地解释了历史中和革命中所发生的实际问题",科学地说明了当代中国一系列基本问题的著作。邓小平理论在马克思主义发展史上的特殊地位就在于:它第一次系统地回答了在中国这样经济文化比较落后的国家如何建设社会主义的一系列基本问题。

的确,邓小平没有写过所谓的纯粹的理论专著,而且《邓小平文选》中的文章大多是谈话与对话,使用的语言也是普通语言。但是,由邓小平的一系列谈话、讲话汇集而成的《邓小平文选》无不处处闪耀着邓小平卓越的理论见解和宏大的理论气势。

就理论的表述来说,专著、论文是一种形式,谈话或对话也是一种形式。辩证法本义就是一种对话,通过对话揭示真理。作为中国传统文化源头的《论语》,实际上就是孔子的谈话录。古今中外通过谈话或对话表述理论见解的大思想家不乏其人。当然,邓小平谈话的内容与那些思想家不同。但是,邓小平正是通过谈论中国和世界一系列重大的现实问题直接或间接地涉及一系列重大的理论问题,通过谈话或对话这种形式并使用普通语言表述了自己的理论见解,如当代世界的主题问题,科学技术是第一生产力的问题,从全人类高度把握发展的问题,当代中国实现现代化的道路问题,等等。这样一些关涉中华民族,乃至全人类生存和发展的问题,无疑是重大的理论问题。

这里,存在着一个理论风格的问题。马克思的《资本论》是理论著作,毛泽东的《新民主主义论》是理论著作,孔子的《论语》也是举世公认的理论著作,但它们的理论风格则是各不相同。邓小平理论无疑有自己独特的风格。务实、"管用"、解决实际问题,是邓小平思考问题的出发点和归宿;论述精辟、文风朴实、口语表达,也是邓小平理论的一大特点。正如江泽民同志所说,"他文风朴

① 《邓小平文选》第三卷,第 147 页。

实,不讲空话,在简明扼要的论述中,总是包含着深刻的思想内容","风格如人"。在邓小平理论风格的背后是邓小平个人的风格和人格魅力。我们应该把握邓小平理论表达方式的个人特点,把握邓小平理论的风格,同时,学习邓小平个人的崇高风范和伟大人格。

实际上,存在着两种理论形态:一种是以各种特定的范畴、规律、规则形式出现的逻辑化了的理论,这种理论更多的是一种理论知识;另一种则是深悟理论与实际的关系,善于把握理论中的立场、观点和方法,并能将之精当地渗透、贯穿于现实的社会运动中,形成一种辩证的思维方式和总体的战略"构想",这是活的理论形态。

邓小平理论无疑属于后者。它是从马克思主义理论体系中生长出来,并融化于当代中国实践活动的"真正的理论"。由于邓小平深悟马克思列宁主义、毛泽东思想的精髓,善于"照辩证法办事",同时,又由于他与中国现代、当代的历史发展息息相关,因而在新的历史时期能够以"总设计师"的身份,在无比广阔的领域里展开其独具特色的理论活动,创立了中国特色社会主义理论这一新的理论体系。

邓小平曾经充满感情地写下这样一段话:"我荣幸地以中华民族一员的资格而成为世界公民。我是中国人民的儿子,我深情地爱着我的祖国和人民。"邓小平不仅是一位伟大的马克思主义者,也是一位伟大的爱国主义者;邓小平坚强的性格不仅源于他对马克思主义的坚定信念,而且源于他对中华民族精神遗产的自觉继承。邓小平理论是时代精神和民族精神的统一,它不仅具有鲜明的时代特征,而且具有浓烈的民族情感;不仅是马克思主义的,而且是"中国化"的。这种"中国化"的风格不仅体现在邓小平理论的内容上,而且表现在渗透于这一理论之内、洋溢在这一理论之外的民族情感上。当邓小平强调"只有社会主义才能救中国,只有社会主义才能发展中国"时,爱国主义的情操和社会主义的理想已经直接融合在一起了。社会主义和爱国主义的统一已经成为邓小平思考和解决所有问题的出发点和基本立场。

正因为邓小平理论是时代精神和民族精神的统一,是社会主义和爱国主义的统一,既是马克思主义的,又是"中国化"的,它才能成为中国共产党的指导思想,同时成为中华民族的精神支柱。邓小平不仅引导中国从"文化大革命"造成的深重灾难中走了出来,还以对当代中国和世界的深刻了解,带领中国人民重新走在世界历史的前列,为中华民族以更强大的力量自立于世界民族之林,规划了崭新的切合实际的宏伟蓝图。历史越向前发展,就越会显示出邓小平理论的重要性。

载《前线》1999 年第 9 期
标题原为《历史背景、理论主题、理论风格——关于
邓小平理论总体特征的再思考》
《新华文摘》1999 年第 11 期转载

党的十一届三中全会与当代中国的历史转折

——纪念改革开放 30 周年

　　无论是在中国共产党的历史上，还是在中华人民共和国的历史上，党的十一届三中全会都是一个里程碑。面对十年"文化大革命"所造成的危难局面，党的十一届三中全会以巨大的政治勇气和理论勇气，彻底否定"以阶级斗争为纲"的错误理论和实践，做出把党和国家的工作中心转移到经济建设上、实行改革开放的历史性决策。以党的十一届三中全会为起点，当代中国从"以阶级斗争为纲"转向以经济建设为中心，从传统的计划经济体制逐步转向社会主义市场经济体制，从封闭半封闭型社会转向开放型社会。这是具有深远意义的伟大的历史转折。

一、从"以阶级斗争为纲"转向以经济建设为中心

　　在社会主义改造刚刚完成之际，毛泽东就开始探讨中国工业化道路，开始自觉探讨在当代中国如何建设社会主义这一问题，并告诫全党要避免苏联社会主义建设过程中"走过的弯路"及其"一些缺点和错误"。问题在于，毛泽东提出了在当代中国如何建设社会主义的问题，但他没有解决这一问题。这里的根本的失误在于，在一定程度上误解了马克思主义的阶级斗争理论，并对当代中国社会的主要矛盾做出错误判断，认为无产阶级同资产阶级、社会主义道路同资本主义道路的矛盾构成了当代中国社会的主要矛盾，并由此形成"以阶级斗争为纲"的错误理论和实践，导致"中国社会从一九五八年到一九七八年二十年时间，实际上处于停滞和徘徊的状态，国家的经济和人民的生活没有得到多大的发展和提高"[①]，并一度使中国社会在思想上处于混乱状态，在政治上

[①]《邓小平文选》第三卷，第 237 页。

处于动荡局面,在经济上处于崩溃边缘。

按照马克思的观点,社会主义制度建立之后,应尽可能快地增加生产力的总量;没有生产力的巨大增长和高度发展,"那就只会有贫穷的普遍化;而在极端贫困的情况下,必须重新开始争取必需品的斗争,也就是说,全部陈腐的东西又要死灰复燃"①。党的十一届三中全会之前的中国社会主义实践完全证实了马克思这一观点的真理性、预见性。对当代中国国情、社会主义实践以及马克思主义理论的重新认识和深刻反思,使当代中国共产党人自觉意识到:当代中国社会的主要矛盾仍然是人民不断增长的物质文化需要同落后的社会生产之间的矛盾,解决这个主要矛盾的前提就是发展生产力;社会主义社会的"首要任务""主要任务",甚至"根本任务"就是发展生产力,社会主义的优越性归根到底就是在生产迅速发展的基础上不断改善人民的物质文化生活。

正因为如此,党的十一届三中全会彻底否定了"以阶级斗争为纲"的错误理论和实践,及时果断地提出从"以阶级斗争为纲"转向以经济建设为中心。如果说破除"两个凡是"的迷信是为了走出思想路线的误区,那么否定"以阶级斗争为纲"的理论则是为了走出政治路线的误区。党的十一届三中全会实际上是一个全面拨乱反正的会议,它彻底否定了"两个凡是"的方针,重新确立了实事求是的思想路线,实现了思想路线上的拨乱反正;彻底否定了"以阶级斗争为纲"的理论,做出了以经济建设为中心的决策,实现了政治路线上的拨乱反正。同思想路线的拨乱反正相比,政治路线的拨乱反正更为深刻,更为艰难,也最为根本。历史已经并且还在证明,以经济建设为中心是我们国家兴旺发达和长治久安的根本要求。

党的十一届三中全会不仅提出从"以阶级斗争为纲"转向以经济建设为中心,集中力量发展生产力,而且提出如何发展生产力的问题,这就是努力采用世界先进技术和先进设备,并大力加强实现现代化所必需的科学和教育工作。这是一个极富真知灼见、极具远见的战略思想。

20世纪70年代,世界科学技术迅猛发展,已经造成一场革命性变革,使社会活动结构从生产——技术——科学转变为科学——技术——生产。以当代科学技术革命为契机,西方发达国家进行了产业结构升级调整,日本则依靠科

---

① 《马克思恩格斯全集》第3卷,第39页。

学技术迅速发展生产力,并以一种跨越式的发展进入发达国家行列。实际上,在生产力的运动过程中,其各个要素呈现出一定程度的不平衡性;同时,某一要素的重大变革必然迅速波及、影响到其他要素,从而形成一种新的生产力。在一定历史阶段,生产力的发展往往主要依靠其中的某一要素,这个相对突出的要素就是这一时期生产力发展的突破口或生长点。

不同的时代,生产力具有不同的生长点。在当代,科学技术决定了生产的发展方向、规模和速度。因此,在当代中国发展生产力,必须加强科学和教育,以世界先进的科学技术为起点。这样,在对如何发展生产力的思考中,党的十一届三中全会就站到了时代的制高点上。党的十一届三中全会以来,中国共产党人牢牢抓住经济建设这个中心,不断解放和发展生产力,生产力的确得到了大幅度提高,人民生活的确得到了显著改善。同时,中国共产党人着力把握发展的规律,创新发展理念,转变发展方式,破解发展难题,不断提高发展的质量和效益,逐步拓展出一条生产发展、生活富裕、生态良好的文明发展道路。

由于采用世界先进技术、以科学技术为"第一生产力",由于实施科教兴国战略、促进先进生产力的发展,由于推进信息化与工业化融合、走新型工业化道路,由于建设生态文明、实现人与自然和谐发展,由于以人为本、促进社会全面进步和人的全面发展……当代中国的生产力以世界少有的速度持续快速发展起来,中国走上了一条以人为本、全面协调可持续的科学发展道路。新时期最显著的成就就是持续快速发展。

二、从传统的计划经济体制转向社会主义市场经济体制

党的十一届三中全会之前,中国实行的是高度集中的计划经济体制。这种经济体制曾促进了中国生产力的发展,但由于它排斥市场作用,否定价值规律,忽视个人利益,因而难以充分、及时地反映多变的供求关系,不能合理有效地配置资源。随着时间的进展,这种高度集中的计划经济体制开始阻碍,以至严重阻碍生产力的发展。

因此,党的十一届三中全会提出,要多方面改变同生产力发展不相适应的生产关系,对经济管理体制进行改革。从 1978 年党的十一届三中全会提出重视价值规律作用、改革经济体制,到 1984 年党的十二届三中全会提出发展社会

主义商品经济、实行有计划的商品经济,再到 1992 年党的十四大提出建立社会主义市场经济体制、1993 年制定《中共中央关于建立社会主义市场经济体制的若干问题的决定》,当代中国逐步实现了传统的计划经济体制转向社会主义市场经济体制这一伟大的历史转折。党的十一届三中全会拉开了这一伟大历史转折的序幕。

从总体上看,市场经济有四种类型:一是自由的市场经济,经济运行完全靠市场价格来调节,国家的作用仅限于维护法律和秩序;二是有调节的市场经济,即政府对经济运行过程进行干预,以维持宏观经济的平衡;三是有计划的市场经济,即政府不仅控制需求以维持宏观经济的平衡,而且要对国民经济发展的总体方向和重要目标做出计划并予以实施;四是政府主导的市场经济,政府是市场化的发动者和组织者,它深入到经济生活的内部,并在市场化的过程中起着主导作用。

在这四种类型的市场经济中,自由的市场经济是市场经济的最初形式或古典形式,它在现实中已不复存在;有调节的市场经济和有计划的市场经济属于现代资本主义经济,前者的典型是英国和美国,后者的代表是日本、法国和瑞典;政府主导的市场经济则是一些"后发"国家向现代资本主义过渡中所实行的一种经济形式。这就是说,在现代资本主义社会中,计划与市场同时存在。

从历史上看,自然经济、商品经济和产品经济是经济发展的三大形态:前资本主义社会在总体上属于自然经济,资本主义社会是商品经济的成熟形态,而共产主义社会则是产品经济。自然经济造就的是人对人的依赖性;商品经济造成了"以物的依赖性为基础的人的独立性","形成普遍的社会物质变换,全面的关系,多方面的需求以及全面的能力的体系"①;与产品经济相适应的则是人的自由个性。在马克思看来,商品经济是从自然经济到产品经济、从人的依赖性到人的自由个性的"必然过渡点",具有不可逾越性。

中国是从半殖民地半封建社会经过新民主主义革命走向社会主义社会的,它没有经过商品经济形态,市场经济极不发达,这种社会状况远远不能满足社会主义现代化的需要。现代化的本质内容就是从农业文明向工业文明转变,而工业文明又是与市场经济密切联系在一起的,二者是同一过程的两个方

---

① 《马克思恩格斯全集》第 46 卷上,第 104 页。

面：前者是从技术形态来说的,后者是就经济形态或社会形式而言的。只要社会分工及其所造成的生产的社会性与生产者活动的单一性这一矛盾存在,商品交换和市场经济体制就是解决这一矛盾的有效的社会形式。在当代,市场经济是合理配置资源和提供有效激励的社会形式,现实的社会主义必须引入市场经济。

在社会主义社会引入市场经济不仅具有必要性,而且具有可能性。在现实的社会主义中,分工仍然存在,劳动仍是谋生手段,所以,劳动者之间还存在着经济利益上的差别和矛盾,社会产品在做了各项扣除之后,必须实行等量劳动相交换的按劳分配原则。公有制也是以分工为基础的,而在存在分工的条件下,劳动者和劳动资料的结合就必须通过企业实现。同时,由于劳动者在经济利益上是相互独立的,因而企业之间的产品交换必须采取等价的商品交换形式,企业必须自主经营、独立核算、按劳分配,并具有相对独立的财产权和明确的利益边界。这种等量劳动相交换的关系构成了社会主义市场经济的基础。这就是说,社会主义社会存在着进行商品交换的内在根据,商品关系是内生于社会主义公有制的,公有制与市场经济具有兼容性,公有制与市场经济的结合因此成为一种可能。

对市场经济类型、社会主义实践以及工业化与市场化关系的重新认识和深刻反思,使当代中国共产党人自觉意识到,计划经济不等于社会主义,资本主义也有计划控制;资本主义与社会主义的区分不在于是计划还是市场这样的问题,计划和市场都是方法和手段;只有建立社会主义市场经济体制,才能解放和发展生产力。如果说采用世界先进技术、以科学技术为第一生产力,是从生产力的内部构成上指明了当代中国发展生产力的必由之路,那么,改革经济体制、建立社会主义市场经济体制,则是从生产力的社会形式上指明了当代中国发展生产力的必由之路。

任何一种市场经济都有自己特殊的制度环境,不存在一个脱离了特定制度环境的抽象的市场经济。社会主义市场经济与资本主义市场经济“在方法上基本相似”,并存在着共同之处。但是,我们必须明白,社会主义市场经济与资本主义市场经济的所有制基础不同,前者以公有制为主体,后者以私有制为前提。具体地说,当代中国的市场化是在现代化和社会主义制度双重目标的约束下进行的。这种经济市场化既以社会现代化为目标,又以社会主义制度为基础,同时还与社会主义改革联系在一起,这就从根本上决定了当代中国市场化的方向、道路和模式,规定了当代中国市场化的可能边界和基本的约束条件。

这就是说,我们所建立的市场经济是社会主义的,是以生产资料公有制为基础的。因此,在社会主义市场经济的实践中,国家不仅作为宏观经济的调节者,而且作为生产资料的所有者介入经济运行过程。这是一方面。另一方面,市场经济体制的建构又会促进社会现代化,并引起社会主义公有制实现形式的变化。这表明,当代中国的市场化不仅仅是一种资源配置方式的变化,更重要的,它是一次重大的社会转型,是发展与改革融为一体的重大社会转型。当代中国社会转型的最重要特征和最深刻意义就在于:它把市场化、现代化和社会主义改革这三种重大的社会变革浓缩在同一个时空中进行,构成了一场史无前例、复杂艰难而又波澜壮阔的伟大社会变迁。这是一个激动人心的年代。

可以看出,建构社会主义市场经济体制使市场化、现代化和社会主义改革之间形成了一种相互联系、相互渗透、相互制约的特殊关系。正是在这种关系中,市场经济、现代化运动和社会主义制度都或多或少地发生了相应的变化,具有了新的内容和形式,社会主义由此在新的基础上再造辉煌。

三、从封闭半封闭型社会转向开放型社会

党的十一届三中全会在提出从"以阶级斗争为纲"转向以经济建设为中心、实行各方面改革的同时,就提出从封闭转向开放。以党的十一届三中全会为起点,当代中国实现了又一个伟大历史转折,即从封闭半封闭型社会转向开放型社会。

转向开放型社会有着广阔的时代背景和深刻的理论依据。具体地说,"开放的世界"的形成是转向开放型社会的时代背景;马克思主义的世界历史理论是转向开放型社会的理论依据。

所谓开放的世界,是指各民族、国家全面的相互影响、相互渗透、相互制约、相互依存,经济全球化,世界整体化。这里,地理环境不再是交往的界限,信息手段的发展和知识经济的兴起为不同的民族、国家创造了一个"复制"整个世界的间接环境:人们可以通过一台小小的"电脑",在几十平方米的房间里展开世界交往。邓小平以其政治家的敏锐,准确而又深刻地指出:"现在的

世界是开放的世界。"①开放的世界所导致的全球循环的物质流、技术流、信息流、资金流增强了各个民族、国家之间的共生性。这种共生性决定了任何一个民族、国家都不可能长久地孤立于世界之外,就像人的肢体、器官不可能脱离人的身体、血液一样。

"开放的世界"与"世界历史"具有一致性。这里所说的世界历史不是通常的、历史学意义上的世界史,即整个人类历史,而是指19世纪以来各民族、国家各方面的互相作用、相互影响、互相依赖、使世界整体化以来的历史。按照马克思的观点,随着商品经济的发展、生产社会化和交通工具的发达以及国际交往不断扩大,世界市场得以形成。一切古老而缓慢发展的民族由此都被推上了世界竞争的舞台,每一个民族、国家的发展同其他民族、国家的发展具有了依存的关系。在这种历史条件下,能否吸取先进的生产方式和文明成果成为所有民族、国家生命攸关的问题。世界历史的形成使民族的闭关自守再也不能从容地存在下去了。如果无视这种整体化的发展趋势,那么前途只有一个,即最终被外部的"强力"拖进世界历史的运行轨道。中国的历史已经证明了这一点。

世界历史的形成对民族的历史、国家的发展产生了重大影响。这种影响作用突出表现为交往行为的"相加效应",即人们在交往过程中往往用自己的优势部分或富余部分换取自己的短缺部分,以弥补自己的不足,从而避免重复劳动的耗费,给自己的发展带来"爆发力"。正是这种新的发展力使较为落后的民族、国家能够以人类的新成果为起点,去创造更新的东西,从而以跨越式的发展进入世界历史的先进行列。

相反,闭关自守则导致停滞、落后和愚昧。这是因为,在人类社会中存在着封闭行为的重复效应和衰减规律,即处于闭关自守状态的民族、国家一切都是"单独进行"的,每一种发明和创造都是"从头开始"或"重新开始",实际上是把别人走过的艰辛之路重走一遍,并没有改变其历史落伍者的地位。中国长期处于停滞和落后状态的一个重要原因就是闭关自守。

在当代,经济全球化使世界历史发展到一个新的阶段,形成了开放的世界。历史已经证明,没有一个国家能够在封闭的状态下实现现代化,封闭只能导致停滞、落后。因此,中国要实现现代化,就必须对外开放,走向开放的世

---

① 《邓小平文选》第三卷,第64页。

界。中国的发展离不开世界。以党的十一届三中全会为起点,当代中国对外开放的大门毅然决然地打开了。从创建"开放的基地",到形成沿海沿江沿边、东部中部西部这样地域上的开放格局;从对西方发达国家的开放,到对所有国家、"各种类型的国家开放";从创建"开放的窗口",到科学技术、经济、文化领域的开放;从"引进来"到"走出去",当代中国已经形成了对外开放的总体格局。

更重要的是,当代中国的对外开放与对内改革是紧密相连,甚至融为一体的。中国要走向开放的世界,必须建构能够适应开放世界的内部结构。对外开放能否真正推动,或者说能在多大程度上推动中国现代化的进程,取决于中国社会的内部结构,取决于这种内部结构能否吸收、消化对外开放所获得的先进成果。因此,对外开放需要不断优化内部结构。在一定意义上说,内部结构开放的程度决定着对外开放的程度。

社会主义制度"将一天天完善起来,它将吸收我们可以从世界各国吸收的进步因素,成为世界上最好的制度"①。当代中国改革开放和现代化建设的总设计师邓小平的这一论述包含着深刻的内涵,即社会主义制度是开放的制度,开放性是社会主义制度的内在本性。中国是在世界历史的背景中走向社会主义的,同样,中国也只能在开放的世界中走向社会主义现代化。只有走进世界历史,在开放的世界中发展起来的中国特色社会主义才能代表中国的未来。

党的十一届三中全会开启了改革开放历史新时期,实际上是开启了一场新的伟大革命,实现了当代中国的历史性转折。从"以阶级斗争为纲"转向以经济建设为中心,从传统的计划经济体制转向社会主义市场经济体制,从封闭半封闭型社会转向开放型社会,这三大历史转折使当代中国社会发生了整体转型。中国的面貌发生了历史性变化。改革的确是现代中国的"第二次革命"。

载《哲学研究》2008 年第 9 期

《中国社会科学文摘》2008 年第 12 期转载

---

① 《邓小平文选》第二卷,第 337 页。

优秀传统和时代精神相结合

民族精神的民族性并不排斥时代性。相反,任何一个走在时代前列的民族,其民族精神都是民族性和时代性的统一,或者说是优秀传统与时代精神的结合。一个与时俱进的民族,必然随着时代的发展而不断弘扬和培育民族精神。

在新的历史条件下弘扬和培育民族精神,首先要正确对待传统文化,继承中华民族的优秀文化传统。在任何时代,弘扬和培育民族精神都是不可能脱离传统的。传统是在历史中形成,在人们的生活中世世代代起作用的那些生活方式、思维方式、价值观念和风俗习惯。它是古老的,可又在一定程度上为当代的人们所认同。传统不等于文化典籍,继承优秀文化传统绝不仅仅是对文化典籍的注释。写在书上的并不就是实有的,文化典籍中的精华并不就等于传统。继承优秀文化传统,就是把传统中的优秀的并与当代实践相契合的文化要素在实际生活中加以弘扬,使其不是停留在书本上,而是成为现实的思维方式、价值观念、行为规范的组成部分。

弘扬和培育民族精神,不是"返本",不是简单地"恢复"传统,更不是奉行文化保守主义。我们的确有悠久而丰富的传统文化,但这并不等于我们一定能强国富民。负载着同样的传统文化,我们造就过雄汉盛唐,创造过令世界叹为观止的伟大发明,可是,我们也有过国弱民穷,出现过"历史的倒转"的现象。我们应当明白,是当代中国改革开放和现代化建设的巨大成就把中国传统文化推向世界,而不是传统文化把一个曾经是贫穷落后的中国推向世界。

问题的关键在于,我们如何对待传统文化,如何利用这些传统。传统文化是一把"双刃剑",其中,保守的方面是社会进步的重负,所以,社会进步必然表现为对传统中保守方面的突破与革新;传统中优秀的东西凝聚了一个民族世世代代的创造和智慧,成为一个民族得以生存和延续的精神力量。所以,一个民族的发展或复兴,必然包含着对优秀传统的继承。弘扬和培育民族精神,不是全盘继承传统文化,更不是"尊孔读经",而是立足当代实践,继承传统文化中的优秀的文化要素。只有立足于时代和民族的需要,并同推进改革开放和现代化建设的需要结合在一起的继承,才是对优秀传统的真正继承。

传统是在继承和变迁中演进的。早期的传统的影响力在历史发展进程中不断减弱,而新的东西在历史发展进程中又不断地变成"旧的",凝聚为"传统"。历史不断地把每一代人的创造变为传统,整个历史发展是一个不断突破传统,又不断形成传统的过程。传统不是一尊雕像,而是一道洪流,离开源头越远,膨胀得越大。弘扬和培育民族精神,需要继承优秀文化传统。这个继承当然包括从五四运动以来形成的革命文化传统。实际上,在长期革命、建设和改革中形成的革命文化传统,已经转化为中华民族共同的精神财富,转化为我们的民族精神,体现着中华民族的民族精神的与时俱进。

弘扬和培育民族精神,必须把握时代的脉搏,与时代精神相结合,从而引导民族与时代同行。这是判断一种民族精神的价值以及它能否生存和发展的关键。一个民族不能轻视自己的传统,但也不能囿于传统,沉湎于传统。弘扬和培育民族精神,本质上是一种建设、一种创新。文化的"继承"不是从钱罐中取钱,"发展"也不是往钱罐里塞钱。弘扬和培育民族精神,是面向时代的一种创造,是在创造中继承,在推陈中出新,使民族精神与时代精神融为一体。

所谓时代精神,是时代的主题、本质特征和发展趋势在观念上的反映。和时代精神相结合,就是要把握时代的本质特征和发展趋势,一方面为优秀文化传统注入新的内容,古为今用;另一方面,着眼于世界文化发展的前沿进行文化创新,培育新的民族精神,推陈出新。这是同一个过程的两个方面。历史已经证明,任何一种背对时代和时代精神的民族精神无一不走向衰落,最多成为思想博物馆的标本陈列于世,而不可能兴盛于世。因此,我们要面对新的时代和新的实践,推进中华民族的优秀文化传统和时代精神相结合,建构面向 21 世纪的民族精神。

载《人民日报》2003 年 8 月 26 日第 9 版

《新华文摘》2003 年第 12 期转载

在实践中感悟和把握马克思主义的真理力量

——纪念《实践是检验真理的唯一标准》发表 40 周年

40 年前的今天,《光明日报》发表了"特约评论员"文章——《实践是检验真理的唯一标准》,由此引发了关于真理标准问题的讨论,催生了思想解放运动,并为恢复和发展党的一切从实际出发,实事求是,理论联系实际的思想路线奠定了哲学基础;更重要的是,《实践是检验真理的唯一标准》及其引发的真理标准问题的讨论,实际上是当代中国改革的先声,拉开了建设中国特色社会主义这一波澜壮阔的历史话剧的序幕。40 年后的今天,改革取得了巨大成就,中国大踏步赶上时代,中国特色社会主义已经进入新时代。站在这一新的历史方位重读《实践是检验真理的唯一标准》,我深深地体会到真理标准问题的讨论的确"具有深远的历史意义",深刻地感悟到马克思主义的真理力量。

一、在实践中发现和发展真理

中国共产党从成立的第一天起,就在"为真理而斗争"。"砍头不要紧,只要主义真。杀了夏明翰,还有后来人。"这种为了"主义真"视死如归的革命精神鼓舞着一代又一代中国共产党人"为真理而斗争"。中国共产党人在"生存还是毁灭"的实践活动中,深刻地体会到实践是检验真理的唯一标准。在新民主主义革命时期,毛泽东就指出:"只有人们的社会实践,才是人们对于外界认识的真理性的标准。""真理的标准只能是社会的实践。"①在社会主义建设时期,毛泽东同志明确指出:"社会实践是检验真理的唯一标准。"②无疑,这是一

---

① 《毛泽东选集》第一卷,第 284 页。
② 《毛泽东文集》第八卷,人民出版社 1999 年版,第 322 页。

个凝结着中国共产党人的实践经验和理论概括,体现着马克思主义基本原理和基本原则的结论。

早在马克思主义创立之初,马克思就提出并科学地解答了检验真理的标准的问题:"人的思维是否具有客观的[gegenständliche]真理性,这不是一个理论的问题,而是一个实践的问题。人应该在实践中证明自己思维的真理性,即自己思维的现实性和力量,自己思维的此岸性。关于思维——离开实践的思维——的现实性或非现实性的争论,是一个纯粹经院哲学的问题。"①

列宁深化和发展了马克思主义关于真理标准的理论,认为就具体的历史的实践而言,实践不可能完全证实或证伪一切认识,在这个意义上,"实践标准"具有"不确定性";从根本的和最终的意义来看,任何认识都要经过实践的检验,才能被证明是真理还是谬误,因此,"实践标准"又具有"确定性"。

可见,检验真理标准的问题的确是一个"早被无产阶级的革命导师解决了的问题"。然而,这样一个早被解决的问题,在当时又是一个被"搞得混乱不堪"的问题。正因为如此,《实践是检验真理的唯一标准》提出,"在这个问题上拨乱反正十分必要",而且《实践是检验真理的唯一标准》也的确在这个问题上实现了拨乱反正。

《实践是检验真理的唯一标准》不仅重申实践是检验真理的唯一标准,而且强调实践是检验马克思主义政党的路线是否正确的唯一标准。这同样是思想上的拨乱反正。马克思主义政党的路线是同马克思主义的真理观密切相关、高度统一的。马克思主义一旦从理论进入实践,就必须由马克思主义政党制定路线、方针、政策作为行动的先导。可以说,马克思主义学说的真理性是马克思主义政党制定正确的路线、方针、政策的理论基础,马克思主义政党制定的正确的路线、方针、政策是马克思主义真理性在实践中的具体体现。如果说真理属于理论理性,那么路线、方针、政策就属于实践理性。实践理性本身正确与否,也必须接受实践活动检验。正如邓小平所说,"实践是检验真理的唯一标准,实践是检验路线、方针、政策是否正确的唯一标准"②。

党的十一届三中全会"高度评价了关于实践是检验真理的唯一标准问题的讨论,认为这对于促进全党同志和全国人民解放思想,端正思想路线,具有

---

① 《马克思恩格斯选集》第 1 卷,第 55 页。
② 《邓小平文选》第三卷,第 28 页。

深远的历史意义。一个党，一个国家，一个民族，如果一切从本本出发，思想僵化，迷信盛行，那它就不能前进，它的生机就停止了，就要亡党亡国"①。的确如此。真理标准问题的讨论及其在这个问题上的拨乱反正，打开了当代中国思想解放的闸门，破除了阻碍当代中国社会发展的思想障碍。透过真理标准的讨论及其在这个问题上的拨乱反正，我们看到了"沉舟侧畔千帆过，病树前头万木春"的辉煌远景。

真理标准问题的讨论之所以"具有深远的历史意义"，是因为实践是检验真理的唯一标准这一哲学命题具有政治内涵，是因为真理标准问题这一哲学讨论契合着当时中国的政治问题，那就是，破除"两个凡是"的思想藩篱，恢复党的实事求是的思想路线，确立党的社会主义现代化建设的政治路线。一句话，真理标准问题的讨论是一个政治问题，是一个关系到党和国家的前途和命运的问题。正如邓小平同志所说，"从这个意义上说，关于真理标准问题的争论，的确是个思想路线问题，是个政治问题，是个关系到党和国家的前途和命运的问题。"②

《实践是检验真理的唯一标准》给我们的重要启示就在于，哲学具有知识体系和意识形态双重属性，我们必须正确理解和把握哲学与政治的关系。哲学当然不等于政治，但哲学又不可能脱离政治。哲学总是具有自己独特的政治背景，总是以自己独特的方式蕴含着政治，总是具有这样或那样的政治效应。所以，哲学变革是政治变革的先导。明快泼辣的法国启蒙哲学是这样，艰涩隐晦的德国古典哲学是这样，马克思主义哲学更是如此。同时，政治也需要哲学。没有经过哲学论证其合理性的政治缺乏理性和逻辑力量，没有经过哲学论证的政治缺乏信念和精神支柱，没有经过哲学论证的政治很难得到人民群众的拥护。正因为如此，马克思极为重视"理论掌握群众"的问题，认为哲学是无产阶级的"精神武器"，是人类解放的"头脑"。

我们必须明白，哲学研究不应仅仅成为哲学家与哲学文本之间的"对话"，不应仅仅成为哲学家之间的"对话"，更不应成为哲学家个人的"自言自语"，说着一些谁也听不懂的话，哲学应当，也必须同现实政治"对话"。我们不能"只用心观察天上的情况，却看不见地上的东西"（《伊索寓言》）。没有得到历史

---

① 《十一届三中全会以来重要文献选读》上册，人民出版社1987年版，第12页。
② 《邓小平文选》第二卷，人民出版社1994年版，第143页。

证明的哲学范畴都是在思辨太空中的"死魂灵",脱离了现实生活的哲学话语只能是"多余的话",脱离了现实政治的哲学研究就会成为无根的浮萍。马克思主义哲学研究更是如此。马克思早就说过,和政治"联盟"是"现代哲学能够借以成为真理的唯一联盟"。对马克思主义哲学来说,"全部问题都在于使现存世界革命化",实现无产阶级和人类解放。在这个意义上,马克思主义哲学就是政治哲学。

邓小平以其政治家的敏锐,明确指出:"马克思主义的思想理论工作是不能离开现实政治的。""不能设想,离开政治的大局,不研究政治的大局,不估计革命斗争的实际发展,能成为一个马克思主义的思想家、理论家。如果那样,我们在去年用大半年时间讨论实践是检验真理的标准的问题,还有什么意义呢?"①哲学和时代的统一性首先是通过其政治效应实现的。当代中国的哲学家、马克思主义的思想家和理论家既要有自觉的哲学意识,又要有敏锐的政治眼光,才能真正把握时代精神,才能在实践活动中发现真理和发展真理。

二、在实践中深化和发展"实践标准"

实践是检验真理的唯一标准,但这个标准在自然科学和社会科学中有不同的表现形式。在自然科学中,实验室方法是检验真理的根本方法。社会科学无法运用实验室方法。射程再远的望远镜也看不到历史规律,倍数再高的显微镜也看不透社会问题,亿万次的计算机也解答不了"人生之谜"……之所以如此,是因为在这里,有待检验的已经不是单纯的对客观对象的理论认识,而是与理论认识密切相关的路线、方针、政策,这些路线、方针、政策都在一定的理论认识的基础上融入了如何满足人的需要的价值因素。对理论认识真伪的检验和对路线、方针、政策正确与否的检验,是同一个过程的两个方面。在当代中国的改革实践中,中国共产党人不仅坚持了"实践标准",而且深化和发展了"实践标准",那就是提出并阐述了"生产力标准"和"人民群众标准"。

发现生产力决定生产关系,进而决定整个社会关系,这是历史唯物主义的划时代贡献。列宁由此认为,历史唯物主义的根本特征和根本方法,就是把社会关系归结于生产关系,把生产关系归结于生产力的水平,从而提供了判断社

---

① 《邓小平文选》第二卷,第179页。

会发展的"客观标准""科学标准"。按照列宁的观点,生产力的发展是"社会进步的最高标准"①。毛泽东则把束缚生产力还是解放生产力作为判断政党政策好与坏的标准,明确指出:"中国一切政党的政策及其实践在中国人民中所表现的作用的好坏、大小,归根到底,看它对于中国人民的生产力的发展是否有帮助及其帮助之大小,看它是束缚生产力的,还是解放生产力的。"②

在对历史唯物主义理论、社会主义本质和社会主义实践经验深刻反思的基础上,邓小平提出了"生产力标准",即生产力的发展是检验党的路线、方针、政策正确与否的标准。邓小平指出:"社会主义经济政策对不对,归根到底要看生产力是否发展,人民收入是否增加。这是压倒一切的标准。"③"正确的政治领导的成果,归根结底要表现在社会生产力的发展上,人民物质生活的改善上。"④"社会主义的优越性归根到底要体现在它的生产力比资本主义发展得更快一些、更高一些,并且在发展生产力的基础上不断改善人民的物质文化生活。"⑤这三个"归根到底"说明,生产力的发展是判断党的路线、方针、政策正确与否的根本标准。

生产力的发展之所以能够成为检验党的路线、方针、政策正确与否的根本标准,是因为生产力的发展是实现社会发展的根本条件,综合国力的增强、人民生活水平的提高、人的全面发展、社会的全面进步等,归根结底取决于生产力的发展;生产力的发展是社会发展的集中体现,是社会主义制度优越性的"根本表现",一个社会的生产力的发展超过其他社会的发展速度,实际上集中体现了该社会的社会关系更为合理,社会制度更为先进;生产力的发展是社会发展的客观标准,是一种具有可测性的客观标志,用马克思的话来说就是,生产力的发展"可以用自然科学的精确性指明"。

"生产力标准"的确立,使我们破除了抽象谈论社会主义的历史唯心主义观念,破除了以抽象的社会主义原则来衡量现实的社会主义的思想障碍。正是依据"生产力标准",党明确了我国处于社会主义初级阶段,明确了社会主义社会的根本任务是解放和发展生产力,解放和发展社会生产力是社会主义的

① 《列宁全集》第 16 卷,人民出版社 1988 年版,第 209 页。
② 《毛泽东选集》第三卷,人民出版社 1991 年版,第 1079 页。
③ 《邓小平文选》第二卷,第 314 页。
④ 《邓小平文选》第二卷,第 128 页。
⑤ 《邓小平文选》第三卷,第 63 页。

本质要求。正是依据"生产力标准",党明确了中国特色社会主义进入新时代,我国社会主要矛盾已经转化为人民日益增长的美好生活需要和不平衡不充分的发展之间的矛盾,因而要以解放和发展生产力为强大牵引,全面深化改革,着力解决好发展的不平衡不充分问题。

生产力是物质力量,但生产力不是脱离人的实践活动的物质力量。从根本上说,生产力是人们在共同的活动中形成的实践能力。正是在这个意义上,马克思认为:"发展人类的生产力,也就是发展人类天性的财富这种目的本身。"①但是,生产力的发展又不可能自动地使每个人都能得到全面发展,不可能自动地满足人民群众的需要,不可能自动地实现人民群众的利益。在以生产资料私有制为基础的阶级社会中,统治阶级需要的满足是以压抑、扼制被统治阶级需要的满足为代价的,少数人的发展是以绝大多数人的不发展或畸形发展为代价的。

正因为如此,马克思主义提出改变世界,创造以"每个人的全面而自由的发展为基本原则的社会形式",使"每个人的自由发展"成为"一切人的自由发展"的条件;提出人的需要是"从社会生产和交换中产生的需要",是日益增长且应当不断满足的需要;提出共产党人"始终代表"无产阶级和"绝大多数人"的利益,并为"绝大多数人",即人民群众谋利益。

人民群众是物质实践和社会变革的主体,是历史的创造者和价值的创造者。人民群众绝不应当成为"饥寒交迫的奴隶",成为"全世界的受苦人",相反,人民群众应当,也必须成为物质生产、社会发展和价值的享有者。正因为如此,中国共产党从成立的第一天起,就在"为真理而斗争"的同时,为中国人民的利益而斗争,为中国人民谋幸福。毛泽东认为:"共产党人的一切言论行动,必须以合乎最广大人民群众的最大利益,为最广大人民群众所拥护为最高标准。"②邓小平强调,要把人民"拥护不拥护""答应不答应""赞成不赞成""高兴不高兴"作为党的一切工作的出发点,作为衡量一切工作得失的根本标准。

当代中国的改革是现实的中国人对中国人的现实的一种突破和超越,人民群众再一次以历史创造者的身份出现在中国这个大舞台上。改革的起步不

---

① 《马克思恩格斯全集》第 26 卷 Ⅱ,第 124 页。
② 《毛泽东选集》第三卷,第 1096 页。

是"自上而下",而是"自下而上"的,"花鼓之乡"凤阳的春雷预示着改革在实践上的起步;改革的进程不是少数"精英"主导、主演,而是人民群众发挥首创精神不断推进的。人民群众既是改革的"剧中人",又是改革的"剧作者",建立在物质利益基础上的人心向背体现了时代精神,预示着社会发展方向。因此,我们必须全面深化改革,着力解决人民群众最关心、最直接、最现实的利益问题,让发展成果更多、更公平惠及人民,不仅让人民全体共享发展成果,而且让人民全面共享发展成果。"党的一切工作必须以最广大人民利益为最高标准。"①

确立生产力的发展为"最高标准"和确立"人民群众的利益"为"最高标准",实际上是从社会客体和主体关系的视角界定了改革的任务、性质和目标。确立生产力的发展为"最高标准",为改革提供了客体尺度;确立人民群众的根本利益为"最高标准",为改革提供了主体尺度,从而使评价标准达到了科学尺度和价值尺度的统一。

所谓科学尺度,就是从客观规律的角度来认识、评价社会发展状况和党的路线方针政策,以达到"客观标准"。要达到这个客观标准,就必须把社会关系归结于生产关系,把生产关系归结于生产力的水平。所谓价值尺度,是从主体,即人民群众的需要的角度来认识、评价社会发展状况和党的路线、方针、政策,以检验社会制度、体制和党的路线、方针、政策能否满足以及在多大程度上满足了人民群众的需要,是否以及在多大程度上体现了人民群众的利益。换言之,确立"生产力标准"和"人民群众标准"从客观规律和人的需要这两个维度深化和发展了马克思主义的"实践标准"。

如果仅仅发展生产力,而不去满足人民群众不断增长的需要,不代表人民群众的利益,就不是马克思主义的政党;如果仅仅在主观动机上代表人民群众的利益,而不发展生产力,就不可能具备物质基础去满足人民群众的需要,代表人民群众的利益就会成为一句空话,"空讲社会主义不行,人民不相信"②。发展生产力,是实现人民群众利益的物质基础;实现人民群众的利益,是发展生产力的目的。马克思主义高度重视发展生产力,认为没有生产力的"巨大增长和高度发展","那就只会有贫穷的普遍化;而在极端贫困的情况下,就必须

---

① 习近平:《决胜全面建成小康社会 夺取新时代中国特色社会主义伟大胜利》,人民出版社2017年版,第50页。
② 《邓小平文选》第二卷,第314页。

重新开始争取必需品的斗争,也就是说,全部陈腐的东西又要死灰复燃"①。马克思主义本身又秉持人民立场,是为人民群众谋利益,为人类谋解放的学说。因此,马克思主义的政党必须把实现共产主义作为自己的最终目标,必须把人民对美好生活的向往作为自己的奋斗目标。没有目标的航行实际上不是航行,而是永远不能抵岸的漂流,一个随波漂流的"共产党"不可能是马克思主义的政党。

三、在实践中坚持和发展马克思主义

《实践是检验真理的唯一标准》给我们的又一重要启示,就是必须坚持理论与实践的统一这一马克思主义的基本原则,以实际问题为中心研究马克思主义,深刻感悟和把握马克思主义的真理力量,在实践中坚持和发展马克思主义,发展当代中国的马克思主义。

马克思主义是关于无产阶级和人类解放的学说,是关于资本主义社会运动规律、人类社会发展基本规律的科学。任何一门科学都以研究和把握某种规律为己任。任何一种学说要成为一门科学,就必须研究、把握某种规律。马克思主义就是以客观事实为依据,以社会发展规律为对象,以实践为检验标准的科学理论。正是由于深刻地把握了资本主义社会的运动规律,正是由于深刻地把握了人类社会发展的一般规律,正是由于所关注的重大问题仍然契合着当代世界的重大问题,产生于19世纪中叶的马克思主义,又超越了19世纪这个特定的时代,依然是我们这个时代的"不可超越的视界"和真理。正因为如此,马克思主义不仅"必须"成为我们的指导思想,而且"能够"成为我们的指导思想。

我断然拒绝这样一种观点,即马克思主义产生于19世纪,距今170年,已经过时。这是一种"傲慢与偏见"。我们不能依据某种学说创立的时间来判断它是否是真理,是否过时。"新"的未必就是真的,"老"的未必就是假的,萤火虫不是北斗星,"后海不是海"。阿基米德定理尽管创立的时间很久远了,但是,今天的造船业无论多么发达,都不能违背这一定理。否则,造出的船无论多么豪华,多么"人性化",都无法航行,若航行也必沉无疑。

---

① 《马克思恩格斯全集》第3卷,第39页。

真理只能发展,不可能被推翻。20 世纪 70 年代的石油危机、80 年代的结构危机、90 年代的金融危机,以及 21 世纪的全球金融危机……这一系列危机再次表明,资本主义生产方式的内在矛盾仍在不断积累和加深,资本在资本主义社会中仍具有支配一切的权力,生产资料私有制仍是资产阶级无法突破,也不愿突破的"大限",因而资本主义或迟或早、或这样或那样必然要被社会主义所代替。这就是真理,马克思主义所揭示的客观真理。正如当代西方著名学者海尔布隆纳在《马克思主义:赞成与反对》中所说,马克思"以历史为导向的"、对资本主义制度的社会分析和深刻批判,其他"对理解资本主义做出的最重要、最持久的贡献","只要资本主义存在,我认为我们就不能在任何时候宣称他(马克思——引者注)对这一制度内在本性质的认识是错误的"①。社会主义实践的历史、中国的成就和苏联的解体也表明,沿着马克思主义开辟的道路前进,我们就会越来越接近客观真理,道路就会越来越宽广;离开了马克思主义开辟的道路而另谋"出路",是没有出路的。

但是,马克思主义没有,也不可能穷尽真理,马克思主义绝不是"终极真理"体系。从历史上看,凡是以"终极真理"体系自诩的学说,如同希图万世一系的封建王朝一样,无一不走向没落,只能作为思想博物馆的标本陈列于世,而不是兴盛于世。马克思从一开始就反对"教条式地预料未来",明确提出马克思主义"绝不提供可以适用于各个历史时代的药方或公式。相反,只是在人们着手考察和整理资料(不管是有关过去的还是有关现代的)的时候,在实际阐述资料的时候,困难才开始出现。这些困难的克服受到种种前提的制约,这些前提在这里根本是不可能提供出来的,而只能是从对每个时代的个人的实际生活过程和活动的研究中得出的"②。

马克思是"普罗米修斯",而不是"上帝",他没有,也不可能"预料未来"的一切;马克思主义是科学,而不是启示录,它没有,也不可能提供有关当代一切问题的现成答案。自称包含一切问题现成答案的学说,只能是神学,而不可能是科学。从马克思的著作中,找不到关于当代问题的现成答案,这不能责怪马克思,要责怪的只能是自己对马克思主义"本性"的无知。从根本上说,马克思主义是科学的世界观和方法论。马克思主义的当代价值就在于,它为我们解

① 〔美〕罗伯特·L.海尔布隆纳:《马克思主义:赞成与反对》,马林梅译,东方出版社 2016 年版,第 6 页。
② 《马克思恩格斯全集》第 3 卷,第 31 页。

决当代问题提供了研究的理论出发点和供这种研究使用的科学方法论。我们只能要求马克思主义做它所能做的事,而不能要求马克思主义做它不能做的事。

从创立者的视角看,马克思主义无疑是"马克思的观点和学说的体系"①,脱离了马克思的观点和学说的马克思主义,只能是打引号的马克思主义,实际上是犯了"演丹麦王子而没有哈姆雷特"式的错误;相反,认为只有马克思所说的观点,只有坚持马克思的所有观点,才是马克思主义,这同样是打引号的马克思主义,实际上是一种以"原教旨主义"态度对待马克思主义的教条主义。我们不能把马克思主义和马克思的观点、学说完全等同起来。从理论内容上看,马克思主义是由马克思、恩格斯所创立,由他们的后继者所发展的关于批判资本主义和建设社会主义的理论。

早在马克思主义创立之初,马克思、恩格斯就以其远见卓识向人们宣布:马克思主义不是教条,而是发展着的理论。如果马克思、恩格斯不发展自己的理论,马克思主义就会停止在《共产党宣言》;如果没有列宁主义、毛泽东思想,没有列宁、毛泽东对马克思主义的发展,马克思主义就会终止在 1883 年或 1895 年;如果没有中国特色社会主义,没有邓小平以及当代中国共产党人对马克思主义的发展,马克思主义、社会主义很可能成为 20 世纪的历史遗产了。历史上众多思想学派都随着其创始人的逝世而逐渐走向没落。但马克思主义不是这样。马克思逝世之后,一代又一代的马克思主义者依据新的实践、以实际问题为中心研究马克思主义,不断发展马克思主义,从而使马克思主义保持着旺盛的生命力和持久的影响力。因此,我们必须在实践中坚持和发展马克思主义,从而以科学的态度对待科学,以真理的精神追求真理。

发展马克思主义的关键在于发展马克思主义基本原理。我们既不能把马克思主义的个别观点绝对化,更不能把马克思主义的基本原理凝固化,而应当辩证地看待马克思主义基本原理,以当代实践为基础发展马克思主义基本原理。当代中国马克思主义之所以是"当代中国"的马克思主义,不仅在于它坚持了马克思、恩格斯所创立的基本原理,更重要的,在于它把马克思、恩格斯所创立的基本原理同世界的重大变化和当代中国的具体实际相结合发展了马克思主义的基本原理,从而使马克思主义具有时代特征和中国特色。

_____

① 《列宁选集》第 2 卷,第 418 页。

对于像历史决定论、能动反映论、阶级理论、劳动价值论、资本积累理论、生产资料公有制理论等这样一些已经成为"常识"的基本原理,我们应结合当代实践经验和理论成果深化对它们的研究和认识,使之具有新的内涵,从而以新的思想继承和发展马克思主义基本原理。例如,结合统计决定论阐述历史决定论,结合人工智能阐述反映论,结合资本主义社会阶级结构、社会主义阶层结构以及世界格局的变化阐述阶级和阶级斗争理论,结合科学技术新发展、知识产权新变化阐述劳动价值理论,结合资本主义世界体系阐述资本积累理论,结合社会主义市场经济阐述生产资料公有制理论。

有些观点本来就是马克思主义基本原理,只是由于种种原因,我们过去没有重视或"没有完全搞清楚"。对此,我们应结合当代实践经验和理论成果深入开掘、深刻理解、全面把握这些基本原理,例如世界历史与经济全球化理论,实践是人的存在方式和社会生活本质的理论,交往理论,人的全面发展的理论。当代中国改革的实践使我们深刻认识到,促进人的全面发展,是马克思主义关于建设社会主义新社会的本质要求,社会主义的本质,就是解放和发展生产力,消灭剥削,消除两极分化,不断促进人民共同富裕,促进人的全面发展。

有些问题马克思、恩格斯已经意识到,并对此有所论述,但并未深入探讨、充分展开、详尽论证,当代实践和科学的发展却日益突出这些问题,使之成为迫切需要解答的"热点"问题。对这些马克思、恩格斯有所论述,但并未深入探讨、充分展开、详尽论证的观点,我们应结合当代实践经验和理论成果深入探讨、充分展开、详尽论证,使之成熟完善,上升为马克思主义的基本原理。例如,结合当代实践经验和理论成果深入探讨、充分展开、详尽论证马克思、恩格斯关于认识历史需要"从后思索"的思想,关于"生产的国际关系"和资本主义世界体系的思想,关于生态文明的思想,关于股份制"是资本主义生产方式在资本主义生产方式本身范围内的扬弃"的思想,等等。

有些观点马克思、恩格斯并未涉及,而是后来的马克思主义者依据马克思主义方法论,结合当代实践经验和理论成果提出来的,并成为当代社会主义实践的基本原则,因而理所当然地应当成为马克思主义的基本原理。例如,科学技术是"第一生产力"的思想、社会主义市场经济理论、社会主义法治理论、社会主义核心价值观等,实际上是用新的思想发展了马克思主义基本原理。相反,个别观点本来是马克思主义的基本原理,但随着历史条件的变化,这种观点可能不再具有基本原理的意义了,如社会主义计划经济思想。

在当代中国,坚持和发展马克思主义,就是要把马克思主义基本原理同当代中国具体实际相结合,关注和回答重大的现实问题,并使现实问题上升为理论问题,使基本理论问题升华为马克思主义的基本原理。当代中国的最大现实就是改革,这一现实的最重要特征就在于,它把现代化、市场化、世界化和社会主义改革这四重重大的社会变革浓缩在同一个时空中进行,形成了一场前无古人、惊心动魄、波澜壮阔的社会变迁,它必然为我们提出一系列新的重大的现实问题和理论问题。中国特色社会主义理论就是对这一系列新的重大的现实问题和理论问题的深刻总结和系统回答,凝聚着马克思主义的真理力量,体现了马克思主义科学世界观和马克思主义政党人民立场的统一,体现了理论与实践统一,是面向 21 世纪的发展着的马克思主义。正是在中国特色社会主义理论中,我们透视出 13 亿中国人民从东南西北悲壮奋起的宏大的历史场面,领悟到一个古老而又饱经磨难的民族复兴于当代的全部秘密,看到了中华民族将在中国特色社会主义的基础上实现伟大复兴和社会主义将在中华民族复兴的基础上实现世纪复兴的壮丽景色。

载《光明日报》2018 年 5 月 11 日
《新华文摘》2018 年第 15 期转载

构建中国特色哲学话语体系的内涵

建构中国特色哲学话语体系是一个具有重大现实意义和理论意义的课题。中国实践的深化，中国道路的拓展，中国问题的解答，必然要求构建中国特色哲学话语体系。体系性是哲学的存在方式。有体系的哲学不一定具有科学性、话语权，但任何一个具有科学性、话语权的哲学一定有自己的体系。

从根本上说，任何一种话语体系的建构都是由实践所激发，并以此为现实基础的。建构中国特色哲学话语体系同样如此。在我看来，建构中国特色哲学话语体系不是对现实的"纯客观"的实证分析，不是仅仅面对文本的解释学意义上的"创新"，不是范畴、概念、术语的简单转换，更不是纯概念的逻辑推演，而是以当代中国的实践为现实基础，以现实问题为中心，并使现实问题转化为理论问题，升华为概念运动，从而以概念运动反映现实运动。哲学必须从人间升到"天国"，展开概念运动，否则，就不是哲学；哲学又必须从"天国"降到人间，关注现实问题，否则，就是无根的浮萍。

当代中国的最基本的现实和最重要的实践，就是社会主义市场经济。市场经济不仅是社会的一种资源配置方式，而且是人的一种存在方式；不仅关系到物与物的关系，而且关系到人与人的关系。在当代中国，市场经济又有了一个新的制度性前提，那就是社会主义，而社会主义本身即处在改革的过程中。因此，社会主义市场经济的实践不仅关系到经济运行机制，而且关系到生产关系、交换关系和分配关系，关系到社会主义国家的本质与由资本逻辑所构成的市场经济本性的关系，关系到价值观念的重建。正因为如此，社会主义市场经济的实践不仅是一种经济体制改革，而且蕴含着并必然辐射到整个社会的改革。当代中国实践的最重要特征和最重要的意义就在于，它把市场化、现代化和社会主义改革这三个重大的社会变革浓缩在同一个时空中进行了，因而构成了一场史无前例、波澜壮阔、极其特殊而又复杂的社会变革，它必然向我们提出一系列重大的哲学问题,必然向我们提出构建中国特色哲学话语体系的这一重大课题。

哲学是把握在思想中的时代,是时代精神的精华。构建中国特色哲学话语体系,从本质上看,就是要以哲学的方式表达中国的时代精神。在改革开放的实践中实现现代化,使中华民族在社会主义的基础上实现伟大复兴,同时,使社会主义在中华民族伟大复兴的基础上再造辉煌,凝聚着几代中国人的思索与奋斗、光荣与梦想,构成了与民族精神融为一体的当代中国的时代精神。中国的时代精神的思想表达,是建构中国特色哲学话语体系的真实内涵。任何背对中国的改革开放和现代化建设,背对当代中国的时代精神,去建构所谓的中国特色哲学话语,只能使中国特色哲学话语体系"空心化",从而犯了一场"演丹麦王子而没有哈姆雷特"的错误。

哲学思维具有突出的民族性,不同的民族或国家有不同的哲学话语体系。不同的哲学话语体系,不仅展示的概念、范畴不同,而且体现的思维方式、价值观念不同,更重要的是,反映的现实问题、利益关系也不同。哲学的最大特点就在于,它是以抽象的概念体系反映现实的社会运动和特定的社会关系,反映特定的民族或阶级的利益、愿望和要求。因此,建构中国特色哲学话语体系,应当避免用西方哲学的话语体系来评判中国实践、阐释中国道路、解答中国问题。我们不能操着一口"纯正"的西方话语来讲中国故事,或者任由西方哲学话语来为我们"代言",这两种言说方式所展示的都不是真实的中国,而是西方视野中的中国,是被西方话语"制造出来"的中国。即使西方的"中国学",也不是一门严格意义上的学科,而是一种话语体系,其词汇、意向、理念,乃至学术机制都具有凝重的西方话语色彩、深厚的西方文化基础,以及"潜伏"的西方利益关系。如同"东方学"是西方话语体系的组成部分一样,"中国学"也是西方话语体系的组成部分。

不能用西方哲学话语体系建构中国哲学话语体系,主要是就思维方式、价值观念、意识形态及其背后的利益关系而言的,而不是拒绝借鉴西方哲学中的合理因素,不是一概拒斥西方哲学的范畴、概念、术语。话语体系离不开语言,但又不等于语言。话语体系具有意识形态性质并与权力交织,语言只是话语体系传达信息和意义的载体,它本身并不具有意识形态性质和权力性质。实际上,"自由""平等""公正",乃至"哲学""话语",原本都是西方哲学的范畴、概念、术语。因此,我们既不能照单全收西方哲学的范畴、概念、术语,也不能一概拒斥西方哲学的范畴、概念、术语，而是同样要对其进行创造性转换和创新性发展，并使之融入中国特色哲学话语体系之中。实际上，自从西方文化、马克思主义传入中国之后，中国的语言和言语结构本身已经发生了质的变化。

毫无疑问，建构中国特色哲学话语体系不能脱离中国传统哲学，不仅要吸取传统哲学中的深沉的智慧、合理的观点，而且要吸收其中能够容纳当代内容的范畴、概念。毛泽东《实践论》的副书名就是"知和行的关系"。但是，对中国传统哲学的范畴、概念、术语，我们同样不能照单全收。建构中国特色哲学话语体系不是范畴、概念、术语的简单转换，把物质变成气，矛盾变成阴阳，规律变成道，类比变成格义，共产主义社会变成大同社会……这是文字游戏。语言同样具有历史性、时代性，我们既不能操着一口"纯正"的西方话语来表达中国的时代精神，也不能说着一口"地道"的古代汉语来表达中国的时代精神。建构中国特色哲学话语体系，以哲学的方式表达中国的时代精神，关键在于把握中国传统哲学中的"珍贵的遗产"，而不是简单地转换范畴、概念、术语。

中国传统哲学关注的是人际关系的伦理道德问题，其核心就是以儒家学说为主要内容的道德原则和伦理秩序。由于人伦关系是人类社会的普遍关系，因而以儒家学说为核心的中国传统哲学的某些规则、某些观点具有普遍有效性的一面，并蕴含着当代的某些问题。而且，以儒家学说为核心的传统哲学与它所维护的封建制度的时间越远，它的意识形态的性质也就越弱，它所蕴含的具有普遍意义的思想也就越凸显。因此，构建中国特色话语体系应当对知与行、义与利、心与性的关系这样一些具有普遍性的"老问题"予以新的解答，继承其合理因素，并对此进行创造性转换和创新性发展，使之具有新的内涵、新的意义。

但是，以儒家学说为核心的中国传统哲学毕竟是自然经济、农业文明时代的哲学，毕竟是封建社会的官方哲学和主流意识形态，始终体现着封建统治阶级的根本利益，其否定个人的正当利益、否定人的独立性和个性、"存天理、灭人欲"等观念，是与社会主义市场经济、社会主义本质要求格格不入的。即使是在当代发出了"迷人微笑"的"天人合一"观念，其本意也不是研究自然规律，而是一种道德境界，而且同古代宗法人伦密切相关，并赋予宗法人伦的"人道"以"天道"的神圣光环。

实际上，用小农时代的"药方"不可能医治大工业时代的"疾病"。我们不可能依靠形成于古代的传统哲学来解决当代的人口、资源和环境问题，以及义与利、个人与集体的关系问题,不可能通过回归传统哲学的"返本开新"表达当代中国的时代精神。每个民族在不同的时代都会面临不同的现实问题,每一代人有每一代人需要解决的问题。面对传统哲学,每一代人都会遇到继承什么、拒绝什么的问题。问题在于,继承什么、拒绝什么,并不是取决于传统哲学本身,而是取决于如何解答现实问题,取决于实践需要。"理论在一个国家的实现程度,决定于理论满足这个国家的需要的程度。"①

我们应当明白,不是传统文化、传统哲学挽救了近代中国,而是中国革命的胜利使传统文化、传统哲学避免了同近代中国的衰败一道走向没落;不是传统文化、传统哲学把一个贫穷落后、满目疮痍的中国推向世界,而是当代中国的改革开放和现代化建设的巨大成就使"孔夫子"真正"周游列国"、名扬四海,使中国传统哲学重振雄风有了可能。因此,我们应当以当代中国的实践为基础,以人的全面发展为目标,把发展优势转化为话语优势,加快建构中国特色哲学话语体系,从思想上向世界清晰、准确地表达中国的时代精神。"理论只要说服 ad hominen〔人〕,就能掌握群众;而理论只要彻底,就能说服 ad hominen〔人〕。所谓彻底,就是抓住事物的根本。"②

载《光明日报》2020 年 5 月 18 日

《新华文摘》2020 年第 15 期转载

---

① 《马克思恩格斯全集》第 1 卷,第 462 页。

② 《马克思恩格斯全集》第 1 卷,第 460 页。

后　记

　　《思考的痕迹：重读马克思的记忆与思考》是从我的 260 余篇论文中精选出来汇编而成的。论文的选编主要依据历史原则：一是依据时间顺序，力图从历史的角度展现我重读马克思的心路历程；二是依据我在不同时间关注的不同问题及其代表性观点，力图从历史的角度展现我的思想的演变历程。因此，从形式上看，这部著作是一本论文集；从内容上看，这是一部具有内在的逻辑关联的学术专著。形象地说，这是一部我的"思想史"的自传。

　　除了历史原则，论文的选编还考虑到论文的学术影响、社会影响，其主要依据是《新华文摘》《中国社会科学文摘》的转载。1987—2022 年，《新华文摘》先后转载了我的 32 篇论文；2008—2022 年，《中国社会科学文摘》先后转载了我的 9 篇论文，从而扩大了这些论文的学术影响、社会影响。在此，一并表达我对《新华文摘》《中国社会科学文摘》以及其他"文摘"编辑们的感激之情和感恩之心。

　　华东师范大学出版社社长王焰编审慷慨地把《思考的痕迹：重读马克思的记忆与思考》列入出版计划；项目部主任朱华华副编审精心组织这部著作的编辑、出版工作，责任编辑王海玲编审以其精湛的编辑技艺，高质量地完成了这部著作的编辑工作；北京师范大学出版集团杜丽娟编辑不辞辛劳、不厌其烦，打印了这部著作的全部书稿，并校对了全部引文。在此，一并表达我的感激之情和感恩之心。

　　要求感恩，这是皇权思想，是对他人的蔑视；懂得感恩，这是一个正常人应有的品质,是对他人的尊重。对每一位以不同的形式帮助过我的人,我始终怀着感激之情和感恩之心。在我看来,不懂感恩,意味着从"猿"到"人"的转变还没有完成。

我的职业、专业和事业都是哲学,尤其是马克思主义哲学。从1977年考入安徽大学哲学系学习哲学至今,时间已经过去了45年,自不量力地借用毛泽东的一句诗,那就是"一篇读罢头飞雪"。45年来,尽管我的思想处于剧烈的变化中,尽管我的"身份"处于不断的变化中,但我一致没有放弃哲学,一直在哲学这个荆棘丛生的领域艰难跋涉、艰辛探索。如果说当初是我选择了哲学,那么,后来就是哲学选择了我。哲学教会了我如何实现自我发展,懂得我们都是"社会个人",因而力图在推动社会发展的过程中实现个人的自我发展;哲学教会了我如何面对"过五关"与"走麦城",懂得"人要学会走路,也得学会摔跤,而且只有经过摔跤他才能学会走路"(马克思),因而"我把命运的摇晃都当作奖赏,依然在路上"(《摆渡人》);哲学教会了我"荣辱不惊"、"波澜不惊",懂得"屈贾谊于长沙,非无圣主。窜梁鸿于海曲,岂乏明时"(王勃),因而痛到肠断忍得住,屈到愤极受得起;哲学教会了我"看破红尘"、"看透人生",懂得人的生与死本身都属于自然规律,而生与死的意义属于历史规律,因而在"向死而生"中寻找生命的价值和意义……哲学已经融入我的生命活动之中,成为我书写生命的方式。如果用一句话来概括我的人生,那就是哲学人生。

当这部著作定稿时,北京正是隆冬时节。北京的冬天特别冷,冷得让人似乎喘不过气来。可是,我仍然喜爱冬天超过春天。冬天的雪,飘飘洒洒、漫山遍野,把自己的"生命"溶入土地之中,容易催生人们的遐想。李白就写出了"应是天仙狂醉,乱把白云揉碎"这样浪漫主义的诗句。伟人毛泽东则写出了《沁园春·雪》这样的千古绝唱。在这首词中,毛泽东凝望着"万里雪飘",由景及人,谈景评人;由古及今,评古论今,他的遐思、感叹和期待,他的眼中景、意中事和胸中情,他的宏大的历史观念和深沉的哲学思考……都在这首词中表达出来了。词意游走于天上人间之中,才情穿越于时空环境之外,我深深地领悟到其中所蕴含的深刻的哲理。

我喜爱冬天,还因为冬天的严寒冷酷能够磨炼人的意志。"三军可夺帅,匹夫不可夺志。"没有坚强的意志,任何事业都不可能成功。人的意志与生命同在。

意志倒下的时候，

生命也就不再屹立，

歪歪斜斜的身影，

又怎耐得秋叶萧瑟，晚来风急。

（汪国真）

杨　耕

2022 年 1 月于北京世纪城时雨园